高等院校经济管理类专业本科系列教材

管理学
原理与实务

GUANLIXUE YUANLI YU SHIWU

主　编　韩俊峰　顾　伟

副主编　于会宾　鲁美丽　王　冬

重庆大学出版社

内容提要

本书从管理实践需要出发,在吸收国内外优秀理论成果的基础上,以管理与管理学、管理者、管理环境、中国管理思想的发展、西方管理理论的形成和发展、决策、计划、组织、人员配备、组织文化、领导、激励、沟通、控制为脉络展开各章内容,符合认识规律和组织管理规律。全书共14章,每章前有"学习目标""导入案例""思维导图",后有"本章小结""实务训练""思考与练习题"等实务模块,有助于调动学习者学习的主动性、积极性、创造性,提高其运用管理学知识解决管理问题的能力。

图书在版编目(CIP)数据

管理学原理与实务/韩俊峰,顾伟主编. --重庆:
重庆大学出版社,2022.8
高等院校经济管理类专业本科系列教材
ISBN 978-7-5689-3489-3

Ⅰ.①管… Ⅱ.①韩… ②顾… Ⅲ.①管理学—高等
学校—教材 Ⅳ.①C93

中国版本图书馆 CIP 数据核字(2022)第 147574 号

高等院校经济管理类专业本科系列教材
管理学原理与实务
主 编 韩俊峰 顾 伟
副主编 于会宾 鲁美丽 王 冬
责任编辑:顾丽萍 版式设计:顾丽萍
责任校对:邹 忌 责任印制:张 策

*

重庆大学出版社出版发行
出版人:饶帮华
社址:重庆市沙坪坝区大学城西路 21 号
邮编:401331
电话:(023) 88617190 88617185(中小学)
传真:(023) 88617186 88617166
网址:http://www.cqup.com.cn
邮箱:fxk@ cqup.com.cn(营销中心)
全国新华书店经销
重庆华林天美印务有限公司印刷

*

开本:787mm×1092mm 1/16 印张:20 字数:502 千
2022 年 8 月第 1 版 2022 年 8 月第 1 次印刷
ISBN 978-7-5689-3489-3 定价:59.00 元

前　言

管理与人类相伴而生。自从有了人类活动，就有了管理活动。从治理国家、管理组织，到个人生活安排，都离不开管理知识和技能的运用。正如马克思所说，凡有群体劳动的地方，就必然存在管理，并且规模越大，劳动者越多，管理越复杂。科学有效的管理，是实现组织目标、完成组织任务的重要途径。随着知识经济的发展，信息科技突飞猛进，大数据、人工智能时代的来临，必将带动管理活动的深刻变革。管理者必须适应、引领这一深刻变革，才能在时代的潮流中劈波斩浪，勇往直前。

管理学是 19 世纪末 20 世纪初发展起来的一门融合经济学、心理学、行为科学、社会学、数学等学科而产生的综合性和实践性都很强的应用型学科，是人类近代史上发展迅猛、对社会的发展影响深远的一门学科，是任何一个从事管理活动的部门、单位以及个人为实施科学、有效的理性管理活动所必须掌握的基本原理、方法和技巧，是管理类应用型、复合型人才学习掌握管理相关知识体系的重要基础。

管理学以系统地研究人类管理活动的普遍规律、基本原理和一般方法为己任，是对管理实践经验的科学总结和理论升华。随着时代的进步和管理实践的发展，管理学始终处于不断丰富和发展的过程中，具有鲜明的时代特点。学习和研究管理学的目的，就是在揭示管理活动普遍规律的基础上，分析这种规律在不同时代的表现形式，探讨如何根据这种规律指导不同情境下的管理实践。

本书从管理实践需要出发，在吸收国内外优秀理论成果的基础上，系统地介绍了管理与管理学的基本概念及中外管理理论发展的基本脉络，阐释了管理活动的基本规律、管理学一般原理和各种管理技术及方法，以管理与管理学、管理者、管理环境、中国管理思想的发展、西方管理理论的形成和发展、决策、计划、组织、人员配备、组织文化、领导、激励、沟通、控制为编排顺序，符合认识规律和组织管理规律，对培养学生作为管理者应当具备的综合能力，提高分析、解决管理问题的能力，以及提高管理思维能力，大有裨益。

本书编写博采众长，同时注重教学模式的转变。传统管理学教学以教师、课堂、教材为中心，不利于学生学习积极性、主动性、创造性的发挥，更不利于创新人才的培养。本书力图改变这一观念，建立以学生为中心、以学生自主探索学习为根本，以学生学到的管理学基本知识和管理技能契合未来发展需要为目标的新型教学模式，变知识传输为能力培养。为此，本书以管理学的四大基本职能——计划、组织、领导、控制为核心内容，系统而全面地介绍了管理学基本知识，并在此基础上增加了有关实践技能训练的内容，突出应用型人才培养的特点。

本书由中国人民解放军陆军勤务学院组织力量编写，由韩俊峰、顾伟担任主编，由于会宾、鲁美丽、王冬担任副主编。参加编写人员任务分工如下：第一章至第三章由韩俊峰编写；第四章至第六章由顾伟编写；第七章由鲁美丽、杨宇编写；第八章由鲁美丽编写；第九章由于会宾、黄振萍编写；第十章由于会宾编写；第十一章由潘登、卢春编写；第十二章由王冬编写；第十三章由王冬、张明编写；第十四章由朱文波编写。

本书在编写过程中参考了国内外大量研究成果，谨对这些研究成果的作者表示深深的敬意和衷心的感谢。由于编者知识水平和掌握的资料有限，书中的观点和内容难免有不足之处，恳请读者不吝赐教，以便再版时修正。

《管理学原理与实务》编写组

2022 年 5 月

目 录

参考文献

第一章

管理与管理学

【学习目标】
1. 掌握管理的内涵。
2. 掌握管理的特征。
3. 熟悉管理的基本职能。
4. 掌握管理的本质。
5. 掌握管理的基本原理
6. 了解管理学的研究对象。
7. 熟悉管理学的性质。
8. 了解管理学的研究方法。

【导入案例】

最有效率的组织

我们可以这样说,在中国,没有任何组织能在执行缔造者所赋予的使命、制度建设、人才培养、自主变革、奉献精神,以及最大限度地发挥效率方面与解放军相提并论。

解放军创立之初,只有几个人、一个信念、一面旗帜。但90多年来,它在失败中挺直脊梁、浴血奋战,克服了无数艰难险阻,最终走向胜利。在90多年的历史中,在无数敌人面前,这支军队遇弱则强、遇强则刚,忠实地履行了中国共产党的意志;也是这个组织,它同中国几乎所有的旧军队作战,并最终消灭、改造了它们;还是这个组织,在大规模战争结束之后,依然忠实地履行着自己的职责:积极参加国家经济建设,努力为人民服务。1976年中国唐山大地震、1998年长江洪灾、2008年汶川地震等灾害中,人民想到的是解放军,冲在最前面的当然也是解放军。

这是个先后有7000余万人参加、目前有着230余万人规模的组织。今天,曾经属于这个组织的绝大多数人已经离开了它,足迹遍布中国各个行业和世界各个角落。随着岁月和时代的变迁,世界变了,中国变了,他们中的许多人也变苍老了,但唯一不变的是成员们对这个组织怀有的忠诚和感激。几乎所有成员都把这个组织的节日当成自己的节日,几乎所有成员都把自己在这个组织中的经历当作人生中最宝贵的回忆,印刻在骨骼上,印刻在生命里。

解放军建立90多年的全部历史证明,这个组织之所以成为最有效率的组织,之所以始终保持其中华民族先进组织代表的特性,根本原因在于解放军在其发展历程中尽管遇到过这样那样的挫折,却始终高举"为人民服务"这面大旗,并坚定信念不动摇;在于这个组织能始终保持开放的、与时俱进的精神状态,用世界上最先进的科学理论武装思想,追踪和掌握世界上最先进的武器装备,始终保持着旺盛的战斗力;在于这个组织始终注意组织的文化建设,用先进的文化塑造组织成员;更在于这个组织始终拥有最优秀的创建者、管理者和执行者;在于它把一个武装集团建成了一所大学校,把一个武装集团建成了中国最具文化特色的组织。

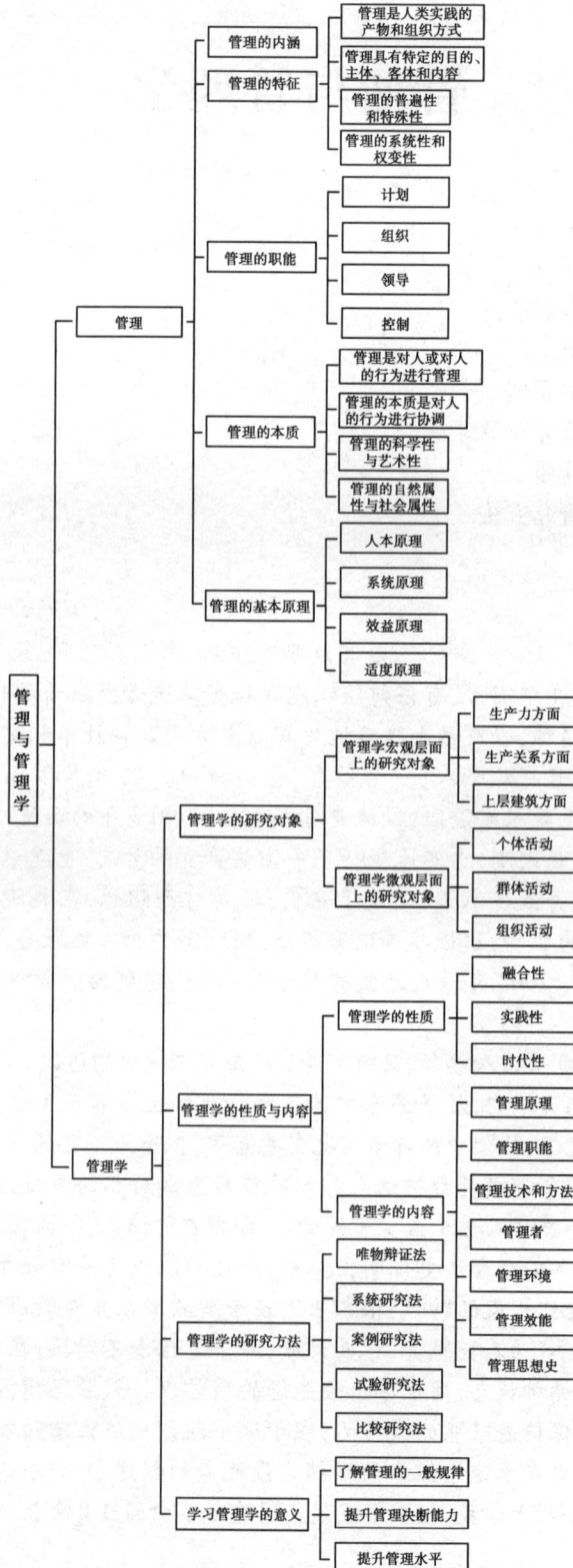

从此案例中,你得到哪些管理学上的启示?

【思维导图】

```
管理与管理学
├── 管理
│   ├── 管理的内涵
│   ├── 管理的特征
│   │   ├── 管理是人类实践的产物和组织方式
│   │   ├── 管理具有特定的目的、主体、客体和内容
│   │   ├── 管理的普遍性和特殊性
│   │   └── 管理的系统性和权变性
│   ├── 管理的职能
│   │   ├── 计划
│   │   ├── 组织
│   │   ├── 领导
│   │   └── 控制
│   ├── 管理的本质
│   │   ├── 管理是对人或对人的行为进行管理
│   │   ├── 管理的本质是对人的行为进行协调
│   │   ├── 管理的科学性与艺术性
│   │   └── 管理的自然属性与社会属性
│   └── 管理的基本原理
│       ├── 人本原理
│       ├── 系统原理
│       ├── 效益原理
│       └── 适度原理
└── 管理学
    ├── 管理学的研究对象
    │   ├── 管理学宏观层面上的研究对象
    │   │   ├── 生产力方面
    │   │   ├── 生产关系方面
    │   │   └── 上层建筑方面
    │   └── 管理学微观层面上的研究对象
    │       ├── 个体活动
    │       ├── 群体活动
    │       └── 组织活动
    ├── 管理学的性质与内容
    │   ├── 管理学的性质
    │   │   ├── 融合性
    │   │   ├── 实践性
    │   │   └── 时代性
    │   └── 管理学的内容
    │       ├── 管理原理
    │       ├── 管理职能
    │       ├── 管理技术和方法
    │       ├── 管理者
    │       ├── 管理环境
    │       ├── 管理效能
    │       └── 管理思想史
    ├── 管理学的研究方法
    │   ├── 唯物辩证法
    │   ├── 系统研究法
    │   ├── 案例研究法
    │   ├── 试验研究法
    │   └── 比较研究法
    └── 学习管理学的意义
        ├── 了解管理的一般规律
        ├── 提升管理决断能力
        └── 提升管理水平
```

管理作为人类集体活动的基本方式和重要特征,广泛存在于社会生活的各个领域,小至家庭、学校、企业、政府机关,大至国家、社会等。凡是由两人或两人以上组成的、有一定活动目的的集体,都离不开管理。在人类历史进程中,管理无时不有,无处不在。社会的发展、技术的进步,不断对管理提出了新的更高的要求。管理也是一种重要的生产力,管理水平的高低直接影响到组织的兴衰成败。可以说,管理是维系人类社会正常生活的基本条件,是促进生产力发展的关键因素,是社会资源有效配置的必要手段,是增强组织实力和竞争力的根本保障。

第一节　管理

一、管理的内涵

何谓管理? 作为管理学研究的基本概念和逻辑起点,不同历史时期的学者从不同的立场和角度,对管理下过不同的定义,描述了管理活动某个或某些方面的特征。

科学管理之父弗雷德里克·温斯洛·泰勒(Frederick Winslow Taylor,1856—1915)认为,管理就是"确切地知道你要别人去干什么,并使他用最好的方法去干"。这个定义指出了管理具有两个基本特征:其一,管理者必须懂得如何指挥他人做事,而不是自己亲自去做具体的事;其二,管理者要做的是让别人用正确的方法去做正确的事。

一般管理理论之父亨利·法约尔(Henri Fayol,1841—1925)认为,管理是所有的人类组织都有的一种活动,这种活动由五项要素组成:计划、组织、指挥、协调和控制。这个定义揭示了人类管理活动的共性特征:其一,管理是人类组织所共有的活动;其二,各种各样的管理活动可以概括为五类,即管理具有五项职能:计划、组织、指挥、协调和控制。

第二次世界大战后,管理过程学派的继承人和主要代表哈罗德·孔茨(Harold Koontz,1908—1984)认为,管理就是设计并保持一种良好的环境,使人在群体里高效率地实现既定目标的过程。这一定义指出,要实现管理目标,就需要营造一个良好的环境。

1978 年诺贝尔经济学奖得主赫伯特·西蒙(Herbert Alexander Simon,1916—2001)认为,"管理即制定决策"。这一极其精练的管理定义意味着,决策是管理的核心,决策贯穿于管理的全过程。

现代管理学之父彼得·德鲁克(Peter F. Drucher,1909—2005)认为:"管理是一种工作,它有自己的技巧、工具和方法;管理是一种器官,是赋予组织以生命的、能动的、动态的器官;管理是一门科学,一种系统化的并到处适用的知识;同时管理也是一种文化。"这一定义表明,其一,管理是人类活动的基本形式之一,它决定组织的生死存亡;其二,从人类管理实践抽象出来的管理理论有其科学性,可以反过来指导人类的管理实践;其三,管理理论和管理实践不断积累、传承和发扬的成果,就形成了人类的管理文化。

组织行为学权威斯蒂芬·罗宾斯(Stephen P. Robbins,1943—)认为:"管理就是同别人一起或通过别人使活动完成得更加有效的过程。这个过程包括计划、组织、领导和控制四个职能。管理不仅追求效率,同时还必须使活动实现预定的目标,即追求活动的效果。"这一定义指出,管理者有时也要同别人一起工作;管理包含四大职能:计划、组织、领导和控制。

南京大学周三多教授认为:"管理是社会组织中,为了实现预期的目标,以人为中心进行的协调活动。"这一定义认为,管理的中心工作就是管人。

复旦大学芮明杰教授认为:"管理是对组织的有限资源进行有效整合,以实现组织既定目标与责任的动态创造性活动。"这一定义说明,管理的中心工作就是合理配置组织有限的资源。

我们倾向于《管理学》编写组编写的《管理学》中给出的概念:管理就是为了有效地实现组织目标,由管理者利用相关知识、技术和方法对组织活动进行决策、组织、领导、控制并不断创新的过程。

二、管理的特征

管理是一种复杂的社会活动。在人类社会不同历史时期和不同领域,管理活动有很大的不同,但都表现出基本相同的特征。

(一)管理是人类实践的产物和组织方式

人类是在群体活动中生存发展的。人类群体活动有简单的互助和复杂的协作两种基本形式,管理是以协作的形式出现的。不论是原始的简单劳动,还是社会化大生产,都包含着不同程度的协作,都在实践中催生了管理活动。不同的是,简单劳动是一种未分化的管理活动,管理者和被管理者是一体的。

在协作活动中,管理活动从其他活动中分立出来了,职业化的管理者也就出现了。此时,管理不仅是一种职业活动,更是将人们组织起来进行协作劳动的方式。换言之,管理是人类社会实践的组织方式,只要有人类社会存在,就有管理存在,管理随人类社会的发展而发展。因此,管理既是一种社会现象,又是一种历史现象;既是人类社会实践的产物,又是社会实践的组织形式。

(二)管理具有特定的目的、主体、客体和内容

人们在协作活动过程中会产生这样一些基本问题:为什么要进行管理?谁进行管理?对什么进行管理?如何进行管理?对这些问题的回答是管理区别于人类其他活动的基本标志。管理本身不是目的,管理是为组织目标的有效实现服务的。"有效"主要是指通过管理以较少的资源消耗获得最大收益来实现组织目标。管理的主体是具有专门知识、利用专门技术和方法来进行专门活动的管理者。管理者是一种专门的职业,只有具备一定素质和技能的人,才有可能从事管理工作。管理的客体是组织活动及其参与要素。组织需要通过特定的活动来实现其目标,活动的过程是不同资源的利用和消耗的过程。为了有效实现组织目标,管理需要研究如何合理安排组织活动,如何合理配置组织资源。管理是一个内含多阶段、多项工作的综合过程。这一过程包括决策、计划、组织、领导、控制等一系列工作。

(三)管理的普遍性和特殊性

正因为管理活动对社会发展的重要性,对于所有组织,不论管理者所处的环境是否相

同,管理的职能、原则、活动在很多情况下是一致的,其实质都是对组织内的资源进行调配,为实现组织目标服务。

当然,并不是说管理在任何组织、任何情况下都采用同样的方式。在不同性质、不同规模和不同类型的组织中,在组织不同层次和领域中,管理人员面对的管理环境不同,管理活动必须根据这些因素采取针对性的措施。因此,管理活动又具有特殊性。

(四)管理的系统性和权变性

管理活动是在组织中进行的,组织是一个开放而复杂的系统,时刻与其所处的环境发生相互作用。管理活动也是一个系统,在组织某个方面或部门采取的决策和行动会影响到其他方面或部门。这就要求管理者要用系统的观点来认识和处理组织内部与外部的关系、组织内部各要素的关系,而不是孤立地、片面地、静止地分析与解决组织面临的管理问题。

系统性为人们的管理活动提供了认识论基础。但组织中的管理问题是复杂的、多变的,不同的、变化的管理情景和问题要求管理者运用不同的管理方式和技巧,这就是管理工作的权变性。它强调不存在简单的、普遍适用的管理原则,相反,管理者的工作包含不同的管理方法、不同的管理制度和不同的管理模式,管理者采取的管理行动应当适合组织所处的环境。

三、管理的职能

管理的职能即管理的职责和权限。自法国管理大师亨利·法约尔于 1915 年提出管理包括计划、组织、指挥、协调、控制职能以来,许多学者对管理的职能进行了发展和补充,提出了三职能说、四职能说等观点。本书列出管理工作所包括的几种基本活动,它们是管理的基本职能:计划、组织、领导和控制。

(一)计划

任何管理活动都是从计划开始的。计划是制定组织目标并确定为达成这些目标所必需的行动,它为组织指明了发展方向。既然组织是为了实现某个特定的目标而存在的,那么首先必须确定目标并制定实现目标的途径。计划工作表现为确立目标和达到目标的必要步骤的过程,包括估量机会、建立目标、制订实现目标的战略方案、形成协调各种资源和活动的具体行动方案等。

(二)组织

组织是确定组织所要完成的任务、由谁来完成任务以及如何管理和协调这些任务的过程。管理者制订出切实可行的计划后,就要组织必要的人力和其他资源去执行既定的计划,也就是要进行组织工作。组织工作是为了有效地实现计划所确定的目标而在组织中进行部门划分、权力分配和工作协调的过程。它是计划工作的自然延伸,包括组织结构的设计、组织关系的确立、人员的配置以及组织的变革等。通过组织职能,组织中的人、财、物、信息和其他资源得到有效配置和合理利用。

（三）领导

领导是指激励和引导组织成员为实现组织目标做贡献的过程。每一个组织都包含人，指导和协调组织中的人是管理的基本工作之一。有效的领导工作是组织任务完成的关键因素。在日常的管理活动中，领导作用主要体现在指挥、协调、监督、沟通以及对员工的激励等方面。要使领导工作卓有成效，领导者必须了解个人和组织行为的特征，运用管理心理学进行大量的人际交往和沟通工作，开展有效的激励活动，来最大限度地调动组织成员的工作积极性。当然，成功的领导还应当能够预见未来，具有在错综复杂问题下正确决策的能力。

（四）控制

控制是为确保组织按预期目标运作，对计划实施情况进行监督和调整的过程。控制是保证组织目标能按计划实施的必不可少的活动。任何组织为了保证有效地实现目标，都要对组织成员和组织活动加以控制。因为组织计划在运行中不可能完全与原计划相吻合，控制职能就要对实际情况与原计划之间的偏差进行识别，通过调整限制偏差积累，确保原计划顺利实现。另外，根据客观环境的变化，适当修订、调整原计划，增强计划工作的适应性也是控制。

管理的四个职能之间是相互联系、相互交叉的，管理工作正是通过计划、组织、领导、控制这四个基本过程或手段来展开和实施的。为了实现组织目标，管理者首先要根据组织内外部环境条件，确立组织目标并制订出相应的行动计划；为了落实计划，管理者要进行组织工作，要组织力量去完成计划；由于目标的完成有赖于组织成员的共同努力，为了充分调动组织成员的积极性，在目标确定、计划落实下去以后，管理者还要加强领导工作；在设立了目标、形成了计划、建立了组织并培训和激励了员工以后，各种偏差仍有可能出现，为了纠正偏差，确保各项工作的顺利进行，管理者还必须对整个活动过程进行控制。

四、管理的本质

管理的本质是指管理本身所固有的根本属性，它对管理的性质、特点及发生、发展产生影响。管理是管人还是管事？管理是科学还是艺术？管理是自然的还是打上了社会的烙印？对这些问题的回答就触及管理的本质。

（一）管理是对人或对人的行为进行管理

管理究竟是管人还是管事？人们对这个问题有不同的认识。组织中的任何活动都是要靠人来完成的，活动的选择和组织实施都要依靠人的行为来实现，因此管理首先是对人或人的行为进行管理。

当然，管理需要管事。在管理活动中，为了有效利用组织可支配的资源，首先要选择活动的方向与内容，要做出正确的决策，制订正确的计划，就是说要做正确的事情。但是，这个选择是作为管理者的人去完成的，作为选择结果的组织决策和计划是要靠组织中所有的人来努力落实的。因此，管理者对事的管理是通过对人的管理来实现的。管理者的主要工作是选择对的人去做对的事，并努力让这些人在做事的过程中做出符合组织需要的行为。只要组织中的每个人都能在合适的岗位上做符合组织需要的事并始终表现出符合组织要求的行为,决策目标的实现就是必然的。

(二)管理的本质是对人的行为进行协调

由于认知和行动能力的限制,个人在参与组织活动中表现出的行为不一定完全符合组织的要求。因此,管理者首先要努力引导组织成员的行为使之与组织的目标及要求相一致。同样,由于认知和行动能力的差异,不同组织成员在不同时空表现出的单个行为虽然都是符合组织要求的,但从整体上来看,他们的行为及在此基础上对组织提供的贡献之间也可能出现不平衡。因此,管理者的任务是协调不同成员在组织活动中的行为和贡献。在这个意义上,管理的本质是对组织成员在组织活动中的行为进行协调。

协调组织成员的行为是以组织成员愿意接受协调和组织成员的行为可以协调为前提的。巴纳德曾经强调,组织是一个协作的系统。该系统能够存在并持续发展的第一个基本要素就是组织成员的协作意愿。协作意愿的实质是组织成员愿意在一定时期内把对自己一定程度的控制权交由组织行使,愿意根据组织的要求提供组织所需要的服务。因此,只要组织成员还留在组织内就意味着他们愿意接受管理者对他们行为的协调。协调性是指组织成员能够根据管理者的指令或要求表现出相应的行为。管理者可以向某个或某些组织成员发出某个指令的原因是他估计相关组织成员会根据这个指令表现出某种相应的行为。也就是说,管理者与作为被管理者的组织成员的关系是互动的。

行为可协调性的前提是行为的可预测性。管理者之所以能对组织中不同成员的行为进行有效的协调,是因为他自己和作为协调对象的组织成员的行为都具有一定程度的可预测性。人们的行为之所以可以预测,是因为人们的行为呈现出一定的规律性,而人们的行为之所以表现出某种规律性是因为人们在行为过程中自觉或不自觉、有意识或无意识地依循了一定的行为规则。只有按规则办事,行为可预测,人们才会愿意继续交往下去,稳定的社会关系才会形成。行为可预测要求存在行为规则,一旦大家了解并接受了行为规则,就愿意根据行为规则来选择自己的行为。因此,从某种意义上说,实质表现为协调的管理活动要围绕着规则的设立、运行和不断改进来展开。

(三)管理的科学性与艺术性

管理究竟是科学还是艺术?对这个问题至少存在三种不同的观点:有人认为管理是科学;有人认为管理是艺术;有人认为管理既是科学又是艺术。主张管理是科学的人通常强调管理研究总结了管理活动的一般规律,产生了系统的管理理论。在实际管理工作中,我们也可以借助许多科学的手段、工具和方法。强调管理是艺术的人则认为,对于相同的管理理论、原则和手段,不同的人有不同的理解。即使有相同的理解,在管理实践中也可能有不同的运用;即使有相同的运用,产生的效果也可能是不一样的。

回答管理既是科学又是艺术,有一个基本前提:这里的管理指的是管理理论(或管理学)、管理工具(手段与方法)还是管理实践? 上述三种指向中,管理理论和管理工具毫无疑问是科学的,或者可以是科学的,而管理实践则明显地表现出艺术性的特征。在管理实践中,管理者需要根据活动环境、活动条件以及活动对象等因素的特征及其变化艺术地运用科学的管理理论、手段和方法。实际上,管理活动的有效性在很大程度上取决于管理者能否艺术地运用以及在何种程度上艺术地运用科学的管理理论、手段和方法。

如果我们将"管理是科学还是艺术"这个问题放进管理的历史进程中进行考察,就会发现人类的管理活动走过了从艺术到科学的阶段,也在走向科学与艺术相统一的阶段。前科学时期,人们凭经验和直觉从事管理活动,缺乏系统的科学理论的指导,管理只是管理者的技能、技巧和诀窍,成功的管理总是表现为管理者的积极性、主动性和创造性的统一。所以,这种管理是一种艺术。管理科学的出现使管理进入科学管理时代,此时成功的管理总是属于那些遵循管理活动客观规律、自觉运用科学管理理论和管理方法的管理者。所以,这一时期的管理是一种科学。当前,人们所致力于建构的是科学与艺术相统一的管理,它要求管理者自觉地以科学的管理理论和管理方法为指导,根据管理实践中的实际情况,灵活地运用科学管理理论和方法,并充分发挥积极性、主动性和创造性,实现管理科学与管理艺术的高度统一。

(四)管理的自然属性与社会属性

管理的自然属性与社会属性又称作管理的二重性。管理是由人们的相互协作劳动、社会化活动产生的。为了保证组织社会化活动持续、稳定的进行,需要按照要求合理地进行计划、组织、领导和控制,从而有效地利用有限的资源实现组织目标。发生于组织中的计划、组织、领导和控制等理论、技术和方法是人类长期实践的产物,可以在不同社会制度、不同国家和不同组织中使用。这就是管理的自然属性。

此外,管理是在一定的社会关系条件下、在组织内部的人员之间和组织与组织之间进行的,必然会体现管理者的管理意志。这样,在管理学中便形成了另一部分属于社会关系范畴的内容,如组织目标、组织文化、领导作风、激励方式、管理理念等。这些涉及对人的管理的内容,具有明显的意识形态色彩,在不同的社会制度、不同的国家、不同的民族中具有较大的差异,这就是管理的社会属性。

管理的自然属性与社会属性之间是相互联系、相互制约的。一方面,管理的自然属性不可能孤立存在,它总是存在于一定的社会制度、生产关系中;同时,管理的社会属性也不可能脱离管理的自然属性而存在,否则,管理的社会属性就成为没有内容的形式。另一方面,管理的二重性又是相互制约的。管理的自然属性要求具有一定社会属性的组织形式和生产关系与其相适应;同时,管理的社会属性也必然对管理的方法和技术产生影响。

五、管理的基本原理

管理的基本原理是有关管理的最基本的规律,对管理者的管理实践活动具有普遍指导意义。管理的基本原理或曰规律主要有人本原理、系统原理、效益原理和适度原理。管理的基本原理相互联系、相互渗透,人本原理是根本,系统原理是统帅,效益原理是目标,适度原理是要求。

(一)人本原理

任何组织都是人的集合,组织活动都是由人来进行的,组织中的管理主要是对人的管理,也是通过人进行的管理。人是组织的中心也是管理的中心的思想体现了以人为中心的管理思想,此即人本原理。人本原理是管理的首要原理,要求对组织活动的管理既是"依靠人的管理",也是"为了人的管理"。

"依靠人的管理"有两个方面的含义:其一是被管理者也应当参与管理;其二是要根据人

的特性进行人性化管理。如何选择组织的活动方向与方式影响组织活动的效益和发展前景呢？这种选择的正确性与选择者掌握的信息息息相关。管理者对组织内外部信息的掌握往往受到时间、角度、层次、完整性以及个人能力等方面的限制。弥补这一缺陷的措施是吸收被管理者参与组织管理，用他们在具体业务活动中了解、掌握的组织各环节的活动能力及其利用情况以及相关环境的情况来弥补管理者信息的不足，以提高选择的正确性。同时，当被管理者参加组织管理时，他们会对决策产生认同感，从而诱发他们为实现自己参与选择的组织活动而努力的自觉性。此外，在参与组织活动的各要素中，人是最活跃的。因为人具有主观能动性，能够积极、主动地投入组织活动中。人的态度和积极性直接关系到组织活动中其他要素的利用效果，从而决定着组织活动的效率。因此，管理者在管理活动中要考虑到人在物质上和精神上的各种需求，要根据人的特点来进行领导和激励，"以人为中心"，充分发挥人的聪明才智，最大限度地调动人的积极性和创造性，实行"人性化的管理"。这是做好管理工作的根本。

"为了人的管理"是指管理的根本目的是为组织中的人服务。管理的为人服务的目的有两个方面的含义：其一是要通过管理工作来提高组织活动的效率，从而使组织能够更好地满足服务对象的要求；其二是通过管理工作，充分实现组织成员的社会价值，促进个人发展。现代社会，人们参与组织活动的目的，不仅是解决生计问题，更是希望能在社会活动中有所作为并使自己的社会价值得到充分实现。这种需要的满足，不仅要求决策民主化，而且要求管理者根据每个组织成员的素质、特点和个性心理特征等个人特质来安排恰当的工作，使每个人都有机会在组织的业务活动中增加知识、增长才干、提高能力、完善素质，从而实现自身的不断发展。"为了人的管理"还体现在全体组织成员能够共享由于管理而使组织获得的"红利"。组织"红利"是全体组织成员共同贡献的结果。只有让全体成员分享相应的"红利"，才能从根本上保证每个成员的利益，调动每个成员参与组织活动的自觉性、主动性、积极性。

（二）系统原理

系统是指由若干相互联系、相互作用的要素或部分组成的具有特定功能的有机整体。客观世界中存在形形色色的系统，任何系统本身又是它从属的一个更大系统的组成部分。根据不同的标准，可以将系统分成不同的类型。以系统形成方式为标准，可将系统分为自然系统与人造系统。自然系统是由自然物质组成的系统，人造系统则是人为了实现某种目的而有意识建立的系统。以系统是否与环境交互作用为标准，可将系统分为封闭系统和开放系统。封闭系统是指不与外界进行物质、信息、能量交换的系统，开放系统则是在其存在与运行过程中不断地与外界发生交互作用的系统。以系统状态是否发生变化为标准，可以将系统分为静态系统和动态系统。静态系统的结构和状态不随时间而改变，动态系统的结构和状态随时间而改变。从管理的角度看，任何一个组织及其环境都可以看作一个系统。这个系统是人造的、开放的、动态的。

系统具有整体性、目的性、层次性、开放性与适应性等特性。每一个系统都是由若干个子系统构成的，这些子系统之间相互联系、相互作用并服从于共同的目标，从而构成一个共同整体。系统的目的就是要创造价值和提供服务，取得一定的经济效益和社会效益。系统又是分层的，每个系统都有子系统，同时，每个系统又是一个更大系统的组成部分。在一个系统中，各子系统之间既互相联系，又具有一定的独立性。由于不同的子系统所处的层次不同,这就形成了系统的层次性。通过多层次子系统的分工协作,使整体目标得以实现,整体效能得以提高。每一个系统又都是社会大系统的组成部分,它们必须不断地与外界交换能量与信息,并且随着外部环境的不断变化,每一个系统都必须及时进行自我调整,这是系统生存和发展的前提。一般来说,系统越开放,其适应性就越强;适应性越强,系统的生命力也就越强。

系统原理是认识管理本质和方法的最基本视角,在管理原理的体系中起统帅作用。管理的系统原理要求在管理过程中树立系统观念,积极处理好局部与整体之间的关系,把整体优化作为管理活动的根本出发点;树立开放观念,不断地与外界交换信息和能量,形成良性循环,保持持续发展;树立动态平衡观念,及时根据环境的变化,因时、因地、因人制宜不断进行调整,寻求系统动态平衡。

(三)效益原理

任何组织管理的最终目标都是为了追求和获取效益。效益是指组织目标的实现与实现组织目标所付代价之间的一种比例关系。追求组织活动的效益就是尽量以较少的资源消耗去实现组织的既定目标。

资源的有限性决定了人类一切活动必须讲求效益。因为人类认识自然和改造自然的能力总是有限的,不同历史时期的人们能够从自然界获取的物质资源以及利用这些资源生产的物质产品的数量也是有限的,而人们希望通过这些资源和产品的利用来满足的需要总是无限的。解决资源的有限性与人类需要的无限性之间的矛盾是管理学与经济学的永恒课题。这个矛盾的缓和,要求人们在管理活动中遵循效益原理。

组织效益是由组织目标的实现与实现组织目标的代价这两个方面决定的,追求组织效益就应该以这两个方面为参照而努力。组织目标能否实现,实现程度的高低,与管理者所选择的活动的内容有关。如果活动的内容选择不当,与组织所处环境的特点或变化规律不相适应,那么,即使活动过程中组织成员的效率很高,结果也只能是南辕北辙,无法实现组织目标。组织实现目标的代价取决于管理活动过程中的资源消耗量,而资源消耗量的高低则取决于活动方式正确与否。方式正确,资源能得到合理配置、充分利用;方式失当,则导致资源的浪费。因此,"做正确的事"是追求效益的前提,"用正确的方法做正确的事"则是实现效益的保证,管理者必须注意提高自己和下属的"做正确的事的能力"和"用正确的方法做事的能力"。

(四)适度原理

管理活动中存在许多相互矛盾的选择。例如,在组织结构的安排上,有管理幅度宽窄之分。较宽的管理幅度可以减少管理层次,从而加快信息的传递速度,提高组织高层决策的及时性;同时可避免上级对下级工作的过多干预,从而有利于发挥下级在工作中的主动性。较窄的管理幅度可以减少每个层次的管理者需要处理的信息数,从而有利于有价值的信息被及时识别和利用;同时可以使管理者有较多的时间去指导下属,从而有利于下属工作能力的提高。在这些相互对立的选择中,前者的优点恰好是后者的局限之所在,而后者的贡献恰好弥补了前者的劣势。

选择的矛盾性要求管理者在做出选择时必须在两个极端之间找到最恰当的点,进行适度管理。选择的矛盾性也决定了管理者的工作效率更多的不是取决于对管理的理论知识和方法的掌握程度,而是取决于对所掌握的知识和方法的应用能力。管理者艺术地运用科学的管理理论与方法的能力是进行适度管理的决定性因素。

第二节 管理学

管理学是研究和探讨组织及组织内资源配置的构造、过程、方式、方法的学科,是一门理论性和应用性都很强的学科,是管理学科群中最为基础的学科。管理学作为一门新兴的、独立的学科,经历了一百多年的发展,在广泛吸收其他学科的科学成果的基础上,形成了自己的特色。

一、管理学的研究对象

管理学揭示了管理活动的规律性,指导人们按照管理的科学原理合理地组织生产力,不断完善生产关系,适时调整上层建筑,从而提高生产效率,促进社会经济的发展。同时,任何管理活动都是在一定形式的组织中进行且与个体活动和群体活动密不可分的。因此,管理学的研究对象可以从宏观层面和微观层面上进行划分。

(一)管理学宏观层面上的研究对象

从宏观层面上看,管理学的研究对象包括生产力、生产关系和上层建筑三个方面。

1. 生产力方面

主要研究如何合理配置组织中的人、财、物、信息等资源要素,使各要素充分发挥作用;研究如何根据组织目标及社会需求,合理使用各种资源,以求得最佳经济效益和社会效益。如企业管理的目的就是要合理地组织产品的生产经营过程,为市场提供所需要的产品。

2. 生产关系方面

主要研究如何正确处理组织活动过程中人与人之间的关系和其他关系、如何完善组织机构与各种管理体制等问题,从而最大限度地调动各方面的积极性和创造性,以达到最大经济效益。如组织内部的领导与下属、员工与员工、组织与员工之间的经济关系;组织外部的组织与国家及部门、组织与其他社会组织之间的关系;国家、集体、个人三者之间的经济关系等。为了处理好这些关系,组织就要建立和完善管理体制、管理责任制等制度。

3. 上层建筑方面

主要研究如何使组织内部条件与外部环境相适应的问题,即研究如何使组织的各项规章制度、劳动纪律与社会的政治、经济、法律、道德等上层建筑保持一致,从而维持正常的生产关系,促进生产力的发展。

(二)管理学微观层面上的研究对象

从微观层面上看,管理学的研究对象包括个体活动、群体活动和组织活动三个方面。

1. 个体活动

任何个人即使在从事仅与自己相关的目标活动时,也需要在可利用的不同资源中进行选择。优先利用哪些资源? 以什么样的方式利用这些资源? 如何才能利用可支配的资源给自己带来尽可能大的收益? 所有这些问题的解决都需要借助我们自己的统筹管理能力。即便我们在进行相关活动时能够利用的资源种类有限,可以选择的余地很小,也至少有一类基本问题需要解决:如何有效地利用时间? 如何合理地把我们的时间资源分配在不同的活动中? 时间管理也是管理的一个重要内容。个体活动的有效组织因此也就成为管理学研究的重要对象。

2. 群体活动

群体活动的管理首先需要选择群体活动的方向与内容。这种选择的实质是群体可支配资源的配置方向与配置方式的选择,其目的是保证群体从可支配的资源利用中获得最大满足。根据定义可知,群体活动是由一群人完成的活动。这一群体中的每一个个体的工作能力是有差异的,能为组织提供的贡献是不同的,对组织要求其提供的特定服务的理解也是不一样的。所以,对群体活动的管理不仅要研究资源的利用,而且要研究如何整合人的努力。要通过对人的管理使群体中不同人在不同时空的努力转化成对群体有益的贡献。

3. 组织活动

持续的群体活动是在一定形式的组织中进行的,或者说,群体活动的持续进行导致了组织的产生。在群体活动管理中,或者在作为群体活动框架的组织管理的基础上抽象出一般的管理规律,然后在概括这些规律的基础上形成一般的管理理论,进而把这些理论移植于其他人类组织的管理中,是管理学研究的另一项重要任务。

从逻辑上说,任何形式的人类组织都有可能成为管理学的研究对象。然而历史的演进选择了工厂制度或在此基础上发展起来的现代企业作为管理学的研究对象。管理思考虽然历史渊源久远,但是管理思想则是伴随着工厂制度而大量涌现的。随着产业革命的发展,工厂或企业的数量越来越多,规模越来越大,活动内容越来越复杂,专门从事管理的人因此越来越多,对管理活动的思考越来越丰富。正是这些思考的积累促进了管理思想的系统形成,进而推动管理理论的发展。因此,现代管理学通常通过解剖企业经营活动来描述和抽象管理活动的一般规律。

把企业组织作为管理学研究的对象是因为,它不仅是现代微观经济活动选择的普遍形式,组织形式数量众多,提供着大量鲜活的研究案例,而且也是历史发展的必然选择。对人的活动,或者说对人在活动中的行为与关系的协调是企业以及其他有组织的群体活动管理的基本内容,因此在企业研究基础上抽象出的一般管理理论对其他类型组织的管理也具有普遍的指导意义。

二、管理学的性质与内容

(一)管理学的性质

研究管理学的目的在于把人类成功的管理实践经验提升为管理理论,找出管理活动中的规律,使之成为一种可以学习和遵循的科学方法,并服务于管理实践。管理学的性质是其本身所具有的、区别于其他学科的基本特征,反映了管理学的基本规律。关于管理学的性质,可以概括为以下三个方面。

1. 融合性

管理本质的二重性决定管理学既不同于以客观自然界为研究对象的自然科学,也不同于以研究社会发展规律为对象的社会科学,它是对自然科学和社会科学的理论成果进行融合而生成的新学科。管理实践的复杂性也决定了管理学必须融合经济学、社会学、政治学、心理学、伦理学、数学等学科的研究成果,并运用运筹学、系统论、信息论、控制论、计算机科学等的最新成就,对管理进行定性的描述和定量的测算,从中提炼出行之有效的管理理论,用以指导管理实践。

2. 实践性

管理学的研究对象和研究目的决定了它是一门与实践紧密相连、对理论成果的应用价值十分重视的学科。管理学通过对管理活动的基本规律和一般方法进行系统总结和科学概括,形成普遍的管理原理和方法,以指导人类的管理实践活动,并在此过程中完成对管理理论和知识的检验。所以,管理学无论在理论的来源、理论的价值还是在检验理论的方法上,都深深地打上了实践的烙印。

3. 时代性

正因为管理学的实践特征显著,所以它必然会呈现出鲜明的时代特色。纵观管理学百年来的发展史,我们可以清晰地看到,管理学始终随着时代的前进而不断积累和完善。从科学管理理论的"动作研究"到人际管理理论的"社会人假设",从古典管理理论的"理想行政组织体系"到现代管理理论的"流程再造思想",管理学始终紧扣社会的脉搏,因此才构筑了具有鲜明时代特色的学科体系。未来,随着信息技术、大数据和人工智能等先进科技的发展,管理的方式方法必将发生巨变,管理学理论也必将随之发生深刻的革命。

(二)管理学的内容

管理学虽然是一门新兴学科,但已发展为一个庞大的学科体系,主要由管理学基础理论和门类众多的分支学科构成。经济管理、行政管理、教育管理、工商管理等管理学分支学科将管理学的基础理论运用于各专业领域,目的在于指导管理者解决实践中的特殊管理问题。因此,它们的研究内容都具有各自的特性。管理学基础理论研究是对管理活动的基本规律和一般方法展开的研究,目的在于为管理实践和其他分支学科的发展提供一般性指导。因而管理学基础理论也具有自己的研究内容体系。

1. 管理原理

管理原理主要研究管理基础理论中的一般性问题,即研究普遍适用于人类社会或某一特定社会形态的一般管理原理、理念、原则以及基本规律。例如,管理的含义、目的、特征、公平理念、动态原理、效益原则等。

2. 管理职能

管理原理的作用是在管理者履行各项职能的过程中体现出来的。管理职能研究主要是从管理的功能、过程、技能、角色、活动等多个角度探讨"管理者做什么"这一问题。例如,计划、组织、领导、控制等职能。

3.管理技术和方法

管理职能的履行是依靠管理的技术、方法和手段来实现的。管理技术和方法研究主要探讨"管理者如何做"这一问题。例如,人员测评技术、计划评审技术、关键线路分析法等。

4.管理者

管理者是管理活动的主体,既包括个体也包括群体。管理者研究主要是探讨"什么人来做"这一问题。例如,个体层面的价值观、知识、能力、技能,群体层面的结构、关系等。

5.管理环境

任何组织的生存都离不开内、外部环境。管理环境研究主要是探讨"管理的内、外部条件如何"这一问题。例如,利益相关者关系、社会与文化、政治与法律、经济与技术、人口和地理等。

6.管理效能

管理效能是管理者在实现管理目标时所显示的能力和所获得的管理效率、效果和效益的综合反映,是衡量管理工作结果的尺度。追求管理效能的不断提高是管理活动的中心和一切管理工作的出发点,是管理的生命所在。管理效能所探讨的问题是"做得怎么样"。

7.管理思想史

管理思想史是在考察管理实践发展历程的基础上对管理思想的演变过程所做的理论回顾。管理思想史研究主要是对管理史上各种观点、主张、思想、理论进行梳理和提炼,目的在于继承和发展管理学研究成果。

上述七个模块是当今管理学研究的主要内容。在管理实践的推动下,管理学研究的范畴正在不断扩大,具体内容也在不断充实、更新,管理学基础理论体系也将不断发展和完善。

三、管理学的研究方法

管理本身不是目的,而是实现目的的方法和手段。管理的理论和方法来源于管理实践。在对管理实践的研究中,发现新的管理现象、提炼新的管理理论和观点、揭示管理内在规律的工具和手段,就是管理学的研究方法。学习和研究管理学的方法有很多,管理的方法也是多方面的,但贯穿其中的基本方法有以下五个。

(一)唯物辩证法

马克思主义唯物辩证法认为:理论来源于实践,又反过来指导实践;一切客观实践又都是相互联系和相互制约的,都是不断发展变化的。管理学的基本思想都是从人们的社会实践,特别是生产实践中来的,经过总结和归纳形成了一些概念、原理和规律,又在实践中加以验证,不断完善和深化。管理学这门学科是经过许许多多的实践者和管理学者的共同努力才形成的,随着社会的进步和生产力的飞速提高,特别是随着信息技术、大数据技术、人工智能技术等先进技术的发展,管理学还将遇到许多新的问题,推动其不断完善。

管理活动是一个客观的、受多因素制约的过程。管理学产生于管理实践活动,在管理实践中,人们用全面的、历史的、发展的观点去观察和分析管理活动中的各种问题,经过综合提炼,上升为管理理论。管理理论反过来通过实践指导人们的管理活动。因此,我们学习和研究管理学,必须以辩证唯物主义认识论为指导,以唯物辩证法作为管理哲学的基本思想和基本方法。

管理活动的最根本特征是管理受组织内部条件和外部环境因素制约,并随科学技术、社会生产力的发展和客观环境的变化而不断发展变化,这是一个动态的过程。因此,管理者的责任就是以实事求是的科学态度,认识和掌握管理的客观规律,使管理的有效性经得起社会客观标准的检验和判别。不能否认,管理是一种创造性的活动,管理者应当把开拓观念看作管理的灵魂。但是,任何管理理论和管理观念都是客观实践活动在管理者头脑中的反映,不能把它看作主观随意性的产物,使愿望脱离可能,以想当然代替客观实际。

(二)系统研究法

系统论认为系统中一个部分不能脱离其他部分而孤立地生存。系统方法把组织视为有统一目标的相互联系的诸部分的组合,是一个动态的整体,同时把组织及其环境视为是相互联系和相互作用的。作为研究管理与组织问题的主要思维方法,它强调研究解决组织中一个部分的问题时,必须全面考虑其他部分的影响及该问题对其他部分所产生的影响,即要从总体角度处理和协调问题。系统研究法认为组织的绩效也取决于组织和环境的相互作用。组织从环境中取得信息、资源,又对环境产生影响,两者相互作用。系统研究法求解实际管理问题常有以下特点:有分解分析,又有综合协调;从长期角度处理近期问题;综观全局来把握局部;从动态角度来处理静态问题。

(三)案例研究法

案例研究法是管理学中一种不可替代的重要研究方法。案例是一种运用语言形式或各种视听手段来描述的真实的特定管理情景。通过阅读、分析和讨论案例,使学习者进入特定管理情景和管理过程,建立真实的管理感受和寻求解决管理问题的方法,从而培养学习者实际管理能力,包括综合运用所学理论解决实际管理问题的能力及管理逻辑思维的训练。通过讨论案例,学习者能提高表达能力,增强说服他人、为自己观点辩护的能力,听取别人意见及群体交往与协作的能力。不同的案例会涉及许多行业和宏观、微观环境,案例分析能增进知识,拓宽视野,扩展思路,获得大量信息和知识。

学习和研究管理,应多注重案例分析。案例分析并非简单的经验总结,它强调分析成功或失败的原因,鼓励人们思考并依据案例所提供的资料做出自己的决策。

(四)试验研究法

任何事物的发展变化往往是由多种因素共同起作用的,但这些因素的作用程度不同。通过试验,管理者可以找到影响事物发展变化的主要因素,发现问题产生的主要原因,进而有针对性地采取相应的管理措施。在管理活动中,试验方法已成为摸索经验、进行决策的强有力的工具,是帮助管理者发现管理问题并采取有效措施予以解决的有力工具。试验方法也是保证管理决策科学有效的重要途径,许多重要决策都要先进行试验再进一步推广,即先验证决策的科学性并逐渐推广。在管理学发展过程中,试验方法也是创立先进管理理论的重要手段。一些重要的管理理论(如泰勒的科学管理理论、梅奥的人际关系学说等)都是人们通过试验摸索总结出来,并通过试验予以验证和推广的。

（五）比较研究法

比较是通过辨认、鉴别来揭示事物之间的共同点和差异点以正确认识事物的一种认识方法。比较管理学是建立在比较分析的基础上对管理现象进行研究的一个管理学分支，其研究范围往往是跨国度的，它主要分析不同体制、不同国家之间在经济、文化、工业上的差异对管理的影响，探索管理发展的模式和普遍适用于先进国家和发展中国家的管理规律。

比较管理学最早产生于20世纪50年代末，是伴随跨国公司的发展与经济国际化的趋势而不断发展起来的。跨国公司作为一个整体，需要实现公司整体经营目标，而其生产经营活动分散于世界各地，其经营管理工作又必然受到当地的政治、经济、文化、技术等环境因素的影响。在这种情况下，外国企业是如何管理的，本公司在国外开拓业务应如何进行管理，目前的管理措施是否适用，管理学理论是否具有普遍性等问题便自然而然地成为管理理论与实践工作者所普遍关注的焦点。

目前，比较管理学的研究重心集中在不同国家经营管理特征的比较研究上。比较管理学强调确立一种共同的特征与分类系统，以便适用于不同国家的管理过程和管理特征的比较研究。同时，比较管理研究应围绕以下几方面进行：探究不同国家的管理过程和管理特征的共性；对上述管理过程和管理特征的共性进行有效的描述；对上述有效的描述进行有价值的比较研究。

掌握和运用比较管理学的研究方法，对建立中国特色的管理学科十分重要，对准确理解和把握西方管理理论也是必需的。我们目前学习的主要是西方的管理理论，如何把西方的管理理论与中国实际结合起来，是一个重大的课题。

四、学习管理学的意义

对于个人而言，任何个人都处于一定的管理关系之中，都需要面对和解决一定的管理问题。学习管理学可以帮助我们了解和掌握管理的一般规律，提升我们分析管理问题和解决管理问题的能力，因而可以指导我们在学习、生活以及工作中的管理实践。具体来说，学习管理学的意义在于下列方面。

（一）了解管理的一般规律

我们每个人都可能有意识或无意识地根据自己的理解去处理一些管理问题，如一些杰出的企业家甚至领袖人物从来都没有接受过系统的管理教育；我们每个人都可以在自己的实践中去摸索、总结、积累管理的经验，从而逐渐自如地应对复杂的管理实践。但是，只是通过自己的实践去摸索，可能存在以下两个方面的局限：第一，经历的时间可能很长；第二，自己的探索既可能成功，也可能失败。我们虽然可以看到许多通过自己的总结而获得巨大成功的管理者，但是历史往往只记住了成功者，而忘却了那些倒在探索过程中、有时甚至可能离成功并不太远的失败者。管理学是在总结大量前人成功经验与失败教训的基础上抽象出来的科学结论，系统地学习管理学的相关理论，可以帮助我们了解管理的一般规律，熟悉管理的一般方法，不仅可以缩短我们成为成功管理者的过程，而且可以帮助我们越过管理陷阱，少走弯路，缩短成功的周期，提高成功的概率。

（二）提升管理决断能力

学习管理学,不仅可以帮助我们形成理性分析能力,而且可以提升我们以直觉判断为基础的决策或决断的能力。资源的有效利用需要设计、评价和比较不同的方案。为此,需要我们在拥有理性思维的同时熟悉相应的量化分析方法。管理学的学习可以帮助我们掌握管理的思维方式以及与之相应的计算方法,形成思考和解决管理问题所需要的理性分析能力。然而,成功管理者的实践表明,许多重大决策在关键时刻往往需要借助管理者以直觉为基础的判断。形式上似乎缺乏科学依据的直觉判断实际上可能有着非常丰富的科学内涵。直觉似乎以经验为基础,因而似乎主要与行为主体的实践相关。但实际上,管理学中的案例分析和事例解读,也可以帮助我们填补实践缺憾,在此基础上引发的思维沉淀也因而可以提升我们在直觉基础上做出判断的正确性。

（三）提升管理水平

从某种意义上说,科学的根本使命是指导人们在认识世界的基础上改造世界,管理亦然。在所有科学,特别是社会科学中,管理学是与实践联系最为密切的。管理学的理论来自实践,管理学理论的可靠性和有用性也要通过实践去检验。只有在掌握科学理论与方法的基础上,我们才能结合不同组织的性质和使命,根据组织可以支配的资源种类和数量,适应组织环境的特点及其变化,选择合理的活动方向、内容和方式,从而在不断提高资源配置效益的前提下充分地实现组织的目标。

【本章小结】

1. 管理就是为了有效地实现组织目标,由管理者利用相关知识、技术和方法对组织活动进行决策、组织、领导、控制并不断创新的过程。

2. 管理的特征包括管理是人类实践的产物和组织方式,管理具有特定的目的、主体、客体和内容,管理具有普遍性和特殊性、系统性和权变性。

3. 管理的职能包括计划、组织、领导和控制。

4. 管理的本质包括管理是对人或对人的行为进行管理,管理的本质是对人的行为进行协调,管理的科学性与艺术性,管理的自然属性与社会属性。

5. 管理的基本原理包括人本原理、系统原理、效益原理、适度原理。

6. 管理学是一门系统地研究管理活动基本理论、基本规律和一般方法的科学。

7. 管理学的研究方法主要包括唯物辩证法、系统研究法、案例研究法、试验研究法等。

【实务训练】

两种不同的变革方式

王安实验室以年销售额超过 30 亿美元名列 1989 年《幸福》500 家大公司的第 146 名。这一文字处理计算机的先驱者，在全世界雇有 2.7 万名员工。可就在 3 年之后，王安公司申请了破产保护。此时，王安公司的销售额已下降到 19 亿美元，员工人数为 8000 人左右。公司逐年亏损，1990 年其亏损额达到 7.16 亿美元，1991 年为 3.86 亿美元，1992 年为 3.57 亿美元。公司的股票市场价值曾一度达到 56 亿美元，而此时跌落到 0.7 亿美元。

再来看看惠普公司。这家计算机与电器生产企业在 1989 年出现了销售额锐减，并多年来第一次经历了盈利下降局面。但是，惠普公司没有像王安公司那样步入大规模衰退时期，而是迅速走向引人注目的复苏。在员工队伍从 9.2 万人减到 8.9 万人（并没有实行强制性裁员）的情况下，公司实现销售额的大幅回升。1992 年第一、二季度的盈利分别增长了 49%和 40%，公司的市场价值剧增到 190 亿美元以上。惠普公司到底采取了什么措施，使其与王安公司的结果截然相反呢？

20 世纪 80 年代后期以来，计算机行业面临环境的急剧变化。这种变化对像国际商用机器公司、数据设备公司和优利系统公司这样的大企业都产生了不利的影响：顾客的需要已经从大型计算机转为小型计算机乃至更小的多用途的个人计算机（PC），许多硬件成为像日用品一样的商品，无论是低价的供货者，还是提供优质服务或持续创新的厂家，都可以加入争夺市场份额的行列。在这时王安公司的管理者们仍然以为他们是在一个稳定的环境中运营。公司的创建者王安博士本人也没有意识到变革的需要。他认为使办公室职员们从打字机时代中解放出来，就已经完成了办公室的革命。他和他的整个管理队伍没有看到，飞速发展的个人计算机已远远超过了王安的单功能文字处理机和价格昂贵的微型机。

惠普公司则走了另一条路子。其管理者看到了环境的变化并全力推进公司的变革。他们给员工们授予了充分的权力，简化了决策制定过程，并大幅度削减了成本。虽然惠普公司仍然是一家大公司，但它的管理者们已经决定绝不能让惠普公司成为行动缓慢者。高层经理们视察了全国的生产基地，收集了生产和销售第一线员工的意见和建议。他们所到之处听到的是对公司官僚行政机构的普遍抱怨，以及新项目得到批准的重重困难。于是，管理者们对组织进行了重组。他们撤销了两个高层管理委员会，取而代之的是一种跨职能领域和组织界限的团队结构：工作团队被给予前所未有的从新产品设计到分销全过程的充分自主权。高层管理者投入了大量的时间向员工们宣传：他们需要有一种高度的紧迫意识，要勇于采取敢冒风险的行动；同时，需要认识到，在竞争者不断削价的新形势下，仅靠提供优质的产品是不够的，管理者鼓励员工们寻找全新的方法，使公司从研究开发到行政管理和销售各领域都能达到低成本。这些措施的结果是，惠普公司在其大部分产品的毛利都下降的情况下，仍然取得了较高的利润。

问题：请结合上述案例和管理的含义，谈谈你得到了哪些管理学上的启示？

【思考与练习题】

一、单项选择题

1. 人们对"管理"一词有不同的理解。有人认为"管理就是你不管,下属就不理你";有人则认为"管理就是先理(梳理),然后才能管"。你对这两种理解的看法是(　　　)。
   A. 前者代表了典型的集权倾向,后者反映出一种民主的气氛
   B. 两种理解都片面地强调了管理工作的控制职能,只是思考和表达角度不同
   C. 后者更科学,因为强调了"理";但也有不妥,似乎"理"好了,就不需要管了
   D. 前者可用于基层管理,后者可用于高层管理

2. 从发生的时间顺序看,下列四种管理职能的排列方式,更符合逻辑的是(　　　)。
   A. 计划、控制、组织、领导
   B. 计划、组织、控制、领导
   C. 计划、领导、组织、控制
   D. 计划、组织、领导、控制

3. 关于管理有以下几种说法:①管理就是为在集体中工作的人员谋划和保持一个能使他们完成预定目标和任务的工作环境;②管理就是实施计划、组织、领导和控制;③管理就是决策;④管理就是通过其他人来完成工作;⑤管理就是由一个或多个人来协调他人活动,以便收到个人单独活动所不能收到的效果而进行的各种活动。下面对这些观点的判断更为科学的一项是(　　　)。
   A. ①更科学,所以大多数管理学教材都遵循这种框架
   B. 这些说法本质上没有什么区别,只是描述的角度不同
   C. ⑤更科学,反映出管理要追求增效效应的本质
   D. 这些说法都只是关心管理的某方面问题,所以才有不同的解释

二、多项选择题

1. 人本管理的基本内涵是(　　　)。
   A. 依靠人的管理　　　　　　　　　　B. 为了人的管理
   C. 关心人的管理　　　　　　　　　　D. 尊重人的管理
   E. 爱护人的管理

2. 管理活动总是在一定的社会生产方式下进行的。据此,管理研究的内容可以分为(　　　)。
   A. 生产力　　　　　　　　　　　　　B. 生产关系
   C. 上层建筑　　　　　　　　　　　　D. 经济基础
   E. 社会文化

三、简答题

1. 简述管理的概念及其基本特征。
2. 如何理解管理的二重性？

四、论述题

1. 如何理解管理的科学性和艺术性？
2. 联系实际说明为什么要学习、研究管理学？

第一章思考与练习题
参考答案

第二章

管理者

【学习目标】

　　1.了解管理者的定义。

　　2.掌握管理者的类型。

　　3.掌握管理者在管理中扮演的角色。

　　4.掌握管理者应具备的技能。

【导入案例】

吴队长的烦恼

　　吴队长是陆军某基地干部，曾是军校优秀毕业生的他，无比憧憬毕业后的生活。可是，自从来到基地后，初入部队的新鲜感被年复一年、日复一日的工作消磨殆尽。每天起床，他都要检查营区的卫生情况，督促战士们整理内务，打扫卫生，很多时候对卫生标准不满意，他自己便拿着扫帚打扫。部队的生活繁忙紧张，吴队长觉得一件事情还没完成，另外的任务又接二连三地到来，似乎自己总有干不完的活儿，每天都要忙到很晚才能休息。

　　当他向远在外地的亲人抱怨自己的劳累时，很多人都劝他把任务合理安排给手下的人，可吴队长却摇摇头说，手下的人太年轻，做事情总是毛毛躁躁，不能让人满意，把任务交给他们自己不能放心。每次抱怨之后，吴队长又不得不打起精神，面对摆在面前的各种琐事。

　　前两天，由于一名战士不假外出，作为主官的吴队长受到了上级的批评。这让他感到万分委屈。多年来，自己兢兢业业地工作没受到太多表扬，而这次却被严厉批评。在感到委屈心情低落的同时，吴队长也更加坚定了自己的想法，那就是自己手下的人做事是靠不住的，各项工作只能自己干才放心。于是在工作中他越来越亲力亲为，甚至有一名新来的干部主动要求承担任务也被他三番五次地拒绝。在这样的工作方式下，吴队长经常感到疲惫不堪，但自己却找不到好的改进方法。

　　每年年底，吴队长都要承担部队新训干部管理工作，这一干就是9个月。之后又要开始准备新一轮培训工作。由于不能放心地把工作交给别人，他已经连续6年没有回家过年了，在日复一日的忙碌工作中，在思念父母亲人的煎熬中，他不知道自己的未来在何方。

　　从以上的案例中，你认为吴队长在管理中扮演着什么样的角色？他的管理在哪些方面还需要提高？

【思维导图】

```
管理者 ─┬─ 管理者的含义和类型 ─┬─ 管理者的含义
        │                      │
        │                      └─ 管理者的类型 ─┬─ 按管理层次分
        │                                       ├─ 按管理领域分
        │                                       └─ 按职权关系分
        │
        └─ 管理者的角色与技能 ─┬─ 管理者的角色 ─┬─ 管理者的角色类型 ─┬─ 人际角色
                               │                │                    ├─ 信息角色
                               │                │                    └─ 决策角色
                               │                │
                               │                └─ 管理者角色的影响因素 ─┬─ 管理层次对角色的影响
                               │                                          └─ 组织规模对管理者角色的影响
                               │
                               └─ 管理者的技能 ─┬─ 管理者的技能类型 ─┬─ 技术技能
                                                │                    ├─ 人际技能
                                                │                    └─ 概念技能
                                                │
                                                └─ 不同层次管理者的技能要求
```

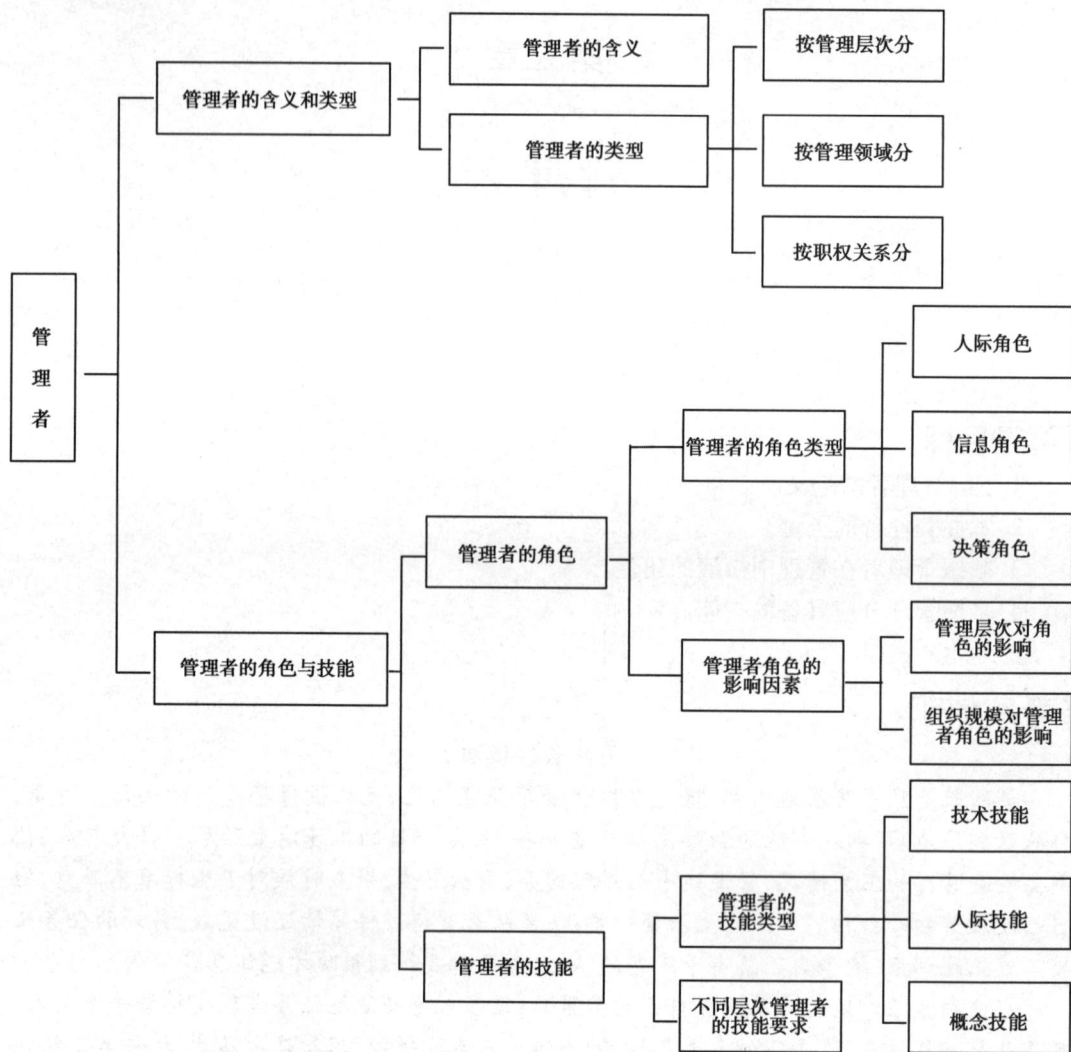

　　管理者对组织的生存和发展起着至关重要的作用。管理者在组织中行使管理职能,通过协调他人的活动以实现组织目标。管理者必须对组织负责,而不是仅拥有权力。管理者是组织的心脏,其工作绩效的好坏直接关系着组织的兴衰成败。所以,管理大师德鲁克曾说:"如果一个企业运转不动了,我们当然是要去找一个新的总经理,而不是另雇一批工人。"

第一节　管理者的含义和类型

一、管理者的含义

　　任何组织都是由人组成的,组织目标的实现是组织所有成员从事各种不同活动的结果。

一般来说,可以把组织活动抽象为两大类,即业务活动和管理活动。所谓业务活动即专门从事某项具体生产业务和专门技术工作、直接关系到组织目标实现的活动。而管理活动是正式组织中一种由一个或更多的人来协调其他人工作的活动。从事业务活动的人被称为操作者或作业者(Operative),从事管理活动的人被称为管理者(Manager)。管理者以各种各样的头衔在各类组织中履行着自己的管理职能。管理者通常具有以下特征。

①管理者所从事的是协调组织中操作者活动的活动。这些活动主要包括计划、组织、领导和控制等,这些活动又被称为管理的职能。

②管理者对组织目标的实现起间接贡献作用。管理者通过履行各种管理职能,使被管理者的活动能更有效地进行,使组织投入生产过程的资源能得到更充分的利用,从而使组织目标能更高效地得以实现。

③管理者在组织中的行为,受双重人格身份的影响和作用。一方面,作为组织的管理者在履行各种管理职能时,要根据组织的目标要求来规范自己的行为;另一方面,在履行各种管理职能时,管理者又受本身知识与能力、个性与偏好、个人目标与利益追求等个人因素的影响。

④管理者在履行各种管理职能时,考虑问题的出发点应是组织整体的利益以及组织中各个方面相互间的联系。

二、管理者的类型

在一个组织中,管理者往往不止一个,而是一个群体。以一定的标准对这个群体进行划分,有助于确定不同类型管理者的职责、技能要求、培训方法和激励措施等。管理者群体可以用不同的标准进行划分。

(一)按管理层次分

大多数组织都会在纵向上形成若干个管理层次。大型组织中的管理层次会比较多,而小型组织中的管理层次相对较少。按管理者所处的管理层次,管理者群体可以划分为高层管理者、中层管理者和基层管理者。在基层管理者层次之下是操作者或作业者。在这样的划分下,组织的层次如图 2-1 所示。

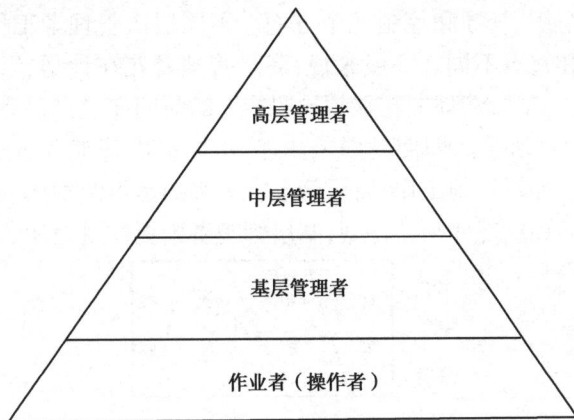

图 2-1　组织的层次

1. 高层管理者

高层管理者处于组织的最高层,是对组织发展负有全面责任的人。高层管理者主要负责组织的战略管理,制定组织的总目标,掌握组织的大政方针并评价整个组织的绩效。在对外交往中,高层管理者代表组织以"官方"身份出现。

在高层管理者中,总有一个管理者作为组织的法定代表对组织的生存与发展全权负责,如工厂的厂长、公司的董事长或总经理、学校的校长等。就组织的法定代表与其他高层管理者的关系来说,其他高层管理者是组织法定代表的助手,协助其对整个组织进行管理。

2. 中层管理者

中层管理者处于高层和基层管理者之间。中层管理者在管理等级中不只涵盖一个管理层次,而是包括了基层和高层之间的各个管理层次。典型的中层管理者如组织中财务或者人力资源部门的管理者、质量管理部门的管理者等。中层管理者的职责就是落实高层管理者的计划与决策,并协调和监督基层管理者的活动。中层管理者既包括业务部门的管理人员,又包括参谋部门的管理人员。其中,参谋部门的管理人员为组织的决策出谋献策,而业务部门的管理者则是直接落实高层管理者的计划。

需要注意的是,中层管理者与中层领导不是一个概念。中层领导是指组织中处于中间层次的领导者,是组织中某个部门的负责人。中层管理者则包括两个部分。一部分是职能部门的管理人员,他们是高层管理者的参谋,作为整个组织的参谋人员发挥作用。这部分管理人员既包括各职能部门的一般管理人员,也包括这些部门的负责人。另一部分是直线部门的管理人员,他们负责把高层管理者的计划变成自己所管理部门中全体人员的具体行动计划,协调整个直线部门人员的行动。

3. 基层管理者

基层管理者是指组织中把中层管理者的计划更加具体化地分派给组织中的作业者,并对作业者的活动进行协调的管理人员。这一层次的管理人员在组织中起着连接中层管理者和作业者的作用。他们是组织层次中最基层的管理者,给下属作业人员分派具体任务,直接指挥和监督现场作业活动,是操作人员的监督者。常见的基层管理者包括部队的班排长、工厂里的班组长、商店里的柜组长、高校中的教研室主任和运动队中的教练等。

作为管理者,不论在组织哪一层次上承担管理职责,其工作的性质和内容应该基本上是一样的,都包括计划、组织、领导和控制几个方面。不同层次管理者工作上的差别在于各项管理职能履行的程度和重点不同。一般来说,高层管理者花在计划、组织、控制职能上的时间要比基层管理者多,而基层管理者花在领导职能上的时间要比高层管理者多,不同层次管理者的时间分配如图2-2所示。即使是同一职能,不同层次管理者所从事的具体管理工作的内涵也不完全相同。如对计划工作,高层管理者关心的是组织整体和长远的战略规划,中层管理者偏重的是中期和内部的活动计划,基层管理者则更注重短期的业务和作业计划。

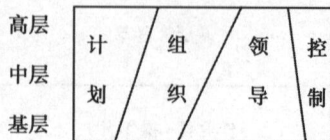

图2-2　不同层次管理者的时间分配

（二）按管理领域分

根据管理者管理范围的大小、所处领域和所起作用的不同，也可将管理者分为综合管理者和专业管理者两类。

综合管理者指对整个组织或组织中某个部门负责的管理者。他们是一个组织或部门的主管，对组织中生产、营销、人事、财务和研发等活动负有全部管理责任。

专业管理者是组织中只负责管理某一类活动或职能的管理者，如财务处长、营销部主任、人事处长以及研发部门的管理者等。他们只负责单一职能的管理，只在本职能或专业领域内行使职权、指导工作。专业管理者大多具有某种专业或技术专长。

（三）按职权关系分

组织中的活动包括业务活动与管理活动。因此，在组织中相应形成了业务部门和管理部门。一般把这两类部门分别称为直线部门与参谋部门。直线部门的建立直接反映了组织所要实现目标的需要。参谋部门则是为协助直线部门的工作而设立的，目的是促进组织目标更有效地实现。因此，按照职权关系可以把管理者分成直线部门的管理者和参谋部门的管理者。

直线部门的直接任务是为了实现组织的目标，因此直线部门的管理者需要具备更多的与组织特点有关的工艺技术方面的知识，而参谋部门的管理者应具备某一方面的专业管理知识。

第二节　管理者的角色与技能

管理者合格与否在很大程度上取决于管理职能的履行情况。为了有效履行各种职能，管理者必须明确自己要扮演的角色和在扮演这些角色的过程中需要具备的技能。

一、管理者的角色

管理者角色是指管理者在从事各种活动时的立场、行为表现等的特定类型。1955年，美国著名管理学家彼得·德鲁克首次提出了"管理者角色"这一概念。20世纪60年代，加拿大管理学家亨利·明茨伯格通过对多位高层管理者的研究，提出了管理者在组织中扮演着三类共十种不同却高度相关的角色。

（一）管理者的角色类型

1. 人际角色（Interpersonal Roles）

人际角色直接产生自管理者的正式权力基础，当管理者处理与组织成员和其他利益相关者的关系时，他们就在扮演人际角色。人际角色包含代表人、领导者和联络者三种角色。

（1）代表人（Figure Head）

在代表人角色下，管理者是组织的象征，其主要工作是接待来访者、签署法律文件、履行法律性的或社会性的义务，如颁发证书、接受来访、捐赠、剪彩、致辞或代表组织签署法律合同文件等。管理者行使代表人角色时，其举手投足、一言一行都代表着组织的形象。

（2）领导者（Leader）

在领导者角色下，管理者负责人员的配备和培训，负责指挥和激励下属，对下属的工作给予支持和指导，帮助下属排除工作中的障碍。领导者可以通过发布倡导书和书面指令等来影响和改变员工的行为，但仅有书面形式的沟通是不够的，优秀的领导者必然通过口头和形体语言来激励和鼓舞员工。

（3）联络者（Liaison）

部门的设立将组织这个整体分割成若干个小组，管理者必然要承担起联络者的角色，及时向相关的部门提供各种信息，使之相互协调。同时，管理者也要维护发展起来的外部联络与关系网络，担当起公共关系负责人的重任。通常，管理者通过召开跨部门的会议来分配和协调各部门工作，通过与外部关系人单独会面等方式来协调组织与外部环境的沟通活动。

2. 信息角色（Informational Roles）

信息角色指所有管理者在某种程度上都与组织内部和外部之间有信息交流，他们不断地收集或传递某些信息。信息角色由管理者的地位决定，组织依赖管理者这一信息传送中心，向组织内的工作小组进行信息传播。管理者要确保自己和其他成员拥有足够的信息，以便完成工作。信息角色包含监听者、传播者和发言人三种角色。

（1）监听者（Monitor）

管理者要及时寻求和获得组织内外的各种相关信息，以便透彻了解组织与环境，成为组织内外信息的神经中枢。作为监听者，管理者寻求和获取各种特定的、即时的信息，以便比较透彻地了解外部环境和组织内部的经营管理现状。管理者扮演监听者角色时所从事的活动包括阅读各种报纸杂志、政府工作报告、财务报表，并与政府官员、大客户和员工等有关人员保持私人接触等。

（2）传播者（Disseminator）

管理者要通过正式或非正式渠道把了解到的信息传递给组织其他成员。将与员工工作相关或有助于员工更好工作的必要、重要信息传递给有关人员，是管理者扮演好传播者角色的职责。

（3）发言人（Spokesperson）

管理者代表组织向外界发布本组织的计划、政策、行动、结果等信息。发言人角色要求管理者把信息传递给两个团体：一个是对组织有着重要影响的那一批人；另一个是组织之外的公众。管理者经常需要把信息传递给组织以外的人，例如，必须向董事和股东说明组织的财务状况和战略方向，必须向消费者保证组织在切实履行社会义务，必须让政府官员对组织遵守法律的情况感到满意等。

3. 决策角色（Decisional Roles）

管理者都需要进行各种各样的决策活动，让所在组织按照既定的路线行事，并分配资源以确保计划的实施。决策活动包括对市场机遇、资源应用、冲突与危机的控制。决策角色包含企业家、干扰应对者、资源分配者和谈判者四种角色。

（1）企业家（Entrepreneur）

企业家这一角色命名借用经济学术语，但对企业家职能赋予更为广阔的含义。管理者的企业家角色指的是其在职权范围内充当本组织变革的发起者和设计者。管理者可以在三个不同层次参与一项改进性方案的设计和选择：一是授权，对于某些不重要的事项，管理者授权下属去设计和选择改进性方案；二是批准，管理者授权某个下属设计其改进性方案，而保留对方案批准与否的权力；三是监督，管理者可对某些改进性方案在设计阶段便加以监管。

（2）干扰应对者（Disturbance Handler）

干扰应对者又被称为危机控制者或混乱驾驭者。一个组织不管被管理得多好，在运行过程中，总会遇到或多或少的冲突和问题。管理者必须善于处理冲突和解决问题，如对客户的不满进行安抚，同不合作的供应商进行谈判，对员工间的争端进行调解等。

（3）资源分配者（Resource Allocator）

作为资源分配者，管理者分配组织的各种资源，如时间、财力、人力、信息和物质资源等。资源分配的实质是负责所有的组织决策，包括预算编制和员工工作安排等。在执行资源分配时，管理者在很大程度上需要使用批示、指令、授权书、委任状等书面形式进行沟通。

（4）谈判者（Negotiator）

管理者与组织内外的利益相关者进行谈判，以减少矛盾，保持长期的合作关系。作为谈判者，管理者需要调停各下属与组织其他管理者之间以及组织外部的竞争者之间的关系。这项角色的典型活动包括管理者代表资方与劳方进行合同谈判，或为采购设备、购买专利、引进生产线与供应商洽谈等。

（二）管理者角色的影响因素

在各种类型的组织中，管理者都扮演着以上相似的角色。但管理者所扮演管理角色的侧重点会随其所处管理层次不同及组织规模大小不同而变化。

1. 管理层次对角色的影响

在组织结构中，不同的管理者处于不同管理层次上，所承担的工作任务不同，管理者角色的侧重点也有所不同。图 2-3 反映不同层次管理者的角色分配。

决策角色	信息角色	人际角色
高层		
	中层	
		基层

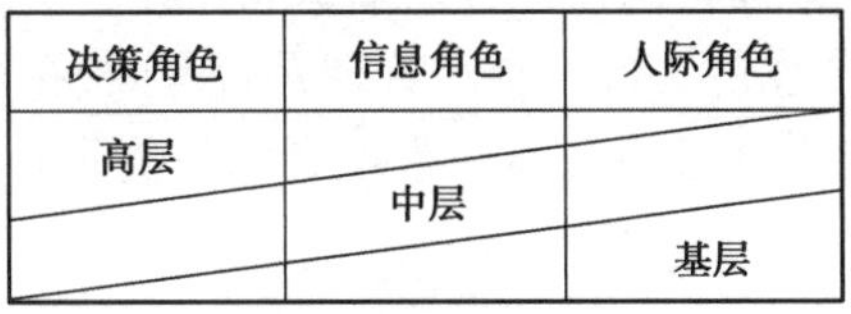

图 2-3　不同层次管理者的角色分配

高层管理者是组织的战略管理者，主要角色是决策角色；中层管理者是战术管理者，所承担的各个方面的角色分配比较均衡；基层管理者是作业管理者，直接涉及组织内具体业务的执行，人际角色是其最重要的角色。当然，各层次管理者扮演的某一具体角色也会随其工作内容的不同而有所侧重和区别。

2. 组织规模对管理者角色的影响

组织规模有大小之分，管理者在不同规模的组织中虽然从事大致相同的工作，但工作的侧重点有所不同，具体做法和各类工作上花费的时间比例也有所不同。表 2-1 反映了大组织和小组织中管理者角色重要性的差别。

表 2-1 大、小组织中管理者角色的重要性

小组织管理者的角色	大组织管理者的角色	角色的重要性
发言人	资源分配者	高 ↓ 低
企业家	联络者	
代表人	监听者	
领导者	干扰应对者	
传播者	企业家	

小组织中最重要的角色是发言人和企业家角色，相对重要的活动包括与金融机构接触、寻找组织发展机会等。在大组织中，最重要的角色是资源分配和联络，相对重要的活动包括在各事业单位间平衡资源，维护发展起来的外部关系网络等。另外，鉴于这两种组织的不同特点，小组织管理者从事非机构化工作较多，管理者要做一个"多面手"。而大组织中，管理者可用详细的计划来协调管理进程，可更多地依靠计算机进行决策和监控。

二、管理者的技能

（一）管理者的技能类型

管理者要在管理工作中充当多种角色，履行各项管理职能，需要有优良的品德、丰富的知识背景和基本的管理技能。品德是个体世界观、价值观、道德法制观的综合体现。管理者应具有强烈的管理意愿、责任感以及良好的心理素质。管理是一门综合性学科，管理者需要了解掌握的知识非常广泛，通常要同时具备政治、法律、经济、心理学、社会学、工程技术等多方面的知识。管理技能是指管理者把各种管理知识和业务知识用于实践中所表现出来的能力，是管理者有效开展管理工作的关键本领。管理是否有效，在很大程度上取决于管理者是否真正具备了一个管理者应该具备的技能。管理者的技能可从技术、人际和概念三个方面进行归纳。

1. 技术技能

技术技能指管理者掌握与运用某一专业领域内的知识、技术和方法的能力。技术技能包括专业知识、经验、技术、技巧、程序、方法、操作和工具运用熟练程度等。这些是管理者对相应专业领域进行有效管理所必备的技能。技术技能主要是涉及"物"的工作。管理者并不一定要成为某一领域的技术专家，但要了解和初步掌握与其管辖业务范围相关的基本技能。技术技能对基层管理者来说尤为重要，因为基层管理者大部分时间都是从事训练下属人员或回答下属人员提问等各种工作。

2. 人际技能

人际技能指成功与别人打交道并与别人沟通的能力,它包括三方面内容。一是处理人际关系的技能。管理者时刻与组织中周围的人发生着联系,有时还要与组织外部的人发生联系。因此,管理者娴熟地运用人际技能处理与这些人的关系,建立起相互的信任和真诚的合作关系,管理工作就会事半功倍。二是识人用人的技能。管理需要通过他人的努力达成组织的目标,因此管理者必须深入地了解他人,用人所长,避人所短,而这要求管理者必须有一套高超的识人用人技能。三是评价激励技能。组织成员的工作积极性需要管理者去激发,因此管理者应掌握评价和激励的方法,以便客观公正地评价他人并及时给予激励。研究表明,人际技能是管理者的一种重要技能,且对各层次管理者都具有同等重要的意义。在同等条件下,人际技能可以极为有效地帮助管理者在管理工作中取得更大成效。

3. 概念技能

概念技能是指管理者对事物的洞察、分析、判断、抽象和概括的能力。管理者应看到组织的全貌和整体,了解组织与外部环境间的互动,了解组织内部各部门间的相互作用,能预见组织在社会中所起的作用,知道所管理部门在组织中的地位和作用。

分析和概括问题的能力是概念技能的重要表现之一。管理者应该能够快速、敏捷地从混乱而复杂的动态情况中辨别出各种因素的相互作用,抓住问题的起因和实质,判断问题发展的影响,找出需要采取的措施,预测措施实施后会出现的后果。形势判定能力是概念技能的又一表现。它要求管理人员能够觉察复杂环境的细微变化,深刻理解这些变化对组织的意义,识别问题的关键变量及其可能的影响,并做出有利于组织利益的决策。

具有高概念技能的管理者能够将组织视为一个整体,了解组织各部分间的相互关系,预测组织行动的后果,识别问题关键,选择最有利的决策方案。管理者所处的层次越高;面临的问题越复杂,越无先例可循,就越需要概念技能。

(二)不同层次管理者的技能要求

上述三种技能,对任何管理者来说,都是应当具备的。但不同层次的管理者,由于所处位置、作用和职能的不同,对三种技能的需要程度存在差异。对高层管理者而言,由于其面对的问题是全局性的,更具有复杂性,工作牵扯的因素多、范围广,因此尤其需要概念技能。概念技能的高低因而成为衡量高层管理者素质高低的最重要尺度。对基层管理者来说,由于他们的主要职责是现场指挥和监督,若不掌握熟练的技术技能,就难以胜任管理工作。因此,基层管理者更注重的是技术技能,而对概念技能的要求不高。另外,由于管理者的工作对象都是人,故人际技能对各个层次的管理者来说都是重要的。各层次管理者技能的掌握程度如图 2-4 所示。

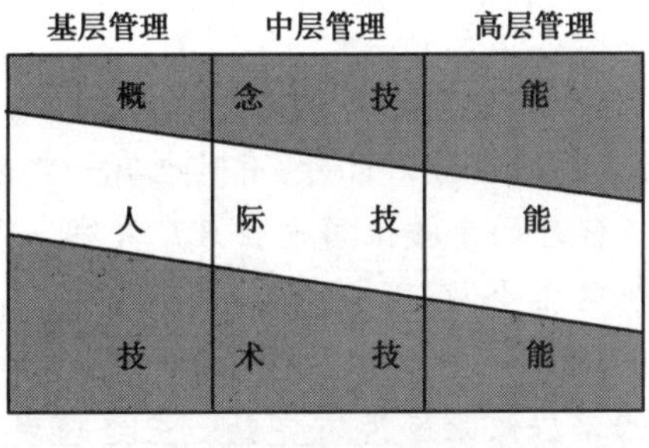

基层管理	中层管理	高层管理
概	念 技	能
人	际 技	能
技	术 技	能

图 2-4 各层次管理者技能的掌握程度

技术技能、人际技能和概念技能之间往往是互补的,掌握某一种技能对进一步获得其他技能具有帮助作用,仅仅满足于某一种技能而不在其他技能上下功夫,往往会妨碍一个管理者的进步。

【本章小结】

1. 根据组织成员在组织中的地位和作用,可简单地把组织成员分为操作者和管理者。

2. 根据不同的标准,可以把管理者划分为不同的类型。根据管理层级的不同,可以分为基层管理者、中层管理者和高层管理者;按管理领域不同,可以分为综合管理者和专业管理者;按照职权关系,可以把管理者分为直线部门的管理者和参谋部门的管理者。

3. 亨利·明茨伯格提出实际管理人员的工作是在扮演不同的角色,这些角色可概括为人际、信息和决策三个类型。其中,人际角色包括代表人、领导者和联络者角色;信息角色包括监听者、传播者和发言人角色;决策角色包括企业家、干扰应对者、资源分配者和谈判者角色。管理层次和组织规模对管理者应扮演的角色具有影响作用。

4. 管理者的技能包括技术、人际和概念三个方面,不同层次管理者具有不同的技能要求。

【实务训练】

工厂王经理的工作清单

王经理管理着一家小型器械装备厂。每天,王经理到达岗位时都随身带着一份列示他当天要处理的各种事务的清单。清单上的有些项目是总部的上级电话通知他亟须处理的,另外一些是他自己在现场巡视中发现的或者他的下属报告的不正常情况。

这一天,王经理与往常一样带着他的清单来到办公室,他做的第一件事是审查工厂各班次监督人员呈送上来的作业报告。工厂每天24小时连续工作,每班次的监督人员被要求在当班结束时提交一份报告,说明这个班次开展了什么工作,发生了什么问题。看完前一天的报告后,王经理通常要同他的几位主要下属人员开一个早会,会上他们要决定对于报告中所反映的各种问题应采取些什么解决措施。

王经理在白天要参加一些会议,会见来厂的各方面访问者。他们中有些是供应商或潜在供应商销售代表,有些则是工厂的客户。此外,有时也有一些来自地方各级政府机构的人员。总部的职能管理人员和王经理的直接上司也会来厂考察。当陪伴这些来访者以及他自己的下属人员参观时,王经理常常会发现一些问题,他会将这些问题列入处理事项的清单中。

王经理的待处理事项的清单好像永远没有完结。王经理发现,自己根本无眼顾及长期计划工作,而这些工作是他改进工厂的长期生产效率所必须要做的。他似乎总是在处理某种危机,却不知道哪里出了问题。王经理常想,为什么他就不能以一种使自己不那么紧张的方式工作呢?

问题:

1. 请分析王经理在以上的描述中扮演了哪些角色?

2. 你认为哪种管理技能对王经理最重要?

3. 王经理的工作方式应如何改进?

【思考与练习题】

一、单项选择题

1. 以下管理者角色中属于决策制定角色的是(　　　)。

A. 监听者　　　　　　　　　　　B. 传播者

C. 领导者　　　　　　　　　　　D. 企业家

2. 天意旅行公司刘总经理在总体市场不景气的情况下,独具慧眼地发现了惊险性旅游项目与35~45岁男性消费者之间的相关性,据此设计了有针对性的旅游路线和项目,并进行了前期宣传。因涉及与交通、保险、环保等管理部门的协调,新项目正式批准的时间比预期晚了整整一年,由此丧失了大量的市场机会。下列说法中最能概括刘总经理的管理技能状况的是(　　　)。

A. 三种技能都弱

B. 三种技能都强

C. 技术技能和概念技能强,但人际技能弱

D. 技术技能和人际技能强,但概念技能弱

二、多项选择题

1. 明茨伯格通过实证研究发现,管理者在组织中扮演10种角色,这些角色被分为(　　　)。

A. 人际角色　　　　　　　　　　B. 管理角色

C. 信息角色　　　　　　　　　　D. 决策角色

E. 组织角色

2. 管理者的基本技能包括(　　　)。

A. 技术技能　　　　　　　　　　B. 人际技能

C. 概念技能　　　　　　　　　　D. 沟通技能

E. 创新技能

三、简答题

1. 一个有效的管理者需要扮演哪些角色?

2. 不同管理者所需要的技能有什么不同？

四、论述题

联系实际说明概念技能对管理者的重要性。

第二章思考与练习题
参考答案

第三章

管理环境

【学习目标】

1. 了解管理环境的内涵。
2. 了解管理环境对组织的影响。
3. 掌握环境的构成要素。
4. 熟悉各层次环境分析方法。

【导入案例】

新能源车的发展

新能源汽车,是指采用新型动力系统,完全或者主要依靠新型能源驱动的汽车,包括电动汽车、插电混合动力汽车、增程式混合动力汽车和燃料电池汽车等。目前来看,新能源汽车产业已上升到国家发展战略的高度,成为不可逆转的发展方向。2020年,国家出台多项政策鼓励新能源汽车发展,降低新能源企业的进入门槛,提高了产品要求,完善了强制性标准,延长了新能源汽车财政补贴。近年来,中国对原油需求的增长早已打破了能源自给自足的供求格局。发展电能、氢能等替代能源也提升到了国家战略高度。多个国家已通过禁售燃油车法案,减轻对石油的依赖。目前,新能源汽车基本面呈上扬态势,社会资本、国有资本和互联网巨头纷纷布局,展现了多方资本对新能源汽车的看好。

当前新能源汽车"三电"技术基本成熟,续航里程和电池组能量逐步提升。"三电"系统指的是电动汽车的电池、电机和电控,其代替了传统燃油车的内燃机、变速箱等装置,是电动汽车重要的零部件,其技术发展也决定了电动汽车的性能指标。我国在"三电"技术方面均有技术储备,电池技术现已进入世界第一梯队,在工信部发布的《免征车辆购置税的新能源汽车车型目录》中,续航里程和电池组能量不断提升,技术的进步将促进新能源汽车行业向好发展。

正极材料占动力电池成本的30%~40%,其价格在很大程度上决定了动力电池的售价,进而影响新能源汽车的成本。近来,正极三元材料和磷酸铁锂材料价格呈下降趋势;动力电池平均成本也在4年间持续下降,由于原材料成本降低、技术提升和需求扩大,预计动力电池成本将进一步下探。由于镍可以提升电池能量密度,提升车辆续航,同时在国家政策的引导下,单体电池能量密度提升明显,因此无论从占领市场还是获取补贴的角度考虑,高镍化、低钴化的电池更受车企青睐,同时无钴电池也在研发过程中。

从上面的描述中,你认为哪些环境因素对新能源汽车的发展产生了影响?

【思维导图】

```
                              ┌──────────────────┐
                    ┌─────────┤  管理环境的含义    │
         ┌──────────┴──┐      │  及特点          │
         │ 管理环境与环境 │      └──────────────────┘
         │ 对管理的影响  │      ┌──────────────────┐
         └──────────────┘      │  环境对管理的影响  │
                              └──────────────────┘
                              ┌──────────────────┐
                              │  外部环境         │
         ┌──────────────┐      └──────────────────┘
 ┌────┐  │ 组织的内外部   │      ┌──────────────────┐
 │管理│──┤ 环境要素      │──────│  内部环境         │
 │环境│  └──────────────┘      └──────────────────┘
 └────┘                       ┌──────────────────┐
                              │  环境各层次间的关系 │
                              └──────────────────┘
                              ┌──────────────────┐
                              │  一般环境分析方法   │
         ┌──────────────┐      └──────────────────┘
         │ 环境分析方法   │      ┌──────────────────┐
         └──────────────┘──────│  任务环境分析方法   │
                              └──────────────────┘
                              ┌──────────────────┐
                              │  环境综合分析方法   │
                              └──────────────────┘
```

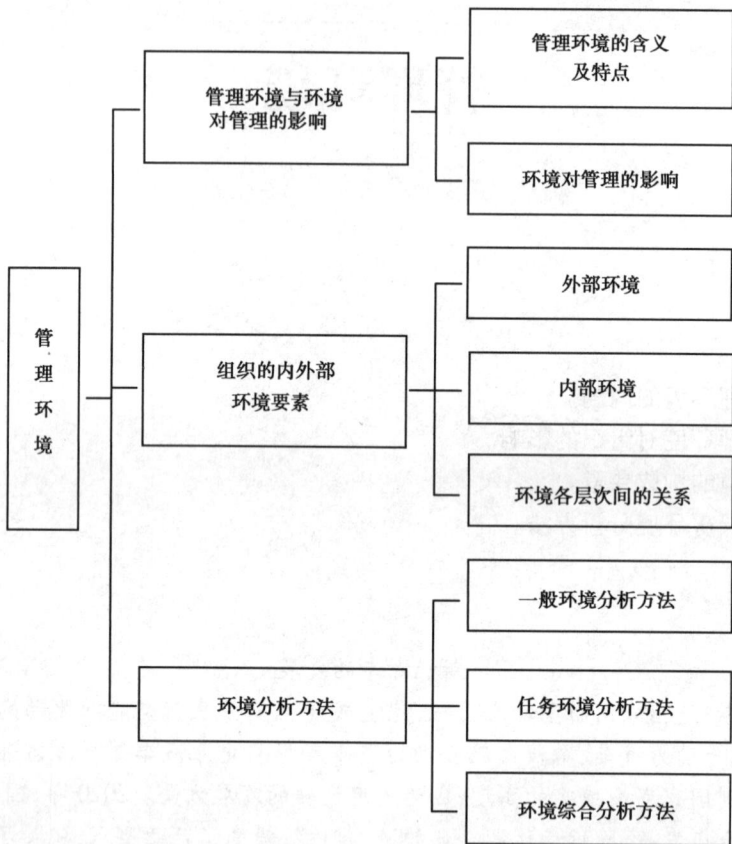

俗话说:"谋事在人,成事在天。"这句话说明,成功不仅需要智慧和努力,还取决于周围环境。对管理而言,组织的管理活动在一定环境中进行,活动方向的选择以及过程的展开都要充分考虑既定环境的特点。环境的复杂性与动态性及人的认知与行动能力的局限性决定了组织决策的理性与正确性会受到一定的限制。要减少这些限制,管理者就必须认真分析和研究组织所处的环境,充分利用组织环境。

第一节　管理环境与环境对管理的影响

一、管理环境的含义及特点

(一)管理环境的含义

环境是由众多因素交错而成的整体。首先,环境是相对于它所环绕的事物而言的,它由那些可称为"环境"的事物及其相应的构成要素、关系、属性和作用力构成。因此,离开了特定的空间关系,就无所谓环境。其次,基于客观世界的普遍联系,任何事物都可以在一定意义上作为某一特定事物的环境因素。最后,特定的事物不能成为自身的环境,却是与之相关事物的环境因素。换言之,作为特定事物的环境因素,其本身也处于一定的环境之中。在此意义上,不同事物实际上互为环境的构成因素。所谓管理环境,就是指围绕着某一组织、影响组织生存与发展变化的一切条件、因素和情况的总和。

任何组织都在一定的环境中从事活动,组织作为一个开放的系统,时刻与环境进行物质、能量、信息的交换。组织一方面需要从外部环境获取必要的信息、人力、物力等资源,另一方面也要向外部环境输出自己的产品或服务并获得反馈。任何组织都生存在一定的环境中,相应地,组织的任何管理也应适应于特定的环境。环境变化了,管理行为和职能也应发生改变。如一家跨国公司在本土外设立子公司时,必须让其有充分的主动权去适应当地的环境,采取针对性决策,而不是一味遵循原本的管理方式。

(二)管理环境的特点

管理环境与组织活动密切相关,这些环境本身按照一定的方式构成,具有特定的性质与特征。具体来说,管理环境具有以下四个方面的特点。

1. 客观性

环境是客观存在的,它不以组织中人的主观意志为转移,并无时无刻不在制约着组织的生存与发展。制约组织生存与发展的各种自然和社会条件,也是组织赖以存在的物质基础。这种实体性存在对于组织来说具有客观实在性。即使是作为精神性存在的文化环境,如习惯、传统、风俗等,也是一个国家、一个民族在长期的历史积淀中形成的。它们作为一种客观存在的力量,对于组织和组织中的个体无疑也具有客观实在性。

2. 系统性

一般来说,凡是作用于组织的各种条件和要素,都属于管理环境的范畴。这些要素小到个人的身心状况,大到整个社会甚至整个世界,因此,很难在时间、空间和种类上为管理环境划定一个明确的边界。但这并不意味着管理环境不能被认识与利用。事实上,管理环境本身也是一个系统,它是由与组织相关的各种事物和条件有机联系而形成的整体。构成环境系统的各要素之间相互联系、相互作用,形成一定的结构,表现出环境的系统性特点。

3. 复杂性

管理环境是一个开放的系统,其所包含的因素极为广泛与复杂,体现出复杂性的特征。具体来说,这种复杂性表现为三层含义。一是构成环境的要素具有多种不同的形态:有物质的,如自然界;有精神的,如组织的价值观与组织文化等;有有形的,如地理状况和气候条件;有无形的,如组织成员的人生观与价值观;有国内的,如本国的经济社会发展状况;有国际的,如影响各国经济政策的国际经济规则、国际经济条约。在全球化背景下,各国的经济、社会、文化相互影响、相互渗透,使组织所面临环境的复杂程度达到了前所未有的高度。二是这些要素之间构成纵横交错的复杂关系并对组织产生复杂的影响,一个问题的解决往往涉及多种环境因素。三是由于不同组织管理的对象、范围等不同,同一组织不同时期管理的方向和重点也不同,组织要素有时是管理的环境因素,有时又成为管理的内容。

4.动态性

管理环境自身总是处于不断的运动变化之中,有较强的动态性。这种动态性体现在三个方面:一是由于内在矛盾的推动,环境系统自身发生的运动往往促成管理环境整体结构的变化;二是管理环境与管理系统的物质、能量、信息的双向交换,促成管理环境的不断变化;三是管理环境与管理系统之间的边界由于认识和实践的需要会发生扩张、收缩以至倒转等变化。认识到管理环境的动态性,有利于管理者适应环境的变化,适时改变管理方式、调整管理目标,推动组织的变革和发展。

二、环境对管理的影响

任何组织的管理活动都是在特定的环境中展开的,环境对管理影响巨大。组织是一个与外界保持密切联系的开放系统,是从属于社会大系统的一个子系统,需要与外界环境不断地进行各种资源和信息的交换,其管理、运行和发展不可避免地受到各种环境力量的影响。

(一)管理环境影响组织内部的管理关系

一个国家的社会制度、方针政策、发展计划、产业政策等都会直接或间接影响组织的结构、员工的思想以及利益分配等。首先,组织的结构要随着外部环境的变化而不断地进行调整。例如,随着改革开放的不断深入,政府机关进行了一系列的改革以强化职能、精简机构;企业则从学习型组织的建立、组织扁平化、业务流程再造等方面对组织机构进行相应的调整。其次,员工的思想为适应于外部环境变化而动态发展,产生积极创新、勇于竞争、共同发展的思想观念。最后,组织的分配机制取决于外部环境,决定于市场上所实现并用以分配的价值总量,以及本组织的效率与社会平均效率的对比关系。

(二)管理环境影响组织管理的特色

处于不同的国家、地区的组织,其管理也具有自身鲜明的特色,主要由组织外部环境与内部组织文化环境共同影响而形成。事实上,任何组织在自己的活动中都会逐渐形成一整套独特的行为方式和行为准则,任何组织都会存在与自己的历史、活动特点、创办人个性有关的文化。组织文化对组织成员及其活动都会产生重要的影响。

(三)管理环境影响管理者的管理意识

现代社会,组织管理面对的是复杂多变的环境,这就要求管理者必须头脑敏捷、反应灵敏、果敢机智、多谋善断,能够在环境突然发生变化时动员本系统的一切力量全力以赴加以应对,避免偶然事件对组织造成不应有的损失。一个成功的管理者不应消极、被动地应付复杂多变的环境,他应具有远见卓识,能准确地预见环境将要发生的变化,做出预先安排。管理者应充分发挥自己的主观能动性,变不利因素为有利因素,使事情朝着有利于自己的方向发展。一个成功的管理者往往善于审时度势,在复杂环境的各种制约因素下做到游刃有余。

一名成功的管理者要有强烈的环境意识,既要从思想上、观念上认识到环境对组织管理的重要性,还要辨别、认清环境的复杂性、动态性、具体性和差异性,从宏观上把握环境变化对组织以及组织工作的整体性影响,迅速地从复杂多变的环境中分清各种因素之间的相互关系,更要在实际的微观管理过程中敢于面对环境的挑战,遵循环境变化的规律,抓住问题的实质,并根据形势和问题果断地做出正确的决策,积极应对环境的变化,努力使组织与其所处的环境处于协调发展的状态。

第二节 组织的内外部环境要素

管理环境可分为外部环境和内部环境两部分。管理的外部环境是指存在于组织之外,对组织产生影响的所有因素,一般分为一般环境和任务环境。管理的内部环境主要是指组织文化和组织经营条件,包括组织的共同价值观、行为规范、道德准则、人员素质、资金实力、科研力量等内容。

一、外部环境

一般来说,外部环境为组织生存发展提供了条件,但同时也必然会限制组织的生存和发展。要利用机会避开和化解威胁,组织就必须充分认识外部环境。

一切外部环境都会给组织活动带来影响,但影响有直接、间接之分以及程度上的差别。按照环境因素是对所有相关组织都产生影响还是仅对特定组织具有影响,可将外部环境分为一般环境和任务环境两类。

(一)一般环境

一般环境是组织的宏观环境因素,也称为大环境或总体环境,包括可能对组织的活动产生影响的各种因素,主要包括经济、政治、法律、社会、文化、人口、技术、自然等因素。这些因素对组织的影响虽然不是直接的,但它们都有可能对组织产生某种重大影响。

1. 经济环境

经济环境是影响组织的诸多因素中最关键、最基本的因素。经济环境是指构成组织生存和发展的社会经济状况及国家经济政策,包括社会经济结构、经济发展水平、经济体制和宏观经济政策等多个方面。社会经济结构又称国民经济结构,主要包括产业结构、分配结构、交换结构、消费结构和技术结构等;经济发展水平是指一个国家经济发展的规模、速度和所达到的水准;经济体制是指国家经济组织的形式;经济政策是指国家、政党制定的一定时期内国家经济发展的战略与策略,包括经济发展战略和产业政策、国民收入分配政策、价格政策、物资流通政策、金融货币政策、劳动工资政策等。

2. 技术环境

科学技术是第一生产力。科学是指对事物的认识程度,技术则是对知识的运用。技术的含义很广,它既包括生产技术(如劳动手段、工艺流程的改进、发展与完善,特别是新技术、新设备、新工艺、新材料、新能源的生产与制造等),也包括管理技术(如管理方法、计划决策方法、组织方法及推销方法的改进与更新等),还包括生活技术、服务技术等内容。技术对组织及其管理工作一直具有重要的影响,对于任何组织而言,技术都是其生存和发展的关键因素,贯穿于组织活动的整个过程。一方面,技术使组织跟上时代步伐,为组织提供有利机会,从而改变组织的竞争地位,促进组织的发展;另一方面,技术也可以影响和改进组织管理的方式方法。

3.社会环境

风俗习惯、文化传统、人口情况、受教育情况、社会权力结构、价值观念、道德伦理、宗教信仰、审美观念、商业习惯等构成了一个组织所处的社会环境。社会环境的每一个方面都会潜在地影响组织活动。社会环境中最重要的影响因素是文化传统和受教育情况。不同国家(或地区)和民族,其社会文化传统和教育水平往往不同,这会深刻影响人们的生活习惯和价值观念,由此对组织提出不同要求。另外,宗教信仰和风俗习惯会禁止或抵制某些活动的进行;价值观念会影响居民对组织目标、组织活动及组织存在的态度;审美观念则会影响人们对组织活动内容、活动方式及活动成果的态度。近些年来,随着信息技术的发展以及世界经济一体化、全球化的发展,社会文化因素越来越受到管理者的重视。

4.政治环境

政治环境泛指一个国家的社会制度、政治制度、政治形势、国际关系、执政党的性质、政府的方针政策以及国家制定的有关法令、法规等。不同的国家有着不同的社会制度,不同的社会制度对组织活动有着不同的限制和要求。即使是社会制度没有发生变化的国家,在不同的时期,由于执政党的不同,其政府的基本路线、方针、政策倾向及其对组织活动的影响也是不断变化的。对于这些变化,管理者必须进行分析研究。另外,随着社会法律体系的建立和完善,管理者必须了解与其活动相关的法制系统及其运行状态。通过政治环境研究,管理者可以明确其所在的国家和政府目前禁止组织干什么,允许组织干什么以及鼓励组织干什么,便于使组织活动符合社会利益并受到有关方面的保护和支持。

5.自然环境

相对于其他环境因素,自然环境相对稳定。自然环境包括自然资源、地理位置和气候条件等多个方面。自然资源包括土地、森林、矿产、水力等;地理位置是影响组织活动的重要因素,和地理位置关系紧密的是基础设施状况,而基础设施状况直接关系到组织活动能否顺利开展;气候条件是自然条件的重要因素,气候的差异影响到组织活动,如季节性的商品对气候尤为敏感。一个国家的自然资源和生态环境的变化既可能给组织带来发展的机会,也可能给组织造成威胁和限制。任何组织都必须有效地利用、开发自然环境。

(二)任务环境

组织的任务环境也叫行业环境,指那些对组织的影响更频繁、更直接的外部环境因素,是与某一具体决策活动直接相关的各方力量,是与组织目标的制定与实施直接相关的因素。从企业的角度看,组织的任务环境包括顾客、供应商、竞争者、管制结构等。

1.顾客

顾客是那些购买企业产品或服务的个人或组织。顾客是一个企业的基础,也是使它能继续存在的因素。正是为了满足顾客的需求,社会才把资源托付给企业。一个企业可能要面对多种顾客,如个人和组织、批发零售商和最终消费者、国内和国外顾客等。企业的顾客会因受教育水平、收入水平、生活方式、习俗偏好、地理条件等众多方面的影响而对企业的产品和服务提出不同的要求,企业在市场营销、质量管理、战略决策等方面必须充分关注顾客,以顾客为中心,通过为顾客创造价值来获得生存和发展。

2.供应商

供应商是组织从外部获取投入的来源。对企业来说,供应商可能是组织也可能是个人,企业从他们那里获得原材料、设备、劳动力、信息、能源、资金、技术和服务等。供应商提供的这些要素的质量和价格直接影响企业产品和服务的质量及成本。因此,为了获得原材料及其他货物的稳定供应,许多企业都与供应商保持长期的关系,把供应商作为自己的合作伙伴,有的甚至将它们纳入自己的生产体系,予以高度关注。

3.竞争者

与本企业竞争资源的其他组织就是竞争者。企业与他们竞争的最大资源就是顾客为购买产品或服务而支付的货币。企业的竞争不仅发生于生产同类产品或提供同类服务的不同企业之间,有时两个不相关的企业也会为获得一笔贷款而相互竞争。非营利性组织之间也可以存在竞争关系,如不同地区的政府部门为吸引外商投资而相互竞争等。竞争对手是对组织具有威胁性的力量,因此,确认并有效分析竞争对手是管理者的重要任务。分析竞争对手的主要内容包括对竞争对手战略方面的分析、技术发展动向的分析、经营状况的分析、竞争对手管理者及管理状况的分析。竞争对手分析的目的是找出己方和对方各自的优势和劣势,力争避虚就实,从而制定相应的竞争战略,使组织在竞争中取得主动。

4.管制机构

抛开政府管理部门,组织的管制机构主要有两类:一类是能够直接影响和控制企业行为的机构,如某些行业协会、市场监督管理部门等;另一类是一些社会公众机构,如工会、妇联、消费者协会、新闻机构等各种特殊利益团体和公众利益代表团体,它们同样会对企业经营行为产生影响和制约。

二、内部环境

内部环境是指对组织影响最频繁、最直接的环境因素。组织的内部环境因素就是组织的一部分,它直接影响组织的生存、运营和发展。组织内部环境一般包括物质环境和文化环境。

(一)物质环境

组织内部的物质环境是指组织内部资源的拥有和利用情况。由于组织在客观上所能拥有的资源数量有限,在主观上对这些资源的利用能力也有限,组织内部的物质环境直接影响组织利用资源的情况和效果。任何组织的活动都需要一定的资源。一般来说,物质环境可以划分为以下三种:人力资源环境,包括组织内人力资源的数量、素质和使用情况;物力资源环境,包括组织活动中需要运用的物质条件的拥有数量和利用程度;财力资源环境,包括组织的资金拥有情况、构成情况、筹措渠道和利用情况等。

(二)文化环境

组织文化是处于一定经济社会文化背景下的组织,在长期的发展过程中逐步生成和发展起来并日趋稳定的独特价值观,以及以此为核心而形成的行为规范、道德准则、群体意识等。任何组织都存在自身特有的组织文化。文化环境对组织成员士气和工作积极性、成员群体的向心力和组织的外部形象等均有影响。

三、环境各层次间的关系

组织环境及环境因素分为一般环境、任务环境和内部环境三个不同的层次,三个层次之间有着密切的联系。管理者通常将大量注意力集中于组织的任务环境和内部环境,因为任务环境、内部环境与一般环境相比更能直接地给组织提供有用的信息,且更易识别。一般环境因素虽然不直接影响组织的经营决策,但这并不意味着组织可以忽视这些因素。一般环境的改变对组织的影响往往是通过具体环境因素对组织产生作用力表现出来的。例如,技术环境是一般环境因素,但组织一般并不能直接从技术环境中感受到技术进步的影响,往往是采用先进技术的竞争者使组织感受到技术进步带来的市场变化。在组织管理中,一般环境和任务环境是相对的。同样的外部环境,对一个组织可能是一般环境,而对另一个组织却是任务环境。一般环境和任务环境还可以相互转化,即一般环境可以转化为任务环境,任务环境也可以转化为一般环境。一般环境、任务环境和内部环境之间的关系如图3-1所示。

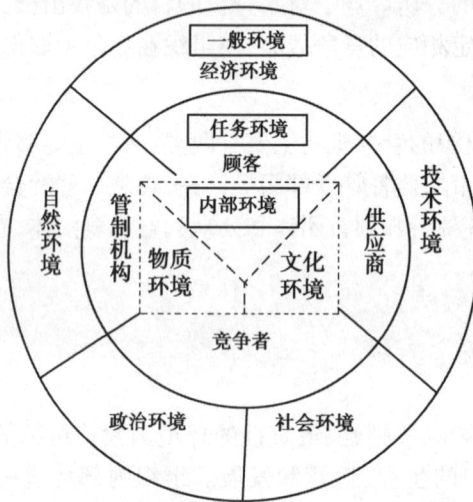

图 3-1　一般环境、任务环境和内部环境之间的关系

第三节　环境分析方法

一、一般环境分析方法

一般环境分析中最常见的是 PEST 分析方法。PEST 分析指从政治与法律环境(P)、经济环境(E)、社会与文化环境(S)、技术环境(T)四个方面来探查、认识影响组织发展的重要

因素。该方法实际是将众多的一般环境因素概括为政治与法律环境、经济环境、社会与文化环境、技术环境四个方面,也有人把人口问题从社会与文化环境中单独列出。一般环境分析的主要方面及分析内容见表3-1。

表 3-1　一般环境分析的主要方面及分析内容

主要方面	分析内容
人口	人口的地理分布、就业水平、收入水平、年龄、文化差别等
经济	增长率、政府收支、外贸收支及汇率、利率、通货膨胀率等
政策与法律	环境保护、社会保障、反不正当竞争法以及国家的产业政策等
社会与文化	公民的环保意识、消费文化、就业观念、工作观念等
科学技术	高新技术、工艺技术和基础教育的突破性进展等

PEST 分析通常借助各种经济、社会及其他相关学科已有研究成果,在这些成果的基础上对与组织有关的问题进行进一步研究。由于一般环境分析需要借助许多相关学科的知识,而各组织的情况千差万别,因此 PEST 分析没有通用的方法,需要具体问题具体对待。

二、任务环境分析方法

任务环境对组织的影响更直接、更频繁,是组织分析外部环境的焦点。迈克尔·波特(Michael E. Porter,1947—)提出的五种力量模型是一种有效的任务环境分析方法。迈克尔·波特发现,在企业经营环境中,能够经常为企业提供机会或产生威胁的因素主要有五种:现有企业间的竞争、潜在进入者的威胁、替代产品的威胁、购买方讨价还价的力量及供应方讨价还价的力量。波特"五力"模型如图3-2所示。

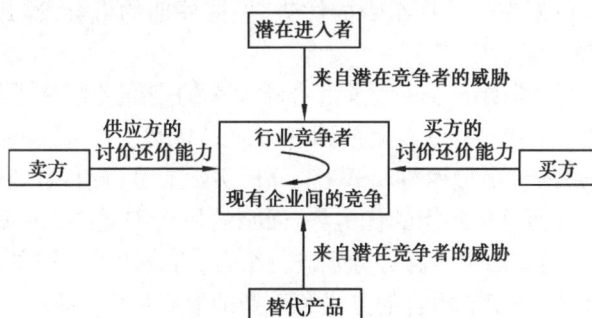

图 3-2　波特"五力"模型图

分析潜在进入者,即从进入障碍的角度来进行潜在竞争者分析。进入障碍,是指行业外部的企业进入这一领域时必须付出而行业内企业无须再付出的代价。显然,进入障碍越大,潜在进入者的威胁越小。除进入障碍外,行业的吸引力、行业发展的风险和行业内企业集体报复可能性等,都影响着进入威胁的大小。

分析替代产品,即识别替代威胁。替代,是指一种产品在满足顾客某一特殊需求或多种需求时取代代另一种产品的过程。替代产品的存在扩大了顾客的选择余地。短期看,一种产品的价格和性能都受到替代产品的限定;长期看,一种产品或行业的兴起有可能导致另一种产品或行业的消失,例如,随着微电子工业的发展,打印机基本取代了打字机,电子计算器完全取代了计算尺。

分析买方和卖方议价能力,即评估买方和卖方掌控交易价格的能力。企业与顾客和供货方之间既存在合作,又存在利益冲突。交易双方在交易过程中总希望得到对自己有利的价格,而价格的变化使一方获得收益的同时,直接导致另一方的损失。在具体的交易活动中,影响议价实力的因素很多,如交易洽谈的地点、人员素质、日程安排等。从行业层面看,交易双方的议价实力还受到一些行业特征的制约。通过这些特征,人们能够更好地认清企业如何建立与外部环境相适应的关系。

分析行业竞争者,即对竞争对手的现状和未来进行分析。同种产品的制造和销售通常不止一个厂家,多家企业生产同种产品,必然会采取各种措施争夺用户,从而形成市场竞争。对行业内部要分析主要竞争者的基本情况、发展动向以及对本企业构成威胁的原因。

迈克尔·波特的"五力"模型既适用于企业,也适用于其他类型的组织。这一模型能帮助人们深入分析行业竞争压力的来源,使人们更清楚地认识到组织的优势和劣势,以及组织所处行业发展趋势中的机遇和威胁。

三、环境综合分析方法

管理要通过组织内部的各种资源和条件来实现。因此,组织在分析外部环境的同时,必须分析其内部环境,重点关注组织自身的能力和限制,找出组织特有的优势和存在的劣势。

任何组织的经营过程中,将不断在其内部环境、外部环境及经营目标三者之间寻求动态平衡。组织的内外部环境绝对不能割裂开来。如果一个组织能力很强,竞争优势十分明显,那么外部环境中的不确定性对该组织便不会构成太大的威胁;相反,不具任何特色的组织,外部环境再有利,也不会有大的发展。因此,应对比分析外部环境中存在的机会和威胁与组织内部的优势和劣势,以便充分发挥组织的优势,把握外部的机会,避开内部的劣势和外部的威胁。

SWOT分析法(也叫道斯矩阵分析法)由哈佛大学的安德鲁斯等人提出,是最常用的内外部环境综合分析技术。SWOT是英文单词Strength(优势)、Weakness(劣势)、Opportunity(机会)和Threat(威胁)的首字母缩写。SWOT分析实际上是将组织内部和外部条件各方面内容进行综合和概括,进而分析组织的优劣势、面临的机会和威胁的一种方法。SWOT分析中由外部的机会威胁与内部的优势劣势分别进行组合,得到四种不同的组织环境现状,进而再针对此现状进行战略的制定。组合的方式和得到的战略见表3-2。

表3-2　SWOT分析法生成战略

项目	优势(S)	劣势(W)
机会(O)	SO战略——增长性战略(进攻战略,用于最大限度地利用机会)	WO战略——扭转型战略(调整策略,用于指导战略转型)
威胁(T)	ST战略——多种经营战略(调整策略,用于指导多种经营)	WT战略——防御型战略(生存战略,用于严密监控竞争对手动向)

SWOT 分析之所以能广泛地应用于各行业的管理实践中,成为最常用的管理工具之一,原因在于:首先,它把内外部环境有机地结合起来,进而帮助人们认识和把握内外部环境之间的动态关系,及时地调整组织的经营策略,谋求更好的发展机会;其次,它把错综复杂的内外部环境关系用一个二维平面矩阵反映出来,简单而直观;再次,它促使人们辩证地思考问题,优势、劣势、机会和威胁都是相对的,只有在对比分析中才能识别;最后,SWOT 分析可以形成多种行动方案供人们选择,提高决策的质量。

【本章小结】

1. 管理环境是指围绕着某一组织,影响组织生存与发展变化的一切条件、因素和情况的总和。

2. 管理环境具有客观性、系统性、复杂性、动态性等特点。

3. 管理环境影响组织内部的管理关系、组织管理的特色和管理者的管理意识。

4. 组织环境既包括组织外部环境,也包括组织内部环境。组织外部环境分为一般环境和任务环境,内部环境包括物质环境和文化环境。

5. 可采用 PEST、波特"五力模型"、SWOT 等方法对组织所处环境进行分析。

【实务训练】

两种不同的变革方式

20 世纪末,顾客需要已经从大型计算机转为小型计算机乃至更小的多用途的个人计算机,许多硬件成为像日用品一样的商品,无论是低价的供货者,还是提供优质服务或持续创新的厂家,都可以加入争夺市场份额的行列。在这一时刻,王安公司的管理者们仍以为他们是在一个稳定的环境中运营。公司的创建者王安博士本人也没有意识到变革的需要。他自以为使办公室职员们从打字机时代中解放出来,就已经完成了办公室的革命。他和他的整个管理队伍没有看到,飞速发展的个人计算机已远远超过了王安的单功能文字处理机和价格昂贵的微型机。

惠普公司则走了另一条路子,其管理者看到了环境的变化并全力推进公司的变革。他们给员工们授予了充分的权力,简化了决策制定过程,并大幅度削减了成本。虽然惠普公司仍然是一家大公司,但它的管理者们已经决定绝不能使惠普公司成为行动缓慢者。高层经理们视察了全国的生产基地,收集了生产和销售第一线员工的意见和建议。他们所到之处听到的是对于公司官僚行政机构的普遍抱怨,以及新项目得到批准的重重困难。于是,管理者们对组织进行了重组。他们撤销了两个高层管理委员会,取而代之的是一种跨职能领域和组织界限的团队结构:工作团队被给予前所未有的从新产品设计到分销全过程的充分自主权。高层管理者投入了大量的时间向员工们宣传:他们需要有一种高度的紧迫意识,要勇于采取冒风险的行动；同时，需要认识到，在竞争者不断削价的新形势下，仅靠提供优质的产品是不够的，管理者鼓励员工们寻找全新的方法，使公司从研究开发到行政管理和销售各领域都能达到低成本。这些措施的结果是，惠普公司在其大部分产品的毛利都下降的情况下，仍然取得了较高的利润。

问题：请结合组织环境分析，谈谈你得到了哪些管理上的启示？

【思考与练习题】

一、单项选择题

1. IT 技术的发展深深影响了人们的生活方式，有人提出人类社会已进入数字化时代，这既为组织的发展提供了机会，同时又是一个挑战。对于组织而言，这属于（　　）。

A. 社会文化环境的影响　　　　　　　　B. 科技环境的影响

C. 经济环境的影响　　　　　　　　　　D. 自然环境的影响

2. 组织管理的行业环境不包括（　　）。

A. 产品可替代性　　　　　　　　　　　B. 员工工作效率

C. 买方谈判能力　　　　　　　　　　　D. 潜在竞争对手

二、多项选择题

1. SWOT 分析是一种评估组织自身优势和弱点，同时对外部环境中的机会和威胁进行分析辨别，从而制订战略计划的方法。以下组合中属于 SWOT 分析制定得到的战略有（　　）。

A. ST 战略　　　　　　　　　　　　　B. SO 战略

C. WT 战略　　　　　　　　　　　　　D. OT 战略

E. WO 战略

2. 组织外部环境包括（　　）。

A. 组织文化　　　　　　　　　　　　　B. 经济环境

C. 技术环境　　　　　　　　　　　　　D. 消费文化

E. 员工素质

三、简答题

1. 什么是管理环境？

2. 外部环境包括哪些因素？

四、论述题

试论述环境各层次之间的关系。

第三章思考与练习题
参考答案

第四章

中国管理思想的发展

【学习目标】

1. 掌握先秦时期管理思想的主要内容。
2. 理解秦朝至唐朝时期中国管理思想的主要内容。
3. 了解宋朝至前清时期中国管理思想的主要内容。
4. 了解前清时期中国管理思想的主要内容。
5. 了解民国时期中国管理思想的主要内容。
6. 理解市场经济时代中国管理思想的主要内容。

【导入案例】

海瑞断案

历史学家黄仁宇在总结明朝著名清官海瑞断案特点时说:"他充当地方的行政官兼司法官,所有诉讼,十之六七,其是非可以立即判定,只有少数的案件,是非尚有待斟酌。"这斟酌的标准是:"凡讼之可疑者,与其屈兄,宁屈其弟;与其屈叔伯,宁屈其侄。与其屈贫民,宁屈富民;与其屈愚直,宁屈刁顽。事在争产业,与其屈小民,宁屈乡宦,以救弊也。事在争言貌,与其屈乡宦,宁屈小民,以存体也。"

从管理学的角度如何评价海瑞的断案标准?

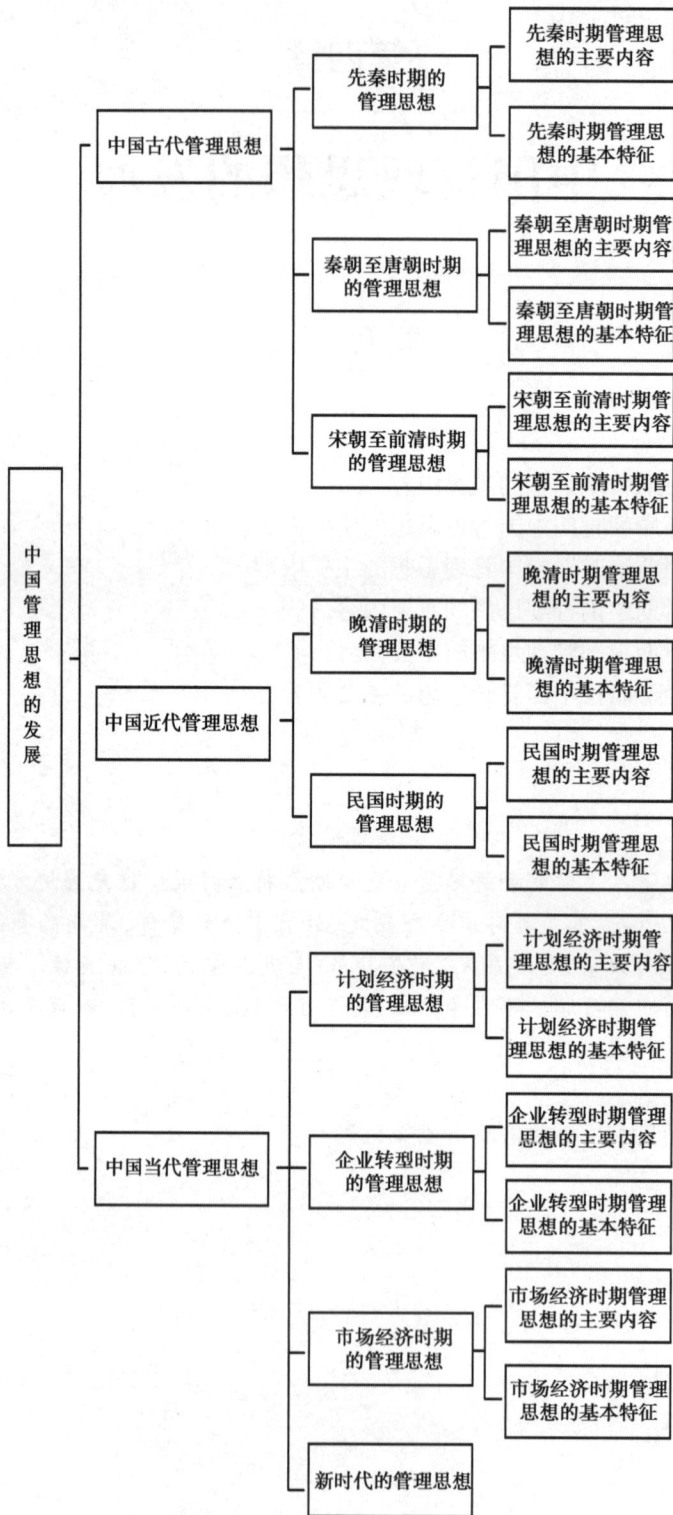

【思维导图】

中国管理思想的发展
- 中国古代管理思想
  - 先秦时期的管理思想
    - 先秦时期管理思想的主要内容
    - 先秦时期管理思想的基本特征
  - 秦朝至唐朝时期的管理思想
    - 秦朝至唐朝时期管理思想的主要内容
    - 秦朝至唐朝时期管理思想的基本特征
  - 宋朝至前清时期的管理思想
    - 宋朝至前清时期管理思想的主要内容
    - 宋朝至前清时期管理思想的基本特征
- 中国近代管理思想
  - 晚清时期的管理思想
    - 晚清时期管理思想的主要内容
    - 晚清时期管理思想的基本特征
  - 民国时期的管理思想
    - 民国时期管理思想的主要内容
    - 民国时期管理思想的基本特征
- 中国当代管理思想
  - 计划经济时期的管理思想
    - 计划经济时期管理思想的主要内容
    - 计划经济时期管理思想的基本特征
  - 企业转型时期的管理思想
    - 企业转型时期管理思想的主要内容
    - 企业转型时期管理思想的基本特征
  - 市场经济时期的管理思想
    - 市场经济时期管理思想的主要内容
    - 市场经济时期管理思想的基本特征
  - 新时代的管理思想

虽然管理学作为一门独立的学科出现于 20 世纪初,但管理活动与人类的历史一样悠久,它产生于人类最初的共同劳动或劳动协作。在共同劳动过程中,人类不断总结管理经验和规律,管理思想也就随之产生了。中国是一个具有 5000 多年历史的文明古国,中国管理思想史与中国文明史一样久远,并随中华文明的发展而发展。

第一节　中国古代管理思想

中华民族悠久的历史积累了丰富的管理经验和许多影响深远的管理思想,对人类社会的文明进步和管理的发展具有重要贡献。回顾中国管理思想的发展史时会发现,我国古代及近代的某些管理思想早已蕴含了被现代管理者公认的某些管理的原理、原则和观念,甚至可以挖掘出与现代管理相近的某些具体的管理方法来。总结这份遗产,对于发展现代管理理论,指导现代管理实践,都具有十分重要的意义。

一、先秦时期的管理思想

中国管理思想源远流长,由伏羲氏和周文王总结概括的《周易》是中华民族处理人与自然关系的最早管理思想。到了春秋战国时期,思想界出现了百家争鸣的局面,儒、道、法、墨、兵等学派提出了各自的治世主张,蕴含其中的管理思想构成了中国传统管理思想的主体。

(一)先秦时期管理思想的主要内容

1. 儒家的管理思想

以孔子、孟子为代表的儒家管理思想的基本精神是以"人"为中心,讲"为政以德",讲"正己正人"。"仁"是儒家管理思想的理论基础。孔子说:"为政在人,取人以身,修身以道,修道以仁。仁者人也,亲亲为大。"这就表明,儒家管理思想是把人作为管理的载体(管理的主体和管理的客体,或管理者和被管理者),把人以及人际关系作为自己的理论出发点。在儒家那里,管理的本质是"治人";管理的前提是人性(善恶);管理的方式是"人治";管理的关键是"择人"("得人");管理的组织原则是"人伦";管理的最终目标是"安人"。总之,一切都离不开"人"。"德"是儒家管理的手段。儒家强调"为政以德",主张用道德教化的手段感化百姓,从而达到治理的目的。孔子提出:"道之以政,齐之以刑,民免而无耻;道之以德,齐之以礼,有耻且格。"在他看来,用道德感化感动人心,要比一味地惩罚收到的效果好。与此同时,儒家并不否认法治的作用。所谓"政宽则民慢,慢则纠之以猛;猛则民残,残则施之以宽。宽以济猛,猛以济宽,政是以和",即是主张交替使用软硬两手来安定社会秩序。儒家还提倡管理者应提高自身修为。孔子认为"为政以德,譬如北辰,居其所而众星共之",意思是说,为政管理者要想取得"众星共之"的效果,就要从自己做起,注意个人的道德修养。所谓"修身、齐家、治国、平天下",要求从管理者的自我管理,再到家庭管理、国家管理和社会管理,层层推进,不可或缺,不能跳越。

儒家学派另一个代表人物孟子提出要行"王道"、施"仁政","贤者在位,能者在职""民

"贵君轻""和为贵""仁义"等思想,发展了孔子以"仁"为核心的管理思想。他指出管理社会、治理国家民心向背很重要,鼓励人们"舍生取义"。

2. 道家的管理思想

以老子为代表的道家管理思想,其基本精神是以"道"为中心,把"道"作为宇宙的本原,认为万事万物都是由"道"派生出来的。老子提倡管理要按照"道",即客观规律办事。老子说:"人法地,地法天,天法道,道法自然。"这里的"道"是指人类社会运行的规律。"人→地→天→自然"的循序渐进的过程,意味着人们必须按照自然规律办事,以自然为法,而不要把自己的意志强加给自然界。从管理的角度讲,要求管理者必须遵循社会管理的客观规律,一切顺其自然,才能取得良好的效果。

老子提倡"无为"的管理方式。老子说"道常无为,而无不为","无为"是老子的宇宙法则,自然界无为,道法自然也是无为的,人循道便也要无为,"无为"就成为道家管理思想的最高原则。"道常无为",所以,管理者就要"处无为之事,行不言之教"。"无"字的原意是"实有似无",是一种不为人注意却在实际发挥作用的行为方式。老子的"无为"包括以下几个特点:"无为"普遍适用于任何管理过程,如政治管理、经济管理、军事管理或社会文化管理;"无为"在宏观管理上,意味着国家对私人的活动采取不干预、少干预的态度,也即采取放任的态度;"无为"要求人的行动及其指导思想必须顺应自然,必须符合自然的要求,而不是主观随意地蛮干、胡为;"无为"教人做事要认真、审慎和严格,"图难于其易,为大于其细。天下难事,必作于易;天下大事,必作于细";"无为"作为管理方法,要求管理者要善于抓大事,把具体的工作分配给具体的机构和人员去做,不必事必躬亲,通过分工协作,权责分明,各展其长,各尽其力,使工作做得井井有条,取得最佳效果,正是"无为而无不为";"无为"还包含政策要有稳定性,不可朝令夕改的意思,"治大国若烹小鲜"。

老子提出了一整套以弱胜强的管理艺术。老子指出:"反者道之动,弱者道之用。"前一句意思是:事物向相反方向变化、发展、运动,是"道"的作用方式,即一切事物无不向其相反的方向变化,这种矛盾双方向对立面的转化,是事物运动、变化的普遍法则。而后一句是运用"反者道之动"的原理,对刚强和柔弱这对矛盾进行剖析的必然结果。"弱",是柔弱;"道之用",是"道"的作用性质,也可以说,"道"的作用是柔弱。因此,善于运用"道"这种规律的人,不会因自己处于弱势而悲观失望,而是能够从敌强我弱的现状出发,通过对"道"的妙用达到以弱胜强和转弱为强。老子还提出"后敌而动"的思想,主张在人与人、国与国的关系中"居后""处下",认为这是处理人和人、国和国之间关系所普遍适用的原则,正所谓"不敢为天下先"。

3. 法家的管理思想

以李悝、商鞅、韩非为代表的法家管理思想,以"法"为管理中心,结合"术、势",形成了以专制主义为特色的管理思想体系。他反对"人治主义"或"贤能政治",主张"立法为教",认为只要"法不败",就能保持政治的常轨。

法家的管理思想概括为以下四点。第一,理论上强调法、术、势结合。法家认为,法既立,术亦备,如果缺乏"势(即强制势力)",即使有法也会无效而不可依,有术也难保证群臣会服从管理,因此,法的执行还得靠"势"。在法、术、势三者的关系中,法是中心,术与势是行使法的必要条件。第二,行政管理上主张"以法治国"。法治思想的主要内容是严刑厚赏。法家强调富国,却又主张"民弱""民贫""民愚"等,认为民弱则国强。"故有道之国,务在弱民",法家以法治国的目的在于通过施展法禁,达到"国强民弱"。第三,经济管理上主张"富国以农"。法家极端重视农业,认为农业即国民经济,是富国的唯一途径,重农思想是法家"富国之学"的核心。第四,人事管理上主张"用人唯贤"。法家主张利用人们趋利避害的天性实行赏罚制度,反对单凭个人喜怒好恶用人的人事管理原则。

4.墨家的管理思想

墨家管理思想是针对当时社会的现实问题,站在劝说当权者治国的立场来阐述有关问题的。墨家强调"尚同""尚贤""兼爱""节用"等主张,其主要思想内容有以下五个方面。第一,民富国强的管理目标。墨家认为,统治者治理国家,"皆欲国家之富,人民之众,刑政之治"。第二,"兼相爱""交相利"的人际管理思想。所谓"兼相爱",是要求君臣、父子、兄弟都要兼爱,"爱人若爱其身","交相利"即人们之间要互利。第三,"尚同"的行政管理思想。墨家的尚同思想是高度的集权主义,"尚同"就是要求百姓上同于天子。第四,"尚贤"的用人管理思想。"尚贤"是指君主能尚贤使能。第五,"节用"的消费原则。其基本观点是:以满足人们的基本需要为标准,以限制上层统治者的奢侈消费为目标,节俭的目的是保证劳动者的基本需要和维持生产者的简单再生产,生财和用财决定国家的贫富,节用是富国富民的主要手段,统治者的奢侈是造成国贫民寡的重要原因。

5.兵家的管理思想

以孙子为代表的兵家管理思想是我国历代军事家对战争决策、指挥、统筹及其基本规律的理性认识的总和。早在商、周时期,就有了有关军事管理思想的观点,但形成系统的理论体系则是从战国时期孙武的《孙子兵法》开始的。兵家的管理思想囊括了中华民族关于战争和军事管理的全部理论,其基本原则对于任何类型的社会组织和任何类型的社会管理活动都普遍适用。兵家管理思想以"谋略"为中心,讲"谋攻妙算",讲"因变制胜",讲"令文齐武",对于管理的战略、策略、方略均有一定的启发作用。

关于管理的战略,孙子强调,优秀的战争指挥员应该依靠计谋取胜,"故上兵伐谋,其次伐交,其次伐兵,其下攻城"。故曰:"知彼知己者,百战不殆;不知彼而知己,一胜一负;不知彼,不知己,每战必殆。"这些重视战略筹划的思想,对于管理人员具有重要的启迪作用。

关于管理的策略,孙子指出:"水因地而制流,兵因敌而制胜。故兵无常势,水无常形,能因敌变化而取胜者,谓之神。"这种"因变制胜"的策略思想,对于组织管理,特别是经济管理和企业管理,是有参考价值的。

关于管理的方略,孙子提出了分级管理的原则,即"凡治众如治寡,分数是也"。要使管理多数人像管理少数人一样,就要依靠组织和编制的作用。孙子又提出"令文齐武"的原则,以形成富有战斗力的组织,就是要用思想教育的手段,对部属晓之以理,动之以情。同时要用制度控制的方法,严明纪律,严肃法度。这一套方略,对于任何管理都是适用的。

(二)先秦时期管理思想的基本特征

我国先秦时期的思想家有许多管理思想方面的真知灼见,归纳起来有以下一些基本特征。

1.顺"道"

其意指管理要顺应客观规律。《管子》一书认为,自然界和社会都有自然的运动规律:"天不变其常,地不易其则,春秋夏冬,不更其节。"万物按自然之"轨"运行,对人毫不讲情面。"万物之于人也,无私近也,无私远也",你的行为顺从于它,它必"助之",你的事业就会"有其功","虽小必大";你若逆它,它对你也必"违之",你必"怀其凶","虽成必败","不可复振也"。司马迁在其著名的《史记》中也把社会经济活动视为个人为了满足自身的欲望而进行的自然过程。对于社会自发的经济活动,他认为,国家应顺其自然,少加干预。"故善者因之"顺应客观规律,符合其"道",乃治国之善政。

2. 重人

这是中国传统管理的一大特点。其中包括两个方面:一是重人心向背;二是重人才归离。得民是治国之本,欲得民必先为民谋利。在先秦的思想家中,孔子提倡"行仁德之政""因民之所利而利之""修文德以来之""使天下之民归心""近者悦,远者来"。《管子》一书提倡,"政之所兴,在顺民心;政之所废,在逆民心",国家必须"令顺民心","从民所欲,去民所恶",乃"为政之宝"。求贤若渴,表示对人才的尊重,并把能否得贤能之助,视为关系国家兴衰和事业成败的关键。在《吕氏春秋》中就认为"得贤人,国无不安……失贤人,国无不危"。诸葛亮在总结汉朝的历史经验时也提出:"亲贤臣,远小人,此先汉之所以兴隆也;亲小人,远贤臣,此后汉之所以倾颓也。"《晏子春秋》则把对人才的"贤而不知""知而不用""用而不任",视为国家的"三不祥",其害无穷。

3. 人和

"和"就是调整人际关系,讲团结,上下和,左右和。对治国而言,和能兴邦;对治理民众而言,和能生财。故我国历来把天时、地利、人和看成事业成功的三要素。孔子说"礼之用,和为贵",管子说"上下不和,虽安必危","上下和同""和协辑睦"是事业成功的关键。古人还认为,求和的关键在于当权者。只有当权者严于律己,严禁宗派,不任私人,公正无私,才能团结大多数。《管子》提出"无私者容众",要求君王切不可有"独举""约束""结纽"这些宗派行为。

4. 守信

治国要守信,办企业要守信。信誉是人们之间建立稳定关系的基础,是国家兴旺和事业成功的保证。孔子说"君子信而后劳其民",他对弟子注重"四教":文、行、忠、信。《管子》十分强调取信于民,提出国家行政应遵循一条重要原则:"不行不可复。"该书认为:"言而不可复者,君不言也;行而不可再者,君不行也。凡言而不可复,行而不可再者,有国者之大禁也。"

5. 利器

生产要有工具,打仗要有兵器,中国历来有"利器"的传统。孔子说:"工欲善其事,必先利其器。"《吕氏春秋》也认为,使用利器可达到"其用日半,其功可使倍"的效果。利器说的提倡促进了中国人民推行、使用先进技术,并使之成为兴邦立业的重要思想。古代中国在相当一段时间内,在某些技术领域领先于世界各国的情况就可以证明这一点。

6. 求实

实事求是,办事从实际出发,是思想方法和行为的准则。儒家提出"守正"原则,看问题不要偏激,办事不要过头,也不要不及,"过犹不及"。过了头,超越客观形势,就犯了冒进的错误;落后于形势又错过时机,流于保守。两种偏向都会坏事,应该防止。《管子》还认为,凡事应量力而行,"动必量力,举必量技""不为不可成,不求不可得""量力而知攻""不知任,不知器,不可""妄行则群卒困,强进则锐士挫"。《管子》还提出了"时空"原则,即办事要注意时间(时机)和地点等客观条件,"时则动,不时则静"。不顾时间的变化,用老一套的办法,不注意"视时而立仪""审时而举事",必然招致失败。空间不同,政策措施也应有异,不可将老一套办法到处运用,"以家为乡,乡不可为也;以乡为国,国不可为也;以国为天下,天下不可为也。"

7. 对策

即在治军、治国、治理民众等一切竞争和对抗活动中,都必须统筹谋划,正确研究对策,以智取胜。古语"夫运筹帷幄之中,决胜于千里之外",就是关于对策的形象描述。《管子》主张"以备待时""事无备则废",治国必须有预见性,备患于无形,"惟有道者能备患于未形也"。中国古代有许多优秀的对策实例,如田忌和齐王赛马的故事,三国的赤壁之战、空城计,孙膑的减灶诱敌等,都是系统运筹的结果。

8. 节俭

节俭意指崇俭黜奢。孔子主张"节用而爱人,使民以时",墨子说"其用财节,其自养俭,民富国治",荀子也说道"强本而节用,则天不能贫……本荒而用侈,则天不能使之富"。纵观历史,凡国用有度,为政清廉,不伤财害民,则会国泰民安;凡国用无度,荒淫奢侈,横征暴敛,必滋生贪官污吏,招致天下大乱。

9. 法治

我国的法治思想起源于先秦法家,如李悝、韩非等人认为要严刑峻法:"设而不犯,犯而必诛";要奖罚分明:"诱以重赏,赏且信;威以重罚,罚且必,使人怀德畏威。"

二、秦朝至唐朝时期的管理思想

(一)秦朝至唐朝时期管理思想的主要内容

秦朝至唐朝时期是指从公元前221年秦王朝建立始到公元960年宋朝建立为止,在这段时间里,中国出现了人类生产力发展的第一次高峰。管理思想随着经济的崛起和政治的成熟化得到空前发展,并不断制度化。这一时期管理思想的主要内容体现在下列几个方面。

1. 行政管理思想

秦始皇统一中国后,建立了中国历史上第一个高度集中的封建政权,三公九卿分工明确、各司其职,共同对皇帝负责;地方机构实行郡县制,郡县长官均由皇帝任命。"汉承秦制"又略有改进:建立新的选官制度,用"察举""征召"的办法选拔人才;创立州刺史制度,加强中央集权。隋唐时期进一步发展,隋文帝在推行三省六部制和精简地方行政机构的同时,还创立了科举制;唐太宗建立了议事制度,推广和完善隋朝所创的科举制度。

2. 经济管理思想

这一时期,实行封建国家对经济干预和控制的经济管理思想占主导地位。秦朝施行统制经济政策,重大的经济命脉由国家控制,主要表现在:一是统一度量衡,在全国范围内"车同轨,书同文,行同伦";二是严刑峻法。西汉时期统治者吸取秦亡的教训,实行"与民休息"的经济政策。到汉武帝时期,由于民富国强,又执行了干涉经济的政策,由国家控制主要经济命脉,如铁、盐、运输、物价等,并打击富商大贾。

3. 军事管理思想

这一时期战争频繁,战争规模扩大,长期的战争实践造就了一批杰出的军事家,曹操、诸葛亮等是典型代表。曹操的军事管理思想突出表现为,在制定战略时,选择发展战略;在实施战略时,采取应变战术。诸葛亮的军事管理思想主要表现为审时度势的战略决策思想,《隆中对》就是成功的战略决策范例。

(二)秦朝至唐朝时期管理思想的基本特征

1. 确立了中国传统管理思想体系

战国末期百家争鸣的思想在秦时得以统一。自秦始皇建立了中国历史上第一个封建集权的国家之后,法家"以法治国"的管理思想在专制中央集权体制下得到了充分的实践和发展。在经过了秦末农民起义和楚汉战争后建立起来的汉王朝,黄老道家的"无为而治"应运而生,社会关系和社会经济得以改变。汉武帝时期,采取了董仲舒"罢黜百家,独尊儒术"的建议,形成了以公羊学派为主,糅合阴阳家、法家、道家等杂家的新式儒学,进而形成了"霸王道杂之"的管理思想,成为历代统治者治国的固定管理模式。儒家经学的发展成为两汉管理思想的主流,东汉时期更将经学以法典的形式确立下来,将儒家的礼治思想同王朝政治相结合,形成了儒家正统管理思想体系。三国两晋南北朝时期,中国处于长期分裂状态,战争频繁,社会混乱,儒学一度衰退,继而兴起的玄学、佛学、道家等思想得到了发展的空间,还有以《齐民要术》为代表的农业经营管理专著,促进社会文化管理思想多元化的蓬勃发展。随着隋唐的重新统一,唐朝的统治者重新构建管理思想体系,利用宗教的社会影响力,服务于王朝的政治巩固,形成了儒、道、释三家杂糅的管理思想体系。

2. 实现了管理思想的制度化

秦汉至隋唐时期既建立了专制主义中央集权体制为目标的行政管理思想,实现封建国家对经济干预和控制的经济管理思想,形成了丰富的军事战略管理思想和集权式的文化管理思想,又实践了选贤任能的用人思想和礼法相济的管理原则,严情结合的管理手段等,对先秦时期形成的管理思想实行制度化,进一步发展了专制的集权管理制度,通过吏制、科举制、土地制度和赋税制度等使之成为定式,并不断发展完善。这一阶段管理思想相当丰富,包括秦始皇的集权管理思想、汉高祖无为而治的管理思想、汉武帝有为而治的管理思想、桑弘羊的经济管理思想、贾思勰的农业经营管理思想以及隋文帝的政治管理思想,随着唐朝达到封建社会的鼎盛时期,中国传统管理思想的发展开始走向另一个高潮,出现了以唐太宗和武则天为代表的治国管理思想。

三、宋朝至前清时期的管理思想

宋朝至前清时期是指从公元960年至1840年中英第一次鸦片战争之前。这一时期,虽然社会仍在继续发展,但封建社会已从顶峰下滑,各种矛盾日益尖锐,封建王朝的统治受到严重威胁,这一时期管理思想相对于秦汉到隋唐时期的管理思想没有实质性的变化,只是对管理制度进行了部分的调整和变革。

（一）宋朝至前清时期管理思想的主要内容

在宋朝至前清时期，中国管理思想及管理实践随着封建社会的发展而继续发展，产生了许多有代表性的管理思想，其中以王安石、忽必烈、朱棣、康熙、雍正和乾隆的管理思想最为典型。

1. 王安石的经济管理思想

王安石认为，民不富则国不强，应发展生产，减轻负担，抑制兼并。他提出，靠天下的力量以生天下之财，人尽其力，取天下之才。他制定推行的变法中，农田水利法、青苗法、免役法等都起到了减轻农民负担、保护农村生产力的作用。王安石主张抑制兼并，缩小贫富差距，变通天下之财，进行赋税改革。在工商税方面，他主张首先促进商品流通的发展，认为只有流通渠道畅通，工商税收才会增加。

2. 忽必烈的管理思想

忽必烈是成吉思汗之孙，元朝的开国皇帝。他的管理思想涉及教育、宗教、军事等方面。第一，教育管理思想方面。忽必烈认为"三纲五常"等儒家思想有利于他君临天下，因而大力倡导学习儒家文化和传播儒家思想。他创设诸路提举学校官，选拔博学老儒，使得儒学思想迅速普及全国各地，因此培养了大批儒学人才。第二，宗教管理思想方面。忽必烈面对其统治区域辽阔，境内民族众多，各民族在风俗习惯、思想意识、宗教信仰等方面各不相同的状况，采取了各种思想兼容并蓄的政策。第三，军事管理思想方面。他主张政治与军事并用，战抚兼施，注重集中兵力，避免两线作战；善于运用远程奔袭、迂回、围歼以及步兵、骑兵、水兵、炮兵联合作战等战法。他认为兵民是国之大本，十分注重军队建设和加强中央集权，主张布扬威德、赏罚公而不滥、号令必须执行。

3. 朱棣的儒教统治思想

明成祖朱棣推崇儒家政治思想。第一，敬天法祖。第二，保民如赤子。朱棣认为，统治者要维持自己的统治地位，就要实施仁政，要爱民保民，让百姓得到温暖，减其徭役。第三，制礼作乐，明刑弼政。朱棣认为礼可以维护社会阶级的秩序，乐可以陶冶人的情感，使百姓安宁，同时还需要利用教化使天下臣服，并利用法律约束破坏秩序的人。第四，养士择贤听谏纳言。朱棣认为，治国需要贤才，用人要选贤才，对于选择的贤才要充分发挥作用，即人尽其才。

4. 康熙、雍正和乾隆的管理思想

清朝前期的康熙、雍正和乾隆的管理思想表现在以下两个方面。第一，"大一统"思想。他们作为中国少数民族出身的君主，突破了汉族自我优越的民族观，摈弃了儒家歧视边疆地区少数民族的狭隘偏见，把中国看成包括中原腹地和广阔边疆的"大中国"。第二，提倡管理实践和创新。康熙和雍正都尊重实践，通权达变，勇于创新，如雍正王朝时期实行的"提解耗羡""摊丁入亩"都是较有影响的赋税改革制度。

（二）宋朝至前清时期管理思想的基本特征

1. 以儒家思想为主体的治国思想

宋朝至前清时期的管理者和思想家都推崇儒学，如忽必烈倡导儒学，正人心，讲道德，保

证国家稳定;朱棣称儒学为国家之治首事;清朝皇帝以"敬天、法祖、勤政、爱民"为恪守的家法。这些对传承中国文化,规范人们的行为习惯,稳定社会起了一定的作用。

2. 突出了"以农为本、富民兴邦"的治国理念

农业作为决定国家命脉的支柱产业,纵观宋朝至前清的历史,历朝历代的统治者无不重视农业的发展,"以农为本"一直是封建王朝的执政理念。忽必烈即位之初就首诏天下,强调国家应以民为本,民以衣食为本,衣食以农商为本。康熙帝强调以农为本,敬农、重农、悯农、恤农、爱农、务农。先农坛、耕织图、丰泽园和御花圃曾是清代农耕文明辉煌发展的"推进器"。

第二节 中国近现代管理思想

1840 年爆发的第一次中英鸦片战争揭开了中国近代史的序幕。从中国管理思想发展的历史轨迹看,近代时期的管理思想属于管理思想的融合时期,即学习西方管理思想并运用于中国管理实践的时期,可分为晚清时期与民国时期两个阶段。

一、晚清时期的管理思想

晚清时期大致指从鸦片战争(1840 年)到辛亥革命(1911 年)以前的一段时间。由于西方资本主义列强的入侵,中国社会由封建社会逐步转变为半殖民地半封建社会。这一时期中国管理思想的转变过程也是一些先进人士向西方国家寻找真理的过程。

(一)晚清时期管理思想的主要内容

晚清时期,不同的阶级派别有各自的政治、经济主张,表现在管理上,有三种不同的主张和实践。地主阶级改革派是向西方寻求救国真理的先驱,并做了对西方管理思想引进的最初尝试;洋务派提出以"自强""求富"为管理目标的主张;资产阶级改良派推出建立资产阶级君主立宪制国家的改革措施。

1. 魏源的管理思想

魏源编写了我国近代第一部系统介绍世界历史、地理的专著——《海国图志》,探讨中国在鸦片战争中失败的原因,提倡"师夷长技以制夷",是中国管理思想承前启后的人物。他的管理思想主要包括以下两方面内容。第一,对传统管理思想有不同的见解。他对传统的"重本抑末"观点提出新的解释,他认为农业是"本",商业是"末",但从当前情况看,应先货后食,也就是先商后农。他对传统的"黜奢崇俭"观点提出新的解释,认为对于较为富有的中小地主和商人,主张允许和鼓励他们一定程度的"奢"。他对漕运、盐政和赋税管理方面主张改革,提出改河运为海运,改官运为商运。第二,借鉴西方先进的管理思想。他在"师夷"的口号下,提出移植西方新式工业的主张;在对外贸易上,运用了"贸易差额"分析方法。

2. 曾国藩的管理思想

曾国藩对"乾嘉盛世"后清王朝的腐败衰落洞若观火,并提出了自己的管理思想。第一,人力资源管理方面。他主张"行政之要,首在得人",危急之时需用德才兼备之人,要倡廉正之风,行礼治之仁政,反对暴政扰民。第二,财政经济管理方面。他认为,理财之道全在酌盈剂虚,脚踏实地,洁己奉公,他还重视农业,"民生以稼事为先,国计以丰年为瑞"。他要求"今日之州县,以重农为第一要务"。第三,中西邦交方面。一方面他十分痛恨西方人侵略中国;另一方面又不盲目排外,主张向西方学习其科学技术。第四,军事管理方面。他提出用兵"动如脱兔,静如处子",主客奇正之术,"先自治,后制敌"等战略战术。

3. 康有为的管理思想

康有为的管理思想基本体现在其变法主张中。康有为认为,在全面变法中,政治改革是根本,而政治改革的目标就是实行君主立宪制度,只有实行了这一制度,其他各方面的变法措施才能逐次推行,从而使中国国富民强,也才有可能达到他所期望的理想的大同境界。政治上他先是推崇设立议院,由民众推举产生议郎(即议员)组成议会,凡是国家大事都交付议会,由议员议行。

康有为的管理思想主要表现为三个方面。①主张君主立宪,改革管制的行政管理思想。他认为只有实行了君主立宪,解决了根本问题,其他各方面的变法才能次第实现,才能使中国免于灭亡而走上富强独立的资本主义道路。②提出"富国""养民"发展资本主义经济纲领的经济管理思想。其中,富国之法包括钞法、铸银、铁路、机器轮舟、开矿、邮政六项纲领,养民之法包括务农、劝工、惠商、恤农四项纲领。③废八股改策论,兴办近代教育的文教管理思想。他提出改革科举制度,在保留原来考试制度的前提下,改革考试内容,以策论取士。另外,他还兴办近代教育——新式学堂,开办京师大学堂,各地建中小学堂,构成大中小学为一体的崭新的教育体系。

(二)晚清时期管理思想的基本特征

鸦片战争后,中国社会由封建社会逐步转变为半殖民地半封建社会,社会性质发生了重大变化,管理思想领域也产生了很多的变化,从本质上说这一时期的管理思想是中国几千年历史文化沉积的产物,是西方文化撞击下的中国古代管理思想的延伸和发展。中国近代并未形成自己具有时代特色的比较成熟的管理思想,只是有一些处于转变时期新旧变化、新旧交替的管理思想。其特征是:第一,近代经济管理思想反映了部分商人、地主以及官僚等向新式工业投资的强烈愿望和要求,先富后强成为这一时期规模经济管理的总目标;第二,改革事业家希望在清政权下通过"变法"(自上而下的改革),使国民经济的管理同发展资本主义经济的需要相适应。

二、民国时期的管理思想

民国时期是指辛亥革命(1911年)到中华人民共和国成立(1949年)以前的这一段时间。

(一)民国时期管理思想的主要内容

1. 孙中山的管理思想

孙中山是中国民主革命的伟大先驱,其管理思想主要表现在以下两个方面。第一,国家管理思想方面。他提出"三民主义",即民族主义、民权主义和民生主义。民族主义是将民族革命与政治革命结合起来,进行民族解放运动。孙中山还提出"五族共和"的民族政策,指出"国家之本,在于人民,合汉、满、回、藏诸地方为一国,是曰民族之统一"。孙中山的民权主义思想与资产阶级共和国理想紧密关联,他实行革命的目的,是为了推翻满清王朝,然后建立国民政府,"凡为国民皆平等以有参政权"。第二,社会经济管理思想方面。孙中山的民生主义是他的社会改革纲领,民生主义的核心是解决土地问题,即"平均地权"。利用地价变化的差额,核定地价,用土地税收均衡贫富。再进一步,随着工业的发展,节制资本,以国家经营重大产业为基础,消除垄断资本的社会弊端。

2. 张謇的管理思想

张謇是中国近代实业家,主张"实业救国"。他白手起家,几经奋斗,终于取得了成功。他在经营企业的实践中,不断地对中国国民经济的管理问题和企业的经营管理问题进行探讨,总结经营管理经验,逐渐形成了一套管理思想。其主要内容有以下四点。第一,利润的积累是企业生存发展的一个重要前提。他认为利润的积累是工商业的命脉,在经营中占重要地位。没有利润的积累,企业生产技术水平的提高、机器设备的更新以及生产规模的扩大都无从说起。第二,成本管理思想。他认为成本是产品价格的决定性因素,它直接关系到企业的经营效益和利润水平,所以成本管理在企业管理中处于十分重要的地位。第三,供销方面的管理思想。他认为企业的再生产过程表现为产、供、销几大环节,生产环节固然重要,然而供、销两个环节也关系到企业的生死存亡,因此企业管理应重视供销管理。第四,人事管理思想。张謇深知封建社会人浮于事的人事制度的弊端,反对因人设官的做法。他制定了一系列的人事管理制度,如岗位责任制、定期对各方面的工作进行检查等。第五,文化管理思想。张謇在企业管理中比较重视人的作用,在企业中提倡"仁、义、礼、信"等规范,重视儒家的道德规范主张,以诚信对待顾客和竞争对手。

(二)民国时期管理思想的基本特征

民国时期形成了势力颇大的民族资产阶级企业家群体,而这些企业家的崛起是中国特定历史时代的产物,他们的管理思想已渗入了资本主义的因素。第一,外国资本主义和清朝政府对中国民族资本主义企业的压迫,阻碍了民族资本主义经济的发展,为此,民族企业家进行了坚决的斗争、揭露和抨击。第二,中华民族企业的企业家善于运用自己的优势,创造名牌产品。首先,中国近代民族企业有在国外经济侵略的威胁下求生存、求发展的决心和毅力;其次,尽量利用自己的资源、市场和优势发展企业;最后,重视创新和科技的作用,舍得为科研投资。第三,中国的民族企业家善于采用"避实击虚"的战略技术,能够在国外经济列强的压迫下求得生存和发展。

第三节 中国当代管理思想

中华人民共和国成立以后,国内政治局面稳定,管理思想的研究重心转向各企业管理。初期,我国企业一方面学习和引进苏联的管理模式和管理学;另一方面也总结出许多有中国特色的企业管理经验和模式。但中国当代管理思想发展的真正春天是在 1978 年以后,是以中国改革开放、高速工业化进程为背景的,尤其是进入 20 世纪 90 年代,随着我国市场化、工业化和国际化进程的不断加快,无论是管理创新实践,还是以探索市场经济条件下管理活动规律为己任的我国管理学学术研究,都获得了很大的发展。

一、计划经济时期的管理思想

(一)计划经济时期管理思想的主要内容

1. 20 世纪 50 年代:全盘学习苏联管理模式

1953年,我国开始执行第一个五年计划,进入了大规模经济建设时期。国家集中了大量人力、物力和财力,兴建 156 项重点工程。同时,开始全面地、系统地引进苏联的企业管理制度和方法。这套制度和方法的主要内容包括实行计划管理、推行生产作业计划、建立生产责任制度;实行技术管理,推行生产技术准备工作,制定技术标准、劳动定额、质量检查等制度;实行经济管理,建立经济核算制;进行干部、工人培训;实行各尽所能、按劳分配;建立健全生产指挥系统和管理机构等。但是,在学习苏联企业管理经验的过程中,也出现了不加分析、照抄照搬的问题。

2. 20 世纪 60—70 年代:探索适合中国国情的管理学

(1)"鞍钢宪法"

这一时期企业管理理论的典型代表是"鞍钢宪法"。其主要内容有以下三点:第一,政治挂帅,群众性技术革命,这是企业的指导思想;第二,党委领导下的厂长负责制,这是企业的领导体制;第三,"两参一改三结合",即干部参加集体劳动,工人参加企业管理,改革不合理的规章制度,在生产、技术、管理等改革和改进上实行领导干部、技术人员和工人相结合,这是企业的管理制度。"鞍钢宪法"是探索社会主义工业化道路的重要尝试,集中体现了当时中国工业企业实行民主管理和科学管理的合理要求。

(2)《工业七十条》

1961 年 9 月,中央组织了企业管理调查组,通过对北京第一机床厂等企业的系统调查研究,制定了《国营工业企业工作条例(草案)》(《工业七十条》)。这个条例明确提出了国营工业企业的性质和基本任务,规定了企业与国家的相互关系,同时强调在企业管理中既要解放思想,破除迷信,又要尊重科学,按照客观经济规律和技术规律办事;既要实现党委集体领导,又要建立以厂长为首的统一的生产指挥系统;既要依靠群众,走群众路线,又要建立责任制,严肃劳动纪律;既要加强政治工作,实行精神鼓励,又要贯彻按劳分配原则,实行物质鼓励。《工业七十条》是新中国成立以来我国第一部关于企业管理方面的章程,是当时整顿工业企业和改进企业管理方面的重要文件,它系统地总结了新中国成立以来在领导国营企业方面的经验教训,从当时的实际情况出发,提出了企业管理工作的基本指导原则,在企业管理的法治建设工作上做了有益的探索。它在我国企业管理和管理理论发展史上有着重要的意义。

(二)计划经济时期管理思想的基本特征

1. 高度集中经济管理体制下的生产导向型管理理论

这一时期,企业缺乏基本的自主经营管理权。对于在数量上、规模上和功能上占绝对主导地位的国有经营企业而言,任何管理制度的变动和管理方法的引入,几乎都是由政府经济主管部门通过发文件、抓推广、促落实、勤检查的行政计划和命令方式,从上而下地统一部署、一致行动。企业的经营管理甚至成为在国家层面上由中央政府推动的某种群众性活动,从而形成了高度集中型的经济管理体制。这一时期的企业管理形成了生产型的管理理论,其基本特征是,企业管理只注意研究企业内部的生产管理,而几乎不研究企业外部的流通领域。

2. 管理学借鉴和发展了苏联模式

为适应"一五"大规模建设的需要,在全国范围内全面地、系统地引进苏联的企业管理制度和方法。工业企业管理中推行苏联的"一长制"模式和"马钢宪法",使我国的企业管理开始进入科学管理的轨道。

3. 企业管理理论重视民主管理

新中国企业管理破旧立新阶段到社会主义建设阶段,民主管理始终是我国企业管理理论的一个重要特征。新中国成立时,为了改变旧社会不合理的企业管理方式,让人民真正成为企业的主人、参与管理企业,中共八大提出在企业中实行党委集体领导下的厂长或经理负责制,又决定在企业中推行党委领导下的职工代表大会制,加强民主管理。

4. 管理学发展具有鲜明的时代特色

新中国成立以后,我国的企业管理首先经历了民主改革和生产改革,建立起基本的社会主义工业体制和企业制度;其次,在政府经济管理部门的统一部署下,全国范围内全面地、系统地引进和推行苏联的企业管理制度和方法,其核心是计划指令下针对生产环节的生产型管理;最后,逐步建立起中国自己的企业管理学体系。

二、企业转型时期的管理思想

从党的十一届三中全会(1978年)后到党的十四届三中全会(1993年),中国企业管理实践和理论处于转型时期。这一时期,企业通过"集体"学习管理知识,使管理回到了正确的轨道上。大量西方先进管理思想和科学管理方法的引入和介绍,使中国企业管理工作者拓展了视野,明确了追赶的目标。企业管理学也开始恢复,并在学习和模仿西方企业管理理论的基础上进行了自己的探索。

(一)企业转型时期管理思想的主要内容

1. 企业管理模式从生产型向生产经营型转变

中国企业制度的变革是从扩大企业自主权着手的。扩大企业自主权是党的十一届三中全会后企业改革的重要内容。在整个 20 世纪 80 年代的改革开放中,企业改革是先行的,1984—1993 年的国企改革指导思想是企业所有权和经营权分离,广义上的产权改革也从这一阶段开始。1978年,四川省首先在国营工业企业中进行两权分离改革试点。从 1979年起,试点企业范围不断扩大。随着扩权试点的发展,企业更多地遇到经济责任方面的问题。于是,改革又逐步向经济责任制方面发展,对分配制度、劳动制度进行改革,并取得了不同程度的效果。工业经济责任制是在经济体制改革中出现的一种把企业和职工的经济利益同其承担的经济责任、实现的经济效益和劳动成果结合起来的经营管理制度。它既是经济体制改革的产物,也是企业管理的进步,是企业从生产型管理走向生产经营型管理的开端。

2. 引进和学习国外先进管理经验与方法

我国企业管理理论在这一阶段之所以有了长足发展,还得益于及时引进、消化、吸取了国外许多新的管理理论。这一阶段,我国的企业开始接触并学到了一些国外的先进管理经验和现代管理方法,并加以借鉴应用,取得了较好的效果。一些世界著名跨国公司如可口可乐、日本松下、摩托罗拉、肯德基等进入中国投资,使中国企业直接感受到与国际企业在经营管理上的巨大差距。这个时期的标志性事件是"全面质量管理"在中国的倡导和推广,中国的企业开始学习、吸收、实践国际先进管理理念和方法。与此同时,外企也感受到管理本土化的重要性。

(二)企业转型时期管理思想的基本特征

从计划经济向市场经济的转轨,从封闭状态向开放状态的过渡,对任何一个中国企业都意味着一种全局性的本质变化,这一变化过程充满着机遇和挑战。我国企业管理理论也在引进国外管理理论的同时开始了一些探索。

1. 企业管理模式从生产型转为生产经营型

随着企业体制和市场环境的变换,企业的管理活动不再局限于生产制造环节,而是面向市场,适应整个市场运行环境的变换,从单纯的生产管理转向生产经营全过程的管理。企业领导人也开始承担全面的领导责任,不仅要负责生产,而且要寻找市场,负责企业全面的经营管理。

2. 产权理论成为这一时期管理理论的主要内容

在这一阶段,国有企业仍然是我国企业的主体,因此企业改革仍然以国有企业为主角,以国有企业分权让利、承包经营责任制、利改税和拨改贷等为主要内容的企业改革是体制改革的中心环节,伴随企业体制改革而推进的管理科学化、现代化也主要是围绕国有企业展开。相应地,企业产权改革理论成为这一时期企业管理理论的主要内容。

3. 管理实践发展的主流是追踪、学习、模仿

这一时期是中国企业管理科学化进程中的全面学习模仿阶段。与之前单纯学习苏联管理理论和方法不同,无论是政府还是企业,都敞开胸怀,大胆学习和借鉴日本、美国和欧洲等

国家的企业管理理论和方法,尤其是在具体的企业管理活动中,操作性、流程性的西方科学管理方法和技术成为借鉴并采用的重点。不少企业在学习国外现代管理方法的基础上开始探索更加适合自身情况的新的管理方法,一些处于管理科学化前沿的企业抓住了创业和发展机会,实现了资本、人才和管理知识的积累,为大规模开展管理科学化实践创造了条件,做好了准备。

4. 管理学理论和实践进一步丰富和发展

企业经营模式向生产经营型的转变,使企业管理理论的范围和内容得到极大的扩展。20 世纪 80 年代中期,我国翻译出版了一系列国外企业文化专著,企业文化理论在我国广泛传播,并产生了巨大的影响。我国理论界开始注意企业战略问题是在 80 年代中期,研究者提出"企业要有经营战略思想"的观点并进行了研究。

三、市场经济时期的管理思想

党的十四届三中全会通过的《中共中央关于建立社会主义市场经济体制若干问题的决定》指明了经济体制改革的方向:宏观上,要建立社会主义市场经济体制,理顺政府、企业和市场的关系;微观上,要转换国有企业经营机制,建立"产权清晰、权责明确、政企分开、管理科学"的现代企业制度。这种政策导向决定了中国管理学发展的主导思想是"立足国情,融入全球"。立足国情要求中国管理学的理论发展与实践探索必须立足于中国特殊的制度背景,理论联系实践;融入全球要求中国管理学的发展必须跟上时代步伐,融入全球市场竞争格局。

(一)市场经济时期管理思想的主要内容

随着我国市场化、工业化和国际化进程的不断加快,无论是管理创新实践,还是管理学术研究,都获得了很大发展。这一时期,我国经济体制改革的重点包括国有企业改革与经理人队伍建设、走出去发展战略与中国企业海外投资战略、鼓励非公有制经济与民营企业的发展、自主创新战略与中国企业的战略性结构调整等。

1. 国有企业改革与经理人队伍建设

党的十五届四中全会指出,国有企业改革是整个经济体制改革的中心环节。建立完善的社会主义市场经济体制,实现公有制与市场经济的有效结合,最重要的是国有企业形成适应市场经济要求的管理体制和经营机制。国有企业改革的方向是建立现代企业制度,即以完善的企业法人制度为基础,以有限责任制度为保证,以公司制为主要形式,以"产权清晰、权责明确、政企分开、管理科学"为特征的新型企业制度。国有企业改革的一个重要条件是经理人队伍的建设,为此,政府大力支持经理人市场的建设,要求按照公开、平等、竞争、择优的原则,优化人才资源配置,打破人才部门"条块"分割的局面,促进人才合理流动。在这种经济环境下,经理人及其队伍建设成为中国管理学研究的一个重要分支,将改革嵌入人力资源管理、公司治理和组织管理等各个方面,成为国有企业改革研究的重要组成部分。

2. 走出去发展战略与中国企业海外投资战略

顺应经济全球化发展的潮流,适应中国经济体制改革的需要,政府强调必须从"引进来"发展战略转向"引进来"与"走出去"相结合发展战略。实施"走出去"战略是对外开放新阶段的重大举措,我国政府鼓励和支持有比较优势的各种所有制企业对外投资,带动商品和劳务出口形成一批有实力的跨国企业和著名品牌,积极参加区域经济交流与合作。

3. 鼓励非公有制经济与民营企业的发展

改革开放以来,民营经济、民营企业从无到有,从小到大,已经成为中国经济的重要组成部分。中共中央、国务院对民营经济的重视以及相关政策的颁布实施,从制度层面推动了中国民营经济的发展,同时也促使学术界开始重视民营经济研究。此后,有关民营经济的相关研究蓬勃发展,内容涉及民营经济的法律地位、产业结构调整、融资渠道、治理结构和经理人市场以及典型民营企业的案例分析等方面。

4. 自主创新战略与中国企业的战略性结构调整

党的十六届五中全会明确提出了优化产业结构和提高自主创新能力发展战略,为中国企业、政府和个人的创新提供了广阔的发展空间,有关产业结构调整和自主创新战略的管理实践和学术研究得到了迅猛发展。在创新实践方面,政府机构改革、产业结构调整和企业创新战略日益成为社会热点,创新模式也从技术引进向自主创新转型。

(二)市场经济时期管理思想的基本特征

1. 理论研究上注重引进国外各种先进的管理理论

随着市场经济体制改革的推进,国有企业改革迫切需要管理理论作指导,以适应市场经济发展需要,融入全球竞争格局。在建立现代企业制度过程中,为把深化国有企业改革同加强企业管理结合起来,我国先后引入国外企业管理理论和方法。除此之外,国内还系统引进了工商管理下属各个学科的系列教材,使工商管理教学能够逐步与国际接轨。

2. 实践探索上立足中国经济体制改革的特殊国情

随着社会主义市场经济体制的建立、完善与发展,在管理学术研究和管理学教育的推动下,中国企业管理实践的科学化和现代化水平也得到了很大的提高。中共十四届三中全会以来,中国管理学的发展历经了四个重要时期,分别是企业产权改革时期、实施"走出去"发展战略时期、鼓励发展非公有制经济时期和提出自主创新发展战略时期。中国管理学的发展是伴随着经济体制改革而同步推进的。

四、新时代的管理思想

党的十八大以来,中国特色社会主义进入新时代。2013年11月15日召开了党的十八届三中全会,针对当时国内外的经济政治形势,作出了《中共中央关于全面深化改革若干重大问题的决定》。全会指出,全面深化改革的总目标是完善和发展中国特色社会主义制度,推进国家治理体系和治理能力现代化。必须更加注重改革的系统性、整体性、协同性,加快发展社会主义市场经济、民主政治、先进文化、和谐社会、生态文明,让一切劳动、知识、技术、管理、资本的活力竞相迸发,让一切创造社会财富的源泉充分涌流,让发展成果更多、更公平地惠及全体人民。全会要求,坚决破除一切妨碍科学发展的思想观念和体制机制弊端。到2020年在重要领域和关键环节改革上取得决定性成果,形成系统完备、科学规范、运行有效的制度体系,使各方面制度更加成熟、更加定型。

党的十八届三中全会重申"十五大"以来有关坚持和完善公有制为主体、多种所有制经济共同发展的基本经济制度的论述,并明确提出,完善国有资产管理体制,以管理资本为主加强国有资产监管,改革国有资本授权经营体制,国有资本投资运营要服务于国家战略目标,更多投向关系国家安全、国民经济命脉的重要行业和关键领域,重点提供公共服务、发展重要前瞻性战略性产业、保护生态环境、促进科技进步、保障国家安全,划转部分国有资本充实社会保障基金;提高国有资本收益上缴公共财政比例,更多用于保障和改善民生。

国有企业是推进国家现代化、保障人民共同利益的重要力量。经过多年改革,国有企业总体上已经同市场经济相融合。但国有企业也积累了一些问题、存在一些弊端,需要进一步推进改革。全会提出了一系列有针对性的改革举措,包括国有资本加大对公益性企业的投入;国有资本继续控股经营的自然垄断行业实行以政企分开、政资分开、特许经营、政府监管为主要内容的改革,根据不同行业特点实行管运分开、放开竞争性业务,推进公共资源配置市场化,进一步破除各种形式的行政垄断;健全协调运转、有效制衡的公司法人治理结构;建立职业经理人制度,更好发挥企业家作用;深化企业内部管理人员能上能下、员工能进能出、收入能增能减的制度改革;建立长效激励约束机制,强化国有企业经营投资责任追究;探索推进国有企业财务预算等重大信息公开;国有企业要合理增加市场化选聘比例,合理确定并严格规范国有企业管理人员薪酬水平、职务待遇、职务消费。

全会决定从多个层面提出鼓励、支持、引导非公有制经济发展,激发非公有制经济活力和创造力的改革举措。在功能定位上,明确公有制经济和非公有制经济都是社会主义市场经济的重要组成部分,都是我国经济社会发展的重要基础;在产权保护上,提出公有制经济财产权不可侵犯,非公有制经济财产权同样不可侵犯;在政策待遇上,强调坚持权利平等、机会平等、规则平等,实行统一的市场准入制度;鼓励非公有制企业参与国有企业改革,鼓励发展非公有资本控股的混合所有制企业,鼓励有条件的私营企业建立现代企业制度。这将推动非公有制经济健康发展,中国经济管理体制和企业改革步入了新阶段。

2017年10月,党的十九大报告指出,我国经济已由高速增长转向高质量发展阶段,正处在转变发展方式、优化经济结构、转换增长动力的关键期,建设现代化经济体系是跨越关口的迫切要求和我国发展的战略目标。必须坚持质量第一、效益优先,以供给侧结构性改革为主线,推动经济发展质量变革、效率变革、动力变革,提高全要素生产率,着力加快建设实体经济、科技创新、现代金融、人力资源协同发展的产业体系,着力构建市场机制有效、微观主体有活力、宏观调控有度的经济体制,不断增强微观经济创新力和竞争力。

报告强调要加快完善社会主义市场经济体制。经济体制改革必须以完善产权制度和要素市场化配置为重点,实现产权有效激励、要素自由流动、价格反应灵活、竞争公平有序、企业优胜劣汰。要完善各类国有资产管理体制,改革国有资本授权经营体制,加快国有经济布局优化、结构调整、战略性重组,促进国有资产保值增值,推动国有资本做强做优做大,有效防止国有资产流失。深化国有企业改革,发展混合所有制经济,培育具有全球竞争力的世界一流企业。全面实施市场准入负面清单制度,清理废除妨碍统一市场和公平竞争的各种规定和做法,支持民营企业发展,激发各类市场主体活力。深化商事制度改革,打破行政性垄断,防止市场垄断,加快要素价格市场化改革,放宽服务业准入限制,完善市场监管体制。创新和完善宏观调控,发挥国家发展规划的战略导向作用,健全财政、货币、产业、区域等经济政策协调机制。完善促进消费的体制机制,增强消费对经济发展的基础性作用。深化投融资体制改革,发挥投资对优化供给结构的关键性作用。加快建立现代财政制度,建立权责清晰、财力协调、区域均衡的中央和地方财政关系。建立全面规范透明、标准科学、约束有力的预算制度,全面实施绩效管理。深化税收制度改革,健全地方税体系。深化金融体制改革,增强金融服务实体经济能力,提高直接融资比重,促进多层次资本市场健康发展。健全货币政策和宏观审慎政策双支柱调控框架,深化利率和汇率市场化改革。健全金融监管体系,守住不发生系统性金融风险的底线。

报告提出了全面建成小康社会的决胜目标,号召全国人民为实现民族复兴的中国梦、实现人民对美好生活的向往继续奋斗。

【本章小结】

1. 先秦时期的管理思想主要有儒家管理思想、法家管理思想、道家管理思想、墨家管理思想和兵家管理思想,其对后世管理思想的形成和发展都有较大影响。

2. 秦朝至唐朝时期的管理思想包括行政、经济、军事等方面,呈现继承和发展的特点。

3. 宋朝至前清时期的管理思想的基调是以"民"为本,以儒家思想为主体的治国思想。

4. 晚清时期,地主阶级改革派主张向西方学习,洋务派提出"自强""求富"的管理主张,资产阶级改良派提出君主立宪制的改革主张。

5. 民国时期民族资产阶级企业家将西方科学管理思想和中国传统管理思想融合起来,创造出中国特色的现代民族资产阶级企业经营管理模式。

6. 从1949年新中国成立到1978年党的十一届三中全会召开之前,我国企业管理学从无到有,逐步建立。

7. 企业转型时期,企业的管理模式从生产型向生产经营型转变,同时还引进和学习国外先进管理经验与方法,管理学的内容逐步丰富和完善。

8. 从1992年起,在建设社会主义市场经济体制和全球经济发展趋势的新环境下,我国的管理学重心转移到国有企业改革与经理人队伍建设、走出去发展战略与中国企业海外投资战略、鼓励非公有制经济与民营企业的发展、自主创新战略与中国企业的战略性结构调整。

9. 新时代要完善和发展中国特色社会主义制度,推进国家治理体系和治理能力现代化,加快完善社会主义市场经济体制。

【实务训练】

华为的企业特点

一、远大的追求,求实的作风

一个企业的成功,根源于企业家的胆识和追求,在于企业家的价值观和胸怀。企业家依据自己的追求和价值准则建立公正的价值体系和价值分配制度,并凭借这一体系和制度吸引和积聚优秀人才,建立严密的、有高度活力的组织,形成有高度凝聚力和高度文明的企业文化。华为公司的远大追求主要表现在三个方面:①实现顾客的梦想,成为世界级领先企业;②在开放合作的基础上独立自主和创造性地发展世界领先的核心技术和产品;③以产业报国、振兴民族通信工业为己任。

强大的国家是强大企业的沃土,企业必须依靠国家作为后盾。另外,国家没有强大的、在国际上领先的企业群,经济就没有基础,从而政治上就没有地位。任何一个强大的企业,不管其所有制性质,都是国家经济实力的创造者,都是国家增强综合国力的源泉。企业要在经营活动中处处表现出爱祖国、爱人民、爱事业、爱生活的价值观念。

爱祖国不是空洞的口号,要成长为世界级公司,只能独立自主、自力更生地发展领先的核心技术体系和产品系列,而这种长期艰苦奋斗的精神力量只能来自爱祖国、爱人民。华为公司的企业家和员工是有血有肉的凡人,他们既爱祖国、爱人民,又爱事业、爱生活、爱自己和家人。这样,就把远大的追求与员工的切身利益有机地结合,把"造势与做实"紧密地结合。

二、尊重个性,集体奋斗

坚实企业不搞偶像崇拜,不推崇个人主义,强调集体奋斗,也给个人以充分发挥才能的平台。高技术企业的生命力在于创新,而突破性的创新和创造力实质上是一种个性行为,这就要求尊重人才、尊重知识、尊重个性。但高技术企业又要求高度的团结合作,今天的时代已经不是爱迪生的时代,技术的复杂性、产品的复杂性问题必须依靠团队协作才能攻克。

华为公司是以高技术为起点,着眼于大市场、大系统、大结构的高科技企业。它需要所有的员工必须坚持合作,走集体奋斗之路。一个没有足够专业能力的人跨不进华为的大门,即使偶然进入,但若融不进华为文化,也等于丧失了在华为发展的机会。

坚实企业应该在组织上,特别是科研和营销组织上采取团队方式运作;在工作态度考评上强调集体奋斗、奉献精神;在工资和奖金分配上实行能力主义工资制,强调能力和绩效;在知识产权上要保护个人的创造发明;在股权分配上强调个人的能力和潜力。

三、结成利益共同体

企业是一种功利性组织,但为谁谋利益的问题必须解决,否则企业不可能会有长远发展。企业应该奉行利益共同体原则,使顾客、员工与合作者都满意。这里合作者的含义是广泛的,是与公司利害相关的供应商、外协厂家、研究机构、金融机构、人才培养机构、各类媒介和媒体、政府机构、社区机构,甚至目前的一些竞争对手都是公司的合作者。

华为公司正是依靠利益共同体和利益驱动机制,不断地激活整个组织。

四、公平竞争,合理分配

华为公司的价值评价体系和价值分配制度是华为之所以成功的关键,是华为公司管理中最具特点之处。华为本着实事求是的原则,从自身的实践中认识到:知识、企业家的管理和风险与劳动共同创造了公司的全部价值,公司是用转化为资本的方式使劳动、知识、企业家的管理和风险的积累贡献得到合理的体现和报偿。职工只要为企业做出了长期贡献,他的资本就有积累;另外,不但创业者的资本有积累,新加入者只要为企业做出特殊贡献,他们的利益也通过转化为资本的方式得到了体现和报偿,使劳动、知识、管理成为一体,使分配更加合理。

华为公司从以下四个方面力图使价值分配制度尽量合理:①遵循价值规律,按外部人才市场的竞争规律决定公司的价值分配政策;②引入内部公平竞争机制,确保机会均等,而在分配上充分拉开差距;③树立共同的价值观,使员工认同公司的价值评价标准;④以公司的成就和员工的贡献作为衡量价值分配合理性的最终标准。

在对待报酬的态度上,华为人的传统是不打听别人的报酬是多少,不要与别人比。想要得到高回报,把注意力集中在搞好自己的工作上,如果觉得不公平,不闹不吵、好合好散,到外单位折腾一段,觉得还是华为好,再回来,欢迎! 从这点上来看,华为公司的文化是一种实事求是的文化,是一种建立在尊重价值规律和自然规律基础上的文化,是一种精神文明与物质文明互相结合、互相促进的文化。

问题:从管理的角度看,华为的企业特点给了你哪些启示?

【思考与练习题】

一、单项选择题

1.儒家管理思想的理论基础是(　　　)。

A.人　　　　　　　　B.仁　　　　　　　　C.德　　　　　　　　D.和

2.提倡"兼相爱,交相利"管理思想的是(　　　)。

A.儒家　　　　　　　B.道家　　　　　　　C.墨家　　　　　　　D.法家

3.汉武帝及以后的历代统治者推行的管理模式是(　　　)。

A.以法治国　　　　　　　　　　　B.霸王道杂之

C.罢黜百家,独尊儒术　　　　　　D.以农为本,富民兴邦

二、多项选择题

1."重人"是中国传统管理的一大特点。其主要内容包括(　　　)。

A.重人心向背　　　　　　　　　　B.重人才归离

C.讲正己正人　　　　　　　　　　D.讲天时、地利、人和

E.实行"与民休息"经济政策

2.法家管理思想的主要内容包括(　　　)。

A.理论上强调法、术、势结合

B.行政管理上主张"以法治国"

C.经济管理上主张"富国以农"

D.人事管理上主张"用人唯贤"

E.个人管理上注重个人道德修养

三、简答题

1.简述儒家管理思想的主要内容。

2. 简述老子"无为"管理思想的特点。

四、论述题

论述兵家管理思想及其现代意义。

第四章思考与练习题
参考答案

第五章

西方管理理论的形成和发展

【学习目标】

1. 理解科学管理理论、一般管理理论、行政组织理论的要点。
2. 掌握霍桑实验及人际关系学说的要点。
3. 了解西方现代管理学派及其理论要点。
4. 掌握学习型组织的主要内容。
5. 理解企业流程再造的主要内容。

【导入案例】

罗伯特·欧文与新拉纳克工业社区

当谈及罗伯特·欧文时,人们更多想到的是他作为19世纪英国空想社会主义代表人物的身份,但对他在企业管理方面所取得的卓越成就却少有认识。对此,学者葛伟指出,欧文是"一位被人们遗忘了的有效管理者",并盛赞他"所从事的管理实战在时间上至少要先于泰勒一百年,其实际效果和在当时社会上所引起的震动比起泰勒的搬运生铁块和使用铁锹的实验,以及'标志着美国工业发展史上的一个重要的突破'的金属切削实验,甚至比起梅奥在西方电器公司进行的'为美国企业管理开辟了新的方向,并为后来行为科学在企业管理中的运用开辟了道路'的霍桑实验来也毫不逊色"。2001年12月14日,位于苏格兰南部的新拉纳克工业社区被联合国教科文组织列入世界文化遗产,而这个工业社区正是作为企业家的罗伯特·欧文在19世纪初耗费30年的心血结晶。

1799年,欧文和他人合伙购买了新拉纳克棉纺厂,并将其作为他的社会变革理论的试验田,着手实行改革。欧文主要做了10项工作:①实行了世界史上第一个工厂法,把工人的劳动时间由每天13～14小时缩减为10.5小时,甚至准备降为8小时;②为工人修建了住宅、街道和广场,还给每家划出了不大的花园;③为工人创办了合作社,供应一切日用品和许多生活舒适用品,价格比市面便宜四分之一;④设立性格陶养馆及其他学院,使工人及其子女可以就学;⑤在世界史上第一次创办了幼儿园,使工人的子女从两岁起就接受教育;⑥把酒吧等不良聚会场所全部迁走,严禁酗酒赌博,提倡道德、文明和信仰自由;⑦举办了工人互助储蓄会、保险部和医院;⑧给工人提高工资,即使在停工待料期间,工资也照发;⑨取消对工人的惩罚制度而改为劝善规过的教育;⑩不断装备新的机器,改善车间劳动条件,整顿纪律。

在经过了上述变革之后,新拉纳克这个工业社区焕发了新生,变成了一个完善的模范移民区,在这里,酗酒、警察、刑事法庭、诉讼、贫困救济和慈善事业都绝迹了。与此同时,尽管欧文在社区改造方面花费了大量的金钱,但由于劳资关系大为改善,工人拥有了劳动的积极性、主动性,所以新拉纳克棉纺厂的利润不仅没有减少,反而不断增加。在欧文看来,这些做法以前所未有的程度兼顾了工厂雇工的实际享受和工厂所有者的金钱利益。

从此案例中,你得到哪些管理学上的启示?

【思维导图】

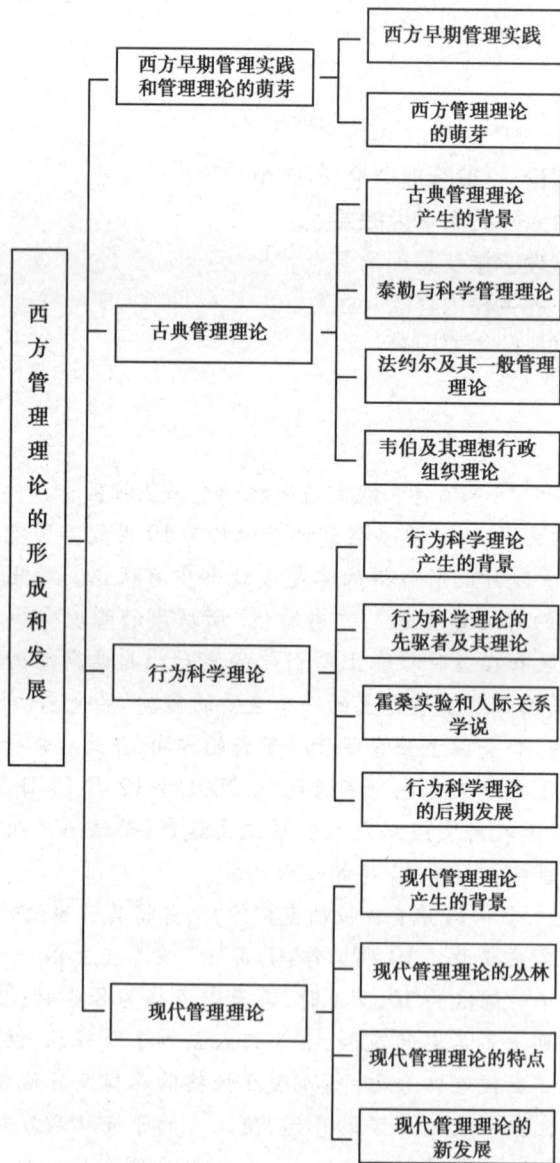

　　管理活动源远流长,但管理活动在西方形成一套比较完整的理论体系,则经历了一段漫长的历史过程。系统的管理理论的形成,是 19 世纪末 20 世纪初的事,其发展大致可分为三个阶段:古典管理理论阶段、行为科学理论阶段和现代管理理论阶段。

第一节　西方早期管理实践和管理理论的萌芽

一、西方早期管理实践

(一)西方工业革命前的管理实践

　　西方工业革命前的管理实践也有着悠久的历史。在奴隶社会,西方管理实践主要体现在指挥军队作战、治国施政和管理教会等活动中。古巴比伦人、古埃及人以及古希腊人在这些方面都有过重要贡献。

　　古巴比伦在汉谟拉比的统治下,建起了强大的中央集权国家。为了治理国家,从中央到地方设立一系列法庭,设置官吏管辖行政、税收和水利灌溉,国王总揽国家的全部司法、行政和军事权力。汉谟拉比制定了当时最出色的《汉谟拉比法典》,其中除了有关于最低工资和关于社会控制的记录外,也有关于社会责任的记载,说明古巴比伦人已经开始意识到了管理的最终目的不单是利益,还要考虑社会责任以及伦理道德等因素。在汉谟拉比之后,在尼布甲尼撒国王统治时期,也出现了许多有效管理的实例。一些大的工程建设充分体现了当时的管理水平,如被誉为古代世界七大奇观之一的"空中花园"和高 650 英尺(1 英尺 = 0.3048 米)的"巴比伦塔"。

　　在古埃及,人们建立了以法老为最高统治者的金字塔式的管理机构来管理国家。为了加强国家的行政管理,法老设立了宰相,由法老掌管宗教,社会事务交给宰相管理。宰相是当时社会的指导者、组织者、协调者和决策者。在宰相下设有复杂的官僚机构和管理人员,分别管理财政、水利建设和各地的事务。这些机构和人员的设立,说明他们已经有了自上而下的管理者的责任和权力规定,有了设立较严格的国家管理机构和体制的管理思想。埃及金字塔的修建也反映了古埃及时代在管理方面的重大成就。其中最有代表性的是建于公元前 27 世纪的胡夫金字塔。据估计,埃及人修建胡夫金字塔花费了 10 万人次 20 年以上的劳动。这表明他们已经有了分工和协作的思想,较好地把科学技术运用于劳动过程,体现了较严密的组织思想。

　　古罗马从一个小城市发展成为一个世界帝国,其统治延续了几个世纪。而古罗马帝国的巩固,主要依靠的是严格的体制与权力层次以及与各军政机构之间的具体分工。公元 284 年,戴克利即位后,实行连续授权制度,这种制度能够把集权与分权很好地结合起来。他把整个罗马划分为 4 个大区,4 个大区又划分为 13 个省,13 个省又划分为 100 个郡。他自己兼任一个大区的领导,其他 3 个大区分别授权他人管辖;大区的首脑再授权给"总督"管辖各个省,总督授权给"郡长"管辖各郡。这种分权的办法使中央的集权控制和地方的分权管理很好地结合起来。罗马帝国在法制和分权制方面的卓越贡献,为现代社会的法律体系建设,以及立法与司法的分权制都树立了典范。

罗马的天主教会早在第一次工业革命以前就成功地解决了大规模活动的组织问题。罗马主教设计了一套组织结构,上自教皇,再到主教、神父、教徒,构成一条组织上的指挥链,并在此基础上采用职能式组织,按任务的性质进行授权。同时,在各级组织中配备参谋人员,推行"强制参谋制"。管理学家哈罗德·孔茨认为罗马天主教的组织是西方管理历史上最为有效的一种正式组织。

16世纪,威尼斯兵工厂是当时最大的工厂,在管理方面提供了许多有用的经验。例如,部件标准化,规定所有的弓应制造得适用于所有的箭,所有的索具和甲板用具应该统一,所有的船尾柱应按同一设计建造,以便每一个舵无须特别改装即可适合于船尾柱。在部件标准化的同时,还采用了类似现代流水线生产的制度。各种部件和备件都安排在运河的两岸,并按舰船的安装顺序排列,当舰船在运河中被拖引经过各个仓库时,各种部件和武器从各仓库的窗户传送出来进行装配。另外,还采用会计和簿记作为一种管理控制的手段。

(二)西方工业革命时期的管理实践

进入18世纪60年代后,以英国为代表的西方国家,开始了第一次产业革命,生产力有了很大发展,为物质资源和人力资源的大规模利用和结合提供了可能,从而对管理提出了新的要求。由于劳动的分工,每个工人只从事单项工作,并且要求产品的零件必须能够互换,这就需要对各人的工作进行指挥和协调。于是,作为一种新的生产管理方法的"工厂制度"便应运而生了。

"工厂制度"带来了一系列新的管理问题,如工人的组织和相互间的配合问题,在机器生产条件下人与机、机与机的协调运转问题,劳资纠纷问题,劳动力的招募、训练与激励问题,纪律的维持问题等。这种制度下,小手工业受到大机器生产的排挤,社会的基本生产组织形式迅速从以家庭为单位转向以工厂为单位。在新的社会生产组织形式下,效率和效益问题,协作劳动之间的组织和配合问题,在机器生产条件下人和机、机和机之间的协调运转问题,使传统的军队式、教会式的管理方式和手段遇到了前所未有的挑战。

新兴的"工厂制度"所提出的管理问题完全不同于以前所碰到的管理问题。新制度下的管理人员不能用以前的任何一种办法来确保各种资源的合理使用。这些前所未有的管理问题需要人们去研究和解决,而对这些管理问题的研究和解决,客观上又推动了管理理论的发展。

二、西方管理理论的萌芽

西方工业革命的出现,迫切需要科学的管理理论来指导。但当时的管理理论研究是夹杂在经济学研究之中的,管理科学还没有成为一个独立的认识对象和研究对象,正处于萌芽阶段,但也为西方早期的科学管理思想和管理理论的产生奠定了基础。

(一)亚当·斯密的管理思想

亚当·斯密(Adam Smith,1723—1790)是英国古典政治经济学的主要代表人物之一,是最早对经济管理思想进行系统论述的学者。他在1776年发表的《国民财富的性质和原因的研究》(即《国富论》)一书中,分析了劳动分工的经济效益,提出了生产合理化的概念。他认为,劳动是国民财富的源泉。一国财富的多寡,取决于两个因素:一是该国从事有用劳动的居民在总人口中所占的比例;二是这些人的劳动熟练程度、劳动技巧和判断力的高低,劳动分工有助于提高劳动者这方面的能力。由此他提出,劳动生产力的改良和增进,是国家财富增长的基本因素。《国富论》所包含的重要的管理思想可以概括为以下两个主要方面。

1. 劳动分工和协作可以提高劳动生产率

亚当·斯密认为,劳动分工可以节省工人的培训时间,使工人重复完成简单的操作,这样就可以提高劳动熟练程度,从而提高劳动效率;分工还可以实现工具专门化,有利于创造新工具和改进设备,从而使劳动进一步简化;协作可以节省工人工序转换的时间,提高工人技术的熟练程度,劳动生产率因此得到进一步的提高。

2. "经济人"假设

亚当·斯密认为,人的行为动机根源于经济诱因,在经济活动中,人们追求的完全是私人利益,个人在组织中以追求最大经济报酬为目标。每个人的私人利益又受其他人利益的限制,由此产生了相互的共同利益,进而产生了社会利益,社会利益正是以个人利益为立足点的。如果组织的利益与个人的利益一致,则可以通过调动个人的积极性来实现组织的目标。这种"经济人"的观点,正是当时资本主义生产关系的科学反映,也对后来管理学的形成产生了重要影响。

(二)罗伯特·欧文的管理思想

罗伯特·欧文(Robert Owen,1771—1858)是欧洲空想社会主义的主要代表人物之一,是19世纪初期最有成就的实业家之一,也是杰出的管理学先驱。从1818年开始,欧文提出了改造整个资本主义制度的计划。

欧文认为,人是环境的产物,只有处在适宜的物质和道德环境下,人才能培养出好的品德。为了证明自己哲学观点的正确性,欧文在自己的工厂里进行了一系列劳动管理方面的改革:改善工厂的工作条件;合理布局生产设备;把长达十几小时的劳动时间缩短为10.5小时;严禁未满10岁的儿童参加劳动;提高工资,并免费为工人提供膳食;建设职工住宅,改善工人的生活条件;开设工厂商店,按成本向工人出售生活必需品;设立幼儿园和模范学校;创办互助储金会和医院,发放抚恤金;等等。他经常与工人接触,改革措施得到了工人的大力支持,从而大大增加了工厂的盈利。他认为,良好的人事管理,是每个经营人员工作的基本内容。他认为,人事管理的成功取决于严谨的工作习惯和对人性的深刻理解。由于欧文在关于人的因素方面的思考和实践,一些现代学者把他称为"人事管理之父"。

(三)查尔斯·巴贝奇的管理思想

查尔斯·巴贝奇(Charles Babbage,1792—1871)出生于英国一个富有的银行家家庭,是英国著名的数学家、机械专家和经济学家。他深入研究了手工业工场和工厂的许多实际问题,在运用科学方法研究管理方面做出了重要贡献。在1832年出版的《论机器和制造业的经济》一书中,巴贝奇提出了在科学分析的基础上有可能制定出企业管理的一般原则。巴贝奇在管理方面的贡献主要有以下四个方面。

1. 节约原则

巴贝奇进一步发展了亚当·斯密关于劳动分工的思想。他对作业的操作、有关的技术及每一道工序的成本都进行了分析,认为分工能够提高劳动生产率的原因主要有:劳动分工可以节省学习所需的时间,节省学习中所耗费的材料,节省从一道工序转变到另一道工序所耗费的时间,节省改变工具所需要的时间;技术容易熟练,工作速度加快;能改进工具和机器,设计出更精致实用的机器。

他还指出,劳动分工可以为资本家节约工资成本。一项复杂的工作,如果不进行分工,每个工人都要完成制造过程中的每项劳动,企业要根据全部工序中技术要求最高和体力要求最强的标准来雇佣工人,并支付较高的工资。进行合理分工后,企业就可以根据不同工序的复杂程度和劳动强度来雇佣不同的工人,支付不同标准的工资,从而减少工资支出。

2. 机械原则

巴贝奇对设备、物资和人力使用上的具体管理技术进行了较为全面的分析。他利用计数机来计算工人的工作数量和原材料的利用程度。他发明了一种"监督制造厂的方法",为经营者提供了一种印有使用原料、正常消耗、开支、工具、价格、最终市场、工人、工资、所需技术及工作周期等内容的表格作为管理工具。他还研究了科学测定作业时间的方法,这种方法同古典管理理论阶段以及之后提出的科学、系统的作业研究方法非常相似。

3. 基于生产率的报酬制度

巴贝奇是工厂制度的拥护者,强调不能忽视人的因素,认为工厂制度有利于工人生活状况的改善。他认为,工人和工厂主之间存在利益共同点,因此他提倡一种工资加利润分成的报酬制度。工人可以按照他对生产率所做的贡献,分得工厂利润的一部分。他主张工人的收入应该由三个部分组成:按工作性质所确定的固定工资,按对生产率所做出的贡献分得的利润,以及为增进生产率提出建议而应得的奖金。他认为这样做的好处是:第一,每个工人同工厂的发展和利润有直接的利益关系;第二,每个工人都会关心浪费和管理不善等问题;第三,能促进每个部门工作的改进和部门之间的协调;第四,能鼓励工人提高技术和品德,表现较好者,可多分利润;第五,由于劳资利益一致,可以消除隔阂,共谋发展和繁荣。此外,巴贝奇还主张对体力劳动和脑力劳动进行科学分工。

4. 将数学方法引入管理领域

巴贝奇对于管理领域的影响不只局限于他提出的管理思想,更重要的是他将数学方法引入管理领域,试图用数学方法来解决管理问题。在巴贝奇之前,没有人将数学方法和管理结合起来,这是他区别于其他管理先驱的最伟大的贡献。

第二节 古典管理理论

亚当·斯密、罗伯特·欧文、查尔斯·巴贝奇等管理学先驱的管理理论还不系统、不全面,还没有形成专门的管理科学理论和学派,但是这些理论对于促进管理理论的形成和发展有着积极的影响。

19世纪末至20世纪30年代是人类现代化进程和工业化发展明显加快的时期,西方资本主义国家的生产规模不断扩大,生产技术更加复杂,工厂制度日益普及,市场竞争日趋激烈,新的生产组织形式和日趋激烈的市场竞争、生产率低下、劳资冲突加剧等问题,客观上要求人们更加重视管理。于是,泰勒的科学管理理论、法约尔的一般管理理论和韦伯的理想行政组织理论应运而生,此即古典管理理论时期。古典管理理论时期又被称为科学管理思想发展时期,这一时期的理论是对社会化大生产发展初期管理思想较为系统的总结,是管理科学建立的标志。

一、古典管理理论产生的背景

管理理论的产生,总是受当时的社会、政治、文化和经济等因素的影响。一方面,管理理论要反映社会经济发展对管理的要求,因而管理理论深刻地反映了不同时代的历史特点;另一方面,管理理论的形成和发展又推动了社会的发展和进步。影响古典管理理论产生和形成的社会经济因素有以下三个方面。

(一)适应经济迅速发展的要求

19 世纪末,资本主义世界经济得到了迅速发展,资本主义从自由竞争向垄断竞争的过渡已经逐渐完成。随着市场需求的不断膨胀,许多在 19 世纪中叶还只是处于萌芽时期的工业部门迅速成长壮大,并形成了许多新兴的工业部门,如石油工业、合成纤维工业、飞机制造业、钢铁工业、橡胶工业等。企业的数量迅速增加,规模迅速扩大,形成了许多大型企业。但是在经济迅速发展的同时,由于仍沿用过去传统的和经验的管理方式,企业的劳动生产率水平十分低下,许多工厂的实际产量都远远低于其额定的生产能力,甚至能达到生产能力 60%的都很少。因此,提高企业的劳动生产率就成为当时的口号。许多长期在生产第一线从事与企业管理工作有关的工程技术人员对这个问题产生了兴趣,并对如何提高企业的劳动生产率进行了研究,由此形成了古典管理理论。

(二)深受当时流行哲学的影响

19 世纪末 20 世纪初,资本主义世界流行唯理主义哲学、实利主义经济学和新教伦理。它们对古典管理理论的形成产生了深刻的影响。在当时,人们的思维方式是以牛顿的经典物理学为依据的,即认为宇宙是一个细致而严密的世界图景,所有事物都是精确地、严格地按照规律而发生的,包括人类社会活动在内的一切现象都是受理性的规律制约的。在这种思想指导下,人们认为,不管从事什么活动,都应该进行严密的理性分析,不能去从事“不合理”的活动。这种唯理主义的思想对古典管理理论的形成产生了深刻的影响,从而形成了古典管理理论区别于其他时代的管理理论的最基本特征之一,即理性分析。

古典管理理论特征的形成还来源于另一个方面,即在当时社会上占主导地位的实利主义经济学和新教伦理。实利主义经济学认为,人的行为都是以个人的经济利益为动机的,人们决定是否从事某项活动是以该活动是否有利于个人的经济利益为基本出发点的。而新教伦理对牟取利润做了宗教论证,鼓励个人和团体谋求物质财富,自制、勤奋和节约是人类的一种美德,倡导人们通过个人的努力和奋斗去实现个人的理想和目标。实利主义经济学与新教伦理反映在管理的理论与实践中形成了古典管理理论的另一个重要特征,即“经济人”假设。理性分析与“经济人”的认识就成为古典管理理论的两个最重要的理论特征。

（三）纠正传统管理弊端的需要

在古典管理理论产生以前，人类的管理还是一种经验式的管理，同时也是一种棍棒式的管理，即对工人采取高压的、强制的手段进行管理。这种"血汗工厂"不但不能调动工人的劳动积极性，还会引起工人的强烈反抗，人们会采取罢工、"磨洋工"、破坏机器、破坏厂房等方式来对付资本家。传统管理不利于资本家对剩余价值的榨取，这从主观上促进了古典管理理论的产生和发展。

正如泰勒所指出的："在整个工业界，雇主的组织也好，雇员的组织也好，大部分是为了斗争，而不是为了和平；任何一方的绝大多数也许都不相信他们的相互关系会有可能协调到利益均等的地步。""制止各种形式的'磨洋工'，调动雇主和雇员之间的关系，使得每个工人愿尽他的能力和最佳速度去干活，加上和经理人员亲密无间的协作，并得到经理人员的帮助（这是工人理应得到的），那么，其结果必将普遍地导致每个人和每部机器的产量翻番。"正是在这种背景下，泰勒的科学管理理论应运而生。

二、泰勒与科学管理理论

最先突破传统的经验管理思想的代表人物是美国的弗雷德里克·温斯洛·泰勒。泰勒出生在美国费城一个富裕的律师家庭，从小醉心于科学研究和试验。中学毕业考上哈佛大学法律系，但不幸因眼疾而被迫辍学。1878年进入费城米德瓦尔钢铁厂当机械工人，先后做过技工、工头、车间主任、总工程师，并通过业余学习获得了机械工程学士学位。

在米德瓦尔钢铁厂工作期间，泰勒发现许多工人"故意偷懒""磨洋工"，工作效率很低；虽然实行计件工资制度，但由于雇主在提高生产后就降低计件单价，造成工人不愿多做工作，生产效率难以提高。在实践中，他感到当时的企业不懂得用科学的方法来进行管理，不懂得工作程序、劳动节奏和疲劳因素对劳动生产率的影响。另外，工人缺少训练，没有正确的操作方法和适用的工具，也大大影响了劳动生产率的提高。长期的亲身观察使泰勒认识到，工人"磨洋工"，一方面是因为"人的懒散的天性"，另一方面则是因为落后的管理。他相信通过科学的管理可以克服"磨洋工"现象。为此，他进行了各种研究和试验，第一次系统地把科学方法引入管理实践，集前人管理思想和实践经验之大成，创立了科学管理，开西方管理理论研究之先河，使管理从此真正成为一门科学并得到发展。1898年泰勒受雇于宾夕法尼亚伯利恒钢铁公司，继续其研究。1901年以后，泰勒的大部分时间用于咨询、写作、演讲等，宣传他的企业管理理论——科学管理，即通常所说的泰勒制。其代表作主要有1895年发表的《计件工资制》，1903年出版的《工场管理》及1911年出版的《科学管理原理》。他的代表作《科学管理原理》的出版，标志着管理科学理论的正式形成。泰勒也因此被西方管理学界称为"科学管理之父"。

（一）泰勒的研究和实验

为了改进落后的管理，提高劳动生产率，泰勒于1880年在米德瓦尔钢铁公司开始了对工人操作的动作研究、时间研究等。1898年他在伯利恒钢铁公司又进行了"搬运生铁""铲铁"和"金属切削"等实验。他的研究和实验成果用于生产劳动，对提高劳动生产率有显著的效果。

科学管理的中心问题是提高效率。泰勒认为,最高的工作效率能使较高的工作和较低的劳动成本结合起来,从而使工厂主得到最大的利润,工人得到最高的工资,进一步提高他们对扩大再生产的兴趣,促进生产的继续发展和工厂主、工人的共同富裕。因此,提高劳动生产率,是泰勒创建科学管理理论的基本出发点,是确定各种科学管理原理、方法的基础。为此,他进行了三个方面的研究:对工人"磨洋工"的原因进行研究、工时研究和动作研究。

对工人"磨洋工"的原因进行研究,认为工人之所以磨洋工,是由于雇主和工人对工人一天究竟能做多少工作心中无数,而且工人工资低,多劳也不多得。为了发掘工人的劳动潜力,就要制定出有科学依据的工作定额,即"合理的日工作量"。为此,他在伯利恒钢铁公司进行了著名的"搬运生铁实验""铲铁实验"和"金属切削实验",进行工时和动作研究。

1. 搬运生铁实验

泰勒认为工人有很大的潜力未挖掘出来,因此需要对工人进行挑选与培训。实验内容是将一堆铁块搬上火车运走,每个铁块重40多千克,搬运距离为30米。以前尽管每个工人都十分努力,但工作效率并不高,每人每天只能搬运12~13吨。但是泰勒经过观察和计算,每人每天可以搬运47吨,而且不会太累。实验开始时,泰罗从75名铁块搬运工中先挑出了4个人(体力良好,足以胜任47吨铁块搬运工作)。在调查了他们的背景、习惯和抱负后挑了一个叫施密特的人。此人每天上下班都能快步行走,而且精神抖擞。泰勒认为:一个人有工作能力并且有工作的欲望,才能有足够的积极性完成本职工作。他先同施密特谈话,许诺如果按照指挥搬运铁块,增加工作量,就会每天给他1.85美元的报酬,条件是按照他规定的方法搬运生铁块。泰勒试着转换各种工作因素,以便观察这些因素对这位工人日生产率的影响。例如,他观察这个工人弯下膝盖搬生铁块和伸直膝盖搬生铁块这两种方式对日生产率的影响;同时泰勒还试验了行走速度、持握的位置和其他变量对日生产率的影响。经过长时间的科学试验和对各种程序、方法和工具的组合,泰勒成功地找到了他认为可能达到生产率水平的方法。工人按照这种方法劳动,劳动效率大幅度提高了:原来每个工人每天搬运量为12.5吨,实验后每个工人每天搬运量为47.5吨;原来每个工人每天工资为1.15美元,实验后每个工人每天工资为1.85美元。工人的收入增加了,工厂的利润更是大幅度提高了。在此基础上,泰勒还提出新的报酬制度:如果能完成或超过工作定额,按原工资标准的125%计酬;未完成工作定额的,按80%计酬。

2. 铲铁实验

当时的铲运工人都是拿着自家的铁锹上班。这些铁锹各式各样、大小不一。泰勒经观察发现,由于物料的比重不同,每个铁锹的负载也不一样。如一铁锹铁矿石有38磅重,一铁锹煤粉只有35磅重。那么,一铁锹到底负载多少才合适?经过实验,最后确定一铁锹负载21磅对工人最合适。根据实验结果,泰勒针对不同物料设计了不同形状和规格的铁锹。以后工人上班时不用自带铁锹,而是根据物料情况从公司领取特制的标准铁锹,这样工作效率就大大提高了。这一研究使堆料场的工人从400~600名降为140名,平均每人每天的操作量提高到59吨,工人的日工资从1.15美元提高到1.88美元。

3. 金属切削实验

为了解决工人的怠工问题,泰勒进行了金属切削实验。他运用金属切削的专业知识对车床的效率问题进行了研究。研究在运用车床、钻床、刨床等进行金属切削工作时,要采用什么样的刀具、多快的速度等来获得最佳的加工效率。这项实验非常复杂和困难,原来预定6个月的实验实际用了 26 年,试验了 310 台不同的机器,把 80 万吨钢铁切成碎屑,记录了50000 次实验数据,最终取得了各种机床适当的转速和进刀量及切削用量标准等资料,总结出了影响工作效率的 12 项因素,并在此基础上制定了工艺规范和劳动定额。

(二)科学管理理论的主要内容

1. 工作定额

企业设立一个专门制定定额的部门或机构,通过劳动动作和时间研究,确定科学的操作规程和动作规范。方法是选择合适且技术熟练的工人,把他们每一个动作、每一道工序所使用的时间记录下来,加上必要的休息时间和其他延误时间,得出其完成该项工作所需要的总时间,并据此确定一个工人"合理的日工作量",这就是所谓工作定额原理。该原理能够解决资本家任意延长工作时间和降低工人工资与工人要求缩短工作时间和增加工资的矛盾。

2. 实施标准化管理

用科学的方法对工人的操作方法、工具、劳动和休息时间的搭配,机器的安排和作业环境的布置等进行分析,消除各种不合理的因素,把各种最好的因素结合起来,形成标准化的方法,在工作中加以推广。这样,一方面可以使工人通过使用有效的劳动工具和采用科学的工作方法,提高劳动生产率;另一方面,只有在标准设备和标准条件下工作,才能对工人的工作做出公正合理的衡量。

3. 挑选、培训"第一流的工人"

"第一流工人"包括两层含义:一是该工人的能力最适合做这种工作;二是该工人必须愿意做这种工作。不同的人有不同的禀赋才能,因而他们所适合的工作也就不同。健全的人事管理的基本原则是:使工人的能力与工作相适合,即要根据人的能力和天赋把他们分配到相应的工作岗位中去。管理部门的责任在于为每项工作找出最适合的人选,并对他们进行系统、科学的培训,教会他们科学的工作方法,激励他们尽最大努力来工作,使他们成为完成所从事的工作的"第一流工人"。

4. 实行差别计件工资制

这种计件工资制度包含以下三点内容。①通过对工时的研究和分析,制定出一个有科学依据的定额或标准。②采用一种称作"差别计件制"的刺激性付酬制度,即计件工资率按完成定额的程度而浮动。例如,如果工人只完成定额的 80%,就按 80% 工资付酬;如果完成定额的 120%,就按 120% 工资付酬。③工资支付的对象是工人而不是职位,即根据工人的实际工作表现而不是根据工作类别来支付工资。这种工资制度既能克服消极怠工的现象,又会大大提高工人们的劳动积极性,雇主的支出虽然有所增加,但由于利润提高的幅度大于工资提高的幅度,因此对雇主是有利的。现在有些企业仍在采用的计件工资制、工时定额制都是在泰勒的差别计件工资制基础上发展和改进而来的。

5. 区分计划职能和执行职能

为了提高劳动生产率,应该用科学的工作方法取代经验工作方法,把计划职能和执行职能分开。所谓经验工作法是指每个工人用什么方法操作、使用什么工具等,都由工人根据自己的或师傅等人的经验来决定。计划职能与执行职能分离后,计划部门进行作业研究和时间研究,制订科学的作业方法、时间定额、工资标准和工作计划,把实际执行情况与标准进行比较和控制。至于现场的工人,则只能从事执行的工作,即按照计划部门制订的操作方法和指示,使用规定的标准工具进行实际的操作,不得自行改变。

6. 实行职能工长制

细化生产过程,根据不同职能的要求设置若干个工长,每个工长负责一个方面的职能管理工作。在计划部门设置工作命令工长、工时成本工长、工作程序工长和纪律工长等,在执行部门(车间)设置工作分派工长、速度工长、修理工长和检验工长等。各工长在其职能范围内,可以直接向工人发出命令。事实证明,这样的管理方式易造成一个工人受多人领导的现象,易引起管理混乱,所以职能工长制没有得到推广,但这种职能管理思想为以后职能部门的建立和管理的专业化提供了参考。

7. 实行"例外原则"

所谓例外原则,就是企业的高级管理人员为了减轻处理纷乱烦琐事务的负担,把一般的日常事务授权给下级管理人员去处理,而自己只保留对例外事项(即重要事项)的决策权和控制权。这种以例外原则为依据的管理控制原理,以后发展成为管理上的分权原则和实行事业部制的管理体制。

(三)对科学管理理论的评价

科学管理理论的提出标志着管理作为一门科学已经形成。泰勒对管理学的最大贡献,是他主张一切管理问题都应当而且可能用科学的方法加以研究和解决,实行各方面的标准化,使个人的经验上升为理论,这就开创了科学管理的新阶段,人类的管理理论就是在科学管理理论的基础上形成和发展起来的。科学管理理论具有适应当时生产力发展要求的性质。它的生命力主要在于开辟了管理从经验转向科学的局面,这在管理理论发展史上具有划时代的意义。实践证明,科学管理原理对提高美国的劳动生产率,以至于使之超过西欧国家,具有显著的促进作用。该理论本身也为美国和其他西方国家管理理论和管理方法的发展奠定了基础。其先进性具体表现在:①它冲破了百余年来沿袭的传统的、落后的经验管理方法,将科学引进了管理领域,并且创造了一套具体的科学管理方法来代替单凭个人经验进行作业和管理的旧方法,这既是管理理论上的进步,也为管理实践开创了新局面;②采用科学的管理方法和合理的操作程序,使生产效率提高了 2~3 倍,推动了生产的发展,适应了资本主义经济在这个时期的发展需要;③管理职能分离,企业中开始有一些人专门从事管理工作,这就使管理理论的创立和发展有了实践基础。

当然,从历史唯物主义和管理二重性的观点出发来分析,作为一个时代的管理理论,泰勒的科学管理理论也不可避免地带有其时代的和历史的局限性。①尽管泰勒的科学管理理论冠以"科学"二字,但这并不意味着它就是"科学"的管理理论。泰勒的科学管理理论也有不科学的地方,如"职能工长制"就显然违反了"统一领导原则"和"统一指挥原则"。更重要的是,科学管理的手段并不完善。例如,分别考察同一工作的两个工程师,在确定工人需要多长时间才能完成一个特定的工作周期时,经常会得出不同的结论。②科学管理理论是基于对人的本性是"经济人"的认识提出来的。它强调通过满足人在经济和物质方面的需求来调动工人的劳动积极性。对于工人在社会和心理方面需求的满足,泰勒在科学管理理论中虽然也注意到了,但并没有把它也作为科学管理理论的一个基本出发点。③在科学管理理论中,泰勒强调的是如何通过科学的方法来提高企业内部的生产效率,却极少或者说没有考虑如何使企业在与环境的相互影响和作用中获得生存和发展。另外,在当时,整个市场性质是卖方主导市场,市场上生产出来的产品供不应求。这就使得企业缺少市场压力,反映在管理理论上,就是科学管理理论倾向于强调如何提高企业内部的生产效率,而没有解决企业作为一个整体如何经营和管理的问题。④泰勒希望通过工人和管理者之间的合作解决利益分配的冲突,即通过工人和管理者之间的合作,找到某一既定工作的理想方法,既增加工人的工资,也增加资方的利润。但是,这种理想的方法一经确定,泰勒就把全部权力交给管理人员,而工人成了不享有任何自由和责任的、消极被动的个人。所以说,虽然他强调管理人员同工人合作的重要性,但他使用的方法实质上还是使工人成为被动的物体,工人们并不参与那些直接影响其工作的组织决策。

三、法约尔及其一般管理理论

当泰勒等人在美国研究和倡导科学管理的同时,欧洲出现了对组织管理的研究,其中最为著名的就是以法约尔为代表的一般管理理论。泰勒主要关心的是作业方面的问题,其研究是从工厂管理的一端——"车床前的工人"开始的,以提高企业具体作业的工作效率为重点,注重车间管理和科学方法的运用;法约尔则关注整个组织,其研究是从总经理的办公桌前开始的,以企业整体为研究对象,探索一般性的经营管理问题,即注重管理者用于协调组织内部各项活动的基本原则的研究。法约尔最早提出了经营与管理的区别,并明确划分了管理的职能,描述了管理的过程。因此,人们习惯将他的理论称为"管理过程理论"。由于他在管理理论发展史上独树一帜而被称为"现代经营管理之父"。

亨利·法约尔出生于法国一个小资产阶级家庭。1860 年从圣艾蒂安高等矿业学院毕业后进入康门塔里—福尔香堡采矿冶金公司,成为一名采矿工程师,后任矿井经理直至公司总经理,由一名工程技术人员逐渐成为专业管理者。法约尔位居企业高层领导,担任总经理达30 年之久,有着长期管理大企业的经验。他还担任过法国陆军大学和海军学校的管理学教授,并对法国的许多公共机构如邮政、烟草等部门的管理做过调查和研究。他的管理理论以大企业的整体为研究对象,管理原则和方法带有普遍意义。

法约尔一生著作很多,其中较有影响的著作有:《关于一般管理原则》(1908年)、《管理职能在指导营业中的重要性》(1917年)、《国家管理理论》(1923年)。他的代表作《工业管理与一般管理》于 1916年问世。

(一)经营和管理

法约尔认为,企业的经营和管理是两个不同的概念,管理只是经营的一部分。除了管理外,经营还包括技术、商业、财务、安全及会计等一系列职能,但管理职能在六项基本职能中处于核心地位。技术职能是企业加工材料、生产产品的制造活动;商业职能是指与原材料和设备的购买和产品的销售有关的市场活动;财务职能是指围绕资金的筹集和运用而展开的活动;安全职能是指与设备和人员保护有关的活动;会计职能是指为监视资金的合理运用而对其运动过程中的变化状况进行的记录、归类和分析活动。

作为经营的一个方面,管理职能本身由计划、组织、指挥、协调、控制等一系列工作构成,如图 5-1 所示。其中,计划是指预测未来并制订行动方案;组织是指建立企业的物质结构和社会结构;指挥是指使企业人员发挥作用;协调是指让企业人员团结一致,使企业中所有活动和努力统一和谐;控制是指保证企业中进行的一切活动都符合所制订的计划和所下达的命令。

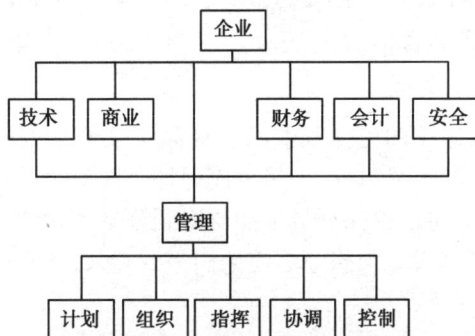

图 5-1　企业六项职能和五种工作关系图

无论是管理者或执行者,都需要培养完成这六种工作的能力,特别是管理能力和技术能力。对于基层工人,主要要求其具备技术能力;对于管理者,随着其在组织中职位的提高,他的技术能力重要性降低,而管理能力则要求不断提高。

(二)管理的原则

由于任何组织的活动都存在共同的管理问题,因此人们在管理实践中必然要遵循一系列一致的原则。法约尔根据自己的经验总结了 14 条管理原则。他强调,这些原则虽然可以适应一切管理,但是在实际工作中不能刻板地应用。原则的应用是一门很难掌握的艺术,它要求管理者综合运用智慧、经验和判断,并注意把握好尺度。

1.劳动分工原则

法约尔认为,劳动分工属于"自然规律"的范畴,可以提高效率。这种分工同时适用于技术工作和管理工作。劳动分工还需要把握一定的限度,否则会使工人产生厌倦情绪。

2.权力和责任对等

权力是指挥和要求别人服从的力量,包括职位权力和个人权力。职位权力是由职务和地位赋予的;个人权力则与担任一定职务的人的智慧、学识、经验、道德品质以及能力有关。出色的管理者要用个人权力补充职位权力。权力要与责任对等,如果要求某人对一个工作的结果负责,就应该赋予其相应的权力。

3.纪律

纪律是以企业同雇员之间的协定为依据的服从、勤勉、积极、规矩和尊重的表示。纪律对于实现组织的目标是十分重要的,所有组织成员都必须服从和尊重组织的规定。高层领导者要以身作则,管理者和工人一样接受纪律的约束,并统一受到公正的奖励和惩罚。

4.统一指挥

执行某项任务的员工只能接受一个命令来源的指挥。双重命令是对权威、纪律和组织稳定性的一种威胁。如果打破这条原则,那么权力就会受到损害,纪律将受到破坏,组织秩序将被扰乱。

5. 统一领导

健全的组织应实行统一领导,即对于同一目的的全部活动,只有一个领导人和一项计划。这是统一行动、协调力量和一致努力的必要条件。统一领导是统一指挥的前提,没有统一的领导就无法保证统一的指挥。

6. 个人利益服从整体利益

组织要想生存和发展,组织的整体利益必须要高于任何个人的个体利益。但应当注意的是,组织目标应包含员工的个人目标,应尽可能保证个人目标与组织目标的一致性。组织和成员之间要建立起平等的协议以保证员工能够得到公平的对待和应得的报酬。当个人利益与整体利益不一致时,管理者必须想办法使他们一致起来。

7. 报酬公平合理

付酬的目的是使职工更有价值观念,并激发他们的热情。报酬方式对企业的生产和发展产生重大影响。报酬制度应当公平合理,与员工的工作业绩和绩效挂钩。但是奖励应该有一定的限度,应以能激发起职工的热情为限,否则就会出现副作用。因此,报酬方式必须符合三个条件:保证报酬公平;能奖励有益的努力和激发热情;避免导致超过合理限度的过多报酬。

8. 集权与分权适度

企业的集权与分权的程度不是千篇一律、固定不变的。提高下属重要性的做法是分权,而降低这种重要性的做法是集权。要根据企业的性质、条件、环境和人员素质来恰当地决定集权和分权的程度。当企业的实际情况发生变化时,要适时改变集权和分权的程度。影响组织集权程度的因素主要有:组织的规模,领导者与被领导者的个人能力和工作经验,以及外界环境特点等。

9. 等级制度与跳板原则

等级制度是从组织的最高权力机构直至最底层管理人员的领导系列。它表明了权力等级的顺序和传递信息的途径。为了保证命令的统一,各种沟通都要按照组织的等级关系,在直接关联的上下级之间逐级进行,不能轻易违背等级链,但这样又会产生信息延误和效率低下的问题。为解决这一问题,法约尔提出了跳板原则,又称"法约尔桥",如图5-2所示。

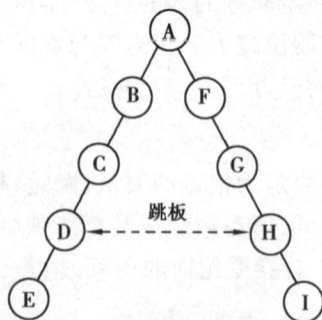

图5-2 跳板原则示意图

图中的字母分别表示组织的各个等级的不同部门。如果从 D 部门向 H 部门传递信息,必须攀登从 D 到 A 的阶梯,然后再从 A 到 H 向下传递,这样信息传递不仅速度慢,而且容易失真。法约尔设想,可以在等级链中非直接关联的不同部门之间建立一条连线(图中 D 和 H

之间虚线），即"跳板"，允许部门之间进行必要的信息交流和沟通。但在沟通前要征求各自上级的意见，并且事后要立即向各自上级汇报，从而维护统一指挥原则。这种横向沟通的方式并不包括下达管理指令和正式报告关系。这样既可以维护组织的等级链原则，还可以大大提高组织的运行效率。

10. 秩序

秩序包括物的秩序和人的秩序。物的秩序要求"每件东西都有一个位置，每件东西都放在属于它的位置上"，因此，要正确设计、选择和确定物的位置，以方便所有工作程序。人的秩序亦称社会秩序，要求"每个人都有一个位置，每个人都在属于他的位置上"。完善的社会秩序要求让适当的人从事适当的工作，因此要根据工作的要求和人的特点来分配工作。

11. 公平

公平即亲切、友好和公正，是组织的管理人员处理人际关系的一条道德价值准则。公平对于调动组织人员的积极性是十分重要的，为了鼓励雇员能全心全意地和无限忠诚地执行职责，领导者应以公平的态度对待已经建立的规则和职工。

12. 人员稳定

长期雇佣员工并保持人员的稳定性对于工作的正常进行、活动效率的提高是非常重要的。一个人要适应新的工作，不仅要求具备相应的能力，还要给他一定的时间来熟悉工作和环境。如果人员流动很大，将不利于企业的正常运行。

13. 首创精神

首创精神是指人们在工作中的主动性和创造性。管理者不仅自己要有首创精神，还要尽可能地鼓励和开发员工的首创精神。只要运用恰当，首创精神可以成为组织优势的一个主要来源，能够给组织的发展带来必不可少的创新力和创造力。

首创精神对企业来说是一股巨大的力量，因此应尽可能地鼓励和发展员工的这种精神。

14. 人员的团结

提倡协作精神，在组织中建立起和谐、团结的氛围，避免无谓的内耗，这是企业发展的巨大的内在力量。领导者应尽一切可能维护和巩固组织人员的团结，在组织中建立起和谐、团结的氛围，避免无谓的内耗。为了实现团结，管理人员应该避免使用可能导致分裂的分而治之的方法。此外，人员间的思想交流特别是面对面的口头交流有助于增强团结，因此应该鼓励口头交流，禁止滥用书面联系的方式。

（三）对一般管理理论的评价

法约尔的管理过程理论是西方管理思想和理论发展史上的一个里程碑，特别是管理职能的划分及统一指挥、统一领导、等级制度等管理原则，对后来管理理论的发展具有深远的影响。他跳出了泰罗以实践为基础研究管理原理的局限，在理论上第一次努力将管理的要素和管理的原则系统地加以概括，勾勒出了管理理论的基本框架，为推广管理学教育奠定了基础，使管理具有一般的科学性和普遍性。法约尔的主要管理思想与贡献如下。

1. 提出了管理的普遍性

法约尔不再把管理局限于某一个特定的范围（如企业）内，认为各类组织都需要管理。他从企业等组织的整体出发，概括性地提出了更具一般意义的管理要素和一般管理原则，从而提升了管理理论的指导价值。

2.提升了管理的地位

法约尔将企业所从事的所有活动归纳为六类,即技术活动、商业活动、财务活动、安全活动、会计活动及管理活动,并把管理活动单独分离出来作为一个独立的功能,也就是把经营活动分为作业和管理两类,并赋予管理活动调控其他经营活动(作业活动)的重要地位。

3.为管理过程学派奠定了基础

法约尔最先归纳了管理的五项要素——计划、组织、指挥、协调和控制,这在管理学史上具有划时代的意义,为后来管理过程学派的形成奠定了基础。

当然,由于处于管理科学的初创时期,一般管理理论也有一些局限性。例如,该理论只是提出了计划、组织、指挥、协调和控制的初步概念,其理论内涵、管理过程和相互关系还不够清晰。尤其是指挥和协调两项功能还比较单薄和模糊,缺乏实质性的管理内容和方法。

四、韦伯及其理想行政组织理论

与泰勒和法约尔同时代的德国人马克斯·韦伯(Max Weber,1864—1920)的研究也对管理理论的形成和发展做出了贡献。韦伯于1864年出生于德国一个有着广泛的社会和政治影响的富裕家庭。他毕生从事学术研究,对社会学、政治学、经济学、宗教等方面都做了深入的研究并做出了很大的贡献。他在管理理论方面的研究主要集中在组织理论上,提出了"理想行政组织体系"理论。他的代表作《社会和经济组织的理论》是这一理论的集中反映。因他对古典组织理论的杰出贡献而被称为"组织理论之父"。

理想的行政组织理论主要是针对当时德国社会的企业大多是一些家族式企业的情况提出来的。这种企业中的大多数职务或职位都由与企业的所有者具有血缘关系或是有某种个人情感关系的人担任。他们之所以能担任企业的管理人员,并不是因为他们具有担任该职务所需要的能力,而仅仅是因为他们与企业的所有者具有某种关系。他们不是按照理性、制度和规范来进行管理,而是凭个人的知识、经验、兴趣和爱好。因此,他们的管理是情感的而不是理性的,这就造成企业效率十分低下。这种情况不能适应德国社会现代化大生产发展的需要。针对这种情况,韦伯提出了理想行政组织理论。

(一)理想的行政组织体系

所谓理想的行政组织体系,通常也被译为官僚组织、官僚政治、科层组织或科层制度,是指基于通过职务或职位而不是通过个人或世袭地位来管理而建立的管理制度。韦伯所讲的"理想的"并不是指最合乎需要的,而是指在当时最有效和合理的组织形式。

理想的行政组织体系是依照下述规则来建立和组织运行的:第一,按行政方式控制的机构,其日常活动是作为机构的正式职责来分配的;第二,执行这种职责所需要的权力有其稳定的授予方式,并且由官员采用某种强制手段来严格限制;第三,能够通过正常履行职责来行使相应权力的方法是:只有按一般规定符合条件的人才能被雇佣。按照这三个原则,便可在国家管理的领域构建一种官僚(科层)组织体系的机关,在私营经济领域建立一种科层组织体系的企业。

理想的行政组织体系的特征可以归纳为下列六个方面。

1.任务分工

将工作分解为简单、例行、程序化和清晰定义的任务。对成员进行合理分工,并明确每人的工作范围及权责,然后通过技术培训来提高其工作效率。

2.等级系统

按照一定的权力等级将组织中各种职务和职位划分为责权分明、层层控制的等级,各职位的权力由该等级的职位所赋予。在组织内,按照地位的高低规定成员间命令与服从的关系,每个下级都要接受上级的控制和监督。

3.人员任用

每一职位都有明确规定的任职资格的限制,通过正式考试或教育训练,公正地选拔组织成员,使之与相应的职务相称。组织内对职务的任免要讲究一定的程序。除了按规定必须通过选举产生公职外,官员是上级委任而不是选举的。

4.职业管理人员

实行管理人员专职化。组织中的管理者是职业化的公职人员,而不是该组织的所有者,他们按职位领取规定的薪金。组织应建立起明确的奖惩与升迁制度,培养成员的事业心,并调动其工作热情,使成员在组织中通过努力工作来谋求自身的发展。通过这种制度,在组织的成员中培养集体精神,鼓励他忠于组织而不是忠于某个人。

5.成员之间的关系

组织成员间只有对事的关系而无对人的关系,所有规则及其执行过程都具有一致性。这种关系是工作与职位的关系,不受个人情感的影响,完全以理性准则为指导。这种公正不倚的态度,不仅在组织内部人际关系中存在,而且也适用于组织同顾客之间的联系。

6.组织制度

组织内的任何人都必须严格遵守共同的规则和制度。这些规则和制度是不受个人情感影响而在任何情况下都适用的。管理人员在实施管理时,不可滥用职权,权力要受到严格的限制,服从有关制度的规定。

(二)权力的类型

权力是统治社会或管理某个组织的基础。社会或组织与其构成部分的关系主要不是通过契约关系或道德一致来维持的,而是通过权力的行使来凝聚的。韦伯把权力定义为一种引起服从的命令结构。为了保证权力的有效运用,统治者极力使权力合法化。韦伯认为,为社会所接受的合法的权力类型有三种。

1.传统型权力

传统型权力建立在对习惯和古老传统的神圣不可侵犯性的要求之上。这是一种由族长或部落首领来行使的权力。臣民或族人之所以服从,是基于对神圣习惯的认同和尊重。

2.个人魅力型权力

个人魅力型权力是建立在对某个英雄人物或某个具有神赋天授品质的人的个人崇拜基础之上的权力。个人魅力型权力的维持在于其拥有能够使追随者或信徒们确信(或继续确信)自己的盖世神力。为此,他必须经常做出英雄之举,不断创造奇迹,而这在日常管理中是很难做到的。因此,个人魅力型权力产生于动乱和危机之中,崩溃于稳定秩序条件下的日常事务管理以及使这种权力制度化的尝试之中。所以,个人魅力型的权力不能作为政治统治的稳固制度的基础。

3. 法理型权力

法理型权力的依据是对标准规则模式合法化的信念,或对那些按照标准规则被提升到指挥地位的人的权力的信念。这是一种对由法律确定的职位或地位的权力的服从。只有法理型权力才能成为科层组织的基础,因为这种权力具有下述特征。第一,为管理的连续性奠定了基础。因为权力是赋予职务而不是个人的,因此权力的运用不会因领导人的更换而中断。第二,合理性。担任职务的人员是按照完成任务所需的能力来挑选的。第三,领导人可以借助法律手段来保证权力的行使。第四,所有权力都有明确的规定,而且是按照组织任务所必需的职能加以详细划分的。

(三)对理想行政组织理论的评价

韦伯的理想行政组织理论向人们描绘了一种理想化的组织模式,不管这种理想行政组织体系是否现实、是否可行,但是它为各类行政组织指明了一条制度化的组织准则,指明了一种值得去追求的理想状态。这就是韦伯的理想行政组织理论的价值所在,也是他对管理组织理论的最大贡献。在今天,各种各样的组织,不管是工厂、学校、机关、医院或是军队,都或多或少地具有理想行政组织的某些特征。这些特征的形成,从纯技术的角度看,有利于提高组织的效率。

韦伯的理论"成也理想,败也理想"。韦伯的许多假设是脱离实际的,也许人类社会永远也无法构建出这种理想的组织模式。因为人是有情感的,人的情感、情绪、认知、思维和行为等都是十分复杂的,人的理性也是有限的,而由人所构成的社会组织将更加复杂。因此我们无法用管理物质系统的方法来管理人类社会组织。所以,理想行政组织理论从它诞生起就一直遭到各种批评。其主要缺陷有:第一,过分强调劳动分工的简单性和清晰性,忽视了专业的交叉、职能权限的关联、组织的整体协调、工作的完整性,导致本位主义盛行,工作内容单调乏味;第二,过分强调权力体系的法理权力和等级服从制度,忽视了下级往往对具体情况更加了解、对问题的判断更加准确等因素,导致管理者不注重培养良好的个人品格,高高在上、脱离群众、独断专行,组织缺乏民主氛围;第三,过分强调人员甄选的技术标准,忽视了人的复杂性和岗位要求的综合性,导致技术资格虽符合要求但其他综合素质较弱的人员在工作中难以胜任工作的需要;第四,过分强调组织规则的制度作用,忽视了工作情况和环境的复杂性和多变性,导致规章制度膨胀、组织迷失根本目标、创造力和革新精神丧失、管理者怕担风险、工作效率和效益低下;第五,过分强调非人格性的人际关系,忽视了人的感情等因素对管理者决策和组织运行的影响,导致人际关系紧张,各种矛盾冲突加深,给组织的决策和行动造成障碍;第六,过分强调职业定向的严格性和规范性,忽视了个人的主动性、积极性、兴趣特长和个性化的全面发展,导致组织成员的职业能力受到制约,难以应对多样化、多变性的工作和社会需求。

第三节　行为科学理论

古典管理理论对提高企业的劳动生产率起到了积极的作用,但古典管理理论也具有自身的局限性。由于该理论主要注重生产过程、组织控制方面的研究,较多地强调科学性、精密性、纪律性,对组织中的人这个关键因素缺乏重视,甚至把人作为机器的附属物看待,这引起了工人的强烈不满,并受到了工人的抵制。这就决定了运用这些理论和方法已难以进一步提高劳动生产率、缓解劳资紧张关系,因此寻求和探索新的管理思想、管理理论和管理方法便成为必要。

一、行为科学理论产生的背景

20世纪20年代前后,一方面是工人日益觉醒、工会组织日益发展,工人组织起来对雇主进行反抗和斗争;另一方面,经济的发展和周期性危机的加剧,以及科学技术的发展和应用,单纯用古典管理理论和方法已不能有效地达到提高劳动生产率和增加利润的目的。一些管理学家和心理学家也注意到,社会化大生产的发展需要与之相适应的新的管理理论。他们开始从生理学、心理学、社会学等方面出发研究企业中有关人的一些问题,如人的工作动机、情绪、行为与工作的关系等。他们还研究如何按照人的心理发展规律去激发其积极性和创造性。于是行为科学理论便应运而生了。

此前的科学管理理论基于对人是"经济人"的认识,认为只要给工人经济上的刺激就能调动工人的生产积极性,但实际上人不但有经济方面的需要,还有社会方面和心理方面的需要。在科学管理理论的应用过程中,企业的管理当局也认识到单靠经济方面的刺激并不能充分地调动工人的生产积极性,还应该满足工人在社会方面和心理方面的需要,这样才能有利于资本家对剩余价值的榨取。企业管理当局这种主观上的要求也是促使人际关系学说产生的一个重要原因。

当时研究行为科学的管理学家们将管理学的研究课题由"经济人"转向"社会人"。这是继古典管理理论之后管理学发展的一个重要阶段。行为科学研究基本可分为两个时期,前期被称为人际关系学说(或人群关系学说),开始于20世纪20年代末30年代初的霍桑实验;后期是于1949年第一次提出,于1953年正式定名的行为科学,这也是行为科学理论真正发展的年代。

二、行为科学理论的先驱者及其理论

几乎在泰勒、法约尔和其他人致力于研究科学管理和管理人员的任务的同时,许多学者和管理工作者也在思考、尝试和从事工业心理学和社会理论方面的研究。

(一)闵斯特贝格的管理理论

雨果·闵斯特贝格(Hugo Munsterberg,1863—1916),德国人,工业心理学的重要创始人,被后人称为"工业心理学之父"。1892年,他在哈佛大学创办了一个心理学实验室。通过实验,他发现对经理人员来说,运用心理学去挑选和激励雇员是重要的。他在1913年出版的《心理学与工业效率》一书中,强调应更好地理解心理学成果并将其用于提高工业效率上,论述了对人类行为进行科学研究以辨认出一般模式和解释个体之间差异的重要性。

在获得最大工业效率问题的研究上,闵斯特贝格认为其中包含了三个重要目标:最合适的人、最合适的工作和最理想的效果。闵斯特贝格提出用心理测验方法来改进组织成员的选拔,研究了激励工人最有效的方法,并在对增加工人的干劲和减少疲劳的心理方法提出了明确的建议。

(二)福列特的管理理论

玛丽·帕克·福列特(Mary Parker Follett,1868—1933)是另一位提倡行为科学思想的管理学家。她虽属于古典管理理论时代的人,但她很早就开始了行为管理理论的研究,在古典管理理论和行为科学理论之间架起了一座桥梁。她在哈佛大学学过教育学,特别注意研究成年人的教育和业余指导,她认为一个组织应该给职工和管理人员以更多的民主。她的主要著作有《作为一种职业的管理》和《创造性的经验》等。由于她对管理学的巨大贡献,当代的管理大师德鲁克把她称为"管理学的先知",甚至有人把她与泰勒相提并论,宣称这位杰出的女性应当与"科学管理之父"并列,可称之为"管理理论之母"。

在群体与个体的协调方面,福列特认为,组织应该基于群体道德而不是个人主义,个人的潜能只有通过与群体的结合才能释放出来,管理者的任务是调和与协调群体的努力。她认为,组织内部总是存在冲突的,在处理冲突时有三种原则。第一,形势原则。谁有权威不是由等级制度,而是由形势本身来确定。因此,发布命令的人应该是最了解形势、最能完成工作的人,而不必顾虑职位的高低。第二,协作原则。人们的协作对整个群体都有好处,应当通过协作来解决问题,而不是由个人利益来左右形势。这是形势法则的补充。第三,利益相结合原则。可以通过仔细检查冲突各方面的情况来找到与各方都有利的办法,即通过利益结合来消除冲突。

在改善群体绩效方面,福列特指出,无论是在职权链条的顶层还是下端,职权都应当与知识相结合。如果工人具有相关的知识,那么应该由工人而不是管理者来控制工作。管理者应发挥教练和助手的作用,而不是一味地高高在上。这一观点是对当前的自我管理团队和授权理论的早期预见。她还认识到,让不同部门的管理者进行直接的交流,对提高决策速度具有重要的作用。

三、霍桑实验和人际关系学说

(一)霍桑实验

在行为科学的研究中,管理学家们进行了无数的科学实验,其中最著名的是"霍桑实验"。霍桑实验是20世纪20年代美国国家科学院的全国科学委员会组织研究人员围绕工作条件与生产率的关系,在美国芝加哥西屋电气公司所属的霍桑工厂进行的一系列科学实验,从1924年起至1932年止,历时8年。

霍桑工厂是芝加哥城郊外一家制造电话机的专用工厂。它设备完善,福利优越,具有完备的娱乐设施、医疗制度和养老金制度,但是工人仍然有强烈的不满情绪,常常迟到、旷工,生产效率很不理想。到底是什么原因阻碍生产效率的提高呢？为找出原因,1924 年 11 月,美国科学院组织了一个包括各方面专家在内的研究小组,对该厂的工作条件和生产效率的关系进行了全面的考察和多种实验,此即著名的霍桑实验。

霍桑实验是一项以科学管理逻辑为基础的实验,前后共进行过两个回合。第一个回合是从 1924 年 11 月至 1927 年 5 月,在美国国家科学委员会赞助下进行的。1927 年后是由美国心理学家和管理学家、美国哈佛大学教授梅奥主持进行的。

梅奥等学者在霍桑工厂进行了长达五年的一系列实验,他们通过变换车间的照明条件,改变职工的福利条件及对群体工人工作动机和行为的观察,广泛同职工接触和谈话等方法,仔细了解和分析了社会与心理因素对职工行为和生产效率的影响,第一次把工业生产中的人际关系问题提到了首要地位。1933 年,梅奥在《工业文明中的人性问题》一书中,发表了著名的"人际关系说"。下面简要介绍其中的一些主要实验及其结论。

1. 照明实验

照明实验是由美国科学研究委员会组织研究人员设计的,从 1924 年持续到 1927 年。实验最初的目的是研究工作环境因素(特别是光线或照明水平)对工人疲劳和绩效的影响。研究人员选择了一批工人,把他们分为两组:一组为实验组;另一组为控制组。控制组一直在正常的照明强度下工作,而实验组的照明强度要发生变化。起初实验者设想,增加照明强度可能会使产量提高,降低照明强度会使产量下降。但实验却产生了出乎意料的结果。研究者发现,当实验组的照明强度逐渐增加时,生产量增长了;但当照明强度下降时,生产量仍以几乎相同的比例增长。只有当光线亮度降低到月光的水平时,生产率才开始下降,因为工人们无法看清楚周围环境,无法有效率地工作。更令人意外的是,控制组在照明强度一直不变的情况下,生产量几乎与实验组以相同比例增长。此后,又进行了改变工作时间和增加休息时间、变集体激励为个人计件工资制、在休息时间提供咖啡和点心等一系列改善工作条件的实验,结果也看不出工作条件与劳动生产率之间的联系。

研究人员对实验结果分析后认为,工作场所的照明情况只是影响生产的一种因素,而且是一种不太重要的因素,还有其他未被掌握的因素在起作用。这说明,工作条件与劳动生产率之间并不存在明显的正相关关系。研究人员对这些结果感到迷惑不解。有人推测产量增加是因为工人对实验本身感兴趣,但这种解释并没有太强的说服力和依据,也无法得出明确的结论。

2. 继电器装配和云母片剥离实验

前面实验以无结论而告终。正当研究人员准备放弃实验时,西屋电气公司的乔治邀请到了哈佛大学的梅奥教授来主持实验。梅奥率领了一个哈佛小组来到霍桑工厂继续科学院专家小组的工作。他们在分析前一段实验的基础上,列出了一系列可能导致产量变化的假设,并用先前的实验结果加以验证,试图解释照明实验的结果。这些假设是:①在实验中改进物质条件和工作方法,可导致产量的增加;②安排工间休息和缩短工作日,可以解除或减轻身体的疲劳;③工间休息可以降低工作的单调性;④个人计件工资制能促进产量的增加,刺激生产效率的提高;⑤由于监督和控制方法的改进,使员工的态度有所改善,从而增加了产量。研究人员逐个检验和分析以上假设的真实性,他们否定了前三个假设,最后选择第四和第五个假设用继电器装配和云母片剥离实验来验证。

研究人员选择了继电器装配和云母片剥离两个小组进行实验。继电器装配小组是由5个有经验的女工组成的一个新小组。实验以前实行的是集体计件工资制,实验时改为个人计件工资制,结果工人产量连续上升,最后稳定在原产量112.6%的水平上。9个月以后,又恢复了先前的集体计件工资。实验到第7个月,小组的产量下降到实验前的96.2%,见表5-1。云母片剥离小组的工资制度没有改变,唯一变化的是工作场所被安排在一间特别的观察室中。在实验期间,该小组产量比实验前平均提高15%。研究小组由此得出结论,认为工资制度的变化与产量提高并无直接的关系。

表 5-1　继电器装配和云母片剥离实验简况表

项目			工资制度	生产效率
继电器装配小组	实验前		集体刺激工资制	总产量100%
	实验后	前9月	个人刺激工资制	总产量112.6%
		9月后	集体刺激工资制	总产量96.2%
云母片剥离小组	实验前		个人刺激工资制	每小时平均产量100%
	实验后		个人刺激工资制	每小时平均产量115%

根据继电器装配和云母片剥离实验的结果,研究人员对第五种假设进行了分析。他们认为是由于管理方式的改变带来了士气的提高和人际关系的改善。在实验过程中,工人的劳动从生产现场转移到特殊的实验室中进行,由实验研究人员担任管理者。他们力图创造一种"更为自由愉快的工作环境"。这些"管理者"改变了传统的监督和控制方法,就各种项目的实验向工人提出建议并征询工人的意见。工人的意见被研究人员倾听,工人的身体状况和精神状况成为研究人员极为关心的事情。这种可以自由发表意见并得到关心的工作环境使工人感觉到自己受到了重视,士气和工作态度也随之改善,从而促进了产量的变化。这个结论正好支持了前面提出的第五种假设。

3. 访谈实验

既然实验表明管理方式与职工的士气和劳动生产率有密切的关系,那么就应该了解职工对现有的管理方式有什么意见,以便为改进管理方式提供依据。于是梅奥等人制订了一个征询职工意见的访谈计划,从1928年9月到1930年5月,研究人员对工厂两万名左右的职工进行了访谈。访谈的目的是要了解如何获取工人内心真正的感受,倾听他们对解决问题的看法,进而提高生产效率。

研究人员在访谈前选择了一些规定的问题,希望职工对管理当局的一些规划、管理的政策和工作的条件发表自己的意见。然而在执行计划的过程中,职工对这些问题根本不感兴趣,反而喜欢对提纲以外的问题发表意见。于是,研究小组对访谈实验进行了调整,每次访谈之前不规定谈话的内容和方式,工人可以自由发表意见,这样工人就有了一个自由发表意见和发泄心头之气的机会。结果,虽然工人的工作条件或劳动报酬并没有任何改善,但他们却普遍认为自己的处境比以前好了。

访谈研究人员发现,影响生产力最重要的因素是工作中发展起来的人群关系,而不是待遇或者工作环境。研究小组还了解到,工人工作效率的高低不仅取决于自身的情况,还与所在小组的其他同事有关系。

4.接线板接线工作室实验

这是一项关于工人群体的实验,其目的是要证实在以上的实验中研究人员似乎感觉到在工人当中存在着一种非正式的组织,而且这种非正式的组织对工人的态度有着极其重要的影响。他们挑选了14名男工,其中9名绕线工、3名焊工和2名检验工。除检验工外,其他12人分成3组,每个小组包括3名绕线工和1名焊工,2名检验工负责对3个小组的产品进行检验。实验采用集体计件工资制,目的是要求他们加强协作。研究人员持续观察工人的工作长达6个月之久,有许多重要发现。

(1)大部分成员都故意自行限制产量

实验开始时,研究人员曾向工人说明:他们可以尽力地工作,因为实施计件工资制。事实上,工人实际完成的产量只是保持在中等水平以上,而且每个工人的日产量都是差不多的。而根据动作和时间分析的理论,每个工人应该完成的标准定额为7312个焊接点,但是工人每天只完成了6000~7000个焊接点就不干了,即使离下班还有较为宽裕的时间,他们也自行停工。工人认为,如果他们每天生产的产量太高,会使当局提高每天的产量定额标准;如果他们每天生产的产量太低,则会引起监工的不满。而不管是产量太高还是太低,都会影响工人的整体利益。所以每个工人的共同感觉是不要超过规定的标准而成为"生产冒尖者",也不能低于工人共同理解的"公平的一日工作量"而成为"生产落后者"。工人会采用各种办法来保持他们认为"公平"的产量标准。所以研究人员发现:第一,工人有意限定产量水平,而不管当局关于产量标准的规定;第二,工人努力使产量平均化,以避免产生过快或过慢的现象;第三,工人有一套办法使"违反产量标准"的工人遵守大家有意限制的产量标准。

(2)工人对待不同层次的上级持有不同态度

对于小组长,大部分工人都认为他是小组成员之一,因此没有反对小组长的表现;而小组长的上级股长,工人认为他待遇较高,拥有一定权威;对待股长的上级领班,大家的看法有明显变化,一旦他出现,工人立马表现良好、循规蹈矩。也就是说,一个人在组织中的职位越高,所受到的尊敬就越大,大家对他的顾忌心理也越强。

(3)在正式组织中存在着非正式组织

研究人员发现,在三个正式组织中,存在着两个非正式组织。大部分正式组织的成员都属于某个非正式组织,个别的正式组织的成员出于各种各样的原因而被排除在非正式组织外,如图5-3所示。

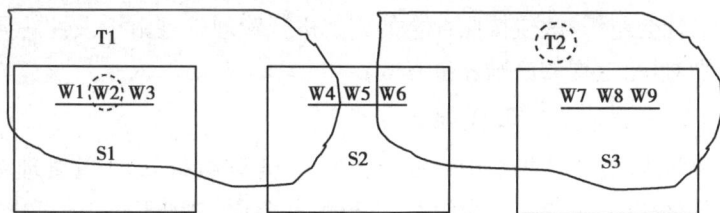

图例:T—检验工;W—绕线工;S—焊工

图5-3 正式组织中存在非正式组织示意图

所谓正式组织是指这样的社会群体:具有明确的目标,有明确的岗位划分,各个岗位有明确规定的责、权、利,有明确规定的各个岗位之间的相互关系。正式组织中成员的行为准则是效率的逻辑,即以是否有利于组织目标的实现作为组织成员的行为根据。而非正式组织是指这样的社会群体:没有明确的目标,没有明确的岗位分工,更没有明确规定的各个成员的责、权、利及其相互之间的关系。非正式组织的行为准则是感情的逻辑,即它的形成是以各种感情上的沟通为纽带的。

这种非正式群体可能跨越正式群体的界限,而且相对稳定。非正式群体有自然形成的领袖或领导者和自己的行为规范。例如,不应该提供过多或过少的产量;不应该成为"告密者"或向监工打"小报告";不应该在工作中一本正经,对同伴保持疏远的态度,或好管闲事等。违反这些规范就会受到某种形式的攻击和压力。研究人员发现,工人之间有时会相互交换自己的工作,或者彼此之间相互帮忙,虽然这是有违公司规定的,但是这种行为却大大增进了他们的友谊,有时也促成他们之间的怨恨和友好,这些都可以因此表现出来。研究人员发现,非正式组织对其成员起着两方面的影响作用:保护其成员免受由于内部成员的不当行为造成的伤害,保护其成员免受管理当局等外来干预的伤害。

(二)人际关系学说

乔治·埃尔顿·梅奥(George Elton Mayo,1880—1949),原籍澳大利亚的美国管理学家,早期的行为科学——人际关系学说的创始人。他出生在澳大利亚阿德莱德,在阿德莱德大学获得逻辑和哲学硕士学位。1919年在澳大利亚的昆士兰大学任逻辑学、伦理学和哲学讲师。他是澳大利亚心理疗法的创始人。1922年移居美国,主持了著名的霍桑实验,在对霍桑实验的结果进行研究和分析的基础上,提出了人际关系学说,为提高生产率开辟了新途径。人际关系学说在管理思想史上占有极其重要的地位,是管理思想的一个伟大的历史转折。人际关系学说的主要观点如下。

1. 人是"社会人"

古典管理理论把人当作"经济人"来看待,认为金钱是刺激人的积极性的唯一动力。霍桑实验则证明人是"社会人"。"社会人"是人际关系学说对人的本性的基本假设。这种假设认为人不但有经济方面和物质方面的需要须得到满足,更重要的是人有社会方面和心理方面的需要须得到满足。人更多的是受情绪而不是受金钱的支配,群体对个人行为的影响是异常重要的。人和人是不同的,各有各的期望、需要、目标和动机。工人本人或家庭的问题可能给他的工作表现造成不利影响。人是复杂的社会系统的成员。

正是基于对人的本性的这种认识,人际关系学说认为,要调动职工的积极性,就应该使职工在社会和心理方面的需要得到满足。管理者必须清楚,企业不只是一个经济机构,而且是一个由人组成的社会组织,故应按照社会的方式进行管理。且由于人性的异质性,管理者只能对工人作区别对待,这样的激励才会有效。

2. 在正式组织中存在"非正式组织"

人际关系学说认为,在正式组织中存在着各种"非正式组织"。不管管理者承认与否,非正式组织都是客观存在的,它与正式组织互相交融,并会通过影响工人的工作态度来影响企业的生产效率。因此,管理人员应该正视这种非正式组织的存在,分析非正式组织的特点,通过正确的引导和沟通,可以利用非正式组织为正式组织的活动和目标服务。

对于管理当局来说,正确对待非正式组织应注意以下两个方面。第一,正视和重视非正式组织的存在。非正式组织的存在既是一种客观现象,又是一种普遍现象。若干个正式组织的成员在工作交往的过程中,总是会出于各种感情的原因而产生某种亲近感。他们可能会为了满足友谊、追求趋同、取得谅解、寻求保护、相互帮助等而形成各种各样的小团体,这是一种不以人们的意志为转移的客观现象。对于每个正式组织的成员来说,总会由于各种各样的感情因素而成为某个非正式组织的成员。所以说,非正式组织的存在是一种普遍现象。因此,管理者对于正式组织中存在的各种非正式组织,只能重视和正视它的存在,而不能忽视和否认其存在。第二,应对非正式组织及其成员的行为进行引导,使之有利于正式组织目标的实现。非正式组织的存在对正式组织目标的实现既有利又有弊,关键在于如何发挥其正面功效。组织管理者应该对非正式组织的行为进行引导,使非正式组织的行为有利于正式组织目标的实现。

企业组织是一个由多种性质的组织构成的有机结合体,既有技术组织,也有社会组织。其中,社会组织又包含正式组织和非正式组织。它们遵从的行为规范分别是成本的逻辑、效率的逻辑和感情的逻辑,如图5-4所示。

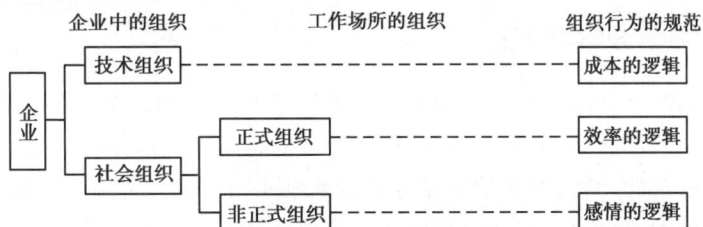

图5-4 企业中的组织及行为规范关系图

3.提高职工的满足程度有助于提高生产效率

古典管理理论认为生产效率主要取决于作业方法、工作条件和工资制度。因此只要采用恰当的工资制度,改善工作条件,制定科学的作业方法,就可以提高工人的劳动生产率。而梅奥根据霍桑实验得出了不同的结论。他认为,生产效率的高低主要取决于工人活力的高低,而工人的活力则取决于他们感受到的各种需要的满足程度。在这些需要中,金钱与物质方面的需要只占很小的一部分,更多的是获取友谊、得到尊重或保证安全等方面的社会需要。因此,要提高生产率,就要提高职工的活力,而提高职工活力就要努力提高职工的满足程度。所以,新型的管理人员应该认真地分析职工的需要,不仅解决工人生产技术或物质生活方面的问题,还要掌握他们的心理状态,了解他们的思想情绪,以便采取相应的措施。这样才能适时、充分地激励工人,达到提高劳动生产效率的目的。

(三)对人际关系学说的评价

梅奥人际关系学说克服了古典管理理论的不足,开创了管理中重视人的因素的时代,在西方管理思想和管理理论的发展史上具有跨时代的意义。它纠正、补充和发展了古典管理理论,将社会学、心理学应用于分析管理问题,为以后的管理研究开辟了新的视角,并对管理实践的影响和改革意义深远。自此以后,许多的管理学家、社会学家和心理学家从行为的特点、行为和环境的关系、行为的过程以及原因等多种角度开展对人的行为的研究,形成了一系列的理论。行为科学成为现代西方管理理论的一个重要流派,促进了企业管理人员重视人的因素,强调人力资源的开发,注意改善企业内部人际关系,注意使组织的需要和成员的需要协调等。

但也应当看到,人际关系学说在特定的历史条件下形成,也有其自身的局限性。它只能作为一种管理的哲学,因为只凭组织内的人际关系的协调而不具备其他方面的管理条件,也不可能提高组织效率。因此,人际关系学说,过分强调"社会人"假设和工人士气对提高组织效率的作用,有失偏颇,还有人还批评霍桑实验中所使用的研究方法欠科学化等。但这些都不能否认人际关系理论对管理思想和管理理论的重要贡献。现代社会组织的管理,仍然很重视以人际关系学说为指导。

四、行为科学理论的后期发展

梅奥在霍桑实验的基础上所创立的人际关系理论,为行为科学理论的形成奠定了基础。此后,许多心理学家、社会学家、人类学家、经济学家、管理学家从不同的角度提出了多种新的理论,从而形成了后期的行为科学理论。

(一)马斯洛的需要层次理论

亚伯拉罕·马斯洛(Abraham H. Maslow,1908—1970)是美国著名的心理学家和社会学家。他在 1954 年出版的《激励与个性》一书中提出了需要层次理论。该理论的内容主要有二:第一,人是有需要的动物,其需要取决于他已经得到了什么,尚缺少什么,只有尚未满足的需要才能影响行为,换言之,已经得到满足的需要不能起到激励作用;第二,人的需要有层次之分,马斯洛把人的需要划分为五个层次,从低到高,依次为生理需要、安全需要、社交需要、尊重需要和自我实现需要,只有较低层次的需要得到满足之后,较高层次的需要才出现并起到激励作用。

(二)赫茨伯格的双因素理论

美国心理学家弗雷德里克·赫茨伯格(Frederick Herzberg,1923—2000)于 1959 年提出双因素理论,双因素是指保健因素和激励因素。保健因素与工作的外部环境有关,其对员工行为的影响类似于卫生保健对人们身体的影响。当卫生保健工作达到一定水平时,可以预防疾病,但不能治病。同样,当保健因素低于一定水平时,员工会产生不满;当这类因素得到改善时,员工的不满就会消除。但保健因素对员工起不到激励作用。激励因素则以工作为中心,这类因素具备时,会对员工起到激励作用;这类因素不具备时,也不会造成员工的极大不满。

(三)麦格雷戈的 X 理论与 Y 理论

美国麻省理工学院教授道格拉斯·麦格雷戈(Douglas McGregor,1906—1964)于 1957年首次提出 X 理论和 Y 理论。X 理论假设人们缺乏雄心壮志,不喜欢工作,总想回避责任,以及需要在严密监督下才能有效工作。它基本上是一种关于人性的消极观点。而 Y 理论提出了一种积极观点,它假设人们能够自我管理,愿意承担责任,以及把工作看作像休息和玩一样自然。X 理论以否定和悲观的态度看待工人,而 Y 理论以积极的态度看待工人。麦格雷戈认为 Y 理论更适宜于作为管理实践的基础。

(四)弗鲁姆的期望理论

美国心理学家维克托·弗鲁姆(Victor H. Vroom,1932—)于 1964 年出版的《工作与激励》一书中提出了期望理论。该理论的核心是,只有当一个人预期某种行为会给他带来有吸引力的结果时,他才会采取该行为。根据弗鲁姆的研究,一个人对待工作的态度取决于对以下三种关系的判断。①努力和绩效的关系。需要付出多大努力才能达到某一绩效水平?本人是否真能达到这一绩效水平?概率有多大?②绩效和奖赏的关系。当本人达到这一绩效水平时,会得到什么奖赏?③奖赏和个人目标的关系。这一奖赏能否满足个人目标?吸引力有多大?

以上理论将在本书以后的有关章节中详细介绍。

第四节 现代管理理论

一、现代管理理论产生的背景

现代管理理论的形成标志着西方管理理论进入了第三个发展阶段。它是在第二次世界大战后,随着社会生产力以及社会学、系统科学、电子计算机技术在管理领域中日益广泛应用而逐渐形成的。对管理理论的普遍重视,不仅使管理学家在研究管理问题,而且一些心理学家、社会学家、人类学家、经济学家、生物学家、哲学家、数学家等也各自从不同的背景、不同的角度,用不同的方法对管理理论进行研究,因而呈现出管理学派林立的局面。美国管理学家哈罗德·孔茨 1961 年 12 月发表于美国《管理学杂志》上的文章,把这种局面称为"管理理论的丛林",以此来形容管理理论领域中对管理问题的观点和结论莫衷一是,众说纷纭,形容管理理论已发展成为盘根错节、枝繁叶茂的"热带丛林"。人们通常所说的西方现代管理理论不是一种管理理论,而是对各种不同管理理论的统称。

与古典管理理论"经济人"假设和行为科学"社会人"假设的前提不同,西方现代管理理论是建立在"决策人"假设基础上的。"决策人"假设认为人是决策的主体,但个人所掌握信息的局限性限制了人们进行正确决策的能力。人们可以通过重复决策加快学习过程。在这一假设基础上,现代管理理论的各学派大多以决策作为管理的主题展开研究。为了克服个人决策的局限性,现代管理理论主张使用大量数学模型定量描述和评价管理活动,而且可以使用电子计算机作为管理的主要技术手段。这些学派并不是彼此独立、截然分开的。它们在历史的渊源和论述的内容上都是彼此交叉、融合的,各个学派之间相互影响、相互渗透,又自有研究特色,这就构成了西方现代管理理论的丛林。

二、现代管理理论的丛林

20 世纪诞生的管理学随着理论研究者和实践者的努力,理论与实践均呈现出空前的繁荣——流派迭出,新理论新思想不断产生,人才辈出。哈罗德·孔茨曾写过两篇著名的论文《论管理理论的丛林》和《再论管理理论的丛林》,对 1980 年以前的管理学领域内精彩纷呈的理论、主张等作了一个精辟的归纳与分析。他认为到 1980 年为止,管理学至少已发展有十几个学派,典型的有:古典学派、行为学派、社会系统学派、决策理论学派、系统管理学派、经验主义学派、权变理论学派、管理科学学派、组织行为学派、社会技术系统学派、经理角色学派、经营管理学派等。其中,较为重要的有以下七大学派。

(一)管理过程学派

管理过程学派是在法约尔一般管理理论的基础上发展起来的,代表人物是美国的哈罗德·孔茨。管理过程学派强调对管理的过程和职能进行研究。其基本研究方法是:首先把管理人员的工作划分为管理职能,如法约尔的计划、组织、指挥、协调、控制职能,孔茨的计划、组织、用人、领导、控制职能等;其次对管理职能进行逐项研究,从丰富多彩的管理实践中总结管理的基本规律,以便详细分析这些管理职能。他们认为,从实践中概括出来的管理规律对认识和改进管理工作能够发挥说明和启示作用。

(二)经验主义学派

经验主义学派以向西方大企业的经理提供管理企业的成功经验和科学方法为目标。这一学派的代表人物是美国的彼得·德鲁克,《有效的管理者》是其代表著作。经验主义学派认为,有关企业管理的科学应该从企业管理的实际出发,以大企业的管理经验为主要研究对象,以便在一定的情况下把这些经验加以概括和理论化。他们认为,成功的组织管理者的经验是最值得借鉴的。因此,经验主义学派重点分析许多组织管理人员的经验,然后加以概括,找出成功经验中具有共性的东西,使其系统化、理论化,并据此向管理人员提供实际的建议。

(三)社会系统学派

社会系统学派的代表人物是美国的切斯特·巴纳德(Chester I. Barnard,1886—1961)。他的主要观点集中表现在《经理的职能》一书中。该书出版于1938年,但其中阐述的思想却是“现代”的。巴纳德被誉为“现代管理理论之父”。其主要贡献是从系统理论出发,运用社会学的观点,对正式组织与非正式组织、团体及个人做出了全面分析。巴纳德的基本观点可以概括为以下四点。①提出了社会的各种组织都是一个协作系统的观点。他认为,组织的产生是人们协作的结果,许多个人办不到的事情,通过协作可以办到。人们在选择是否加入某个组织时,都以个人的目的、愿望动机为依据,主要考虑加入组织后所承担的义务和所得到的报偿是否平衡;而他们是否会继续留在组织中,也取决于他们对组织是否满意及满意的程度。②分析了正式组织的三个基本要素,即成员的协作意愿、组织的共同目标和组织内的信息交流。巴纳德认为,离开了协作意愿,组织成员就不会自我克制,也不会交付出个人行为的控制权;没有组织的共同目标,或组织目标未能和组织成员的动机相结合,组织也就失去了前进的动力。促使上述两个要素发挥作用的则是信息沟通。③提出了权威接受理论。传统观念认为,权威建立在等级系列或组织地位的基础上。巴纳德则是从下到上解释权威,认为权威的存在,必须以下级的接受为前提,下级对权威的接受是有条件的。④对经理的职能进行了新的概括。巴纳德认为,经理应主要作为一个信息交流系统的联系中心,应致力于实现协作。因此,经理的主要职责是:建立和维持一个信息交流系统,需要必要的个人努力,规定组织目标等。

(四)决策理论学派

决策理论学派是由社会系统学派发展而来的。其代表人物有美国的赫伯特·西蒙。他的代表作主要是《组织》和《管理决策新科学》。西蒙以其对决策理论的重大贡献而荣获1978 年的诺贝尔经济学奖。决策理论学派的主要观点如下。①强调了决策的重要性。决策贯穿于管理的全过程,管理就是决策。决策不单是十字路口的选择,而是涵盖了从情报收集到拟订计划到决定的全过程;决策不单是最上层人员的工作,而是从上层到中层、基层乃至作业人员的共同工作。②分析了决策过程中的组织影响,即发挥组织在决策过程中的作用。上级不应代替下级决策,而应给下级提供决策前提,包括价值前提和事实前提,以此贯彻组织意图。价值前提是对行动进行判断的标准,事实前提是对活动环境及其作用方式的说明。③提出了决策的准则。现实中的决策,一般是在"有限理性"条件下进行的,只有"令人满意"的标准,才是更合理、更可行的准则,而并非最优标准。④分析了决策中"组织"的作用。决策应尽可能地提出可行的替代方案,预测这些方案可能出现的结果,并根据一定的价值体系对这些结果做出全面比较。这就需要系统的知识,需要具备预测能力、想象能力及评估判断能力。因此,管理决策时,必须充分发挥组织的作用,创造条件,以解决知识不全面性、价值体系的不稳定性及竞争环境的可变性等问题。⑤归纳了决策的类型和过程。根据决策所给定条件的不同,他们把决策分为程序化决策和非程序化决策两类。前者往往重复出现,处理时有固定的程序;后者则是偶然出现或首次出现,因而处理时无固定程序。

(五)系统管理学派

系统管理学派侧重以系统的观点考察组织结构及管理基本职能,代表人物是美国的弗里蒙特·卡斯特(Fremont E. Kast)和詹姆斯·罗森茨韦克(James E. Rosenzweig),《系统理论和管理》《组织与管理:系统与权变的方法》是他们的代表著作。系统管理学派继承了贝塔朗菲对事物进行系统分析的思想及研究成果,并把它们引入管理领域。其主要贡献有两个方面。①把管理视作一个开放的系统。他们认为,组织是一个物质的、人力的、信息的各种资源相互作用的综合体,由这些资源构成的子系统与系统本身紧密联系,又与环境相互作用。这就给管理人员提出了一种全新的思想方法,使他们有一种概念结构,可以把组织中各个领域和部门联系起来,把内部条件与外部环境联系起来。②对组织的运行进行了系统分析。他们把组织看成一个复杂的"投入—产出"系统,在这个系统中,各种资源依次经过一定的流程,达到组织设计的目标。系统管理理论于 20 世纪 60 年代发展到鼎盛时期,对管理理论产生了广泛而深远的影响,以致当时有人认为它很有希望成为统一各种理论的基础。

(六)管理科学学派

管理科学学派又称为数理学派,是指以现代自然科学和技术科学的最新成果(如先进的数学方法、电子计算机技术及系统论、信息论、控制论等)为手段,运用数学模型,对管理领域中的人力、物力、财力进行系统的定量的分析,并做出最优规划和决策的理论。这一理论是在第二次世界大战之后,与行为科学平行发展起来的。从历史渊源来看,"管理科学"是泰勒科学管理的继续和发展,因为它的首要目标是探求最有效的工作方法或最优方案,以最短的时间、最少的支出,取得最大的效果。但它的研究范围是面向整个组织的所有活动,并且它所采用的现代科技手段也是泰勒时代所无法比拟的。

运筹学是管理科学学派的基础,是在第二次世界大战中,以杰出的物理学家布莱克特为首的部分英国科学家为了解决雷达的合理布置问题而发展起来的数学分析和计算技术。这是一种分析的、实验的和定量的科学方法,专门研究在既定的物质条件(人力、物力、财力)下,为达到一定的目的,运用科学的方法,主要是数学的方法,进行数量分析,统筹兼顾研究对象的整个活动各个环节之间的关系,为选择出最优方案提供数量上的依据,以便做出综合性的合理安排,从而最经济、最有效地使用人力、物力、财力,以达到最大的效果。运筹学后来被运用到管理领域,又形成了以下五种理论为代表的许多新的分支。①规划论。它用来研究如何充分利用企业的一切资源,包括人力、物资、设备、资金和时间,最大限度地完成各项计划任务,以获得最大的经济效益。规划论根据不同情况又可分为线性规划、非线性规划和动态规划。②库存论。它用来研究在什么时间以什么数量,从什么地方供应,来补充零部件、器件、设备、资金等库存,既保证企业能有效运转,又使保持一定库存和补充采购的总费用最少。③排队论。它主要是用来研究在公共服务系统中,设置多少服务人员和设备最为合适,既不使顾客或使用者过长地排队等候,又不使服务人员及设备过久地闲置。④对策论,又称博弈论。它主要是用来研究在利益相互矛盾的各方竞争性活动中,如何使自己一方获得的期望利益最大或期望损失最小,并求出制胜的最优策略。⑤网络分析。它是利用网络图对工程进行计划和控制的一种管理技术,常用的有"计划评审技术"和"关键线路法"。总而言之,这一理论认为,管理就是应用各种数学模型和程序来表示计划、组织、控制、决策等合乎逻辑的程序,求出最优的解决方案,以达到企业的目标。

管理科学学派把现代科学方法运用到管理领域中,为现代管理决策提供了科学的方法。它使管理理论研究从定性到定量在科学的轨道上前进了一大步,同时它的应用对企业管理水平和效率的提高也起到了很大的作用。但是,同其他理论一样,它也有自己的弱点:①把管理中与决策有关的各种复杂因素全部数量化,既不可能也不现实;②这一理论忽略了人的因素,这不能不说是它的一大缺陷;③管理问题的研究与实践,不可能也不应该完全只依靠定量的分析而忽视定性的分析。尽管如此,它的科学性还是被人们所普遍承认。

(七)权变理论学派

权变理论学派是 20 世纪 70 年代在西方形成的一个管理学派,代表人物有英国的琼·伍德沃德(Joan Woodward)和美国的弗雷德·菲德勒(Fred E. Fiedler)等,代表作有《工业组织:理论和实践》《领导方式的一种理论》等。权变理论学派的基本思想是:管理中并不存在最好的办法,相反,管理者必须明确每一情境中的各种变数,了解这些变数之间的关系及其相互作用,把握原因与结果的复杂关系,从而针对不同情况而灵活变通。管理学的任务就在于,归纳出管理中的情境究竟由哪些因素组成,它们又有多少种存在状态,有多少种管理方法。权变理论学派认为,对管理中的各种可变因素,可以着重从六个方面加以考察,它们是:①组织的规模;②组织中人员的相互联系和影响程度;③组织成员的技巧、能力、志向、兴趣及个人性格;④目标的一致性;⑤决策层次的高低;⑥组织目标的实现程度等。权变理论产生之初,受到西方一些管理学者的高度评价,认为它具有光明的前景,是解决在环境动荡不定情况下进行管理这一问题的一种好方法,也有人预测它可能使管理理论"走出丛林之路"。

上述学派尽管各有自己对管理的看法,各有自己的理论主张,但从内容上来看不外乎三个方面,即组织理论、管理方式方法及经营理论。

三、现代管理理论的特点

管理理论的丛林现象进一步丰富和发展了管理理论,主要体现在以下五个方面。

(一)管理内涵进一步拓展

管理理论的内容不只限于成本的降低和产出的增加,而更重视人的管理、人力潜力的开发,更重视市场、顾客的问题,管理的核心更侧重于决策的正确与否、迅速与否。

(二)管理组织多样化发展

管理组织形式多种多样,除了不断推出新的有效组织形式如事业部制、矩阵制、立体三维制等以适应现代企业组织管理的要求外,还创设了与资产一体化控股、参股相适应的管理组织,提出了组织行为等一系列组织管理的理论。

(三)管理方法日渐科学

现代管理虽然不摒弃传统的有效管理方法,但为适应大规模产销活动引入了现代科学技术,发展了现代管理方法,其中有投资决策、线性规划、排队论、博弈论、统筹方法、模拟方法、系统分析等,试图从生产资源的有效整合方面进一步提高管理的效果。

(四)管理手段自动化

现代企业组织面临更复杂的环境,需要接受和处理大量信息,需要迅速寻找解决问题的方案并更多地节约日益高涨的劳动力费用。为此,现代管理在管理手段方面的研究和使用有了突破性进展,如办公设备的自动化,信息处理机的发明,电子计算机在市场研究、产品设计、生产组织、质量控制、物资管理、人事财务管理等领域的应用等。

(五)管理实践丰富化

没有一套固定的适用于一切的管理体系,各个企业必须根据自己企业的特点,根据现代管理的基本法则来创造性地形成自己的管理特色。管理实践的丰富化更进一步推动了管理理论、方式方法和手段的发展。

总之,管理理论丛林实为一个综合性的管理理论体系,它广泛吸收了社会科学和自然科学的最新成果,把组织看作一个系统,进行多方面的管理,从而有效整合组织资源,达到组织既定目标和完成应负的责任。管理理论丛林中的各个学派,强化了科学性的内容,使管理的预见性、综合性和可靠性有了很大的提高,基本适应了第二次世界大战后现代企业和经济发展的需要。有一点需要指出的是,管理理论丛林中的各学派虽有各自的理论主张,但在管理学界并未形成权威的理论,没有长成一棵"大树",只是一片繁茂的"丛林"。

四、现代管理理论的新发展

进入20世纪六七十年代以来,西方管理学界出现了许多新的管理理论,这些理论思潮代表了管理理论发展的新趋势。

(一)全面质量管理

菲根堡姆(A. V. Feigenbaum)在 1961 年出版的《全面质量管理》一书中首先提出了全面质量控制的概念。他认为,全面质量控制"是为了能够在最经济的水平上并考虑到充分满足顾客要求的条件下进行市场研究、设计、制造和售后服务,把企业内部各部门的研制质量、维持质量和提高质量的活动构成为一体的一种有效的体系"。到 20 世纪 80 年代,经过长期而广泛的实践积累和经验总结,全面质量管理成了全球范围管理诸领域的共同实践,转而从早期的全面质量控制演变为全面质量管理,成为一套以质量为中心的、综合的、全面的管理模式。全面质量管理的核心是"全面"二字:一是指对管理体系中的所有方面的质量进行管理;二是指对生产的整个过程进行管理;三是指由管理体系中的全员参加的质量管理。

全面质量管理的实施大致由以下步骤构成。第一步,对全体员工进行全面质量管理思想教育,使他们认识到应将满足顾客的需求放在首位,让每个人都深刻理解"顾客满意"的思想,学会"换位思考";同时,要树立起百分之百合格产品的责任感,使每个员工成为抓质量的主人。第二步,使全体员工充分了解市场,搞清楚什么样的产品是让用户满意的产品。第三步,建立明确的质量基准、质量测评制度、激励机制。因为产品好坏必须要有一个明确和公开的标准来衡量,有了这个标准,每个人都可以把自己的工作结果与之对照,从而知道自己做得是好还是坏。如果这种标准能够以一种制度的形式付诸实践,就会成为一种相对完善的激励机制。第四步,改变质检人员是"挑问题者"的形象,消除他们同开发者之间的隔阂和对立。如可以让质量检验人员与开发者一起参加有关培训,使他们彼此更好地理解对方的工作;也可以让质量检验人员成为开发小组的一部分,让他们更多地了解小组其他成员的工作;还可以提高质检人员与开发者的沟通技巧。第五步,建立一套明确一致的解决问题的方法,一旦出现问题,大家就能够按照这套明确的方法去解决,而不是互相埋怨或手足无措。常用于解决问题的方法是六步法:讨论并确定问题,找出问题的根源,提出可能的解决方法,选择最佳办法,建议、批准、实施,测试、评估、调整。第六步,把质量管理与企业文化建设结合起来,在全体员工中培育主人翁意识和敬业精神。特别是要让员工有一定的权利,只有当员工们有了权利,才会有主动性。第七步,建立质量小组,加强团队工作培训。质量小组可以由不同角色的人员组成,专门负责发现质量问题,并讨论解决方法和提出解决方案。培训员工则应把重点放在对团队负责人的培训上,帮助制定团队工作目标并不断增强这个目标,尽可能地使一切工作都围绕这个目标。培训应当教会大家更好地沟通和交流,更好地合作,学会在解决问题时对事不对人。

(二)企业战略

企业战略是 20 世纪 60 年代在美国出现的,是有关企业长远和全局发展的谋划和策略。20 世纪 70 年代是企业战略的盛行时期,进入 80 年代,企业战略得到了进一步的完善,企业管理进入了战略管理时期。

战略管理就是根据对企业经营条件和外部环境的分析,确定企业总的经营宗旨和经营目标,并且制定一种或几种有效的战略,使企业达到经营宗旨和经营目标所采取的一系列管理决策和行动。战略管理的核心是对企业现在和未来的整体效益活动实行全局性管理。一般来讲,企业战略管理的内容包括从阐明企业战略的任务、目标、方针到战略实施的全过程。该过程一般由战略制定、战略实施和战略评价及控制等组成。

通常情况下,企业战略都是总体性的。因此,管理学界和企业界按照不同的标准,把企业总体战略加以分类。按照时间划分,有中期战略和长期战略;按照发展的重点划分,有成本领先战略、产品差异战略、广告战略、出口战略等;按照符合主客观条件的程度划分,有保守型战略、可靠型战略和风险型战略;按照涉及的地区范围划分,有全球性战略和区域性战略;按照适应市场的状况划分,有紧缩型战略、稳定型战略和发展型战略。发展战略又称为总体成长战略。成长战略又可细分为三类,即密集型成长战略、一体化成长战略和多样化成长战略。这些不同的划分,反映了企业战略的不同特点,在实践中也具有可操作性。

(三)知识管理

对知识管理的早期研究开始于 20 世纪 30 年代,当时美国学者科特·卢因(Kurt Lewin)从心理学的角度对工作过程进行了分析。他主要考察了工作过程中的心理紧张度、工作满意度、动机、领导和参与情况,并把管理实验的重点从解决问题转到学习上来,这一转变使管理从机械工程学概念转变为社会心理学概念。

20 世纪 70 年代,克里斯·阿吉里斯(Chris Argyris)和唐纳德·斯科恩(Donald Schon)等人开始对知识管理做出更深层次的研究。他们认为,人们实际行动的方式和他们所说的行动方式之间有很大差别。由于人们所赞同的理论与他们实际行为之间不存在必然的关系,因此,管理者应该将自我思考深入到思考自身思维过程的程度。至此,知识已经被应用于改变我们自身的思维和行为方式,知识在企业管理中的价值开始显现。

20 世纪 80 年代初,彼得·德鲁克创造了"知识工作者"一词,以指代那些知道如何利用知识来提高生产率的管理者。他对知识生产力也有着独特的见解,他认为,就知识本身而言,没有一个国家、一个产业、一家公司有任何"天然"的优势或劣势。因为新知识仍以信息的状态存在,并没有被真正转化为生产力。要提高知识生产力并使知识的输出效益最大化,就必须实施对知识的管理。他还提出了以下知识管理的原则:第一,进行知识管理首先应确定一个雄心勃勃的高目标,即使每一步向前跨越的幅度都不是很大,但是在目标的引领下,效果会逐渐显现,从而产生强大的生产力;第二,知识的充分集中可以使知识更具生产力,不管是个人的还是集体的,都需要在目标确定后建立相应的组织结构,使知识方面所做的努力集中在实现管理目标的工作上;第三,使知识成为生产力还需要利用变化的机会,如意想不到的事情、不协调的现象、过程中的需要、产业与市场结构的变化、人口变动、观念转变、新的知识等,这些变化提供了创新的机会,如果企业及员工自身具备相应的能力,则可以抓住机会,使知识成为新的生产力;第四,知识的高生产力虽然产生于一个长期酝酿阶段结束之时,但也需要短期的细水长流般的效果,必须通过对时间的管理来达到长期和短期的平衡,进而使知识产生持续的生产力。

德鲁克认为,世界正处于向"后资本主义社会"即"知识社会"的转变过程之中。在知识社会,传统的生产要素如土地、劳动力、资本等虽然没有消失,但已成为次要的要素了。只要有知识,就能轻易地得到它们。所以,一个国家或一个企业的知识收益正在逐渐成为其竞争力的决定因素。由于知识开始取代物质资源而成为企业的核心资源,因此,找出应用现有知识创造效益的最佳方法也就成了管理的新课题。这样一来,原先在管理体系中的"职位权威"也开始被"知识权威"所取代,工作方式也从"服从命令"向"主动学习"转变,组织结构则从命令链向网络化转变。

（四）企业文化

企业文化是 20 世纪 80 年代以来企业管理科学理论丛林中划分出来的一个新理论。企业文化理论发源于美国,而企业文化的实践却首先在日本得到较快的发展。第二次世界大战后,日本一方面抓紧引进、消化吸收西方先进的科学技术和管理制度;另一方面精心研究中国的传统文化,并结合日本的民族特点,融西方文化为一体,形成了一套以忠诚、孝顺、智慧为核心的价值观体系。这种价值观念经过长期的宣传、教育、灌输、渗透和优秀人物的身体力行,终于潜移默化,形成了以培养员工精神文化素质为中心内容的企业文化,使企业员工焕发出极大的积极性、创造性和智慧,企业的凝聚力得到极大增强,这种力量保持经久不衰,为日本第二次世界大战后的经济起飞提供了强有力的精神支柱。

日本之所以能在第二次世界大战后一片废墟上迅速发展,起主导作用和关键作用的是日本培养并充分利用了自己独特的企业文化。这种企业文化使企业很好地顺应了国内外的变化和发展,在企业内部也产生了巨大的凝聚力,从而形成了极强的竞争力。他们对美日两国的管理模式进行全面比较后,发现两国不同管理模式的背后是企业文化的差异,正是企业文化的差异导致经济效益的差异。日本经济的巨大成就表明:没有强大的企业文化,即价值观和信仰等,再高明的经营战略,也无法获得成功。使日本企业产生巨大生产力、取得优异产品质量和强劲竞争力的,不仅有发达的科学技术、先进的机器设备等物质经济因素,而且还包括社会历史、文化传统、心理状态等文化背景的因素。正是这诸多因素融合而成的日本企业独具的特色,造就了日本与众不同的企业精神。企业文化是企业生存的基础、发展的动力、行为的准则、成功的核心。

企业文化是企业在长期的生产经营和管理活动中创造的具有本企业特色的精神文化和物质文化。它包括企业精神、制度文化和物质文化三部分。企业文化的功能主要体现在:企业文化对企业员工的思想和行为起着导向作用;对企业员工具有凝聚和激励作用;对员工行为具有约束和辐射作用。

（五）学习型组织

1990 年,美国麻省理工学院斯隆管理学院的彼得·圣吉（Peter M. Senge）教授出版了享誉世界之作:《第五项修炼——学习型组织的艺术与实务》,引起世界管理界的轰动。这本书于 1992 年获得世界商学院最高荣誉奖——开拓者奖。从此,建立学习型组织、进行五项修炼成为管理理论与实践的热点。

为什么要建立学习型组织? 因为世界变化得太快了。企业环境的变化要求企业不能再像过去那样被动地适应。企业只有主动学习才能适应迅速变化的市场环境。所谓学习型组织,是指通过培养弥漫于整个组织的学习气氛、充分发挥员工的创造性思维能力而建立起来的一种有机的、高度柔性的、扁平的、符合人性的、能持续发展的组织。这种组织具有持续学习的能力,具有高于个人绩效总和的综合绩效。或者可以说,学习型组织是指那些能认识环境、适应环境、进而能动地作用于环境的有效组织。

彼得·圣吉提出,在学习型组织中,有五项新的技能正在逐渐汇集起来,这五项技能被他称为"五项修炼"。①追求自我超越。强调组织成员应能不断认识自己,认识外界的变化,不断给予自己新的奋斗目标,全心投入,不断创造,超越自我,成为一种真正的终身学习。②改善心智模式。这是指人们深植心中,对周围世界的看法和行为的认识方式。要求组织成员要善于改变传统的认识问题的方式和方法,要用新的眼光看世界。③建立共同愿景。共同愿景是指一个组织所形成的共有目标、共同价值观和使命感。进行这一项修炼的目的是强调把企业建成为一个生命共同体,使全体成员为之共同奋斗。④开展团队学习。其目的是使组织成员学会集体思考,以激发群体的智慧,发挥出综合效率。他倡导成员要经常运用"深度访谈"和"讨论"两种不同的团体交流方式。⑤锻炼系统思考能力。这是整个五项修炼的基石。他提出系统思考是"看见整体"的一项修炼。作为一个架构,能让我们看见相互关联而非单一的事件,看见渐渐变化的形态而非瞬间即逝的一幕。他强调要把企业看成一个系统,促进组织发展必须学会系统思考。

(六)企业再造

企业再造(又称业务流程重组,简称 BPR)是 20 世纪 80 年代末、90 年代初发展起来的企业管理的又一新理论。1993 年,迈克尔·哈默(Michael Hammer)和杰姆斯·钱皮(James A. Champy)合著了《企业再造工程》一书。该书总结了过去几十年来世界成功企业的经验,阐述了生产流程、组织流程和企业决胜于市场竞争中的决定作用,提出了应对市场变化的新方法——企业流程再造。

企业流程再造的目的,是增强企业竞争力,从生产流程上保证企业能以最小的成本、高质量的产品和优质的服务赢得客户。企业再造的实施办法是,以先进的信息系统和信息技术为手段,以顾客中长期需要为目标,通过最大限度地减少对产品增值无实质作用的环节和过程,建立起科学的组织结构和业务流程,使产品的质量和生产规模发生质的变化。

企业再造首先以企业生产作业或服务作业的流程为审视对象,从多个角度,重新审视其功能、作用、效率、成本、速度、可靠性、准确性,找出其不合理因素;然后,以效率和效益为中心对作业流程和服务流程进行重新构造,以达到业绩的质的飞跃和突破。企业再造强调以顾客为导向和服务至上的理念,对企业整个运作流程进行根本性的重新思考,并加以彻底改变。企业必须把重点从过去的计划、控制和增长转向速度、创新、质量、服务和成本,以便吸引顾客、赢得竞争和适应变化。

(七)创新型组织

人类的历史在进入 21 世纪时发生了以往历史上任何时期都无法与之比拟的变化。贸易壁垒正在被逐步打破,全球经济正在融为一体,强权主义和反强权主义成为当今社会的主流。另外,经济的发展和革命改变了每一个人的生存方式。从纳米到基因,人类的科技显示出巨大的发展动力。

在这样一个大环境下,企业、组织包括政府与政府、国家与国家之间的竞争越来越激烈。所有的成功已成为过去,企业的创新一日之内就可能成为守旧,因此,"只有变才是唯一的不变"。彼得·圣吉在其《第五项修炼——学习型组织的艺术与实务》中,预言会有一种新的修炼方式——第六项修炼,在某个时期会出现。2003 年皮特斯出版《第六项修炼——创新型组织的艺术与实务》。皮特斯是一位多年从事企业再造研究的专家,也曾是彼得·圣吉的合作伙伴之一。

在《第六项修炼——创新型组织的艺术与实务》中,作者认为学习只是手段,创新才是目的。他重新界定了创新的含义,认为创新是一种"组织功能",而非创意活动或脑力激荡。组织应该使创新成为例行性的流程,并能持续产生新价值。创新的观念、行为应该像瀑布一样倾泻到每个部门,使整个组织发挥出犹如爵士乐队般"即兴演奏"的效果。

当创新成为一项组织例行功能之后,意味着组织具备了创新的文化,也象征着竞争对手无法抄袭的竞争优势。组织的领导者在实践这个"创新功能化"的过程中,担负着关键性的角色。他需要进行"双管齐下式的管理",必须容忍组织不稳定的弹性,鼓励"创意性的错误",释放员工的想象,孕育创新的契机。

作者设计了六项核心修炼:活化学习、重新自我超越、模式、自由、领导创新和观念创新。他还精心为"创新性组织"设计了一套7-R的组织架构,即重新思考、重新组合、重新定序、重新定位、重新定量、重新指派、重新装备。设计人员与第一线的工作人员只要常常问这七个问题,同时寻找新的答案,自然就会发现自己总是能不断地为旧流程找到新出路,并不时提出全新的流程。

就《第六项修炼——创新型组织的艺术与实务》设计的7-R的组织架构而言,《第五项修炼——学习型组织的艺术与实务》倡导的"学习型组织"更多的是提供了一种思考方法,运用这种方法可以实现组织的愿景,而《第六项修炼——创新型组织的艺术与实务》所倡导的"创新型组织"则提供了一种有效的实施方式,使"学习"的结果具体化,产生价值并变得可以评估。

【本章小结】

1.古典管理理论形成于19世纪末20世纪初,主要包括泰勒的科学管理理论、法约尔的一般管理理论和韦伯的理想行政组织理论。

2.行为科学理论由早期的人际关系学说发展而来,最早源于1924—1932年由美国心理学家梅奥主持的霍桑实验。梅奥提出了"社会人"的观点,揭开了管理理论的新篇章。后期代表性理论有马斯洛的需要层次理论、赫茨伯格的双因素理论、麦格雷戈的X理论与Y理论及弗鲁姆的期望理论。

3.管理理论丛林的概念是由美国管理学家孔茨提出的,用于形容第二次世界大战后管理理论空前繁荣、流派众多的景象。主要管理学派包括管理过程学派、经验主义学派、社会系统学派、决策理论学派、系统管理学派、管理科学学派、权变理论学派等。

4.管理理论发展的新趋势主要介绍20世纪60年代以后产生的一些有代表性的管理理论,主要包括全面质量管理、企业战略、知识管理、企业文化、学习型组织、企业再造、创新型组织等理论。

【实务训练】

进退两难的电池厂

G县是中国内陆地区的一个小县,交通不发达,自然资源贫乏,经济长期落后,居民生活水平低下,常常依靠国家财政支持。为改变该县经济落后的面貌,新一届政府班子制定了大量优惠政策,利用本地劳动力价格低的优势,招商引资,以期带动地方经济发展。

最近,有一家沿海地区的企业表示愿意投资600万元兴建一个电池厂。G政府为决定是否在该县建立电池厂特地召开一个专家会议,邀请二十余位专家,其中5位为电池生产方面的专家,10位经济发展方面的专家,还有3位环境保护方面的专家,两位当地居民代表。会议中,10位经济学家一致认为,建立电池厂可以为当地带来巨大的经济效益,同时也可以解决该县当前劳动力就业压力大的难题,因此都建议该电池厂尽快开工建设。两位环境保护方面的专家则认为,电池厂的技术方案已经过时,建成后势必大量排放污染物,给当地环境带来巨大破坏,还会影响当地农业生产和居民日常生活,因此他们反对在该县建设电池厂。两位居民代表也表达了类似的担心。但是两个电池生产方面的专家提出,经过技术改造,可以大大降低电池厂的污染排放水平,这在其他地区已有成功案例。专家的话打消了居民代表的担心,也坚定了县政府引进该项目的决心。几天后,根据多数人的意见,县政府与投资方正式签订合同,电池厂开始开工建设。

电池厂建成以后,投资方以投资过大为由,迟迟不进行技术改造,又因为电池厂给该县带来了巨大的经济效益,有关部门对此事也采取睁一只眼闭一只眼的态度。该厂的排放物含有大量的有害物质,特别是汞含量严重超标,造成附近庄稼大量减产,还有附近村民的牲畜中毒死亡,上级有关部门已经开始对此事进行调查。

问题:你认为该县政府在决策中的失误是什么?以后遇到同类问题如何解决?针对当前问题,应该采取什么措施?

【思考与练习题】

一、单项选择题

1.管理学形成的标志是19世纪末20世纪初出现的(　　)。

A.法约尔的一般管理理论　　　　　　B.泰勒的科学管理理论

C.韦伯的理想行政组织理论　　　　　D.梅奥的人际关系学说

2.韦伯的主要贡献是(　　)。

A.提出了理想行政组织理论　　　　　B.提出了集权与分权的概念

C.提出了工资定额与标准化　　　　　D.提出了社会协作系统

3.通过霍桑实验,梅奥阐述的观点是(　　)

A.行为科学理论　　　　　　　　B.社会系统理论

C.人际关系学说　　　　　　　　D.权变理论

二、多项选择题

1.下列属于科学管理理论观点的是(　　)。

A.实行标准化　　　　　　　　　B.以提高劳动生产率为中心

C.注重员工的首创精神　　　　　D.明确的等级链

E.实行职能工长制

2.通过霍桑实验得出的结论有(　　)。

A.职工是社会人

B.职工是"经济人"

C.企业中存在"非正式组织"

D.新型的领导能力在于提高职工的效率

E. 挑选、培训"第一流的工人"

三、简答题

1.法约尔的主要贡献是什么?

2.梅奥人际关系学说的主要思想是什么?

四、论述题

论述现代管理理论的特点。

第五章思考与练习题
参考答案

第六章

决策

【学习目标】

1. 掌握决策的含义。
2. 掌握决策的特征。
3. 掌握决策的基本原则。
4. 了解决策的作用。
5. 熟悉决策的类型。
6. 了解决策的程序。
7. 理解决策的影响因素。
8. 熟悉定性决策方法。
9. 掌握定量决策方法。

【导入案例】

武汉封城的艰难决策

2019 年 12 月底,正当人们忙着迎接新年到来时,一种来源不明的病毒正悄然袭来。湖北省武汉市疾控中心监测发现不明原因肺炎病例。病因不明、来源不清、如何救治未知。一场"遭遇战"猝不及防打响。

人类对未知病毒的探索刚刚有所突破,对病毒的源头和宿主、传播途径、致病机理等仍不清楚。作为国际性综合交通枢纽,武汉地处中部腹地,承东启西、沟通南北,被誉为九省通衢。如若病毒人传人,疫情将会迅速向全国蔓延,后果不堪设想。

面对突如其来的疫情,习近平总书记高度关注,第一时间作出一系列重要指示。2020 年 1 月 7 日,习近平总书记在主持召开中央政治局常委会会议时对做好疫情防控工作提出要求。1 月 20 日,习近平总书记立即对新型冠状病毒感染疫情作出重要指示:"要把人民群众生命安全和身体健康放在第一位,制定周密方案,组织各方力量开展防控,采取切实有效措施,坚决遏制疫情蔓延势头。要全力救治患者,尽快查明病毒感染和传播原因,加强病例监测,规范处置流程。要及时发布疫情信息,深化国际合作。"1 月 22 日下午,习近平总书记审时度势,作出重要指示,要求立即对湖北省、武汉市人员流动和对外通道实行严格封闭的交通管控。"作出这一决策,需要巨大政治勇气,但该出手时必须出手,否则当断不断、反受其乱。""人民生命重于泰山!只要是为了人民的生命负责,那么什么代价、什么后果都要担当。"习近平总书记的话掷地有声。

1月23日上午10时,武汉街头,没了车水马龙、熙攘人群,只有空荡荡的街巷、呼啸而过的风声。关闭一个千万人口大城市的通道,之前几乎是不可想象的。这样一把"双刃剑",用不用,什么时候用? 必须捕捉疫情传播的关键节点,排除其他各种因素掣肘,作出精准决策。

然而,管控一座千万级人口城市的人员流动谈何容易! 作出决定之难,面临挑战之大,面对问题之多,世所未见,史无前例。15家全球顶级研究机构建模分析显示,这次行动是人类历史上最大规模的隔离举措,加之各地纷纷紧急响应,让中国感染者减少了70多万人。

经过艰苦努力,武汉疫情扩散逐渐得到有效遏制,传染数开始直线下降,从最高峰的一天新增13436例,一步步走出"至暗时刻":

3月11日,武汉新增确诊病例首次降为个位数;

3月17日,疑似病例数首次"清零";

4月26日,武汉市新型冠状病毒感染住院患者"清零";

6月15日,武汉市无症状感染者及其密切接触者全部"清零"。

武汉封城的艰难决策给你哪些决策启示?

【思维导图】

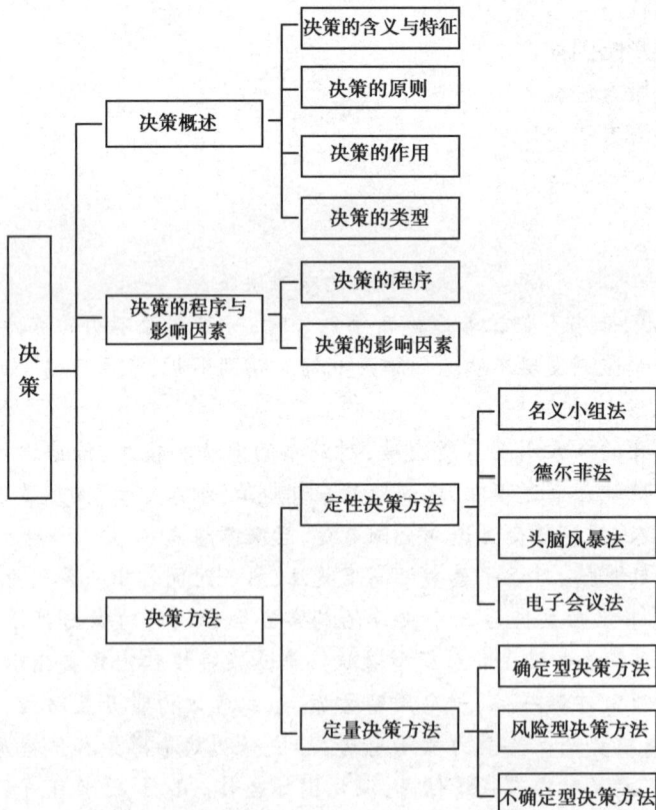

决策是现代管理的核心,它存在于一切管理领域,贯穿于管理过程的始终。管理是一个不断做出决策并对其进行管理的过程,没有决策,就没有管理。进行决策并承担相应的责任是管理者工作的基本内容,不论管理者在组织中的地位如何,都需要制定决策和实施决策。管理者的地位越高,决策的作用和影响就越大。随着经济、社会和科技的发展,现代管理者所面临的决策问题越来越复杂,决策的难度不断加大。而决策失误可能导致组织人力、财力、物力等资源的浪费和损失,甚至导致组织事业的失败。因此,掌握科学的决策步骤和方法对于管理者来说是非常重要的。

科学决策是现代管理理论的组成部分,人们对其研究始于 20 世纪 30 年代。美国学者巴纳德(C. Barnard)和斯特恩(E. Sterne)最早将决策概念引入管理理论。后来,美国的赫伯特·西蒙和詹姆斯·马奇(James G. March)等发展了巴纳德的理论,创立了现代决策理论。现代决策理论是以社会系统理论为基础,吸收了行为科学、系统理论、运筹学等学科内容而发展起来的一个管理学派。

第一节 决策概述

一、决策的含义与特征

(一)决策的含义

关于决策的含义,众说纷纭。赫伯特·西蒙在谈到管理的本质时指出:"决策是管理的心脏,管理是由一系列决策所组成的;管理就是决策。"理查德·达夫特认为,决定(Decision)是对众多可供选择方案的一种选择,决策(Decision Making)是发现问题和机遇,然后加以解决的过程。美国学者亨利·艾伯斯认为:"决策有广义和狭义之分,狭义地说,决策是在几种行为方针中做出选择;广义地说,决策还包括在做出最后选择之前必须进行的一切活动。"我国学者芮明杰认为,决策是为了实现一定的目标,在两个以上备择方案中选择一个方案的分析判断过程。

综上所述,所谓决策,就是组织或个人为了实现一定的目标而在若干个可行方案中选择一个满意方案的分析判断过程。由此,决策的内涵包括以下六个方面。第一,决策是为解决某一问题而做出的决定。决策始于存在的问题,更具体地说,始于现状与希望状态之间的差异。第二,决策针对明确的目标。决策的目标必须明确、详细而具体。决策前必须明确所要达到的目标,并仔细辨别组织的整体目标体系中包含的多个具体小目标,即应明确所要解决的问题。如果一开始就缺乏明确的目标,将会导致整个决策过程偏离方向,最终导致产生不正确决策的结果。第三,决策是从多个可行方案中做出的选择。决策必须在两个以上的备选方案中进行选择。没有选择,就没有决策。如果只有一个方案那就不用选择,也就不存在决策。这些方案应该是平行的或互补的,能解决设想的问题或达到预定的目标,并且可以进行定量或定性的分析。第四,决策是一个对方案进行分析、判断的过程。决策往往面临若干个可行方案,每个方案都具有独特的优点,也隐含着缺陷,有的方案还带有很大的风险。决策的过程就是对每个可行方案进行分析、评判,从中选出较好的方案进行实施。管理者必须掌握充分的信息,进行逻辑分析,才能在多个备选方案中选择一个较为理想的方案。第五,决策是一个整体性过程。决定采用哪个方案的决策过程不是一个短暂的时段,而是一个连续、统一的整体性过程。从初期搜集信息到分析、判断,再到实施、反馈活动,没有这个完整的过程,就很难有合理的决策。实际上,经过执行活动的反馈又进入了下一轮的决策。第六,决策是一个循环的过程,贯穿于整个管理活动的始终。在整个决策过程中,应随时重视决策的有效性,随时纠正偏差,以保证决策的质量。

(二)决策的特征

1. 目标性

任何一项决策活动都必须依据目标进行。决策目标的确定必不可少。对于组织的决策来说,大到决定组织发展方向,小到解决组织日常问题,都需要有明确的目标。目标是组织的追求,决策则引导了组织成员在一定时期的行动方向。目标本身也是对决策方案进行评价与检查的标准与依据。决策之时,决策者都应回答"为什么要做这个决定"这一问题,否则,决策就会陷入就事论事的泥潭。决策目标可以是单一的,也可以是多个的,这取决于决策的具体情况,如果是多目标决策,那么需要确定各个目标的重要性程度。决策目标不得与组织目标相冲突,在组织的层级结构中,高层次的决策目标规范并支配着低层次的决策目标,而具体的决策目标则应与组织的目标结构相协调。

2. 可行性

决策是对组织未来活动的设计、安排、选择和决定,是现在决定未来的行动,包含着风险和失败的可能性,这是由决策信息的不完备性和决策者的有限理性决定的,因此必须保证所做决定在未来的可实施性。任何决策方案的实施都离不开资源的支撑,由此要充分考虑其实施条件与资源的限制。决策方案需要与组织的能力和资源相吻合,与组织的环境状况相适应。若决策目标定得太高,会造成计划失效,相应的惩罚措施无法落实,组织面临进退两难的尴尬处境,更严重的是会挫伤组织成员的积极性。若决策目标定得较低,未能充分发挥资源效益,很容易实现目标甚至超额完成计划,相应的奖励无法发挥其应有的作用。因此,在决策的过程中,拟订方案、选择方案时必须考虑实施时的可行性,包括对环境变动情况的预测及组织自身发展的估计。

3. 选择性

决策的实质就是选择。如果只有一个可以达到目标的决策方案,那么该方案的优劣好坏就无从谈起,也就没有选择的余地。没有选择就没有决策。因此,要能有所选择,就必须拟订两个或两个以上可行的备选方案。理论上,只要时间允许,方案越多,可供选择的范围就越大,那么可供选择的方案就越优越。拟订达到目标的多个方案在决策中不仅是必需的,而且一般也是可行的。因为一般情况下,为了实现相同的目标,组织总是可以从事多种不同的活动。这些活动在资源配备、可能结果和风险程度等各个方面有所不同,因此可构成同一目标下多种可能的方案。

4. 动态性

决策是一个不断循环的过程,不仅包括决策各个阶段的交叉与循环,而且也包括整个决策过程的循环。从这个意义上讲,决策没有起点,也没有终点,具有动态性。这是因为决策的主要目标之一就是使组织活动的内容适应内、外部环境的要求,而组织的内、外部环境是不断变化的。决策者应密切监视并研究外部环境及其变化,从中发现问题或找到机会,及时调整组织的活动,以实现组织与外部环境的动态平衡。另外,组织本身不是静态的,其内部环境也不断地发生变化,决策的标准和方法不能固定不变。因此,决策时要充分分析变化的管理背景和要解决的主要问题,及时调整研究思路和方法,灵活运用基本的管理理论,处理好两难困境,不断创新。这就要求组织决策应保持动态性,以配合组织活动的动态性。

5.整体性

决策的整体性有两层含义:一是决策涉及组织全体成员,决策方向和具体方案实施是组织全体成员共同的责任;二是决策内容要兼顾组织各个方面,确保组织各部门和单位彼此在工作上的均衡与协调。也就是说,决策是一个系统工程,所要处理的每一个问题都是系统中的问题,只有统筹兼顾、综合考虑,才能妥善地处理组织中的每一个问题。

二、决策的原则

为了使决策合理化、科学化,在决策过程中必须遵循以下原则。

(一)系统原则

系统原则,也称为整体原则,它要求把决策对象视为一个系统,以系统整体目标的优化为准绳,协调系统中各分系统之间的相互关系,使系统完整、平衡。决策过程中遵循系统原则就是要用联系的观点、整体的观点、全面的观点仔细考察和深入分析决策所涉及的各因素、环节和方面之间的相互联系和相互影响,做到统筹兼顾,防止以偏概全、顾此失彼。

首先,要求决策者在制订决策方案时,采用系统决策技术,即把决策看作一个系统,保证系统、子系统及其各个组成部分要素处于协调有序的关系中,而不会彼此互相抵触、互相冲突。其次,要求决策的完备性,即决策所规定的各个行为方式、步骤、措施和程序等系统的各个要素能够彼此协调补充。决策时要考虑到各个方面,不应出现层次断裂或跳跃,或出现空白地段。此外,还要处理好主要目标与次要目标、近期效益与长远效益、局部利益与整体利益等关系。系统原则是实现决策科学化的一项重要原则,要求决策者必须树立系统观念,养成全面周密思考问题的习惯,力戒决策的片面性。

(二)满意原则

决策过程中,决策者总希望追求最佳的方案,获得最好的结果。但是,选择活动方案的原则是满意原则,而非最优原则。最优原则往往只是理论上的幻想,因为它要求:决策者了解与组织活动有关的全部信息;决策者能正确地辨识全部信息的有用性,了解其价值,并能据此制订出没有疏漏的行动方案;决策者能够准确地计算每个方案在未来的执行结果。

然而,在管理过程中,这些条件是难以具备的。首先,决策是面向未来的,而未来不可避免地包含着不确定性。其次,人们很难识别出所有可能实现目标的备选方案。最后,信息、时间和确定性的局限也使决策者难以做到最佳。另外,在现实条件下,决策者都要受到一定的能力、时间、资源和信息等条件的限制,往往不可能给出最优方案。即使能给出最优方案,在绝大多数情况下,可能是不经济的,因而也是不必要的。现实的做法是不要去追求最佳、最优方案,而应致力于研究组织的实际情况,制订出一个切实可行而又比较满意的方案。

"没有最好,只有更好。"管理者通常采纳的是一个令人满意的,即在目前环境中是足够好的行动方案,是在目前条件允许的范围内能够较好地达到目标的行动方案。满意与否的标准并不取决于决策者的主观感觉,而应由决策方案所产生的客观经济效益和社会效益来衡量。

(三)可行性原则

所谓可行性原则,是指决策时必须从实际出发,根据现有的人力、财力、物力等主客观条件拟订和选择方案,从而使决策方案具有可操作性和成功的最大可能性。在决策活动中,决策者必须充分考虑和认真研究决策方案的可行性,因为不可行的决策方案是没有实践价值和意义的。为了确保可行性原则的贯彻实施,决策者在决策过程中既要考虑需求又要分析可能性;既要看到有利因素和成功机会又要看到不利因素和失败的风险;既要看到现在的主客观条件又要充分估计到未来的情况变化。只有这样,才能使决策建立在可靠、可行的基础上。

当然,具有可行性的决策方案并不等于没有风险的方案。决策都是对未来事件的决定,未来事件都带有很大的不确定性。因此,任何决策都不可避免地带有风险。具有开拓精神的决策者并不满足于追求风险最小的决策,而是着重思考实施决策后所得到的报酬与所冒的风险相比是否值得。决策者要有一点冒险精神,当然这种冒险不是盲目的冒险,而应建立在周密的可行性研究基础之上。

(四)分级原则

决策应在组织内部分级进行,这是组织业务活动的客观要求,原因有以下三点。第一,组织需要的决策一般都非常广泛、复杂,是高层管理者难以全部胜任的,必须按其难度和重要程度分级进行。第二,组织管理的重要原则是权责对等、分权管理。实现分级决策,把部分重复进行的、程序化的决策权下放给下属,有利于分权管理。所以说,分级决策是分权管理的核心。第三,组织要建立领导制度和层级管理机构,而领导制度和层级管理机构要有效运行,必须遵循一定的原则。其中,包括确定决策机构的具体形式、明确决策机构同执行机构之间的关系等。这些规则的建立和运行也要以决策的层级原则为基础。

当然,无论决策分几级进行,在每一级中只能有一个决策机构,以免政出多门。实行层级决策,既有利于组织高层决策者集中精力抓好战略决策、例外决策,又可增强下级单位和领导者的主动性和责任心。

(五)民主原则

随着经济社会的发展,现代决策已呈现出高度综合性和复杂性的状态,决策所涉及的学科知识日益增多,决策环境变化很快,不确定因素很多,很多决策的完成绝非个人或少数人所能胜任的。在这种情况下,要做出正确的决策,就必须坚持民主决策原则,其具体要求为:首先,要坚持决策的民主化,广泛听取各方面的意见,集思广益,广开言路,不搞一言堂,遵从少数服从多数的原则,使决策尽可能考虑周到;同时,要强调民主基础上的集中,要把各方面的意见集中起来,分析研究,加以综合提高,形成正确的决策。但是,民主决策往往在决策效率方面很难有优异的表现,这也是开展决策活动时需要充分重视的。

（六）弹性原则

弹性原则指在决策时要留有余地，以适应客观事物各种可能的变化。决策必须具有可靠性和稳定性。但是，不管决策的可靠性程度多高，决策在实施过程中也可能发生特殊情况，从而无法实现预期的目标。因此，决策必须具有弹性。决策的弹性主要体现在两个方面：一是决策的目标要留有余地；二是决策要有后备方案，或者是方案易于转化以适应不测事件的发生，避免给组织带来重大的损失。决策不是瞬间的行动，而是一个过程，从决策目标的确定，到行动方案的拟订、评价和选择，这本身就是一个包含了许多工作、由众多人员参与的过程，并且这个过程是一个动态的不断循环的过程。在这个动态过程中，具有弹性的决策方案才有更好的适应性与应变力。

三、决策的作用

（一）决策正确与否直接关系到组织的生存与发展

决策是任何有目的的活动发生之前必不可少的一步。正如医生的判断正确与否直接关系到病人的生命一样，组织的兴衰存亡，常常取决于管理者特别是高层管理者的决策正确与否。长期以来，决策是以个人的知识、智慧和经验判断为基础的。这在面对一些情况简单、容易掌握和判断的问题时尚可应对，即使失误了影响也不大，易于扭转。但在现代，管理者所面临的许多复杂问题，已远不是单靠经验决策就能解决的。很多问题都涉及巨额的投资、各方面的利益及众多的关系，需要运用多学科的知识审慎判断，而竞争的加剧又需要反应灵敏、及时决策。这就要求决策必须科学化。

（二）决策能力是衡量管理者水平的重要标志

决策是一项创造性的思维活动，体现了高度的科学性和艺术性。有效的决策取决于三个方面：一是具有有关决策原理、概念和方法的基础知识；二是收集、分析、评价信息和选择方案的娴熟技能；三是经受风险和承担决策中某些不确定因素的心理素质。由于管理者所面临的问题常常涉及众多的因素，错综复杂，因此需要管理者具有特殊的才能方可做出正确的决策，加上决策在管理中的重要作用，决策能力便成为衡量管理者水平的重要标志。

（三）决策能够优化管理目标，提高管理效率

管理活动作为人的有组织的理性行为，需要有明确的目标，因而，确立管理目标是决策的一项重要任务。在决策过程中，决策者往往拟定多个目标，然后通过分析论证，找出较优目标；同样，决策的内容之一就是通过大量收集信息并在此基础上提出可供选择的多种方案，然后通过科学论证，最后确定一个令人满意的方案。一般而言，令人满意的方案就是管理成本较少、效益较大的方案。因此，决策的过程可以说就是一个优化决策目标和决策方案的过程，就是一个寻找成本较少、效益较大的管理方案的过程。

四、决策的类型

根据所要解决的问题的性质和内容,可将决策分为不同的类型,如图 6-1 所示。不同决策类型的特点不同,需要的信息不同,采用的方法也不同。管理者在进行决策之前,首先要了解所要解决的问题的特征,以便按不同的决策类型采取不同的决策方法。

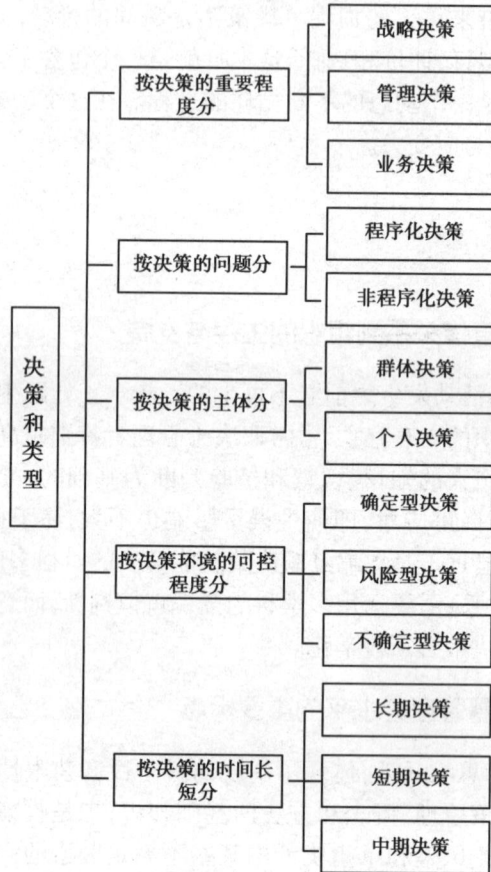

图 6-1　决策的类型图

(一)按决策的重要程度分

按照决策的重要程度,可分为战略决策、战术决策和业务决策。

1. 战略决策

战略决策是指直接关系到组织的生存发展的全局性、长远性问题的决策。战略决策是所有决策中最重要的,是涉及组织大政方针、战略目标等重大事项而进行的决策活动,是有关组织全局性、长期性,关系到组织生存和发展的根本性决策。这种决策对于组织的发展具有重要意义,一般涉及的时间较长、范围较宽。由于所要解决的问题大多是内容比较抽象、复杂且常常是以前没有遇到过的,因此管理者要借助于自己的经验、直觉和创造力进行判断。战略决策一般由高层管理者做出。

战略决策所需解决的问题复杂,主要是协调组织与组织环境之间的关系,一般需要经过较长时间才能看出决策后果。战略决策过程所需考虑的环境变化性较大,往往并不过分依赖复杂的数学模型、公式及技术,定量分析和定性分析并重,对决策者的洞察力、判断力有很高的要求。在战略决策中,找出关键问题并利用复杂计算更为有效。因此,必要时,可以借助组织外部人员(如咨询顾问等)对战略性决策方案进行设定和分析。

2. 战术决策

战术决策又称管理决策,是在组织内贯彻的决策,属于战略决策执行过程中的具体决策。战术决策旨在实现组织内部各环节活动的高度协调和资源的合理使用,以提高经济效益和管理效能。管理决策所面临的大多是实施方案的选择、资源的分配、实际业绩的评估等方面的问题,比较具体,带有局部性,且灵活性较大。

战术决策不直接决定组织的命运,但决策行为的质量将在很大程度上影响组织目标的实现程度和组织效率。战术决策是每个主管人员的日常工作内容,它依赖于主管人员的经验和综合研究方法,也可使用电脑和数学模型辅助决策。

3. 业务决策

业务决策又称执行性决策,是指在日常业务活动中为了提高效率所做的决策,如工作任务的日常安排、工作定额的制定等,一般由基层管理者进行。这类决策所要解决的问题常常是明确的,决策者知道要达到的目标、可以利用的资源,知道有哪些途径,也知道可能的结果。

业务决策是组织所有决策中范围最小、影响最小的具体决策,是组织中所有决策的基础,也是组织运行的基础。业务决策是组织中大多数员工经常性的工作内容。通常,业务决策的有效与否,很大程度上依赖于决策者的经验和常识。

在不同类型的决策活动中,不同的管理层因面对的问题和所授权限不同,所能负责的决策也不同。高层管理者主要负责战略决策,中层管理者主要负责战术决策,基层管理者负责大部分业务决策。当然,在组织中,三类决策活动的界限并非是明确清晰的,应按具体情况加以分析和鉴别。在传统上,决策者是由管理者担任,但目前随着分权程度和劳动者参与决策程度的提高,情况发生了很大变化,相当一部分的业务决策已转而由有一定工作自由度的作业人员做出。此外,作业人员和基层管理者参与战略决策、管理决策,也不失为一个好办法。这一方法能大大减少基层人员对决策结果的抵触情绪,简化决策完成后的宣传工作,更快地推动决策方案的贯彻实施。职工参与决策,管理民主化,是提高管理效率和决策有效性的重要途径。

(二)按决策的问题分

从决策所涉及问题来看,决策可以分为程序化决策和非程序化决策两种类型。组织中的问题可分为两类:例行问题与例外问题。例行问题是指那些重复出现的、日常的管理问题;例外问题是指那些偶然发生、未遇见过、性质与结构不明、具有重大影响的问题。程序化决策涉及的是例行问题,非程序化决策涉及的是例外问题。

1. 程序化决策

程序化决策即在问题重复发生的情况下,决策者通过限制或排除行动方案,按照书面的或不成文的政策、程序或规则所进行的决策。由于这类问题经常重复出现,因此可以把决策过程标准化、程序化,可通过惯例、标准工作程序和业务常规予以解决。例如,在组织对每个岗位的员工工资范围已经做出了规定的情况下,对新进员工发放多少工资的决策就是一种程序化的决策。实际上,多数组织的决策者每天都要面对大量的程序化决策。

2. 非程序化决策

非程序化决策旨在处理那些不常发生的或例外的非结构化问题。如果一个问题因其不常发生而没有引起注意,或因其非常重要或复杂而值得给予特别注意,就有必要作为非程序化决策进行处理。事实上,决策者面临的多数重要问题,如怎样分配组织资源,如何处理有问题产品,如何改善社区关系等问题,常常都属于非程序化决策问题。随着管理者在组织中地位的提高,所面临的非程序化决策的数量和重要性都逐步提高,进行非程序化决策的能力也变得越来越重要。

(三)按决策的主体分

根据主体的不同,决策可以分为个体决策和群体决策。它们的决策效果各不相同,应根据其利弊在不同条件下加以选择。

1. 群体决策

决策过程受到来自各个方面的影响。如果决策的整个过程由两个人以上的群体完成,这种决策就称为群体决策。当然决策的执行活动必须由组织来完成。随着环境的变化,当今世界的重大问题越来越多地采用群体决策。虽然在许多时间紧迫的关键时刻,群体决策无法取代个人决策,但组织许多决策都是通过委员会、团队、任务小组或其他群体的形式完成的,分析群体决策的利弊及影响因素因此具有重要的现实意义。

相对于个人决策,群体决策显然具有以下五点优点。第一,有利于集中不同领域专家的智慧,应对日益复杂的决策问题。通过广泛参与,专家们可以对决策问题提出建设性意见,有利于在决策方案得以贯彻实施之前发现存在的问题,提高决策的针对性。第二,能够利用更多的知识优势,借助更多的信息,以形成更多的可行性方案。第三,具有不同背景、经验的不同成员在选择收集的信息、要解决问题的类型和解决问题的思路上往往都有很大差异,他们的广泛参与有利于提高决策时考虑问题的全面性。第四,容易得到普遍的认同,有助于决策的顺利实施。由于决策群体的成员具有广泛的代表性,因而有利于得到与决策实施有关的部门或人员的理解和接受,在实施中也容易得到各部门的相互支持与配合。通常,集体成员会感觉到由集体共同制定的决策比个人制定的决策更为合理。第五,有利于使人们勇于承担风险。有关学者研究表明,在群体决策的情况下,许多人都比个人决策时更敢于承担更大的风险。

但是,群体决策也可能存在一些问题。一是速度、效率可能低下。群体决策鼓励各个领域的专家、员工积极参与,力争以民主的方式拟订出最满意的行动方案。但这个过程也可能陷入盲目争论的误区,既浪费了时间又降低了速度和决策效率。二是有可能为个人或子群体所左右。群体决策之所以具有科学性,原因之一是群体决策成员在决策中处于同等的地位,可以充分地发表个人见解。但在实际决策中,很可能出现以个人或子群体为主发表意见、进行决策的情况。三是群体决策中也有可能出现更关心个人目标的情况。在实践中,不同部门的管理者可能从不同角度对不同问题进行定义,管理者个人更倾向于对与其各自部门相关的问题非常敏感。例如,市场营销经理往往希望较高的库存水平,而把较低的库存水平视为有问题的征兆;财务经理则偏好于较低的库存水平,而把较高的库存水平视为问题发生的信号。因此,如果处理不当,很可能发生决策目标偏离组织目标而偏向个人目标的情况。

2.个人决策

如果决策的整个过程由一个人来完成,这种决策就称为个人决策。相对于群体决策,个人决策有其明显的优势。通常,个人决策比群体决策要花费较少的时间、精力。在群体决策过程中,其成员之间的相互影响常会导致效率低下;而且,在群体内部,由于分工不同,成员之间缺乏平等的相互交流与沟通;同时可能会因组织职位、经验、有关知识、易受他人影响的程度、语言技巧、自信心等因素,造成少数成员发挥其优势、支配群体,对最终的决策有过分的影响。而在个人决策中,完全避免了这一从众心理与权威效应。个人决策省时省力,易于控制决策的质量与效率。在个人决策中,责任极其明确,避免了群体决策中责任不清、互相推诿的情况。

既然群体决策和个人决策各有优缺点,那么什么情况下应该群体决策,什么情况下应该个人决策呢?一般来说,一些有关全局的大问题,时间又比较充裕,应该进行群体决策;一些信息了解比较清楚,事情又比较急,需要个人及时拍板。两种决策方式应结合起来使用。

(四)按决策环境的可控程度分

根据环境的可控程度,决策问题可分为三种类型:确定型决策、风险型决策和不确定型决策。

1.确定型决策

确定型决策是在稳定(可控)的环境条件下进行的决策,是指决策者确知自然状态的发生,每一方案只有一个确定的结果,方案的选择结果取决于对各方案结果的直接比较。

2.风险型决策

决策者虽不能准确地预测出每一备选方案的结果,但却因拥有较充分的信息而能预知各备选方案及其结果发生的可能性。此时的决策问题就是如何对备选方案发生的概率做出合理估计,选择出最佳方案。但是无论选择哪一个方案,风险都是不可避免的。

3.不确定型决策

它是决策条件和后果不定,而且决策后果发生的概率也无从估计的决策。这种不确定性的因素主要来自两个方面:一是决策者无法获得关键信息;二是无法对行动方案或其结果做出科学的判断。这类决策的进行只能靠决策者的经验、主观判断和创造力,因而具有更大的风险性。

决策问题大多是风险型和不确定型,面对此类决策,决策者常常处于一种难以取舍的两难困境。管理研究与管理实践中不断发展形成的科学决策方法则在很大程度上使风险型和不确定型问题转化成确定型问题,从而有利于做出科学决策。

(五)按决策的时间长短划分

按照决策的时间划分,可以把决策分为长期决策、短期决策和中期决策三种。

1.长期决策

长期决策是指决策结果对组织的影响时间长,对组织今后的发展方向具有长远性、全局性的重大影响的决策,又称长期战略决策,如投资方向选择、人力资源开发、组织规模的确定等问题的决策。

2. 短期决策

短期决策是决策的结果对组织的影响时期较短的决策,是实现长期战略目标所采用的短期策略手段,通常是战术性的决策,如企业的日常营销决策、物资储备决策、生产中的劳动力调配和资金分配等问题的决策。

3. 中期决策

居于长期决策和短期决策之间的,即为中期决策,一般影响时间在一年以上,五年以内。决策的内容在长期决策的控制之下,在一定时期内一般不会有较大的变化,具有阶段稳定性。

第二节　决策的程序与影响因素

一、决策的程序

决策是解决问题的过程,需要按照一定的程序进行。按照一定程序进行决策,有三个方面的优点:一是节约时间、费用及各种开支,不会造成无谓的浪费;二是减少决策的不确定性和风险性,因为按组织规则办事,可以减少个人的或偶然的因素对决策正确性的影响;三是使用统一的程序,有助于协调决策中的不同意见,使决策意见趋于一致。

现代管理理论认为决策不仅仅是选择合理的方案,还包括决策程序本身的合理性和科学性。合理科学的决策过程是管理者提高决策成功率的一个重要方面。管理者为提高决策水平,避免冒险性的决策,必须了解决策的流程,按照科学化、合理化的要求进行有效的决策。

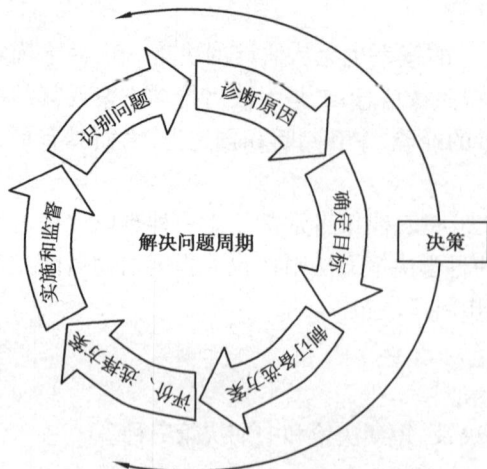

图 6-2　一般决策过程图

组织的决策过程主要包括识别问题、诊断原因、确定目标、制订备选方案、评价和选择方案、实施和监督等步骤,如图 6-2 所示。尽管在实际决策中并非所有问题的解决都要完全经历上述过程,但从周密性上讲,以上步骤是避免重大差错出现的程序保障,尤其是对组织中重大问题的决策更应严格遵循上述决策程序。

(一)识别问题

在决策过程中,问题是指组织的"期望目标"与所面临的"实际情况"之间的差距。识别问题是决策过程的起点,以后各个阶段的活动都将围绕所识别的问题展开;如果识别问题不当,所做出的决策将无助于解决真正的问题,因而将直接影响决策效果。管理者所面临的问题是多方面的,有危机型问题(需要立即采取行动的重大问题)、非危机型问题(需要解决但没有危机型问题那么重要和紧迫)、机会型问题(如果适时采取行动能为组织提供获利的机会的问题)。对所找出的问题要进行全面的分析,以确定问题的性质、严重程度、产生的原因、发展趋势、解决的迫切程度和条件等。

识别问题是决策过程的开始,以后各个阶段的活动都将围绕所识别的问题展开。对这些问题应分清主次,是战略决策还是一般业务决策,由哪些决策者承担任务等;必须马上了解该问题的关键出在哪里、何时解决以及解决这一问题的利弊如何等。

(二)诊断原因

识别问题不是目的,关键还要根据各种现象诊断出问题产生的原因,这样才能考虑采取什么措施,选择哪种行动方案。只有明确了问题产生的根本原因,才能从本质上说明问题,也才可能有针对性地确定决策目标,并制订解决问题的方案。要想实现有效的原因诊断,必须深入分析三方面的问题。第一,目前实际状况与原来期望之间的差距在哪里,量值有多大? 第二,造成此差距的直接原因与间接原因是什么? 第三,上一级组织或外部环境是不是造成该问题的根源? 该问题对其他方面的影响程度如何? 在原因诊断阶段追查问题的根源,正确界定所要解决的主要问题,是后续步骤科学有效的基础。在找出问题发生根源的同时,进一步考虑问题的出现对上级目标的影响也是十分有益的。

(三)确定目标

找到问题及其原因之后,应该分析问题的各个构成要素,明确各构成要素的相互关系并确定重点,以找到本次决策所要达到的目的,即确定决策目标。所谓决策目标,是一个组织通过决策及决策的实施所期望达到的未来状态及衡量未来状态的指标。同样的决策问题,可能有不同的决策目标,这会导致不同的决策结果,这取决于决策者认为哪些因素与衡量未来状态有关。在这个阶段,确认什么因素和不确认什么因素与衡量未来状态有关,是同等重要的。在现实中,对一个决策问题可能有一个以上的决策目标,有些目标之间可能相互矛盾,这就会给决策带来一定的困难。要处理好多目标的问题,一是要减少目标数量,把所要解决的问题尽可能地集中起来;二是要把目标按重要性排序,把重要程度高的目标先行安排决策,减少目标间的矛盾;三是要进行目标的协调,即以总目标为基准进行协调。另外,需要强调的是,在目标确定过程中,要注意防止遗漏那些容易被忽视的目标,如无形目标、社会目标、长期目标、隐性目标等。要做到分清长期目标与短期目标、主要目标与次要目标,并注意目标间的衔接,明确目标间的优先顺序,保证资源分配的重点,尽量排除可能的偶然性和主观因素的影响。

(四)制订备选方案

在诊断出问题的根源及确定解决此问题的真正目标之后,就需要寻找解决问题的对策和办法。由于一个问题往往可以用一个以上的办法来解决,因此在选择方案之前,应先把所有可能的候选方案及相关因素都罗列出来并认真加以考查和评估。一般来说,方案的数量越多、质量越好,选择的余地就越大,决策的有效性就越高。同时,还要注意各方案之间应具备相互排斥性,特别是要注重所拟订的方案应具体和细致周到。开发备选方案时的主要方法有:第一,从过去的经验中寻找方案,即从自己及别人过去处理类似问题的经验中寻找办法;第二,从创新中寻找对策,这是一种突破既有管理思维定式、使用新的思维方式、以未来为导向寻求决策方案的方法,对组织的高层管理者来说,这一点尤其重要。另外,决策者应当注意避免因主观偏好接受第一个找到的可行方案而中止该阶段的继续进行。

(五)评价和选择方案

管理者在形成了一组备选方案后,就必须对每一种备选方案的优点及缺点进行评价。决策者通常可以从以下三个主要方面评价和选择方案。首先,行动方案的可行性,即组织是否拥有实施这一方案所要求的资金和其他资源,方案是否同组织的战略和内部政策保持一致,能否使员工全身心地投入决策的实施中去等。其次,行动方案的有效性和满意程度,即行动方案能够在多大程度上满足决策目标,是否同组织文化和风险偏好一致等。需要指出的是,在实际工作中,某一方案在实现预期目标时很可能对其他目标产生积极或消极影响。因此,目标的多样性在一定程度上又增加了实际决策的难度,决策者必须分清不同决策目标的相对重要程度。最后,行动方案在组织中产生的结果,即方案本身的可能结果及其对组织其他部门或竞争对手现在和未来可能造成的影响。采用统一客观的量化标准进行衡量,有助于提高评估和选择过程的科学性。

(六)实施和监督

科学的决策很有可能由于实施方面的问题而无法获得预期成果,甚至导致失败。从这个意义上说,实施决策比评价、选择行动方案更重要。决策工作不仅是制订并选择最满意的方案,而且必须将其转化为实际行动,并制定出能够衡量其进展状况的监测指标。为此,决策者首先必须宣布决策并为其拟采取的行动制订计划、编制预算。其次,决策者必须和参与决策实施的管理人员沟通,对实施决策过程中所包括的具体任务进行分配。同时,他们必须为因出现新问题而修改实施方案做好准备,通常要制订一系列备选方案以便应对在决策实施阶段所遇到的潜在风险和不确定性。再次,决策者必须对与决策实施有关的人员进行恰当的激励和培训。因为即使是一项科学的决策,如果得不到员工的理解和支持,也将成为无效决策。最后,决策者必须对决策的实施情况进行监督。如果发现问题仍然存在,决策者就需要仔细分析究竟是在哪个环节上发生了错误,如问题是否被错误地定义了,在分析评价各备选方案时是否发生了偏差,或者方案选择正确而实施得不好等。问题的答案也许要求管理者重新回到决策程序的某个步骤,甚至可能需要重新开始整个决策过程以最终求得问题的解决。

决策实际上是一个"决策—实施—再决策—再实施"的连续不断的循环过程,在每一个阶段中都存在着许多反馈环路。由于决策的每个步骤都会受主体的经验、态度、价值观,以及所处环境、文化、伦理道德等诸多因素的影响和制约,因此不能简单地认为决策的过程是一个由起点发展到最后阶段的流畅过程。当然,这些阶段实际上也并不是完全可以进行明确清晰划分的。

二、决策的影响因素

决策贯穿管理的整个过程,在管理中是一项非常重要的工作,其正确与否直接关系到组织目标能否实现,甚至决定组织的生死存亡。在实际决策过程中,影响决策的因素很多,但主要的因素可以归纳为以下四个方面。

(一)环境因素

环境是组织生存与发展的土壤,环境变化往往是导致组织进行变革决策的一个最直接的原因。随着时代的发展、科学技术的进步、经济全球化趋势的加剧,外部环境变化的速度越来越快,对组织的影响程度也越来越大。当环境较为稳定时,决策者只需按照原来的程序方案来决策即可,但当环境发生剧变时,过去的决策方案的借鉴意义就不大了,这种情况下决策要有一定程度的改革,需要决策者富有创新精神。环境因素时刻在影响着组织的活动选择,考验着组织应对外部环境变化的能力和水平。

(二)决策问题的性质

1.问题的紧迫性

美国学者威廉·金和大卫·克里兰把决策类型分为时间敏感决策和知识敏感决策。时间敏感决策是指那些必须迅速而尽量准确的决策,战争中军事指挥官的决策多属于此类。这种决策对速度的要求甚于质量,例如,当一个人站在马路当中,一辆疾驶的汽车向他冲来,关键是要迅速跑开,至于跑向马路的左边近些,还是右边近些,相对于及时行动来说则显得比较次要。知识敏感决策,因为对时间的要求不是很严格,人们可以充分利用知识做出尽可能正确的选择。组织中的战略决策大多属于知识敏感决策。

2.问题的重要性

一项决策的重要性程度越大,决策时所花费的时间、人力、费用就越多,对组织的影响范围也就越广、影响越深远。重要的问题可能引起高层领导的重视,决策可得到更多力量的支持。同时,越重要的问题,决策者越要慎重决策,也越有可能采取群体决策,这样对问题的认识会更全面,决策的质量可能更高。

(三)组织自身的因素

组织决策中,组织自身的因素,如组织历史、决策习惯、组织文化等因素也会对组织的决策产生影响。

1.过去的决策

决策通常不是在一张白纸上描绘组织的未来蓝图,而是在一定程度上对组织先前的活动进行调整。在实际管理工作中,新决策的诞生并不是对以往决策的彻底否定,往往都以过去决策为基础,取以前决策之长而避其短,并且有所创新。今天的决策和以前所制定的决策之间的内在联系是无法割裂的。因此,以前所制定的各种决策不同程度地影响着管理者现在的决策。

另外,过去的决策对目前决策的影响程度,与决策和现任决策者的关系密切程度相关。如果过去的决策就是由现任决策者制定的,而决策者通常要对自己的选择及其后果负管理上的责任,那么,决策者一般不愿对组织活动进行重大调整,而倾向于仍把大部分资源投入到过去方案的执行中,以证明自己决策的正确性。相反,如果现任决策者与组织过去的主要决策没有很深的关系,则愿意接受改变。

2. 组织文化

组织文化会影响组织成员对待变化的态度,进而影响一个组织对方案的选择与实施。任何决策的制定和实施,都会给组织带来某种程度的变化,而决策者本人及其组织成员对待变化的态度会影响方案的选择和实施。在保守型组织中,人们会对将要发生的变化产生怀疑、害怕、抵抗的心理与行为。决策者在决策之前能预见到带来变化的行动方案将遇到很大阻力。为了有效实施新的决策,首先必须做好大量的工作来改变组织成员的态度。相反,在进取型组织中,人们具有开拓、创新的精神,总是以发展的眼光来分析决策的合理性,有利于新决策的通过和实施。

3. 组织的信息化程度

信息化程度对决策的影响主要体现在其对决策效率的影响。例如,国家和地方充分利用大数据,使用数学建模、预测技术等来辅助疫情防控过程中的决策,决策效率大大提高。

4. 组织对环境的应变模式

对一个组织而言,对环境的应变是有规律可循的。随着时间的推移,组织对环境的应变方式趋于稳定,形成组织对环境特有的应变模式。

(四)决策主体的因素

决策的主体始终是人,在决策中,人是最复杂的因素,因此,决策的制定很大程度上受到人的影响。决策者的知识与经验、战略眼光、民主作风、偏好与价值观、对待风险的态度、个性习惯、责任和权力等都会直接影响决策的过程和结果。具体表现如下。

1. 决策者对待风险的态度

因为决策是为将来而做,将来几乎总是包含着不确定的因素,而我们对未来的认识能力是有限的,当前预测的未来状况可能与未来实际状况并不完全相符,由此按照决策执行的行动,在未来可能成功也可能失败。也就是说一定程度的风险肯定存在。管理者对风险的不同态度将影响决策方案的选择。通常,不怕风险、敢于冒险的决策者倾向于选择主动应对环境变化的方案,具有进攻性;不求大利唯求无险的决策者对未来持悲观态度,在方案的选择上比较保守;不愿冒大风险也不愿循规蹈矩的决策者对风险的态度介于前面两者之间,在方案的选择上只求稳妥。

2. 个人能力

在决策活动中起决定作用的是决策者,决策者个人的能力水平高低是决策成败的关键。决策者的能力来源于渊博的知识和丰富的实践经验,一个人的知识越渊博、经验越丰富、思想越解放,就越乐于接受新事物、新观点,越容易理解新问题,使之能拟订更多更合理的备选方案。决策者的能力包括对问题的认知能力、获取信息的能力、沟通能力、组织能力等。

3. 个人价值观

个人价值观在认识问题、收集信息、评价各备选方案和选择方案的决策过程中,都有重要的影响,甚至起着决定性作用。个人价值观对决策的影响因决策者而异,有积极的作用,也有消极的作用。如果一个集体中个人价值观念比较一致,就容易产生一致的看法,也比较容易协调,如果个人价值观差异较大,就有可能引起许多冲突。

4.决策群体的关系融洽程度

如果决策是群体做出的,那么决策群体的特征也会对决策产生影响。决策群体的关系越融洽,一项新的决策越容易通过和实施;反之,则会遇到很大的阻力和困难。

第三节　决策方法

现代组织决策是一个十分复杂的过程,为了保障决策的正确、可行和有效,除了决策者应具备优良的素质外,还必须在决策过程中综合运用一些已被实践证明行之有效的方法。现代决策的具体方法概括起来有两类,即定性决策方法和定量决策方法。定性决策方法也称"软方法",它是一种基于人们的经验而对决策方案进行分析、评价与判断的方法,如名义小组法、头脑风暴法等。定量决策方法也称为"硬方法",它根据已有的实际数据以及变量间的相互关系,建立一定的数学模型,然后通过运算取得结果。决策过程中只有"软""硬"方法有机结合,科学运用,才能收到良好的决策效果。

一、定性决策方法

定性决策方法主要是指决策者运用社会学、心理学、组织行为学、政治学和经济学等有关专业知识、经验和能力,并根据个人的经验和判断,或充分发挥专家的集体智慧进行决策的方法。这种决策方法从对决策对象本质属性的研究入手,掌握事物的内在联系及其运行规律,在决策的各个阶段,根据已知情况和资料,提出决策意见,并做出相应的评价和选择。通过定性研究,为制订方案找到依据,了解方案的性质、可行性和合理性,然后进行目标和方案的选择。这种决策方法使用灵活、简便,应用范围广,并能调动专家和职工的积极性。它较多地运用于综合抽象程度较大的问题、高层次战略问题、多因素错综复杂的问题、涉及社会心理因素较多的问题等。定性决策的具体方法很多,常见的有下面的四种。

(一)名义小组法

名义小组法,又称名义小组技术、名义群体法、名义团体技术、名义群体技术,是一种"限制性"讨论的群体决策方法。名义小组法要求参与决策的所有小组成员都必须参加会议,但他们的思考是独立的。名义小组法的操作步骤是:①针对特定的问题,将对此问题有研究或有经验的人员组成一个决策小组,并事先向他们提供与决策问题有关的信息资料;②小组成员在独立思考的基础上提出决策建议,并将自己的建议或方案写成文字材料;③每个成员在小组会议上宣读自己的建议或方案,在所有成员的想法都表达完毕并被记录下来之前,不进行任何形式的讨论;④群体成员开始进行讨论,以便将每种想法或方案都搞清楚,并做出评价;⑤每个成员独立地对所有意见或方案进行排序、投票,用数学方法得出等级排列和次序,最终方案的选择依据综合排序最高的结果。在整个决策过程中,小组的成员互不通气,也不在一起讨论、协商,因而小组只是名义上的。在集体决策中,如对问题的性质不完全了解且意见分歧严重时,可以采用这种方法。

这种方法的优点:通过座谈讨论能互相启发,集思广益,取长补短,能较快地、全面地集中各方面的意见,得出决策结论。但这种方法也有缺点:由于参加人数有限,代表性往往很不充分,容易受到技术权威或政治权威的影响,与会者不能真正畅所欲言,往往形成"一边倒"——即使权威者的意见不正确,也能左右其他人的意见。而权威者由于受到个人自尊心的影响,往往不能及时修正原来的意见。因此,名义小组的方式,有时也会做出错误的决策。

(二)德尔菲法

德尔菲法是以匿名方式通过几轮函询征求专家的意见,组织预测小组对每一轮的意见进行汇总整理后作为参考再发给各专家,供他们分析判断,以提出新的论证。几轮反复后,专家意见渐趋一致,最后供决策者进行决策。

1.德尔菲法的程序

(1)确定预测或决策题目

预测或决策题目即所要解决的问题,题目要具体明确,适合实际需要。

(2)选择专家

选择专家是德尔菲法的重要环节,因为预测或决策结果的可靠性取决于所选专家对主题了解的深度和广度。选择专家须解决四个问题。第一,什么是专家? 德尔菲法所选专家是指在预测主题领域从事预测决策工作 10 年以上的技术人员或管理者。第二,怎样选专家? 这要视预测或决策任务而定。如果预测或决策主题较多地涉及组织内部情况或组织机密,则最好从内部选取专家。如果预测或决策主题仅关系某一具体技术的发展,则最好从组织外部挑选甚至从国外挑选。第三,选择什么样的专家? 所选专家不仅要精通技术、有一定的名望和代表性,而且还应具备一定的边缘科学知识。第四,专家人数多少合适? 专家人数要视所预测或决策问题的复杂性而定。人数太少会限制学科的代表性和权威性,人数太多则难以组织。一般以 10 ~ 15 人为宜。对重大问题进行预测或决策时,专家人数可相应增加。

(3)制订调查表

把预测或决策问题项目有次序地排列成表格形式,调查表项目应少而精。为使专家对德尔菲法有所了解,调查表的前言部分应对德尔菲法进行介绍。

(4)预测或决策

德尔菲法预测或决策一般要分四轮进行。第一轮把调查表发给各专家,调查表只提出预测或决策主题,让各专家提出应预测或决策的事件。第二轮由决策者对第一轮调查表进行综合整理,归并同类事件,排除次要事件,做出第二轮调查表再返回给各专家,由各专家对第二轮调查表所列事件做出评价,阐明自己的意见。第三轮对第二轮的结果进行统计整理后再次反馈给每个专家,以便其重新考虑自己的意见并充分陈述理由,尤其是要求持不同意见的专家充分阐述理由。因为他们的依据经常是其他专家所忽略的或未曾研究的一些问题,而这些依据又会对其他成员的重新判断产生影响。第四轮是在第三轮基础上让专家们再进行预测,最后由决策者在统计分析基础上做出结论。

2.德尔菲法的特点

德尔菲法的特点:第一,吸取和综合了众多专家的意见,避免了个人预测的片面性;第二,不采用集体讨论的方式,而且是匿名进行,专家们因而可以独立地做出判断,避免了从众行为;第三,采取了多轮预测的方法,经过几轮反复,专家们的意见趋于一致,具有较高的准确性。

3.德尔菲法的优缺点

德尔菲法的优点主要是简便易行,具有一定的科学性和实用性,可以避免会议讨论时产生的害怕权威、随声附和,或固执己见,或因顾虑情面不愿与他人意见冲突等弊病;同时也可使大家发表的意见较快集中,参加者也易接受结论,具有一定程度综合意见的客观性。

德尔菲法也有一些缺点,主要是靠主观判断,若专家选得不合适,预测结果难保准确;而且意见反馈多次,一是比较费时间,二是可能引起专家的反感。对所征询的问题基本上只能做直观分析,专家个人的意见以及综合而来的集体意见的论证程度可能都不够高。

(三)头脑风暴法

头脑风暴法,又称畅谈会法,是要求人们自由奔放、打破常规、创造性地思考问题和构思方案的一种决策方法。这是一种决策参与者面对面坐在一起,在一种宽松的氛围中敞开思路,畅所欲言,形成多个备选方案,并对其进行讨论的集体解决问题的方法。其主要特征是鼓励提出任何种类的方案设计思想,禁止提出批评。头脑风暴法仅是一个产生思想的过程。

实施头脑风暴法,应坚持下列四项原则:第一,对别人的建议不做任何评价,将讨论限制在最低限度内;第二,建议越多越好,参与者不必考虑自己建议的质量,想到什么就说出来;第三,鼓励每个人独立思考,广开思路,想法越新颖、奇特越好;第四,可以补充和完善已有的建议使它更具说服力。

头脑风暴法采取会议的方式,一般参与者以 8 ~ 12 人为宜,也可略有增减(5 ~ 15 人),特殊情况下可以不受人数限制。会议按以下程序进行:第一步,由一人对需要讨论的问题进行大致的描述;第二步,成员各自提出自己的想法,形成各种备选行动方案;第三步,在成员介绍某种备选方案时,不允许任何人进行批评,直到全部备选方案都被提出,由一个成员负责对各个备选方案进行记录;第四步,鼓励成员尽可能地创新,不管具体想法是什么,所提出的想法越多越好,并且鼓励成员在他人想法基础上进行进一步的思考;第五步,当所有的备选方案都被提出以后,成员对每种方案的优点与不足进行讨论,并形成一个最佳的排列。

(四)电子会议法

电子会议法是群体预测与计算机技术相结合的一种群体决策方法。其基本方法是:群体成员各有一台计算机终端,根据所要解决的问题将自己的方案用键盘敲入计算机并显示在屏幕上,任何人的评论均可通过网络共享。这种方法的主要优点是匿名、诚实、迅速,参与者不透露个人信息而可能充分发表自己的意见;同时,消除了闲聊和讨论偏题,且不必担心打断别人的"发言"。这一方法可借助局域网在一个相对集中的范围内进行,也可通过互联网在更广泛乃至全球的范围内进行。

二、定量决策方法

定量决策方法是指在定性分析的基础之上,运用数学模型和电子计算机技术,对决策对象进行计算和量化研究,以解决决策问题的方法。定量决策方法的关键是建立数学模型,即把变量之间及变量与目标之间的关系用数学关系及数学模型表示出来,并且用计算机来处理数学模型。它使决策建立在比较可靠的科学基础上,减少了决策的盲目性,适用于能够用数量评价的决策问题。

根据决策条件的不同,定量决策方法有三大类,即确定型决策方法、风险型决策方法和不确定型决策方法。每一类方法又有很多具体的方法,下面介绍一些最常用的方法。这些方法在经济管理领域应用极为广泛。

(一)确定型决策方法

确定型决策是指决策问题只面临一种自然状态,即决策者面临的外部环境是不变的。决策者对决策所要解决的问题认识比较充分,可以有把握地计算各方案在未来的收益并据此做出选择。常用的决策方法有线性规划法和盈亏平衡分析法。

1.线性规划法

线性规划法是在一些线性等式或不等式的约束条件下,求解线性目标函数的最大值或最小值的方法。它是一种为寻求单位资源最佳效用的数学方法,常用于解决两类问题:第一,资源一定的条件下,力求完成更多的任务,取得更好的经济效益;第二,任务一定的条件下,力求资源节省。线性规划法可用图解法、代数法、单纯形法等方法求解,变量较多时可借助于计算机求解。

运用线性规划法建立数学模型的步骤如下:首先,确定影响目标大小的变量;其次,列出目标函数方程;再次,找出实现目标的约束条件;最后,找出使目标函数达到最优的可行解,即为该线性规划的最优解。

例如,某企业生产两种产品:桌子和椅子,它们都要经过制造和装配两道工序,有关资料见表6-1。假设市场状况良好,企业生产出来的产品都能卖出去,试问何种产品组合使企业的利润最大?

表6-1 某企业有关资料

项目	桌子	椅子	工序可利用时间(小时)
在制造工序上的时间(小时)	2	4	48
在装配工序上的时间(小时)	4	2	60
单位产品利润(元)	8	6	—

这是一个典型的线性规划问题。

第一步,确定影响目标大小的变量。在本例中,目标是利润,影响利润的变量是桌子数量 T 和椅子数量 C。

第二步,列出目标函数方程: $P = 8T + 6C$ 。

第三步,找出约束条件。在本例中,两种产品在一道工序上的总时间不能超过该道工序的可利用时间,即

制造工序: $2T + 4C \leqslant 48$

装配工序: $4T + 2C \leqslant 60$

除此之外,还有两个约束条件,即非负约束 $T \geqslant 0, C \geqslant 0$。

从而该线性规划问题成为如何选取 T 和 C,使 P 在上述四个约束条件下达到最大。

第四步,求出最优解:最优产品组合。通过图解法(图6-3),求出上述线性规划问题的解为 $T=12$ 和 $C=6$,即生产 12 张桌子和 6 把椅子时企业的利润最大。

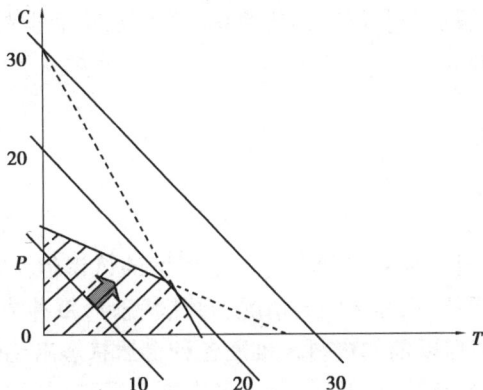

图6-3 线性规划法图解

2. 盈亏平衡分析法

盈亏平衡分析法也叫量本利分析法或保本分析法,是通过分析生产成本、销售利润和产品数量三者之间的关系,掌握盈亏变化的规律,指导企业选择能够以最小的成本生产出最多产品并可使企业获得最大利润的经营方法。盈亏平衡点就是总成本等于销售收入的点,在这个点上,产品没有利润,刚好保本,收支平衡。

$$销售收入=销量×单价$$
$$生产成本=固定成本+变动成本$$
$$=固定成本+产量×单位变动成本$$

用相应的符号来表示,盈亏平衡时的公式为

$$Q_0 × P = F + Q_0 × V$$

式中,Q_0 表示盈亏平衡时的产量,P 为产品售价,F 为生产的固定成本,V 表示产品的单位变动成本。盈亏平衡点时的产量为

$$Q_0 = \frac{F}{P - V}$$

由于保本收入等于盈亏平衡产量与产品售价的乘积,因此,公式两边同乘以 P,得到保本收入公式为

$$Q_0 × P = \frac{F}{P - V} × P$$

式中,$(P-V)$ 表示单位产品得到的销售收入扣除变动成本后的剩余,叫作边际贡献。

整理得保本收入公式为

$$S_0 = \frac{F}{1 - \dfrac{V}{P}}$$

式中,$(1-V/P)$ 表示单位销售收入可以帮助企业吸收固定成本或实现企业利润的系数,叫作边际贡献率。如果边际贡献率大于零,则表示企业生产这种产品除可收回变动成本外,还有一部分收入可以补偿已经支付的固定成本。因此,产品单价即使低于成本,但只要大于变动

成本,企业生产该产品还是有意义的。但这种情况不能长期存在,因为这不利于已投入的固定成本的回收,会使企业资金短缺,陷入无法继续发展的境地。

例如,某产品市场销售价格为 10 元/件,其固定成本为 10000 元,变动成本为 5 元/件,试求其盈亏平衡产量。又假定企业可以销售 5000 件产品,则企业的利润是多少?

$$盈亏平衡点产量 = \frac{10000}{10-5} = 2000(件)$$

$$利润 = 5000 \times 10 - 10000 - 5000 \times 5 = 15000(元)$$

(二)风险型决策方法

风险型决策方法主要用于对未来状态有一定程度的认识但又不能肯定的情况。这时,实施方案的未来可能会遇到好几种不同的情况(自然状态),每种情况均有出现的可能,人们目前无法确知,但是可以根据以前的资料来推断各种自然状态出现的概率。

风险型决策具有以下基本特点:第一,每个备选方案都受到不能确定的外部环境状态的影响;第二,每个备选方案可能遇到的自然状态可以估计出来;第三,各种自然状态出现的概率可以估计出来。

常用的风险型决策方法是决策树法。决策树法是用树状图来描述各种方案在不同自然状态下的收益,据此计算每种方案的期望收益从而做出决策的方法。由于这种决策方法的思路如同树枝形状,因此称为决策树法。

1. 决策树的构成要素

决策树有五个构成要素:决策点、方案分枝、状态点、概率分枝、损益值点。

①决策点是决策树的起点,用"□"表示。

②每个方案分枝表示一个备选方案。

③状态点在方案分枝的末端,用"○"表示。

④概率分枝从状态节点引出,表示各种自然状态出现的机会。

⑤损益值点在概率枝的末端,注有损益值,用"△"表示。

2. 运用决策树的基本步骤

第一步,根据已知条件绘制决策树,如可替换方案的数量、每种方案未来的自然状态及其概率、损益值等,如图 6-4 所示。

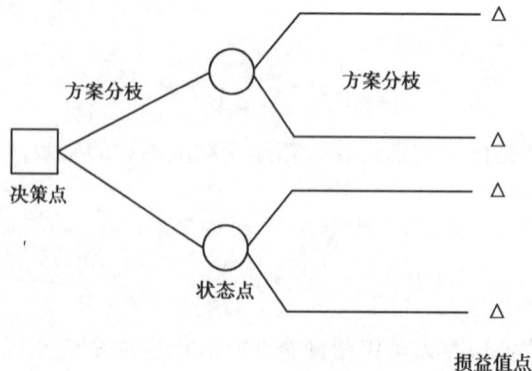

图 6-4　决策树结构图

第二步,计算各种方案的期望值,并将计算结果标注到决策树上。

第三步,方案选择。比较不同方案的期望值大小,减去期望值较小的方案,在淘汰的方案分枝上画"//",称为"剪枝",保留最大期望值方案作为实施方案。

例如,某企业为了扩大某产品的生产,拟建设新厂。据市场预测,产品销路好的概率为0.7,销路差的概率为0.3。有如下三种方案可供企业选择。

方案一:新建大厂,需投资300万元。据初步估计,销路好时每年可获利100万元,销路差时每年亏损20万元。服务期为10年。

方案二,新建小厂,需投资140万元,销路好时每年可获利40万元,销路差时每年仍可获利30万元。服务期为10年。

方案三:先建小厂,3年后销路好时再决定是否扩建。扩建需追加投资200万元,服务期为7年。估计每年获利95万元。

问哪种方案最好?

【解析】

第一步:画决策树。

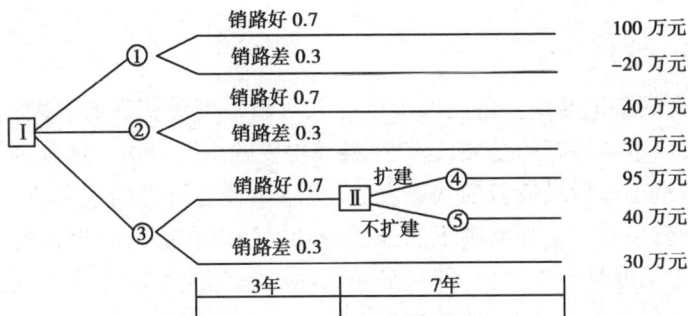

图6-5 企业扩大生产方案决策树

第二步:计算各种生产方案在不同自然状态下的损益值及每个方案的期望收益。

图6-5中有两种自然状态:销路好和销路差,自然状态后面的数字表示该种自然状态出现的概率。位于状态枝末端的就是各种方案在不同自然状态下的收益或损失。据此可以算出各种方案的期望收益。

方案一的期望收益为:$[0.7\times100+0.3\times(-20)]\times10-300=340(万元)$

方案二的期望收益为:$(0.7\times40+0.3\times30)\times10-140=230(万元)$

方案三中,由于节点④的期望收益为:$95\times7-200=465(万元)$,大于节点⑤的期望收益$40\times7=280(万元)$。所以销路好时,扩建比不扩建好。剪去节点⑤所在枝。

节点③的期望收益为:$(0.7\times40\times3+0.7\times465+0.3\times30\times10)-140=359.5(万元)$

计算结果表明,在三种方案中,方案三最好。需要说明的是,上面的计算过程中没有考虑货币的时间价值,这是为了使问题简化。但在实际中,多阶段决策通常要考虑货币的时间价值。

(三)不确定型决策方法

所谓不确定型决策是指对未来的情况虽有一定的了解,但又无法确定各种情况可能发生的概率,这种情况下的决策,称为不确定型决策。不确定型决策与风险型决策的区别在于,不确定型决策无法估算未来自然状态的概率,因而不确定程度更高,风险更大。不确定型决策没有统一的决策准则,受决策者的主观因素影响极大,尤其是决策者对未来自然状态的不同判断及对收益和损失的不同态度制约着对方案的决断。因此,这种决策方法在决策中很大程度上取决于决策者的风险价值观。不确定型决策方法通常有以下五种。

1. 乐观法

采用大中取大的决策准则。持此种准则的人对未来总抱着乐观的态度,凡事总看其有利的一面。该准则设想任何一个行动,都是收益最大即后果最好的状态发生,然后比较各行动的结果,哪一个行动的收益最大,这个行动就是基于乐观准则下的最优行动。其具体做法是,先找出各方案在各种自然状态下的最大收益值,即在最好自然状态下的收益值,然后进行比较,找出在最好自然状态下能够带来最大收益的方案作为决策实施方案。

该决策方法表明决策者在决策时,即使情况不明,但仍不放弃任何一个可能获得最大利益的机会。基于乐观准则的决策方法是从最好情况着眼的带有冒险性质的一种决策方法。反映了决策者的乐观情绪。当决策者估计出现最好状态的可能性甚大,而且即使出现最坏状态损失也不十分严重时,可以采用这一决策方法。否则,采取盲目乐观的态度是不明智的。

2. 悲观法

采用小中取大的决策准则。持此种准则的人对未来抱着悲观的态度,总是从最坏的情况出发考虑问题,以争取最好的结果,这是一种较稳妥的决策方法。该准则设想采取任何一个行动,都是收益最小即后果最差的状态发生,然后比较各行动的结果,哪一个行动的收益最大,这一个行动就是基于悲观准则下的最优行动。所以在决策时应首先计算和找出各方案在各种自然状态下的最小收益值,即与最差自然状态相应的收益值,然后进行比较,选择在最差自然状态下仍能带来最大收益(或最小损失)的方案作为实施方案。

悲观法与乐观法相反,它是从坏处着眼的带有保守性质的一种决策准则,反映了决策者的悲观情绪。这个准则在某些场合下适用,例如企业规模较小,资金薄弱,经不起大的经济冲击;或者决策者认为最坏状态发生的可能性很大,对好状态缺乏信心。在某些行动可能导致重大损失,比如人的伤亡、企业的倒闭时,人们也往往愿意采用这种较为稳妥的准则进行决策。但是,这条准则常导致人们失去信心,甚至无所作为。

3. 等概率法

悲观法实质上就是认为每个行动方案出现最坏状态的概率是1,其他状态的概率是0;乐观法认为,每个行动方案出现最好状态的概率是1,其他状态的概率是0。为了克服这一缺点,产生了等概率法。基于等概率法的决策方法就是假定各状态发生的概率彼此相等,即如果有 n 种自然状态,就假定每种自然状态出现的概率都是 $1/n$,然后求各行动方案的收益期望值。最后,以平均收益值最大的方案为最优方案。此法实际上是将不确定型决策变为风险型决策,然后计算各方案的期望值,通过比较期望值的大小来确定中选方案。

但等概率准则也有一个明显的缺点,即这一准则下的决策结果受到对状态分类的影响。而一个好的决策准则,应该要求不管什么状态采取何种分类方式,决策结果都应该相同。等概率准则的这一缺点,只有按客观资料或主观经验指定状态参数的概率分布,从而把不确定型决策问题转化为风险型决策问题,才能得到彻底克服。

4. 折中法

这种方法认为应在两种极端中求得平衡。决策时,既不能把未来想象得如何光明,也不能描绘得如何黑暗。最好和最差的自然状态均有出现的可能。因此,可以根据决策者的判断,给最好自然状态以一个乐观系数,给最差自然状态以一个悲观系数,两者之和为1。然后用各方案在最好自然状态下的收益值与乐观系数相乘所得的积,加上各方案在最差自然状态下的收益值与悲观系数的乘积,得出各方案的期望收益值。然后据此比较各方案的经济效果,做出选择。

5. 最小最大后悔值法

对于非确定型决策问题,如果决策者在选定方案并组织实施后,遇到的自然状态表明采用另外的方案会取得更好的收益,则组织在无形中遭受了机会损失,那么决策者将为此而感到后悔。最小最大后悔值准则是一种力求使决策的后悔值尽量小的准则。根据这个准则,决策时应先算出各方案在各种自然状态下的后悔值(用方案在某自然状态下的收益值与该自然状态下的最大收益值相比较的差),然后找出每一种方案的最大后悔值,并据此对不同方案进行比较,选择最大后悔值中后悔值最小的方案作为决策方案。

例如,某机械厂决定转产自行车,有三个具体方案:载重自行车、山地自行车和轻便自行车。未来市场需求有畅销、一般和滞销三种可能,但无法确定它们的概率。据测算,三种方案在不同市场需求下的收益值已知(表6-2),决策者应如何选择方案?

表6-2 各种方案在不同情况下的收益

单位:万元

车型	畅销	一般	滞销
山地自行车	180	80	−20
载重自行车	165	100	−15
轻便自行车	100	50	−10

(1)乐观法

本例三个方案的最大值分别为180万元、165万元、100万元,其中的最大值为180万元,它所对应的山地自行车方案是中选方案。

(2)悲观法

本例三个方案的最小值分别是−20万元、−15万元、−10万元,其中−10万元最大,它所对应的轻便自行车方案就是中选方案。

(3)等概率法

根据概率论的知识,所有自然状态的概率之和为1。本例三种自然状态,每种状态的平均概率为1/3。用期望值计算公式计算如下。

山地自行车方案的收益期望值=(180+80−20)×1/3=80(万元)

载重自行车方案的收益期望值=(165+100−15)×1/3=83.3(万元)

轻便自行车方案的收益期望值=(100+50−10)×1/3=46.7(万元)

可见载重自行车方案的收益期望值最高,故而中选。

（4）折中法

这种方法的决策过程是先给最好的未来状况主观定一个系数（$0<a<1$），称为乐观系数。相对应的，悲观系数为 $1-a$。然后计算每个方案的折中值，取收益折中值最大者所对应的方案为中选方案。计算公式为

$$方案收益折中值=最大收益值\times a+最小收益值\times(1-a)$$

本例假如确定乐观系数 a 为 0.6，则悲观系数为 0.4，各方案的折中值计算方法如下。

山地自行车方案折中值=$180\times0.6+(-20)\times0.4=100$（万元）

载重自行车方案折中值=$165\times0.6+(-15)\times0.4=93$（万元）

轻便自行车方案折中值=$100\times0.6+(-10)\times0.4=56$（万元）

可见山地自行车方案的折中值最大，故而中选。

（5）最小最大后悔值法

这种方法的计算方法是，在决策损益表的每一列中，即每种自然状态下确定最大收益值，然后用这个最大值减去该列的每一个值（包括本身），使每一个收益值都有一个后悔值。后悔值计算见表6-3。

表6-3 各种方案在不同情况下的后悔值

单位：万元

项目	收益值			后悔值			最大后悔值
	畅销	一般	滞销	畅销	一般	滞销	
山地自行车	180	80	−20	0	20	10	20
载重自行车	165	100	−15	15	0	5	15
轻便自行车	100	50	−10	80	50	0	80
每列最大值	180	100	−10				

由表6-3计算得知，三种方案的最大后悔值分别为20万元、15万元、80万元。显然，15万元是最小的，它所对应的方案是载重自行车方案。

【本章小结】

1．决策是指组织或个人为了实现一定的目标而在若干个可行方案中选择一个满意方案的分析判断过程。

2．决策具有目标性、可行性、选择性、动态性和整体性等特点。

3．为了使决策合理化、科学化，在决策过程中必须遵循系统原则、满意原则、可行性原则、分级原则、民主原则和弹性原则。

4．根据不同的标准可将决策分为不同的种类。按决策的重要程度，可分为战略决策、管理决策和业务决策；按决策的问题，可分为程序化决策和非程序化决策；按决策的主体，可分为群体决策和个体决策；按决策环境的可控程度，可分为确定型决策、风险型决策和不确定型决策；按决策的时间长短，可分为长期决策、短期决策和中期决策。

5.决策是一个过程,由一系列步骤组成,包括识别问题、诊断原因、确定目标、制订备选方案、评价和选择方案、实施和监督等。

6.在决策过程中影响决策的因素很多,可以归纳为环境因素、决策问题的性质、组织自身的因素、决策主体的因素。

7.现代决策的具体方法概括起来有两类,即定性决策方法和定量决策方法。

【实务训练】

该由谁骑这头骡子?

一位老农和他年轻的儿子到离村 12 里(1 里=0.5 千米)地的城镇去赶集。开始时老农骑着骡子,儿子跟在骡子后面走。没走多远,就碰到一位年轻的母亲,她指责老农虐待他的儿子。老农不好意思地下了骡子,让儿子骑。走了两里地,他们遇到一位老和尚,老和尚见年轻人骑着骡子,而让老者走路,就骂年轻人不孝顺。儿子马上跳下骡子,看着他父亲。两人决定谁也不骑。两人又走了四里地,碰到一学者,学者见两人放着骡子不骑,走得气喘吁吁的,就笑话他们放着骡子不骑,自找苦吃。老农听学者这么说,就把儿子托上骡子,自己也翻身上骡子。两人一起骑着骡子又走了三里地,碰到了一位外国人,这位外国人见他们两人合骑一头骡子,就指责他们虐待牲口!

问题:你若是那位老农,你会怎么做?

【思考与练习题】

一、单项选择题

1.将决策分为确定型决策、风险型决策和不确定型决策的标准是(　　)。

A.决策的重要程度　　　　　　　　B.决策的主体

C.决策的问题　　　　　　　　　　D.决策环境的可控程度

2.对于一个完整的决策过程来说,第一步是(　　)。

A.确定目标　　　　　　　　　　　B.识别问题

C.制订备选方案　　　　　　　　　D.诊断原因

3.在管理决策中,许多管理者认为只要选取满意的方案即可,而无须刻意追求最优的方案。对于这种观点,以下解释最有说服力的是(　　)。

A.现实中不存在所谓的最优方案,所以选中的都只是满意方案

B.现实管理决策中常常由于时间太紧而来不及寻找最优方案

C.由于管理者对什么是最优决策无法达成共识,只有退而求其次

D. 刻意追求最优方案,常常会由于代价太高而最终得不偿失

二、多项选择题

1. 一般来说,越是组织的最高主管人员,所做出的决策越倾向于(   )。

A. 战略型决策   B. 非程序化决策

C. 个人决策   D. 风险型决策

E. 业务决策

2. 下列选项属于定性决策方法的是(   )。

A. 名义小组法

B. 头脑风暴法

C. 德尔菲法

D. 电子会议法

E. 线性规划法

三、简答题

1. 如何理解决策的含义?

2. 简述决策的作用。

3. 头脑风暴法的实施原则有哪些?

四、论述题

1. 论述决策的系统原则。

2. 试评价群体决策。

第六章思考与练习题
参考答案

第七章

计划

【学习目标】

1. 了解计划的概念、特征和作用。
2. 掌握计划与决策之间的关系。
3. 熟悉计划的类型及划分方法。
4. 掌握计划工作的原理。
5. 熟悉计划编制的程序和方法。
6. 了解目标管理的含义、特点及评价。
7. 掌握目标管理的过程。

【导入案例】

最了不起的失败:铱星计划

铱星计划是一个历时 12 年、耗资 50 多亿美元建造的、由 66 颗卫星组成的全球卫星移动通信系统,在正式开通运行 16 个月之后,因不堪债务的重负,结束了它的使命。

1987 年,摩托罗拉公司的三位工程师提出了铱星系统的构想,从而使摩托罗拉公司成为这一卫星通信概念的发明者和承建者,并引发了一场通信方式的深刻革命。这一系统的起源要追溯到摩托罗拉公司高级副总裁 Bary 遇到的一个难题:1985 年,当他和夫人在巴哈马群岛度假时,移动电话失灵了,他的妻子说:"你为什么不能让我不论在哪儿都能用电话和外界联系呢?"

1990 年,摩托罗拉公司在纽约、伦敦、墨尔本和北京四地举行新闻发布会,正式向全世界公布铱星系统的建立运营计划。

铱星系统共发射 66 颗卫星在地球低轨道上运行,覆盖着整个地球的卫星网络,把全球卫星通信和本地地面无线通信业务集合起来,在有地面无线通信系统时,则使用当地无线系统进行联络,而在地面无线系统无法覆盖的边远偏僻地区或系统受损时,铱星系统就会利用无所不在的卫星信号进行联络——无论身在何处,联络永不中断。

开发建网工作在 1991 年正式展开,并以摩托罗拉公司为主合资建立了铱星系统公司。1996 年,第一个卫星地面关口站在日本建成;1997 年,铱星公司的董事会成员收到了来自铱星的第一个传呼信息;1998 年 5 月,铱星计划中的最后 5 颗通信卫星进入环地轨道。至此,铱星计划无线通信系统卫星网 66 颗通信卫星的发射任务已全部完成。整个铱星计划中,共有 10 颗卫星是由中国长城工业总公司发射的。

铱星系统于 1998 年 11 月开始运营,在正式开通运行 16 个月之后,由于不堪债务重负而结束其使命。2002 年 66 颗美丽的铱星在大气层中全部焚毁,众多投资也随之消逝在茫茫太空之中。

铱星计划也许是世界科技史上最了不起的、最可惜的,也是最失败的项目之一。

当年耗资了 400 多亿美元的铱星计划为什么会失败?

【思维导图】

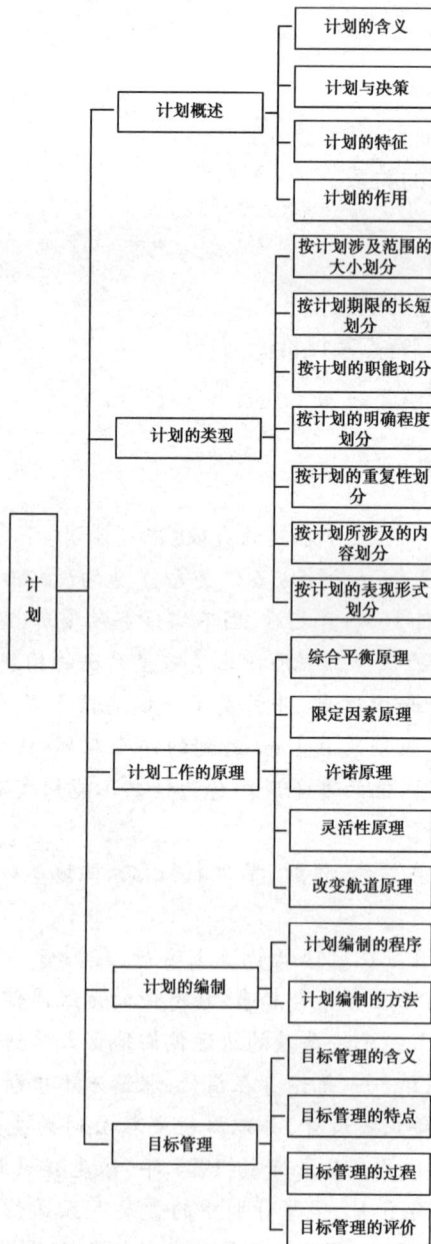

第一节 计划概述

凡事预则立,不预则废,讲的就是计划的重要性。任何组织都必须制订计划,计划是管理的基本职能之一,就管理过程而言,它是位于决策职能之后的一项重要职能。任何管理者,要实施有效管理,都必须执行计划职能。

一、计划的含义

人们平时所讲的计划,一般有两种含义。第一种含义是名词意义上的计划(Plan),指用文字、符号和指标等形式表述的、组织在未来一定时期内关于目标和行动方案的管理文件;第二种含义是动词意义上的计划(Planning),又称为计划工作,它有广义与狭义之分。从狭义上讲,计划工作就是制订计划,即根据实际情况,通过科学地预测,权衡客观的需要和主观的可能,提出在未来一定时期内所要达到的目标及实现目标的途径;从广义上讲,计划工作是制订计划、执行计划和检查计划三个紧密衔接的过程。

计划工作有两个关键词:一是目标;二是途径。制订计划要明确未来要达到的目标。目标的设定,可能来自上级的要求,也可能是管理者自己设定的目标,或者在竞争环境下必须要实现的目标。在明确目标的前提下,还要确定实现目标的途径。途径主要指过程、重点工作、方法、措施和保障体系等。

无论是名词意义上还是动词意义上的计划,计划内容都包含六个方面,即"5W1H"。

①What——做什么? 明确该项计划所针对的目标、任务、内容及要求。

②Why——为什么做? 明确计划工作所要进行的原因和目的,说明进行这项工作或实现的意义或重要性。

③When——何时做? 规定计划中各项工作开始和完成的时间,以便进行有效的控制和对资源、能力的平衡。

④Who——谁去做? 规定由哪些部门和职员负责实施计划。

⑤Where——何地做? 规定计划的实施地点或场所,了解计划实施的环境条件和限制,以便合理安排计划实施的空间。

⑥How——怎么做? 制订计划的措施以及相应的政策和规则,对资源进行合理分配和集中使用。

除此之外,一份完整的计划还应该包括控制标准和考核指标,从而告诉实施计划的部门和人员做成什么样、达到什么标准才算完成计划。目的在于把计划的执行控制在计划预先设定的框架之中,最终为实现组织目标服务。

人们常说,要"做正确的事"和"正确地做事"。"做正确的事"涉及正确地选择所要做的工作,是方向性选择;"正确地做事"是如何正确地展开已经明确的工作,是事务性展开。显然,"做正确的事"更为重要。在5W1H中,与"做正确的事"相关联的有 What 和 Why(做什么? 为什么做?),这在计划制订中,是关于目标和方向的基本问题。

二、计划与决策

计划与决策是何关系？管理学界对这一问题看法不一。

有人认为，计划是一个较为广泛的概念，作为管理的首要工作，计划是一个包括环境分析、目标确定、方案选择的过程。它的内涵比决策要丰富得多，决策只是这一过程的一个环节。例如，法约尔认为，管理就是实行计划、组织、指挥、协调、控制。计划就是探索未来，制订行动计划；西斯克（Henry L. Sisk）认为，计划工作在管理职能中处于首位，是评价有关信息资料、预估未来的可能发展、拟订行动方案的建议说明的过程，而决策只是在两个或两个以上的可选择方案中做一个选择。

而以西蒙为代表的决策理论学派认为，管理就是决策，决策是管理的核心，贯穿整个管理过程。因此，决策不仅包含了计划，而且包含整个管理过程。

我们认为，计划与决策是两个既相互区别又相互联系的概念。两者的区别在于需要解决的问题不同。决策是关于组织活动方向、内容以及方式的选择。计划则是对组织内部不同部门和不同成员在一定时期内行动任务的具体安排，它详细规定了不同部门和成员在该时期内从事活动的具体内容和要求。由此可见，决策是管理的首要职能，计划是在决策基础上进行的工作。同时，计划与决策又是相互联系的，主要体现在两个方面。一是决策是计划的前提，计划是决策的延续。决策为计划的任务安排提供了依据，计划则为决策所选择的目标活动的实施提供了组织保障。二是计划与决策是相互渗透的，有时甚至是不可分割地交织在一起。因为在决策制定过程中，无论是对组织优势或劣势的分析，还是在方案选择时对于方案执行效果的评价，实际上都已经孕育着决策的实施计划；而计划的编制过程，既是决策的落实过程，也是对决策进行检查和修订的过程。

三、计划的特征

计划工作具有承上启下的作用，它是决策的延续，也是组织、领导、控制和创新等管理活动的基础，是组织内不同部门、不同成员行动的依据，其特征可以概括为以下四个方面：目标性、普遍性、可操作性和效率性。

（一）目标性

任何组织或个人制订计划都是为了有效地实现某个目标，目标性是计划的一个重要特征。在计划工作的初始阶段，制定具体、明确的目标是其首要任务，其后所有的工作都是围绕目标而展开的。计划工作的目的就是使所有行动保持统一方向，促使组织目标实现。

（二）普遍性

一切有组织的活动，不论涉及范围大小、层次高低，为有效实现管理目标，都必须有相应的计划。计划是全体管理人员的一项基本职能。所有管理人员，从最高管理人员到一线基层管理人员都要制订计划，做计划工作。只是不同组织层次的管理者，计划的内容不尽相同。高层管理人员制订的是战略性计划，一线基层管理人员则做一般的工作计划。为了保证组织总目标的实现，高层管理人员制订了总体计划后，其他各级管理人员必须以总体计划为依据,根据其职权范围制订相应具体的计划,给予协作和补充。

(三)可操作性

从事计划工作,就是通过管理者的精心规划和主观能动性的发挥,使那些本不可能发生的事情成为可能,使那些可能发生的事情成为现实。计划最终要落到实处,不切实际的计划是很难实现的,并且会给组织带来损失。因此,计划必须具有可操作性。符合实际、目标适宜、易于操作是衡量一个计划好坏的重要标准。为了使计划具有可操作性,在计划之前必须进行充分的调查研究,准确把握组织自身条件和所面临的形势和变化,采用科学的方法进行分析和预测,努力做到目标合理、措施得当。

(四)效率性

计划工作不仅要确保实现目标,而且要确保实现目标的途径和方法是对资源的最优配置,即提高效率,也就是我们常说的既要"做正确的事",又要"正确地做事"。计划工作的效率,可以用计划对组织目标的贡献来衡量。贡献是指实现组织的总目标和一定时期的目标所得到的利益,扣除制订和执行计划所需的费用及预计不到的损失后得到的剩余。经济学和管理学中,效率通常是用投入产出之比体现,比如我们常用的资金利润率、劳动生产率和成本利润率等量化形式。但在计划工作的效率这一概念中,不仅包括这些量化形式,还包括个人和集体的满意度等主观评价。所以,既能够实现产出大于投入,又能够兼顾国家、集体和个人三者利益的计划才能称得上完美的计划,才能真正体现计划的效率。

四、计划的作用

著名的管理学家哈罗德·孔茨曾经说过:"计划工作是一座桥梁,它把我们所处的这岸和我们要去的对岸连接起来,以克服这一天堑。"计划工作给组织提供通向未来目标的明确道路,给组织、领导和控制等一系列管理工作提供了基础。因此,计划在管理活动中具有特殊重要的地位和作用。

(一)计划是组织目标得以实现的有力保证

通过清楚地确定目标以及如何实现这些目标,计划为未来的行动提供了一幅路线图。管理者依据计划分派任务,明确权力和责任,将组织中全体成员的行动统一到实现组织总目标上来。当组织成员有了明确的努力方向,并明白如何为达到目标做出贡献时,他们会自觉地协调自身活动,相互配合。在计划的指导下,组织的各项活动协调配合、井然有序,从而保证组织整体目标的实现。

(二)计划是降低组织风险的主要手段

彼得·德鲁克曾指出,"计划当然不能完全消除在长期决策中的风险,但无论如何,计划能帮助鉴定潜在的机会与威胁,并且至少能减少风险"。未来的情况是不断变化的,而计划是面向未来的。计划工作不能消除环境变化,但管理者可以通过合理预期,预测各种变化对组织带来的冲击,在计划编制时制定适当的措施来响应变化,从而大大降低未来不确定性所带来的风险。

（三）计划是提高组织效率和效益的有效方法

组织的计划工作强调平衡、协调和优化，从而能够提高组织各项活动的工作效率。任何一个组织的资源都是有限的，计划就是要对组织有限的资源在空间和时间上做出合理的配置与安排，即达到资源配置和使用的最优化。计划对管理活动的各个方面进行周密合理的安排，综合平衡，减少了重复和浪费活动，并协调各项活动，使之相互配合，从而提高了组织的效率和效益。

（四）计划是实施控制的重要依据

没有计划，就无所谓控制。组织的各项活动都是根据计划方案进行的，管理者在计划的实施过程中必须按照计划规定的时间和要求指标，去对照检查实际活动结果与计划目标是否一致。如果存在偏差，管理者就要采取控制措施来纠正偏差，从而保证行动方向的正确性。可见，计划为控制提供了标准，为检查和考核工作提供了尺度。没有计划，控制就成了无本之木，计划和控制密不可分。

第二节　计划的类型

按照不同的标准，可将计划分成不同的类型，见表7-1。

表7-1　计划的类型

分类标准	类型
涉及范围的大小	战略计划、战术计划、作业计划
期限的长短	长期计划、中期计划、短期计划
职能不同	业务计划、财务计划、人事计划
明确程度不同	指导性计划、具体性计划
重复性不同	程序性计划、非程序性计划
涉及的内容不同	综合计划、专业计划、专项计划
表现形式不同	宗旨、目标、战略、政策、规则、程序、规划、预算

一、按计划涉及范围的大小划分

（一）战略计划

战略计划是指应用于整个组织的，为组织未来较长时期设立总体目标和战略方案的计划。它由组织的高层管理者负责制订。战略计划涵盖的时间跨度长，涉及的范围广，基于组织整体而制订，强调组织整体的协调，相关因素多而复杂，具有长期性、整体性和较大的弹性等特点。

(二)战术计划

战术计划是有关组织活动具体如何运作的计划。它需要解决的是组织的具体部门或职能部门在未来各个较短时期内的行动方案,通常由组织的中层管理者负责制订。战术计划在战略计划的指导下制订,使战略计划更加具体化,是战略计划的落实。战术计划涵盖的时间跨度比较短,涉及的范围比较窄,有具体而明确的行动计划,具有局部性、阶段性等特点。

(三)作业计划

作业计划是组织的各个部门或个人的具体行动计划,一般由基层管理者制订,通常具有个体性、可重复性和较大的刚性等特点。作业计划是战略计划的具体化,它对战术计划进行详细说明,把战术计划的内容详细分解到每个具体的事件,把计划完成的时间具体到月、周、日,甚至是小时。作业计划与战术计划的区别在于,它比战术计划更加详细,除此之外,战术计划是一种协调性的计划,而作业计划一般是必须执行的命令性计划。

战略、战术和作业计划强调的是组织纵向层次的指导和衔接。战略计划对战术计划和作业计划具有指导作用,而战术计划和作业计划使战略计划更加具体化,是对战略计划的落实。

二、按计划期限的长短划分

(一)长期计划

长期计划描述了组织在较长时期(通常为 5 年以上)的发展方向和方针,规定了组织的各个部门在较长时期内从事某种活动应达到的目标和要求,绘制了组织长期发展的蓝图。

(二)中期计划

中期计划是指计划在 1 年以上、5 年以下的计划。中期计划根据长期计划而制订,是长期计划的具体化,同时又是制订短期计划的依据,为短期计划指明了方向,具有协调和衔接长、短期计划的作用。长期计划以问题、目标为中心,中期计划则以时间为中心,具体说明某个时间段应达到的目标和采取的措施。

(三)短期计划

短期计划是指计划期为 1 年或 1 年以内的计划。它具体地规定了组织的各个部门从目前到未来的各个较短的时期阶段,特别是最近的时段中,应该从事何种活动和从事该种活动应达到的要求,因而为各组织成员在近期内的行动提供了依据。

长期计划为组织发展指明方向;中期计划为长期计划赋予了具体的内容,为组织发展指明了具体路径;短期计划则为组织规定行进的步骤。在制订与执行计划过程中,将长期计划、中期计划与短期计划结合起来具有重要意义。

三、按计划的职能划分

计划也可以按照职能分类,不过这里的职能是指组织的职能,并非管理职能。

从职能空间分类,可以将计划分为业务计划、财务计划及人事计划。

(一)业务计划

业务计划的内容涉及"物、供、产、销",组织的业务计划包括产品开发、物资采购、仓储后勤、生产作业以及销售促进等内容。长期业务计划主要涉及业务方面的调整或业务规模的发展,短期业务计划则主要涉及业务活动的具体安排。例如,长期产品计划主要涉及产品新品种的开发,短期产品计划则主要与现有品种的结构改进、功能完善有关;长期生产计划安排了组织生产规模的扩张及实施步骤,短期生产计划则主要涉及不同车间、班组不同时段的作业进度安排。

(二)财务计划

财务计划的内容涉及"资金使用",研究如何从资金的提供和利用上促进业务活动的有效进行。长期财务计划研究如何建立新的融资渠道或采取不同的融资方式以满足业务规模发展的需要;短期财务计划则研究如何保证资金的供应或监督这些资本的利用效率。

(三)人事计划

人事计划的内容涉及"人",分析如何为业务规模的维持或扩大提供人力资源的保证。长期人事计划要研究如何提高员工的素质,准备必要的干部力量,以保证组织的长期发展;短期人事计划研究的是如何将不同素质特点的组织成员安排在适合他们的工作岗位上,使他们工作积极性得到充分的发挥。

财务计划和人事计划都是为业务计划服务的,也是围绕业务计划而展开的。

四、按计划的明确程度划分

(一)指导性计划

指导性计划只规定一些重大方针,不涉及明确的、特定的目标或特定的活动方案。这种计划可为组织指明方向、统一认识,但并不提供实际的操作指南。

(二)具体性计划

具体性计划则恰恰相反,要求必须具有明确的可衡量目标及一套可操作的行动方案。相对于指导性计划而言,具体性计划更易于执行、考核和控制,但缺乏灵活性。

五、按计划的重复性划分

赫伯特·西蒙把组织活动分为两类:一类是例行的重复出现的活动,有关这类活动的决策是经常反复的,称为程序化决策,与之相对应的计划工作就是程序性计划,包括政策、标准方法和常规作业程序;另一类活动是非例行的不重复出现的活动,解决这类问题的决策称为非程序性决策,与之相对应的计划工作就是非程序化计划,包括为特定的情况专门设定的方案、进度表等。

六、按计划所涉及的内容划分

(一)综合计划

综合计划是指对组织活动所做出的整体安排,一般会涉及组织内部的许多部门和许多方面的活动。它是一种总体性的计划。

(二)专业计划

专业计划是涉及组织内部某个方面或某些方面的活动计划。例如,组织的人事计划、财务计划等,它是一种单方面的职能型计划。

(三)专项计划

专项计划是指为完成某一特定任务而拟订的计划。例如,某种新产品的开发计划,某项工程的建设计划等。它是针对某项具体任务的事务性计划。

七、按计划的表现形式划分

哈罗德·孔茨和海因·韦里克从抽象到具体把计划划分为一种层次体系,如图7-1所示。

(一)宗旨(或使命)

宗旨指明了组织机构在社会中应该承担的作用和所处的地位,是一个组织存在的目的或原因,也是一个组织区别于其他组织的显著标志。例如,医院的宗旨是治病救人、救死扶伤,军队的宗旨是保家卫国,大学的宗旨是教书育人和科学研究等。

图7-1 计划的层次体系

(二)目标

目标是在宗旨的指导下,组织在未来一定时期要达到的具体成果。组织的宗旨往往是抽象化和原则性的,它需要进一步具体化为组织及各部门在一定时期内所要实现的目标。例如,一所大学在完成自己使命时会进一步具体化不同时期的目标和各院系的目标,如最近5年培养多少人才,申请多少国家级课题等。

(三)战略

战略是为实现组织长远目标所选择的发展方向、所确定的行动方针,以及资源分配方针和资源分配方案的总纲。战略是指导全局和长远发展的方针,它不需要具体地说明组织如何实现目标,因为说明这一切是无数主要的和次要的支持性计划的任务。战略是要指明方向、重点和资源分配的优先次序。

(四)政策

政策是组织指导和协调组织成员各种行为的一种原则性规定。它为组织成员提供了行为准则和指导思想,一般通过文字的形式加以说明。有了政策,管理者不需要每次重复分析相同的情况,能够对下属的管理人员进行授权。政策的特点是它只对组织成员的行为进行原则性的规定,但没有具体规定组织成员在具体的条件下该干什么、不该干什么。因此,政策的执行具有一定的灵活性,它有利于组织成员在执行政策时发挥主动性和创造性。但也正因为如此,政策在执行过程中常被误解和滥用,组织往往要通过程序、规则的制定来规范和制约政策的执行和实施。

(五)程序

程序规定了如何处理那些重复发生的例行问题的标准方法,它详细列出必须完成某类活动的切实方式,并按时间顺序对必要活动进行排列。程序与政策的区别在于程序是行动的指南,而非思想的指南,并且程序没有给执行者酌情处理的权力。制定程序的目的是减轻主管人员决策的负担,明确各个工作岗位的职责,提高管理活动的效率和效益。程序通常还是一种经过优化的计划,它是对大量日常工作过程及工作方法的提炼和规范化。

(六)规则

规则通常是最简单形式的计划。它是对具体场合和具体情况下,允许或不允许采取某种特定行动的规定。规则与政策的区别在于规则没有给执行人员酌情处理的权力;规则与程序的区别在于规则不规定时间顺序,可以把程序看作一系列规则的总和。

(七)规划(或方案)

规划是为了实施既定行动方针所必需的目标、政策、程序、规则、任务分配、步骤、所需资源等而制订的综合性计划。规划有大有小,大的有如国家的科学技术发展规划,小的像组织某个部门的活动规划等。规划也有长远的有近期的。通常情况下,一个主要规划可能需要很多支持计划,在制订方案的同时必须把支持计划制订出来,并加以协调和安排。

(八)预算

预算是以数字表示预期结果的一种报告书,即"数字化"的计划。预算通常是为规划服务的,一份预算就是一种定量计划,用来协调和控制某个时期内资源的获得、配置与使用。因此,预算还是一种非常重要的控制方法和手段。

第三节　计划工作的原理

计划工作的原理是编制计划所必须遵循的准则。遵循这些原理,有利于提高计划职能的工作成效和计划工作的可靠性。计划工作的主要原理有:综合平衡原理、限定因素原理、许诺原理、灵活性原理和改变航道原理。

一、综合平衡原理

该原理是指计划体系要实现空间和时间方面的平衡。从空间上,平衡计划工作与组织层次、组织部门的关系。组织的计划工作要有利于组织整体目标的实现,因此,它要使组织各个部门、各个环节的目标服从于组织的整体目标,使组织各个部门、各个环节计划的执行能使组织的整体计划得以落实。从时间上,对短期计划与长期计划进行平衡与协调。离开长期计划来制订短期计划,或短期计划的实施无助于长期计划的实现,甚至阻碍、不利于长期计划的实现,这都是不科学、不合理的。因此,管理人员应当在长期计划和短期计划之间做好平衡和协调。

二、限定因素原理

限定因素是指妨碍目标实现的因素。限定因素原理是指在计划工作中,越是能够了解和找到对达到所要求的目标起限制性和决定性作用的因素,就越能够准确地、客观地选择可行的方案。限定因素原理又被形象地称作"木桶原理",即木桶能盛多少水,取决于桶壁上最短的那块木板条。限定因素原理表明,主管人员在制订计划时,必须全力以赴找出影响计划目标实现的主要限定因素或者战略因素,有针对性地采取得力的措施。这就像哲学中的矛盾论所要求的,处理问题要抓住主要矛盾和矛盾的主要方面,否则将造成事倍功半。

三、许诺原理

许诺原理是指任何一项计划都是对完成各项工作所做出的许诺,许诺越大,实现许诺所需的时间就越长,因而实现许诺的可能性就越小。这一原理主要涉及合理计划期限的确定问题。合理的计划工作要确定一个未来的时限,这个时限的长度就是通过一系列措施来实现决策中所许诺的任务所必需的时间。按照许诺原理,计划必须有期限要求,事实上对于大多数情况来说,完成期限往往是对计划最严厉的要求;必须合理地确定计划期限,并且不应随意改变计划期限;每项计划的许诺不能太多,因为许诺(任务)越多,则计划时间越长。

四、灵活性原理

理想的计划是有灵活性的,即当出现意外情况时,有能力和余地改变方向而不需要花费太多代价。灵活性原理是指计划中体现的灵活性越大,由于未来意外事件引起损失的危险性就越小,因此,制订计划时要留有余地。例如,某项建筑工程的施工进度计划应该要求按照计划时间完成施工任务,但在制订施工进度计划时要考虑可能出现在雨季不能露天作业的情况,因而对完成任务时间的估计要留有余地。对于主管人员来说,灵活性原理是计划工作中最重要的原理,特别是在承担的任务重、目标期限长的情况下,灵活性便显示出它的作用。当然,也不能为了保证计划的灵活性而失去计划的稳定性,使人们无所适从。因此,主管人员在制订计划时,应量力而行,不留缺口,但要留有余地,在计划富有弹性的同时将花费控制在一定限度内。

五、改变航道原理

计划制订出来之后,计划工作者就要管理计划,促使计划的实施,必要时可以根据当时的实际情况做出必要的检查和修订,就像航海一样,船长必须经常核对航线是否准确,一旦遇到障碍应该绕道而行,这就是改变航道原理。具体可以表述为:计划的总目标不变,但是实现目标的"航道"可以因实际情况而变。这个原理和灵活性原理是不同的,灵活性原理是指制订计划时应保证计划本身具有适应性,而改变航道原理是指执行计划时要具备应变能力。因此,计划工作者应经常地检查和修订计划,以达到预期的目标。

第四节　计划的编制

任何计划工作都要遵循一定的程序或步骤。管理人员在编制计划时,实际上都遵循相同的逻辑和步骤。计划编制一般包括八个步骤,可用图 7-2 来表示。

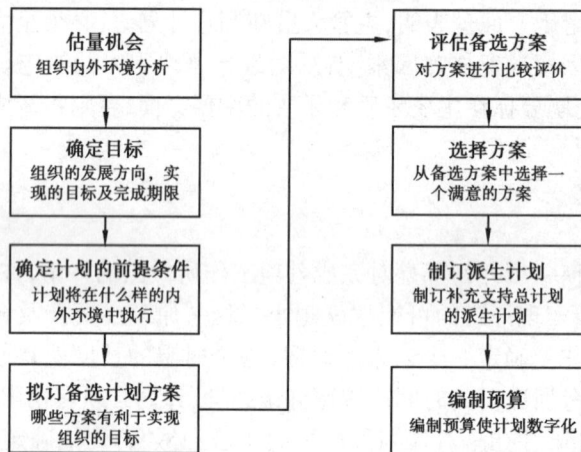

图 7-2　计划编制的程序

一、计划编制的程序

(一)估量机会

估量机会是指对组织的内外部环境进行分析和预测,以确定组织将来可能存在的有利机会,并全面了解这些机会。其目的就是要找出有利于组织发展的机会,以确定组织计划工作的主题,即决定对什么问题制订计划方案。

估量机会在实际的计划工作开始之前就着手进行。所有的管理人员应当首先审视组织将来可能出现的机会,实事求是地对机会的各种情况进行判断,从而制订出切合实际的目标和行动方案。严格地说,估量机会并不是计划工作的一个组成部分,但却是计划工作真正的起点。因为它只是确定组织要编制什么计划,还没有真正开始计划工作。

(二)确定目标

在估量机会的基础上,为组织及其所属的下级单位确定计划工作的目标,即组织在一定时期内所要达到的成果,这是真正意义上的计划工作的第一步。按照管理的目标原则,任何管理活动都必须始于目标。因为目标提供了所有管理决策和行动的方向,以及对实施结果的度量标准。因此,组织的计划工作同样要从明确和确定目标开始。

目标是指期望达到的成果,它为组织整体、各部门和各成员指明了方向,描绘了组织未来的前景,并且作为标准可用来衡量实际的绩效。确定目标要注意两个内容:一是要判断目标体系中各种目标的优先次序;二是把组织目标进行层层分解,以便落实到组织中各部门和各个环节,形成组织的目标结构,包括目标的时间结构和空间结构。目标结构描述了组织中总体目标与部门目标之间、长期目标与各阶段目标之间的相互关系与保证关系。

(三)确定计划的前提条件

所谓计划的前提条件是组织在未来计划期间所估计的各种内外环境条件。它是组织计划实施时的预期环境,或者说是计划工作的假设条件。计划前提条件的确定是否确切,直接影响到组织计划工作的质量,也影响到组织其他各项管理活动的效果,影响组织目标的有效实现。

对于一个组织来说,影响计划实施的环境因素很多,有内部的和外部的,有定量的和定性的,有可控的和不可控的,组织不可能把所有的环境因素都作为自己编制计划的前提条件来考虑,而只能选择对组织未来计划的实施具有关键性、重大性影响的环境因素作为计划的前提条件来考虑。同时,在选择计划的前提条件时,要保持前提条件的协调一致。组织的计划是一个由许多计划组成的计划体系。在这个计划体系中,各个计划的执行是为了保证组织整体目标的实现。为了达到这个目标,必须使这个计划体系中的各个计划的前提条件保持协调一致。

确定计划的前提条件时要采用各种预测的方法。一是定性预测方法,主要是依靠个人的经验和分析判断能力进行预测,如德尔菲法等;二是定量预测方法,是根据已有的数据和资料,通过数学计算和建立数学模型进行预测,如时间序列预测法、因果预测法等。

(四)拟订备选计划方案

计划前提条件确定后,就要拟订各种可行的计划方案供评价和选择。出于认识能力、时间、经验和费用等原因,管理者不可能找到所有的可行方案,只可能拟订出若干比较有利于实现预期目标的可行方案进行评价分析。

管理者往往从两个途径寻找备选方案:一是管理者自己过去的经验;二是别的管理者或组织采用的且已被证实为成功可行的管理实践。依靠自己过去的经验或模仿他人的做法,可以节省时间、精力和费用,但随着环境变化的加剧、新技术的不断涌现,管理者必须运用创新思维来创造性地开发可供选择的方案。

拟订备选方案时,要充分发扬民主、集思广益,从不同的角度和多种途径,广泛收集资料和信息,大胆设想出尽可能多的备选方案来。可供选择的行动计划方案越多,备选计划的相对满意程度就越高,行动就越有效。

(五)评估备选方案

对于各种可行方案,要根据计划目标的要求和预定的计划前提条件权衡利弊,对每一个方案的优劣进行分析和比较,以确定能最佳地实现预定目标的未来行动方案。评估实质上是一种价值判断,它一方面取决于评价者所采用的标准;另一方面取决于评价者对各个标准所赋予的权重。

在评价备选方案时,应当注意以下几个问题:①仔细考察每个备选方案的制约因素和隐患;②着眼于总体的效益去衡量方案;③不仅要考虑到每个备选方案的量化指标,而且还要考虑不可量化的因素;④动态地考察计划的效果,不仅要考虑执行方案时带来的收益,而且还要考虑到执行方案时带来的损失,尤其是那些潜在的损失。

(六)选择方案

选择方案是整个计划流程中非常关键的一步。实际上,选择方案是在评价方案的基础上,对备选方案进行优劣排序,然后进行选择的过程。为了保持计划的灵活性,有时候会遇到同时有两个可取的方案,在这种情况下,必须确定首先采取哪个方案,并将另外一个方案进行细化和完善,作为后备方案。将所选择的方案和计划用文字形式正式地表述出来,作为一项管理文件,应清楚地确定和描述5W1H的内容。

(七)制订派生计划

当总的计划方案确定以后,还要对计划内容所涉及的下属部门制订支持总计划的派生计划。派生计划就是总计划下的分计划和行动计划。总计划要依靠派生计划来保证,派生计划是总计划的基础。例如,某组织决定开拓新市场时,需要制订很多派生计划,如资金筹集计划、采购计划、员工培训计划等。这些派生计划都需要围绕总计划来制订。

(八)编制预算

编制预算,其实就是把计划转化为预算,使之数字化、定量化,通过数字来反映整个计划。编制预算主要有两个目的:第一,计划必然涉及资源的分配,只有将其数字化后才能汇总和平衡各类计划,分配好各类资源;第二,预算可以成为衡量计划是否完成的标准。定性的方案内容往往在可比性、可控性以及奖惩等方面比较难以把握,而定量的方案内容,则具有较强的约束力。

二、计划编制的方法

计划工作的效率和质量在很大程度上取决于所采用的计划方法。下面介绍两种计划编制的主要方法:滚动计划法和网络计划法。

（一）滚动计划法

1. 滚动计划法的基本原理

滚动计划法（Rolling Wave Planning）是按照"近细远粗"的原则，根据计划的执行情况和环境变化，定期调整和修订未来计划，并逐期向前推移，把长期、中期、短期计划有机结合起来的一种计划方法。

滚动计划法是一种动态编制计划的方法。它不像静态分析那样，等一项计划全部执行完了之后再重新编制下一时期的计划，而是在每次编制或调整计划时，均将计划按时间顺序向前推进一个计划期，即向前滚动一次，按照制订的项目计划进行施工，从而保证项目的顺利完成。

2. 滚动计划法的编制方法和流程

在已编制出的计划的基础上，每经过一段固定的时期，如一年或一个季度，这段固定的时期被称为滚动期，便根据变化了的环境条件和计划的实际执行情况，从确保实现计划目标出发对原计划进行调整。每次调整时，保持原计划期限不变，而将计划期顺序向前推进一个滚动期。

如图7-3所示，运用滚动计划法编制组织的5年计划，可以采取"近细远粗"的方法，把近期计划订得较细、较具体，以便于计划的实施；对远期计划则订得较粗、较概略，只规定出大概的要求，使组织成员明确奋斗的方向。在一个计划期结束时，首先对前期计划执行情况进行差异分析，然后分析系统环境变化，对原先制订的计划进行必要的调整和修订，并将计划期顺序向前推进一期，如此不断滚动、不断延伸。例如，某组织在2022年年底制订了2023—2027年的五年计划，如采用滚动计划法，到2023年年底，根据当年计划完成的实际情况和客观条件的变化，对原来的五年计划进行必要的调整，在此基础上编制2024—2028年的五年计划，之后以此类推。

2023—2027年的五年计划				
2023年	2024年	2025年	2026年	2027年
很具体	较具体	一般	较粗略	很粗略

2023年实际完成情况

计划与实际的差异

计划修正因素		
差异分析	环境变化	措施调整

2024—2028年的五年计划				
2024年	2025年	2026年	2027年	2028年
很具体	较具体	一般	较粗略	很粗略

图 7-3　滚动计划法

滚动计划法既可用于编制长期计划，也可用于编制年度、季度生产计划和月度生产作业计划。不同计划的滚动期不一样，一般长期计划按年滚动，年度计划按季滚动，月度计划按旬滚动等。

3. 滚动计划法的优点

虽然滚动计划法计划和实施时的任务量大，但在计算机广泛应用的今天，其优点十分明显,具体体现在以下三个方面。

（1）滚动计划法可以使计划具有连贯性

滚动计划法使长期计划、中期计划与短期计划相互衔接,短期计划内部各阶段相互衔接,使各期计划保持一致,体现了计划的连贯性。

（2）滚动计划法可以使计划更加切合实际

由于人们无法对未来环境变化做出准确的估计和判断,因此,计划的时期越长,不准确性就越大,实施难度也越大。滚动计划法相对缩短了计划时期,加大了计划的准确性和可操作性,是长期计划和战略性计划实施的有效方法。

（3）滚动计划法可以使计划更加富有弹性

滚动计划法的滚动调整大大加强了计划的弹性,这对环境变化剧烈的时代尤为重要,它可以提高组织的应变能力。

（二）网络计划法

网络计划法是一种利用网络安全工程计划求得最优的计划方法,它用来组织和控制计划的执行,以达到预期目标。网络计划法包括各种以网络为基础制订计划的方法,如关键路径法、计划评审技术等。

网络计划法是于20世纪50年代后期在美国产生和发展起来的。1956年,美国的一些工程师和数学家组成了一个专门小组首先开始了这方面的研究。1958年,美国海军武器装备计划处采用了计划评审技术方法,使北极星导弹工程的工期由原计划的10年缩短为8年。1961年,美国国防部和国家航空署规定,凡承担军用品必须用计划评审技术制订计划上报。从那时起,网络计划法就开始在组织管理活动中被广泛应用。

1. 网络计划法的基本原理

网络计划法的基本原理是将一项工作或项目分为若干个作业,然后按照作业的顺序进行排列,应用网络图对整个工作或项目进行统筹规划和控制,以便以最少的人力、物力和财力资源,以最快的速度完成该项工作或项目。

2. 网络图

网络计划法的基础和核心是网络图。任何一项任务都可分成许多步骤的工作,根据这些工作在时间上的衔接关系,用箭线表示它们的先后顺序,画出一个由各项工作相互联系并注明所需时间的箭线图,这个箭线图就是网络图。图7-4就是一个简单的网络图。

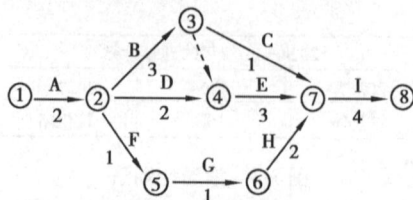

图7-4 网络图

①活动,是指一项作业或一道工序,用箭线"→"表示。对箭线前后的节点进行编号,分别表示活动开始和结束。活动名称或代号一般写在箭线上方,而活动所消耗的时间或其他资源一般置于箭线下方。相邻排列的活动,前活动是后活动的近前（紧前）活动。此外,还有一些工序既不占用时间,也不消耗资源,是虚设的,叫虚活动（工序）,在图中用"--→"表示。

网络图中应用虚工序的目的是避免工序之间关系的含混不清,以正确表明工序之间先后衔接的逻辑关系。

②事项,用"○"表示,表示两项活动之间的连接点。事项既不消耗资源,也不占用时间,只表示前一活动的结束及后一活动的开始的瞬间。

③路线,是网络图中从始点活动出发,顺着箭头方向,连续不断地到达终点活动的通道。一个网络图中往往存在多条路线,图7-4中,从始点①连续不断地到达终点⑧的路线有四条,如图7-5所示。

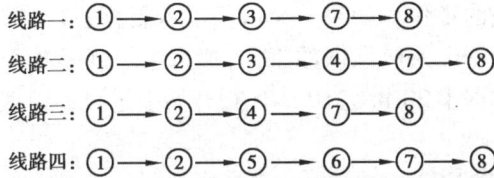

線路一: ①──→②──→③──→⑦──→⑧

線路二: ①──→②──→③──→④──→⑦──→⑧

線路三: ①──→②──→④──→⑦──→⑧

線路四: ①──→②──→⑤──→⑥──→⑦──→⑧

图7-5　四条路线

其中,消耗时间最长的路线被称为关键路线,它决定总工期。关键路线上的活动被称为关键活动。这些活动完成的快慢直接影响整个计划的工期。确定关键路线,据此合理安排各种资源,对各工序活动进行进度控制,是采用网络计划法的主要目的。

3. 网络计划法的基本步骤

①任务分解与分析。确定完成一项任务(项目)必须进行的每一项活动,并确定各项活动之间的逻辑关系。

②根据活动之间的关系绘制网络图。

③估计和计算每项活动的完成时间。

④计算网络图的时间参数并确定关键路线。

⑤进行网络图的优化。优化的方法主要有:一是在确保资源供给的情况下,使工期最短;二是在确保工期的情况下,使投入成本和资源最少。

4. 网络计划法的优点

网络计划法虽然需要大量而烦琐的计算,但在计算机广泛运用的时代,这些计算大多已程序化了。这种方法之所以被广泛运用,是因为它有一系列的优点。

①它能把整个项目各个活动的时间顺序和相互关系清晰地表明,并指出完成任务的关键环节和路线。因此,管理者在制订计划时可以统筹安排,全面考虑,并在实施过程中可以进行重点管理。

②可对工程的时间进度与资源利用实施优化。在计划实施过程中,管理者调动非关键路线上的人力、物力和财力从事关键作业,进行综合平衡。这既可以节省资源又能加快工程进度。

③可事先评价达到目标的可能性。该技术指出计划实施过程中可能发生的困难点,以及这些困难点对整个任务产生的影响,准备好应急措施,从而减少完不成任务的风险。

④便于组织与控制。管理者可以将项目分成多个活动来分别组织实施与控制,这种既化整为零又聚零为整的管理方法,可以达到局部和整体的协调一致。

⑤易于操作,并具有广泛的应用范围,适用于各行各业及各种任务。

第五节　目标管理

目标管理（Management by Objectives, MBO）是管理学家彼得·德鲁克于 1954 年在《管理的实践》一书中提出的。德鲁克认为，并不是因为有了工作才有目标，而是因为有了目标才需要确定每个人应该做的工作。如果一个部门没有目标，这个部门就会被忽视。如果没有方向一致的目标来指导每个人应该做的工作，那么组织规模越大、人员越多，发生冲突和浪费的可能性就越大。我国于 20 世纪 80 年代初开始引进目标管理法，并取得较好的成效。

一、目标管理的含义

目标管理是一种鼓励组织成员积极参加工作目标的制定，并在工作中实行自我控制、自觉完成工作任务的管理方法和管理制度。该理论假设所有下属能够积极参加目标的制定，在实施中能够进行自我控制。目标管理的重点是让组织中的各层管理人员都与下属围绕工作目标和如何完成目标进行充分的沟通。

目标管理的基本思想是：将组织的任务转化为目标，管理人员通过这些目标对下级进行领导并以此来保证组织总目标的实现；组织中的各级管理人员共同制定目标，确定彼此的责任，并以此作为指导业务和衡量各自贡献的准则；每个组织成员的分目标就是组织总目标对该成员的要求，同时也是该成员对组织总目标的贡献；管理人员和员工依靠目标来管理，以目标为依据进行自我指挥、自我控制；考核和奖惩依据分目标的实现情况而定。

二、目标管理的特点

（一）实行参与式管理

目标管理中的目标不像传统的目标设定那样，单向由上级给下级规定目标，然后分解成子目标落实到组织的各个层次上，而是上级和下级共同确定目标。先确定组织的总目标，然后对总目标进行分解，逐级展开，再通过上下协商，制定出各部门直至每个员工的目标。目标管理强调协商、讨论和意见交流，而不是命令、指示和独断专行。目标的实现者同时也是目标的制定者。

（二）建立一套完整的目标体系

目标管理通过动员下属积极参与目标制定，将组织的最高层目标与基层目标和个人目标层层联系起来，形成整体目标与局部目标、组织目标与个人目标的系统整合。这使组织目标在内部层层分解，最终形成一套完整的、相互联系的目标体系。

（三）强调组织成员的自我控制

目标管理注重人性，以目标激励员工，把员工隐藏的潜力激发出来，并以自我控制实现组织和个人的目标。它强调用"自我控制的管理"代替"压制性的管理",使管理人员和员工能够控制自己的成绩。这种自我控制可以成为更强烈的动力,推动他们尽最大的努力把工作做好。

(四)强调工作成果而不是工作行为本身

目标管理与其他管理方法的根本区别在于,它并不要求或强制规定下属应该如何去做,而是以目标为标准考核其工作成果,评价下属的工作业绩。下属可以在既定目标下,选择适合自己的方式方法去实现目标。因此,目标管理激发了下属的主观能动性和创造性,大大提高了组织的工作效率,也避免了管理人员与员工在完成目标的方法细节上产生不必要的矛盾。

三、目标管理的过程

(一)目标制定

目标制定是实施目标管理的第一阶段,同时也是最重要的阶段。目标制定得是否明确、合理,直接关系到后两个阶段能否顺利有效地进行。这一阶段的具体工作包括两个方面。

1.内外部环境分析,确定总体目标

制定组织目标要对组织内外环境进行分析,以此为依据建立目标体系。通过分析研究外部环境,了解组织在计划期内环境因素变化的可能性,把握组织所面临的机遇和挑战。通过分析研究内部环境,了解组织发展的优势和劣势。在综合内外部环境分析的基础上,以组织使命为指导,确定组织的总体目标。在这个过程中,要注意遵循目标确定的五大原则,又称 SMART 法则。这五大原则指的是目标必须是具体的(Specific)、可以衡量的(Measurable)、可达到的(Attainable)、和其他目标具有相关性(Relevant)、具有明确的截止期限(Time-based)。它是根据美国马里兰大学管理学及心理学教授洛克的目标设置理论在实践中总结出来。

2.目标展开,确定分级目标

组织总体目标制定以后,将其按照组织结构从纵向和横向展开,逐级落实到每个部门、岗位和个人,从而形成一套完整的目标体系,以保证总体目标的实现。

在目标分解过程中,应注意做到以下三点。一是目标分解要纵向到底、横向到边。纵向到底是指总目标按管理层次的纵向分解,从最高层开始,自上而下分解为不同层次的分目标,直至具体到每个员工;横向到边是指按职能部门的横向分解,每一个职能部门都应当根据总体目标设立自己的目标,而不能出现"盲区"和"失控点"。二是目标分解应保证总目标和分目标之间在时间上保持协调和平衡。也就是说,分目标在完成时限上要与总目标保持一致,避免出现时差。三是目标分解中上下级之间需充分沟通、发扬民主。上级在制定目标时应与下级充分协商,广泛征求意见,在制定出目标后,适时向下属宣布并讲清其要义;下级要根据上级的方针和目标制订自己的目标方案,征求上级意见,最后由上级综合考虑后做出决定。

(二)目标实施

目标确定之后,便进入了目标管理过程的第二阶段:目标实施。它是关系到目标能否实

现的关键环节。

在实施目标管理的过程中,首先,要做好资金、设备、材料等资源的准备工作,做好人员的配备及必要的培训,要使每一个员工都明确自己的目标,领会目标管理的精神实质;其次,要建立目标管理责任制,根据任务需要进行授权,把目标管理与责任制结合起来,实现责、权、利的有机结合,这是目标管理顺利实施的重要保证;最后,目标管理强调自我管理和自我控制,各级管理者要努力为下属人员创造条件,要及时帮助他们解决工作中出现的问题,协调好各种矛盾和冲突。

(三)成果评价

为了保证目标的实现,管理者应建立必要的检查和反馈制度,对各分目标完成的数量、质量,以及存在的问题及时进行了解和反馈,并根据信息反馈情况,对整个目标体系进行认真的检查和评价,如果存在偏差或遗漏,则及时进行修订和补充。对于最终结果,应当根据目标进行评价,并根据评价结果进行奖惩。

目标管理的这三个阶段是紧密相连的,确定目标是进行目标管理的基础,目标实施是所制定的各项目标能否变成现实的关键环节,目标考评是检查目标完成情况的考核与评比工作,为奖优罚劣提供依据。

四、目标管理的评价

(一)目标管理的优点

1.目标管理有利于提高管理水平

目标管理最大的优点就是提高了管理水平。目标管理以工作成果为导向,迫使各级管理人员和员工首先要考虑的是实现目标。而这些目标是组织总目标的分解,所以当每个层次、每个部门及每个成员的目标完成时,也就是组织总目标的实现。为了保证目标的实现,各级管理人员必然要慎重考虑实现目标的方法和途径,考虑相应的组织机构和人选,以及需要的资源和帮助,这就有效提高了组织管理的效率。

2.目标管理有利于形成激励机制

目标管理的一个显著特点是实行参与式管理。由于在整个目标管理过程中,员工参与了目标的制定,对自己的职责比较清楚,责任感和主人翁意识得到增强,这无形中就是一种激励。而且当目标实现后,组织还有相应的奖励,激励的作用就更大。同时,目标管理是一种注重结果的管理,在既定目标下,员工可以选择适合自己的方式去实现目标,这就有利于激发员工的主动性和创造性。

3.目标管理有利于明确责任和任务

目标管理还有一个好处,就是使组织各级管理人员及成员都明确组织的总目标、组织的结构体系、组织的分工与合作及各自的任务。权责的明确,使各级管理人员及成员专心于自己的任务和目标。为了完成目标,主管人员会适当放权,而不是大权独揽,让下属有发挥的空间。另外,目标管理在实施过程中还能及时发现组织结构中的缺陷,从而帮助组织对自己的体系加以改进。

4.目标管理有利于实现自我管理

目标管理实际上也是一种自我管理的方式,或者说是一种引导组织成员自我管理的方式。在实施目标管理的过程中,各级管理人员和工作人员不再只是执行指标和等待指导,而是有明确目标的单位和个人。一方面,组织成员参与了目标的制定,并取得了组织的认可;另一方面,在既定目标下,组织成员可以自己决定实现目标的方式和途径。

5.目标管理有利于实行有效控制

有效控制的前提条件之一是必须有明确的、可考核的目标。目标管理建立了一套明确的、可考核的目标评价体系,使控制有了准绳,为有效控制提供了最好的工具。

(二)目标管理的缺点

目标管理有许多优点,但也存在一定缺陷。

1.过多强调短期目标

大多数目标管理中的目标通常是一些短期目标。一方面,短期目标比较具体,易于分解,而长期目标比较抽象,难以分解;另一方面,短期目标易迅速见效,而长期目标的实现则需要较长时间。因此,在目标管理的实施过程中,组织往往强调短期目标的实现而忽视长期目标,这样不利于组织的长远发展。

2.目标设置比较困难

一方面,真正可考核的目标很难确定。一个组织的目标有时只能定性地描述,尽管我们希望目标可度量,但实际上定量是十分困难的。另一方面,设置组织成员"跳一跳能够着"的合理目标也相当困难,而这些恰恰是目标管理能否取得成效的关键。

3.目标的修正不够灵活

组织所处的环境在不断变化,不确定的因素非常多,目标必须随着情况的变化而变化,而一旦进入目标的实施阶段,目标的改变就非常困难。因为目标管理中的总体目标通过层层分解,形成了一个明确的目标体系,目标之间环环相扣、彼此联系,正所谓"牵一发而动全身",目标的改变容易打乱整个目标体系,付出的代价会很大。另外,目标是实施奖惩的依据,涉及各部门、各组织成员的切身利益,要做出调整,面临的困难和阻力会很多。

【本章小结】

1.计划工作有两个关键词:一是目标;二是途径。

2.计划内容包含六个方面,即"5W1H"。

3.计划与决策是两个既相互区别,又相互联系的概念。

4.计划具有目标性、普遍性、可操作性和效率性等特征。

5.计划是组织目标得以实现的有力保证,是降低组织风险的主要手段,是提高组织效率和效益的有效方法,是实施控制的重要依据。

6.根据计划涉及范围的大小可以将计划分为战略计划、战术计划和作业计划;根据计划期限的长短,可以将计划分为长期计划、中期计划和短期计划;根据计划职能的不同,可以将计划分为业务计划、财务计划和人事计划;根据计划明确程度的不同,可以将计划分为指导性计划和具体性计划;根据计划重复性的不同,可以将计划分为程序性计划和非程序性计划;根据计划涉及内容的不同,可以将计划分为综合计划、专业计划和专项计划;根据计划表现形式的不同,可以将计划分为宗旨、目标、战略、政策、规则、程序、规划和预算。

7. 计划工作的原理主要有:综合平衡原理、限定因素原理、许诺原理、灵活性原理、改变航道原理。

8. 计划的编制程序依次为估量机会、确定目标、确定计划的前提条件、拟订备选计划方案、评估备选方案、选择方案、制订派生计划及编制预算。

9. 预算编制的方法主要有滚动计划法和网络计划法等。

10. 滚动计划法是按照"近细远粗"的原则,根据计划的执行情况和环境变化,定期调整和修订未来计划,并逐期向前推移,把长期、中期、短期计划有机结合起来的一种计划方法。

11. 滚动计划法可以使计划具有连贯性、更加切合实际及更加富有弹性。

12. 网络计划法的基本原理是将一项工作或项目分为若干个作业,然后按照作业的顺序进行排列,应用网络图对整个工作或项目进行统筹规划和控制,以便以最少的人力、物力和财力资源,以最快的速度完成该项工作或项目。

13. 网络计划法的基础和核心是网络图。网络图包括活动、事项和路线。

14. 目标管理是一种鼓励组织成员积极参加工作目标的制定,并在工作中实行自我控制、自觉完成工作任务的管理方法和管理制度。该理论假设所有下属能够积极参加目标的制定,在实施中能够进行自我控制。目标管理的重点是让组织中的各层管理人员都与下属围绕工作目标和如何完成目标进行充分的沟通。

15. 目标管理具有以下特点:实行参与式管理,建立一套完整的目标体系,强调组织成员的自我控制,强调工作成果而不是工作行为本身。

16. 目标管理分为目标制定、目标实施和成果评价三个阶段。

17. 目标管理的优点主要表现为:有利于提高管理水平、形成激励机制、明确责任和任务、实现自我管理和实行有效控制等;其缺点主要有:过多强调短期目标、目标设置比较困难、目标的修正不够灵活等。

【实务训练】

中兴集团公司是一家拥有20家子公司和分公司的大型集团企业,集团公司对分公司的管理方式是独立经营,集中核算。

有一位分公司的总经理最近听了关于目标管理的讲座,很受启发和鼓舞。他最后决定,在下一次部门经理会议上向下属介绍这个概念,并且看看能做些什么。在会议上,他详细叙述了这种方法的发展情况,列举了在本公司使用这种方法的好处,并且要求下属人员考虑他的建议。

事情并不像人们想象的那样简单。在第二次会议上,部门经理们就总经理的提议提出了好几个问题。

财务经理要求知道:"你是否有集团公司总裁分配给你的明年分公司的目标?"

"我没有,但我一直在等待总裁办公室告诉我。"总经理回答。

"那么咱们分公司要做什么呢?"生产经理问。

"我打算列出我对分公司的期望。关于目标没有什么神秘的,我打算明年的销售额达到5 000万元,税后利润率达到8%,投资收益率为15%,一项正在进行的项目6月30日能投产。我以后还会列出一些明确的指标,如今年年底前完成我们的新产品开发工作,保持员工流动率在15%以下……"总经理越说越兴奋了,"下个月,我要求你们每个人把这些目标转换成你们自己部门可考核的目标。我希望你们都能用数字来表达,我希望把你们的数字加起来就实现了公司的目标。"

部门经理们对自己的领导人经过考虑提出的这些可考核的目标及如此明确和自信的陈述感到惊讶,一时不知怎么说才好。

问题:

1.当没有得到集团公司总裁分配的目标时,分公司总经理能够拟定可考核的目标吗?怎样制定? 这些目标会得到下属的认可吗?

2.对于分公司来说,要制定可行的目标,需要集团公司提供什么信息和帮助?

3.这位分公司总经理设置目标的方法是否妥当? 你会怎么做?

【思考与练习题】

一、单项选择题

1.管理的计划职能的主要任务是要确定(　　　)。

A.组织结构的蓝图　　　　　　　　B.组织的领导方式

C.组织目标及实现目标的途径　　　D.组织中的工作设计

2.根据计划的明确性,可以把计划分类为(　　　)。

A.长期计划和短期计划　　　　　　B.战略性计划和战术性计划

C.具体性计划和指导性计划　　　　D.程序性计划和非程序性计划

3.下列不属于按职能空间对计划进行划分的是(　　　)。

A.业务计划　　　　　　　　　　　B.专项计划

C.人事计划　　　　　　　　　　　D.财务计划

4.决定组织的性质,决定此组织区别于彼组织的标志是(　　　)。

A.宗旨　　　　　　　　　　　　　B.目标

C.政策　　　　　　　　　　　　　D.规划

5. 使长期、中期和短期计划相互衔接,保证计划能根据环境的变化及时进行调节,这是哪种计划编制方法的优点? (　　)

A. 滚动计划法　　　　　　　　　　B. 网络计划法

C. 甘特图法　　　　　　　　　　　D. 项目计划技术

二、多项选择题

1. 计划是(　　)。

A. 面向未来的　　　　　　　　　　B. 过去的总结

C. 现状的描述　　　　　　　　　　D. 面向行动的

E. 有具体方案的

2. 财务计划和人事计划与业务计划的关系是(　　)。

A. 财务计划和人事计划相辅相成

B. 财务计划和人事计划是为业务计划服务的

C. 财务计划和人事计划是围绕着业务计划展开的

D. 财务计划研究如何从资本的提供和利用上促进业务活动的有效进行

E. 人事计划分析如何为业务规模的维持或扩大提供人力资源的保证

3. 下列对计划的作用理解正确的是(　　)。

A. 计划工作在组织管理活动中具有承上启下的作用

B. 计划工作是决策的逻辑延续,为决策所选择的目标活动的实施提供了组织实施保证

C. 计划工作是组织、领导、控制和创新等管理活动的基础

D. 计划是组织内不同部门、不同成员行动的依据

E. 计划的编制过程既是决策的落实过程,也是对决策进行检查和修订的过程

4. 从抽象到具体,计划的表现形式排序正确的有(　　)。

A. 程序、规则、规划

B. 战略、目标、程序

C. 目标、战略、程序

D. 规划、规则、预算

E. 政策、程序、规则

三、简答题

1. 解释计划内容的5W1H。

2. 计划的编制程序是什么?

四、论述题

论述目标管理的特点及目标管理的过程。

第七章思考与练习题
参考答案

第八章

组织

【学习目标】

1. 了解组织、组织设计和组织结构的含义。
2. 掌握组织的特征、功能、分类。
3. 掌握组织设计的任务和内容。
4. 理解组织设计的影响因素。
5. 掌握基本的组织结构类型的特征。
6. 理解管理幅度与管理层次的关系。
7. 了解组织结构的发展趋势。
8. 掌握集权与分权。
9. 了解组织变革的动因、目标、过程、程序及阻力。

【导入案例】

东方公司内部冲突的解决

东方公司在20世纪80年代早期,从化学制药转为生产制药业中的药品包装产品,如新的生物药剂所用的胶囊和糖衣。公司位于南京郊区,包括六个分部:营销部、研究部、开发部、生产部、行政部和人事部。1988年公司成功地研制出几种现代药品,把生产范围扩大到各种药丸、糖衣。公司研究部对生化技术进行了深入的了解,发明了很多高价值的产品。"生物多态糖衣"是公司最新的一项研究成果,对公司产生了深远影响。

随着生产规模的扩大,公司研究部和生产部的冲突越加明显,并严重影响到整个公司的业绩。引起冲突有以下几个主要原因。新技术进入了公司,生产方法和产品经常变化,越来越复杂。公司从传统的化学反应制药法转为包括生物技术在内的高科技生产法,这导致生产部面临很大困难,因为该部门的工作人员没有足够的能力来面对这些复杂的新技术,所以常对新技术持抵触态度。公司研究部主管小杨说:"现在需要更多的专业生产人员,他们应该有大学文凭并做过研究助理。但生产部没有足够的这类人,这在创新速度大大加快的今天就成为一个大问题了。"他还描绘了生产人员对新技术的不信任。研究人员不能从生产部得到预期的反应,他们自然要问:既然没人对我们的新技术感兴趣,创新又有什么用? 同时,在研究人员向生产人员解释为什么出了问题并试图帮助他们时,生产人员并不感激他们。

生产部负责人小李则说,这是一个生物工艺,由于生产人员没有足够的技术工艺背景,他们在准备发酵所产生的生物多态糖衣时就面临困难。他们不喜欢研究人员插手他们的生产工作。生产人员总是认为研究人员在挑他们工作的错误。然而,研究人员却认为生产人员总是拒绝他们的计划和想法,这就导致更少的交流和生产部对新项目更强烈的抵制。

两个部门都对对方有些成见。生产人员认为研究人员太理想化,脱离实际;反过来,研究人员则认为生产人员不尊重他们的工作并抵制任何创新和进步。并且,两个部门职员的动机和看法也不一样。研究人员更注重成功而不是盈利,生产人员则相反。另一个不同是生产人员总想保证工艺无差错,而研究人员则想通过试错来更好地开展实验工作。

小杨认为在质量控制水平上也有问题,生产部下面的质控部应提高效率。这些职员仍把新产品看成微不足道的生物质量监控问题。小李解释了这个部门的重要性,同时指出对于生物技术产品应正确处理,不然就会导致灾难性的后果。

由于质控部职员明显缺乏技术背景知识,他们不能适应工作的新思想。有时他们未和研究部商量就做分析并把结果送给客户,而公司的大多数客户有良好的技术背景知识,容易看出错误,东方公司会因此而降低声誉。

小杨和小李对解决问题有一些想法,但不知道是否合理或者是否有其他解决方法,他们把这些想法交给公司管理顾问小王,小王分析后给出设计意见。

1. 应通过足够的培训,以对生物技术有较多的了解来加强生产推动的作用。

2. 在产品取得市场成功时,应强调生产部所起的重要作用。

3. 研究人员应将工作扩展到生产部去,同时生产部也应涉及研究开发部的工作。建议高层管理成立一个工作组,让两个部门从项目一开始就讨论、合作。这样,生产人员能知道研究人员的工作方式,而研究人员也能预见大规模生产时要碰到什么问题。

4. 质量控制部由成立的工作组直接领导,所有资料经审核后,统一向外发布信息。

5. 革新首先由研究部开始,研究部从事产品开发或程序改进,以满足营销部反馈的外部需求或自身的要求。产品或程序经测试分析后送到开发部,开发部将其从实验品阶段提高到可生产阶段。然后生产部在研究部监督下生产,如果没差错,就转入大规模生产。产品在包装运输前送到质量控制部检验。

东方公司是如何进行组织设计的?工作流程是什么?各部门的职责怎样界定?

【思维导图】

```
                              ┌─ 组织的含义
                   ┌─ 组织概述 ─┼─ 组织的功能
                   │          └─ 组织的分类
                   │
                   │          ┌─ 组织设计的含义
                   │          ├─ 组织设计的任务
                   │          │   和内容
                   ├─ 组织设计 ─┼─ 组织设计的影响
                   │          │   因素
                   │          └─ 组织设计的原则
              组               
              织 ─┤          ┌─ 组织结构的含义
                   ├─ 组织结构 ─┼─ 组织结构的形式
                   │          └─ 组织结构的发展
                   │              趋势
                   │
                   │          ┌─ 组织变革的含义
                   │          ├─ 组织变革的动因
                   │          ├─ 组织变革的目标
                   └─ 组织变革 ─┼─ 组织变革的内容
                              ├─ 组织变革的过程和
                              │   程序
                              └─ 组织变革的阻力及
                                  其管理
```

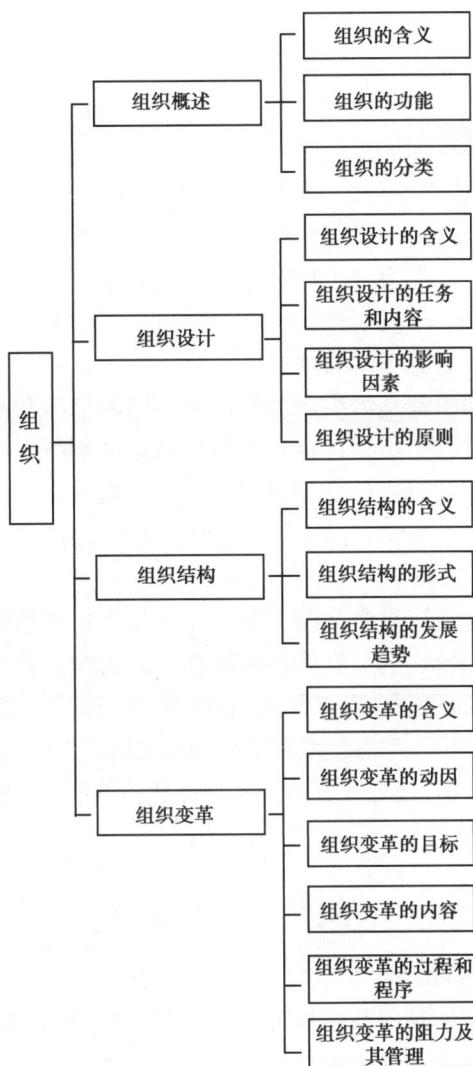

第一节　组织概述

　　计划工作确定了组织目标和战略,安排了实现目标的途径和方法之后,接下来便要建立适合目标实现的组织结构来实施计划。继计划职能后,组织是管理工作的另一项基本职能,也是促进组织发展、实现组织目标的关键职能。

一、组织的含义

（一）组织的相关定义

组织一词在我国古汉语中,原意是编织,即将丝麻织成布帛。唐朝著名国学大师孔颖达首先把组织这个词引申到社会行政管理中,他说:"又有文德能治民,如御马之执矣,使之有文章如组织矣。"这里的意思是:组织,即将物的构成部分组合为整体。英文中的组织(Organization),渊源于器官(Organ),因器官是自成系统的,具有特定功能的细胞结构。目前,关于组织的含义,不同的学者有着不同的理解。

马克斯·韦伯认为,组织都是组织成员为追逐共同的目标和从事特定的活动而联结起来的整体。哈罗德·孔茨认为,组织一词指有意识形成的职务或职位结构。切斯特·巴纳德认为,组织是一个有意识地对人的活动或力量进行协调的体系。可见,对于组织的界定,有学者强调组织的共同目的,有学者强调组织的层次隶属关系,还有的则从人们的协作关系出发解释组织的含义。

通常情况下,我们认为组织是两个以上的人在一起为实现某个共同目标而协同行动的集合体。从管理学的角度来看,组织有静态组织和动态组织。静态组织对应作为名词的组织,是指为了实现某种目的,由两个以上的人组成的群体或集合,成员之间存在一定的关系,相互协调与配合,是一个体系。动态组织对应作为动词的组织,是指为了实现组织的共同目标,安排各个成员及相关事物,使之具有一定系统性和整体性,完成组织一系列活动的过程。

（二）组织的特征

要理解组织的含义,需要抓住它的以下四个共同特征。

1.组织是一个人为的系统

所谓"人为"的系统,是指这一系统是由人建立的,以人为主体的具有特定功能的整体。由于是人为的系统,系统的功能差异较大,相同要素组成的系统可能因结构的不同而直接影响系统的功能。

2.组织必须具有共同的目标

任何组织都是为实现某些特定目标而存在的,不论这种目标是明确还是隐含的,目标都是组织产生和存在的前提和基础。

3.组织必须有分工与协作

分工与协作关系是由组织目标限定的。一个组织为了达到共同的目标,需要分派不同的人去承担不同的工作,形成某些相对独立的部门,这就是分工。从经济学的角度来说,分工代表了社会的进步、效率的提高。在一个组织,协作是指为实现预期的目标而用来协调员工之间、工作之间以及员工与工作之间关系的一种手段,协作能创造出一种比单个战略业务单元收益简单加总更大的收益,即实现协同效应。协作的优点是可以充分有效地利用组织资源,扩大组织经营空间范围,缩短产品的生产时间,便于集中力量在短时间内完成个人难以完成的任务。

4.组织要有不同层次的权力与责任制度

分工之后,就要赋予各部门及每个人相应的权力,以便于实现目标。但同时必须明确各部门或各人的责任,只有权力而不负责任,可能导致滥用权力,同样影响组织目标的实现。所以,权力和责任是达到组织目标的必要保证。

二、组织的功能

组织的功能和作用,绝不是仅仅为了简单地把个体力量集合在一起。个体力量的集合可能是一盘散沙的聚集,也可能是一个团队的构建。团队的力量可以完成单独个体力量所无法完成的任务。

无论是自然界还是人类社会,组织的功能与作用都是显而易见的。以都是碳原子构成的石墨与金刚石为例,由于碳原子之间的空间关系、结构方式差异,二者的力量和价值无法相提并论。同样,在社会系统内部,对人的力量所进行的组织不同,也完全可能造成不同的功效。

优良组织的基本功能,就是避免集合在一起的个体力量相互抵消,而寻求对个体力量进行汇聚和放大的效应。

(一)组织的力量汇聚功能

把分散的个体汇聚为整体,用"拧成一股绳"的力量去完成任务,这是组织力量汇聚作用的体现。在人类社会发展中,由于个人有所期望又无力实现这一期望,于是就需要和他人相互合作,联合起来共同行动。长期的实践,使人们有了发展这种合作、增进相互依存关系,并使这种关系科学化、合理化的要求。组织就是人们对于这种要求的认识和行动的结果,它将个人力量汇集,使个体不至于成为一盘散沙,可以用简单的公式表达为"1+1＝2"。组织的力量凝聚功能非常常见,如"众人拾柴火焰高"就可以具体而生动地说明该效果。

(二)组织的力量放大功能

比力量汇聚功能"1+1＝2"的效果更进一步,良好的组织还能把力量汇聚后进行放大,达到"整体大于部分之和"的协同效应,表现为"1+1>2"。一个机构和运转良好的组织中,甚至能够出现乘法效应,出现以一当十现象,正如"一人难挑千斤担,众人能移万座山"。

对于组织而言,只有借助于组织力量的放大作用,才能取得产出远大于投入的经济效益;否则,总产出等于总投入,组织只能勉强维持下去,而无法取得盈余,就难以求得发展和壮大。因此,组织的力量放大功能是组织的核心功能。

(三)组织的交换功能

从个人的要素角度来看,个人之所以加入某一组织并对其投入一定的时间、精力和技能,就是想从组织中得到某种利益或报酬,来满足个人的需求。而组织之所以愿意对个人投入成本费用,是希望个人能对组织有所贡献,以达到组织预定的目标。组织的交换功能体现在成员为组织做出贡献,并能够从组织中获取相应的报酬作为交换。

从个人的立场来看,往往会要求来自所服务组织的利益或报酬大于其对该组织的投入;

而从组织的立场来看,它要求来自个人的贡献大于其为个人所投入的成本费用,即人力作为一种资源,只有对资源的投入小于资源的产出,该项资源利用才是有效率的。个人与组织之间的关系,可以说是建立在一种相辅相成、平等交换的基础上的,形成双方都感到满意的关系,从而达到"双赢"。双方目的能否同时实现,必须借助于组织活动的合成效应的发挥,使个人集合成的组织总体力量大于个体力量的简单叠加。

三、组织的分类

根据不同的划分标准,可以将组织分为不同的类型。

(一)正式组织与非正式组织

按照组织的形成方式划分,组织可分为正式组织与非正式组织。

正式组织是为了有效实现组织目标而规定组织成员之间的职责范围和相互关系特意建立的一种结构。正式组织具有以下特征:①经过规划而不是自发形成的,反映一定的管理思想和信念;②有明确的目标,并为组织目标的实现而有效地工作;③有明确的分工和职责范围;④有明确的效率、逻辑标准,组织成员都为提高效率而共同努力;⑤具有强制性,即以明确的规章制度来约束组织成员的行为。

非正式组织是人们在共同的工作或活动中,由于具有共同的兴趣爱好、社会感情,以共同的利益和需要为基础而自发形成的团体。如各种俱乐部、团体、协会及类似的其他群体都是非正式组织。非正式组织具有以下特点:①自发性,是为了满足成员的各种心理需求而自发形成的;②内聚性,相同的利益使成员之间的内聚性增强;③不稳定性,环境发生变化,非正式组织就容易发生变动;④领袖人物作用较大,领袖人物是自然形成的,具有较大的权威性。

在正式组织中都或多或少存在非正式组织。正式组织与非正式组织的区别突出表现在是否程序化上,即是否程序化设立、是否程序化解散、是否程序化运行等。

相对于正式组织,非正式组织具有正反两方面的功能。非正式组织的正面功能主要体现在:①非正式组织混合在正式组织中,容易促进工作的完成;②正式组织的管理者可以利用非正式组织来弥补成员间能力与成就的差异;③可以通过非正式组织的关系与气氛获得组织的稳定;④可以运用非正式组织作为正式组织的沟通工具;可以利用非正式组织来提高组织成员的士气等。

但如果对非正式组织处理不当也会产生消极影响,其消极面主要表现为:①非正式组织的目标如果与正式组织冲突,会对正式组织的工作产生极为不利的影响,从而影响正式组织目标的实现;②非正式组织强调一致性的压力,会对非正式组织中的个体产生约束,影响到个体的发展;③非正式组织的压力还会影响到正式组织的变革,发展组织的惰性。这并不是因为所有非正式组织的成员都不希望改革,而是因为其中大部分人害怕变革会改变非正式组织赖以生存的正式组织的结构,从而威胁非正式组织的存在。

(二)营利性组织与非营利性组织

按照是否以营利为目的,组织可分为营利性组织和非营利性组织。

营利性组织是以获利为主要目标的组织,如工厂、商店、酒店、旅行社等。企业是典型的营利性组织。企业成立及发展的目标就是追求长期利润最大化。通过营利,既可以改善员工的生活水平,将投资回报的一部分用于研究和开发,提供更有价值的产品和服务,也可以通过向政府纳税促进社会福利的增加。

非营利性组织是指一切不以营利为主要目标的组织,如政府组织、各类社团、宗教组织、慈善机构等。非营利性组织的主要宗旨是向社会提供服务,如教育、医疗、安全等。对这些服务虽然也可能收取一定的费用,但主要是用于维持组织的生存和正常运行。非营利性组织一般情况下无须向政府缴纳税金,有时还会得到政府的财政补贴。

(三)机械式组织和有机式组织

按照组织的特征,可将组织划分为机械式组织和有机式组织。

机械式组织,也称为官僚行政组织,具有高度专业化、高正规化和集中化等特征,与传统意义上的金字塔形实体组织具有较大的相似性。机械式组织所处的环境相对稳定,采用等级关系严格、规章制度详细、职责分工明确、工作程序固定的组织结构。

有机式组织,也称为适应性组织,是一种具有高度适应性的组织形式,具有低复杂性、低正规化和分权化的特征。有机式组织所处的环境不确定因素较多、竞争激烈,松散型的结构使其能够根据需要快速改变。组织中集权化程度低,更强调合作与横向沟通,等级结构和权责界限相对模糊,因此也具有更多灵活性。

(四)实体组织与虚拟组织

按照组织的形态,可以将组织划分为实体组织和虚拟组织。

实体组织就是一般意义上的组织,是为了实现一个共同目标,经由分工与合作及不同层次的权力和责任制度而构成的人群集合系统。

虚拟组织是一种区别于传统组织的、以信息技术为支撑的人机一体化组织,主要是指两个以上的独立实体(可能是供应商、客户甚至是竞争对手)为迅速向市场提供产品和服务,在一定时间内结成的动态联盟。在形式上没有固定的空间和时间限制,组织成员通过高度自律和高度的价值取向共同实现组织目标。

第二节 组织设计

组织设计是管理活动的一项重要内容。在组织目标明确后,就必须考虑进行有效的组织设计以保证组织目标的实现。

一、组织设计的含义

组织设计是对组织系统的整体设计,即按照组织目标在对管理活动进行横向和纵向分工的基础上,通过部门化形成组织框架并进行整合。组织设计是组织工作中最重要、最基本的一个环节,也是有效管理的必备手段之一。组织设计的实质是对管理人员的管理劳动进行横向和纵向的分工。

　　组织设计的主要作用是通过创建柔性灵活的组织,动态地反映内外环境变化的要求,协调组织中目标任务和人员的关系,对组织资源进行实际配置和运用,保证组织工作能够顺利进行,从而实现组织目标。

二、组织设计的任务和内容

　　组织设计的任务是设计清晰的组织结构,规划各部门的职能和权限,确定组织中职能职权、参谋职权、直线职权的活动范围,最终编制职务说明书。

　　组织结构图也称组织的框架体系图,是对一个组织的一整套活动和职能责任可视化的描述。每个组织结构图有纵横两个维度:纵向代表权力等级,横向代表专门化或部门化。纵向垂直的权力等级建立指挥链,以确定基本的权力等级和职权结构;横向水平的部门化建立劳动分工。组织结构系统图的基本形状如图8-1所示。

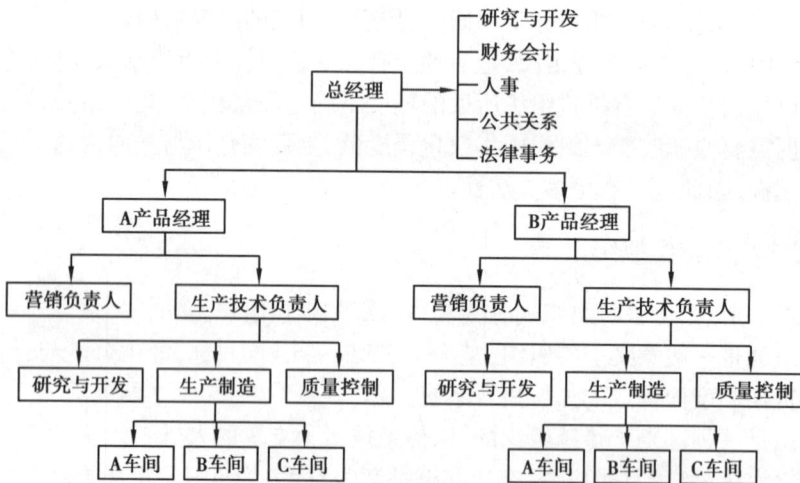

图8-1　组织结构系统图

　　图8-1中的方框表示各种管理职务或相应部门,箭头表示权力的指向,通过箭线将各方框连接,表明各管理职务或部门在组织结构中的地位及它们之间的关系。如A产品经理必须服从总经理的指示,并向总经理报告工作;同时,他又直接领导着A产品营销负责人和生产技术负责人的工作。

　　组织结构图建立后,需要根据职能与职务的分析,设计相应岗位职责规定,也就是编写职务说明书。职务说明书要求能简单而明确地指出该管理职务的名称、所属部门、工作性质、工作内容、工作对象和方法、步骤、与组织其他部门和职务的关系,以及担任该职务者所应具备的基本素质、技术知识、工作经验、处理问题的能力等条件。

　　根据组织设计要达到的目的,组织设计的主要内容包括职能分析与设计、部门划分、层级设计、职权配置四个方面。

(一)职能分析与设计

　　职能分析与设计是进行组织设计的基础,是对组织完成目标所需要的职能、职务的整体安排。组织为了完成目标,需要将总体目标进行层层分解,明确完成任务需要哪些活动,确定所需职位、职务的类别和数量,分析各类职务所需的任职资格及各职位管理人员需要具备的条件、应该享有的权力范围和应负的责任等。在确定具体的管理业务和工作的同时,还应进行初步的管理流程总体设计,以优化流程,提高管理工作效率。

进行职能分析首先要明确组织应具备的基本职能,如生产、财务、工程、质量、营销、人事、研发等。其次,在各项基本职能中找出关键职能。关键职能是指对于完成组织的战略目标和任务起到关键性作用的基本职能。现代管理学之父德鲁克曾说:"成功企业的共同特征是在组织结构上都突出了关键职能的作用。"各个组织所处的行业特点不同,关键职能也有所不同。以企业为例,有的企业将质量管理作为关键职能,如机械制造业和家电业;有的企业以技术开发作为关键职能,如联想等高新技术企业;有的企业把市场营销作为关键职能,如食品工业、服装和鞋帽制造业。最后,要明确各职能之间的关系。紧密联系的职能应置于同一个管理子系统内,相互制约的职能应独立分开,把各职能之间的关系理顺。

在职能分析的基础上,进一步进行岗位设计。通过估算每项工作所需的时间,就可以计算出完成组织目标所需要的操作人数,设定具体工作岗位。

(二)部门划分

组织的职能设计中,完成组织目标所需要的所有工作被分解成小的工作单元,但有分还必须有合,组织的部门划分是按照职能的相似性、活动的关联性、联系的紧密性将这些职位整合为一个个有利于协调和管理的部门的过程。部门划分主要是解决组织的横向结构问题,目的在于确定组织中各项任务的分配与责任的归属,以求分工合理、职责分明,有效地达到组织的目标。

组织活动的特点、环境和条件不同,划分部门所依据的标准也不一样。对同一组织来说,在不同时期的背景中,划分部门的标准也可能会不断调整。

组织划分部门的方法有多种,常见的划分方法见表 8-1。

表 8-1 常见的部门划分方式

划分依据	举例
按照职能划分	绝大多数的中小型组织
按照顾客划分	银行有大客户部、散户部,还有一些大学有函授部等
按照地域划分	组织活动存在于不同区域的企业,如某公司的北方部、南方部等
按照产品划分	汽车厂有轿车事业部、卡车事业部等
按照过程划分	如企业中的一些新产品开发部门、公关小组等
按照时间划分	如企业中实行员工轮班制,分为早班、中班、晚班三班制
按照人数划分	古代的军队,一百个人有一个百夫长,一千个人有一个千夫长等

下面对主要的划分方法进行简单介绍。

1. 职能部门化

按职能划分部门是最普遍采用的一种划分方法。职能部门化是按照生产、财务、工程、质量、营销、人事、研发等基本职能活动相似或技能相似的要求,分类设立专门的管理部门。这种划分方式适合于品种单一、规模较小的组织。典型的按职能划分部门的组织结构图如图 8-2 所示。

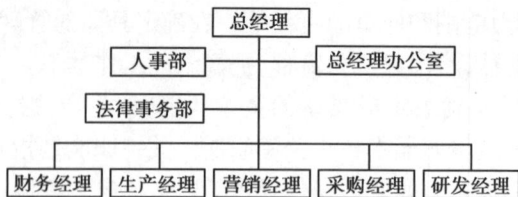

图 8-2 职能部门化组织

职能部门化的优点有：①带来专业化分工的好处，符合活动专业化的分工要求，能够充分有效地发挥员工的才能，调动员工学习的积极性；②确保高层主管的权威性，并能有效地管理组织的基本活动；③简化了培训，强化了控制，避免了重叠，最终有利于管理目标的实现。

职能部门的局限性在于：①不利于组织产品结构的调整，由于人、财、物等资源的过分集中，不利于开拓远区市场或按照目标顾客的需求组织分工；②不利于高级管理人才的培养，由于职权的过分集中，部门主管虽容易得到锻炼，却不利于高级管理人员的全面培养和提高，也不利于"多面手"式的人才成长；③可能会助长部门主义风气，使部门之间难以协调配合，从而影响到组织总目标的实现。

2. 产品部门化

在品种单一、规模较小的组织，按职能进行组织分工是理想的部门划分形式。然而，随着组织的进一步成长与发展，组织面临着增加产品线和生产规模以获取规模经济和范围经济的经营压力，管理组织的工作也将变得日益复杂。这时，就有必要按业务活动的结果为标准来重新划分组织的活动。按照产品或服务的要求对组织活动进行分组，即产品或服务部门化，就是一种典型的结果划分法。这种划分方法适合于实行多元化战略的大型组织。典型的按产品或服务划分部门的组织结构图如图 8-3 所示。

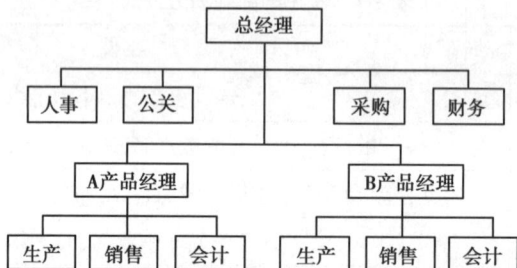

图 8-3 产品部门化组织

产品和服务部门化的优点有：①能使组织将多元化和专业化经营结合起来，各部门会专注于产品的经营，提高专业化经营的效率水平；②有利于组织及时调整生产方向，有助于决策部门加强对组织产品与服务的指导和调整；③有利于促进组织的内部竞争，有助于促进不同产品和服务项目间的合理竞争，而且有助于比较不同部门对组织的贡献；④有利于高层管理人才的培养，这种分工方式也为"多面手"式的管理人才提供了较好的成长条件。

产品和服务部门化的局限性在于：①每个产品或服务部门都有生产、研发、营销、人力资源管理等部门，造成这些职能活动的重复，增加管理费用；②各个部门可能存在本位主义倾向，过分强调本单位利益，这势必会影响到组织总目标的实现；③组织需要给各产品或服务部门配置适合的全面管理人才，也增加了总部对"多面手"级人才的监督成本。

3.区域部门化

随着组织的不断扩大,业务种类日益增加,跨越地域的限制去开拓海外市场就成了组织进一步发展的途径,而跨区域的管理行为比本地区管理更加复杂,此时就不适合采用简单的职能部门化或产品部门化,而是应该按照区域的分散化程度划分组织的业务活动,继而设置管理部门管理其业务活动,称为区域部门化。图8-4是按区域划分部门的典型组织结构图。

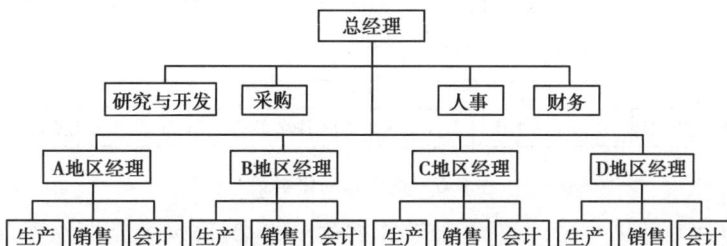

图8-4 区域部门化组织

区域部门化组织的优点有:①可以把责权下放到地方,鼓励地方参与决策和经营;②针对性强,能对本区域环境变化迅速做出反应,区域内人员能很好地协作,各种活动易于协调;③通过在当地招募职能部门人员,既可以缓解当地的就业压力,争取宽松的经营环境,还可以充分利用当地有效的资源进行市场开拓,减少了许多外派成本,减少了许多不确定性风险;④有利于综合管理者的培养。

区域部门化组织的局限性在于:①组织所需的能够派赴各个区域的地区主管比较稀缺,且比较难控制;②各地区可能会因存在职能机构设置重叠而导致管理成本过高的问题;③区域间会相互竞争,争夺组织资源,形成区域的本位主义。

4.顾客部门化

顾客部门化是根据顾客群和顾客的需求来建立相关的部门,如图8-5所示。在激烈的市场竞争中,以组织为中心的生产观念正在向以顾客需求为中心的市场观念转变,创造和满足顾客需求成为组织竞争的焦点。当组织不同顾客群体的需求具有较大差异时,通常会考虑这种部门划分方法。例如,大学中的研究生院、成人教育学院、MBA中心等,服装生产企业的老年市场部、妇女市场部、儿童市场部等,证券公司的大客户室、散户厅等。

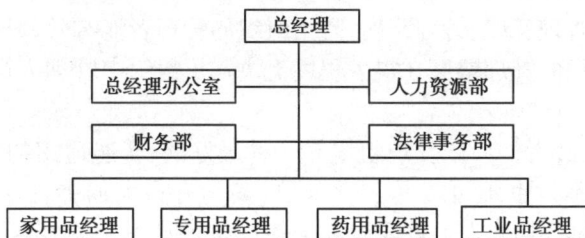

图8-5 顾客部门化组织

按顾客划分部门的优点有:①有利于深入分析特定顾客群体的需求,加深对顾客的了解,满足不同顾客群体的个性化需求;②组织能够持续有效地发挥自己的核心专长,不断创新顾客的需求,从而在这一领域内建立持久性竞争优势。

这种划分方式的局限性在于:①存在部门之间的协调问题及下属部门的重复设置,可能导致组织某些资源不能充分利用,忙闲不均;②顾客需求偏好的转移,可能使组织无法时时刻刻都能明确顾客的需求分类,结果会造成产品或服务结构的不合理,影响对顾客需求的满足。

5.流程部门化

流程部门化是按照工作或业务流程来组织业务活动,人员、材料、设备比较集中或业务流程连续是实现流程部门化的基础。典型的按流程划分部门的组织结构图如图8-6所示。

```
              工厂主管
    ┌──────┬──────┼──────┬──────────┐
 切割车间主任 压边车间主任 装配车间主任 漆涂车间主任 打磨和抛光车间主任
```

图8-6　流程部门化组织

按流程划分部门的优点是:①将产品的流程统一管理,能提高管理效率,同时也能提高生产效率,发挥规模经济优势;②能够保证产品质量。

这种划分方法的局限性在于:①各部门之间依赖性强,一旦协作不力,将会影响总体目标的实现;②增加部门之间的衔接和协作管理难度,增加管理成本;③不利于高级管理人才的培养。

这种部门划分方法只适用于流程能够明确划分的产品或服务的生产运营。实际上,真正在进行部门划分的时候,并非只是采用一种方式,而是将多种方式融合在一起,也就是说,从一个组织结构图里面,我们会看到多种划分方式在综合起作用。

(三)层级设计

层级划分是对部门之间关系的安排,这种关系既包括部门之间的纵向层级,又包括部门之间的横向联系。在岗位设计和部门划分的基础上,必须根据组织内外部能够获取的人力资源状况,对各个职务和部门进行综合平衡,同时要根据每项工作的性质和内容,确定管理层次和管理幅度,以保证整个组织结构精干高效。通过层级划分,组织各部门之间纵向、横向的关系变得清晰,职能部门及管理者的权责关系趋于明确。

1.管理幅度

(1)管理幅度的含义

管理幅度也称为管理宽度、管理跨度,是指组织的管理者能有效领导和管理的直接下属人员的数量。一个组织的管理幅度在很大程度上决定了组织中管理人员的数量和管理层次的数目。

在现实中,组织实践者们尚未发现组织有一种最好的、普遍适用的管理幅度确定方案,也就是说,管理幅度不是也不可能是一个常数,其具有很大的弹性。美国管理学家欧内斯特·戴尔(Ernest Dale)曾调查了美国的100家大型企业,其最高经营层的管理幅度从1~24人不等,中位数为8或9人。另一次在41家中型企业所做的相同调查,中位数为6或7人。美国管理协会调查研究揭示,大型公司(超过5 000人)总经理管理幅度平均为9人,中型公司(500~5 000人)总经理管理幅度平均为7人。

(2)影响管理幅度的因素

一般而言,组织的管理幅度主要受到下列因素的影响。①管理者与其下属的工作能力。管理者的知识面越广、能力越强,能直接管辖的下属就越多。同理,下属工作态度越积极、工作能力越强,则需要上级的监督管理越少,管理者的管理幅度也就越宽。②管理工作的复杂程度。如果管理工作都是一些重复性的简单的问题,管理者的管理幅度自然越宽;相反,组织的管理问题大多是非重复的专业性问题,管理工作需要花费的时间精力较多时,管理宽度自然较窄。③管理的规范性。组织的岗位职责划分越清晰,管理越规范,则管理者的管理幅度越宽,反之则越窄。④授权程度。管理者如果善于把管理权限适当地授予下属,让下属在工作时享有较大的自主权,管理者需要亲自处理的问题自然会减少,管理幅度有可能变宽;反之亦然。⑤工作地点的相近性。不同下属的工作岗位在地理位置上越分散,越会增加下属与直接上级之间的沟通困难,从而影响上级直接主管的管理幅度,但随着现代通信技术的快速发展,这一因素的影响正在变小。⑥沟通和联络技术。组织沟通渠道越顺畅,采用的沟通技术和联络手段越先进,信息传递的效率越高,管理者的管理幅度就越宽,否则就越窄。

2. 管理层次

管理层次又称管理级别,是指组织从最高管理人员到最底层工作人员中间所有的等级数。

一个组织中管理层次的多少,是根据组织工作量的大小和组织规模的大小来确定的。一般来说,规模较大而任务量较多的组织,其管理层次可多一些;规模较小而任务量较小的组织,其管理层次应适当减少。一般来说,管理层次可分为上层、中层和下层三个层次。上层的主要职能是从整体利益出发,对组织实行统一指挥和综合管理,制订组织目标、大政方针和实施目标的计划。中层的主要职能是为了达到组织总的目标,制订并实施各部门具体的管理目标,拟订和选择计划的实施方案、步骤和程序,按部门分配资源,协调各部门之间的关系,评价生产经营成果和制订纠正偏离目标的措施等。下层的主要职能是按照规定的计划和程序,协调基层组织的各项工作和实施生产作业。

3. 管理幅度与管理层次的关系

管理层次的多少与管理幅度密切相关。管理幅度、管理层次与组织规模存在着相互制约的关系。

$$组织规模 = 管理幅度 \times 管理层次$$

由此看出,管理层次受组织规模和管理幅度的影响。管理层次与组织规模成正比:组织规模越大,包括的成员越多,则层次越多。在组织规模一定的条件下,管理层次与管理幅度具有数量上的反比例关系:管理幅度越大,管理层次越少;管理幅度减小,则管理层次增加。同时,两者之间相互制约,管理幅度起主导作用,也就是说,管理幅度决定着管理层次,同时受管理层次的制约。管理幅度与管理层级的关系如图8-7所示。

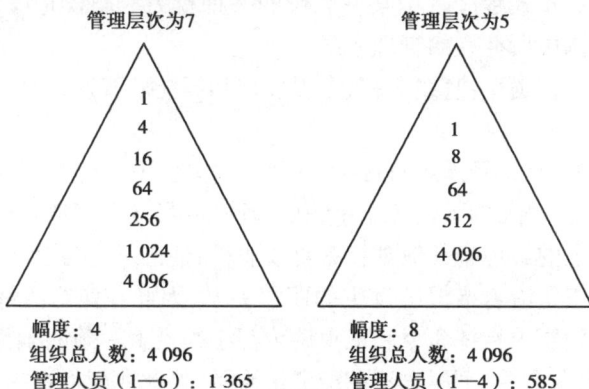

管理层次为7

1
4
16
64
256
1 024
4 096

幅度:4
组织总人数:4 096
管理人员(1—6):1 365

管理层次为5

1
8
64
512
4 096

幅度:8
组织总人数:4 096
管理人员(1—4):585

图8-7 管理幅度与管理层级的关系

按照管理幅度与管理层次的反比关系,组织形成了两种典型的层次结构:高耸型结构和扁平型结构。

(1)高耸型结构

高耸型结构(Tall Structure)又称锥形结构,是管理幅度较小、管理层次较多的高、尖、细的金字塔形状。这种结构因为每个管理人员所辖的下属人数较少,可以有充足的时间和精力对下属进行具体的指导,对其工作进行严密监督和控制,使上级意图可以得到很好的体现,且这种结构层次分明,管理严密,纪律严明,组织成员职责分工明确,组织的稳定性很高。

这种结构也有很多不足之处,主要体现在:管理层次过多,协调难度加大;指挥链过长,信息传递慢且容易失真;过多的管理层致使管理费用升高;下属在组织中的参与度降低,不利于发挥其积极性,不利于培养人才等。

(2)扁平型结构

扁平型结构(Flat Structure)是指管理者在组织中每个层次的管理幅度较宽,而具有较少的管理层次的一种组织结构形态。这种结构由于管理层次减少,指挥链缩短,信息的传递速度加快,传递过程中信息失真的可能性减小,降低了管理协调费用;由于管理幅度加大,被管理者拥有更多的工作授权,自主性和积极性提高,有利于缩短上下级距离,密切上下级之间的关系。

同样,由于该结构中每个管理者的管理幅度较宽,各级主管人员的负担较重,精力容易分散,所以对下属人员的工作能力要求较高,否则容易出现管理失控。

随着现代员工素质的普遍提高,而且互联网、各种管理工具和方法都很成熟,市场也是变化多端的,因此要求组织能够快速做出反应。在这种情况下,扁平型结构正成为现代社会的一个主流。

(四)职权配置

职权配置是组织设计的内容之一,是构成组织结构的核心要素,主要解决组织结构的职权问题,职权配置对组织的合理构建与有效运行具有关键性作用。关键的问题是通过规范组织中的授权程序,正确处理集权与分权的关系,既保证部门有充分的权力,又尽可能避免权力被滥用或越权行事。

1.职权及其类型

职权是经由一定的正式程序赋予某一职位的一种权力。职权是履行管理职能的前提,是管理人员在职务范围内所拥有的管理权限。

组织内的职权有三种类型:直线职权、参谋职权和职能职权。

(1)直线职权

直线职权即指挥权,是指管理者直接指导下属工作的职权,包括做出决策、发布命令等。直线职权由组织的顶端开始,向下延伸至组织的最底层,形成我们通常所说的指挥链。

处于组织指挥链上的管理者一般都拥有直线职权,他们对上接受上级的命令,对下拥有指挥权。由于直线职权是沿着指挥链发生的职权关系,因此在实行直线职权时要求遵循指挥链原则。指挥链原则要求指挥命令和汇报请示都必须沿着一条明确而又不间断的路线逐级传递,上级不越级发布命令,下属也不越级汇报请示,如此才能保证指挥统一。

（2）参谋职权

参谋职权是某项职位或某部门所拥有的辅助性职权，包括提供咨询、建议等。具有参谋职权的管理者是组织中某个领域中具有专业特长的人员，他们向具有直线职权的管理者提出计划和建议，由具有直线职权的管理者做出决策。参谋的形式有个人参谋和专业参谋之分。参谋人员一般被称为直线主管的助手，这些助手利用专业知识来弥补直线主管的知识不足，协助他们工作，减轻他们的负担。专业参谋是指独立的机构或部门，就是通常所说的"智囊团"和"顾问班子"。

直线职权是命令和指挥的权力，参谋职权是协助和建议的权力，直线职权与参谋职权的关系是"参谋建议、直线人员指挥"。其中包含两层含义：一是直线人员在进行重大决策前应征询参谋人员或机构的意见，避免决策上的重大失误；二是参谋人员或机构可以向直线人员提出自己的意见和建议，但是不能把自己的想法强加给直线人员，或者超越权限直接发号施令。

（3）职能职权

随着管理活动的日益复杂，直线主管人员为了改善管理效率，可能把一部分原属于自己的直线职权授予参谋人员或某个部门的主管人员，于是产生了职能职权，如图 8-8 所示。例如，在事业部组织结构中，总部的人力资源管理部门要求下属各事业部管理者统一执行总部的人力资源政策，总部人力资源管理部门行使的就是职能职权。

职能职权的设立主要是为了发挥专家的核心作用，减轻直线主管的任务负荷，提高管理工作的效率，但是也会带来多头领导的问题。

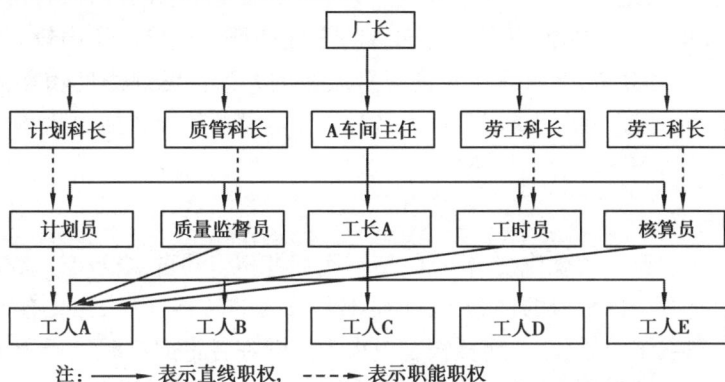

注：—— 表示直线职权， ----- 表示职能职权

图 8-8 职能职权的示意图

2. 集权与分权

（1）集权与分权的含义

集权与分权反映了组织的纵向职权关系。集权是指决策权在组织系统中较高管理层次的一定程度的集中；分权则是指决策权在组织系统中较低管理层次的一定程度的分散。

由于集权会使最高领导的压力较大、负担较重，并且也会导致其他的管理者难以发挥作用，会挫伤其工作积极性，因此需要适度分权，但组织也不能绝对分权，因为如果职权被全部下放，高层管理者的作用就无法发挥。集权和分权只是一个相对的概念，没有绝对的集权，也没有绝对的分权，只有集权和分权的程度不同。即使是独裁的管理者也要给部下一定的权力，同时，即使是下级参与程度很高的组织，一些重要的权力也要掌握在高层领导人手中。

集权和分权也不能简单地用"好"和"坏"来区分，现实中并不存在一个普遍的、严格的量化标准。管理学研究的,应该是根据实际情况和各种影响因素,判断哪些权力适于集中,哪些权力适于分散;以及在什么样的情况下集权合理一些,而在什么样的情况下分权更适用。总之,集权和分权应该根据组织的实际需要来具体决定。

(2)影响集权与分权的因素

影响集权与分权的因素主要有以下六个方面。①组织规模的大小。组织规模越大,管理的层级和部门数量就会越多,需要做出决策的数量就越多,如果集权程度高,则协调起来就越困难,信息的传递速度和准确性就会降低。要解决这些问题,加快决策速度、减少失误,使高层决策者能够集中精力处理重大问题,就需要向组织下层分散权力。②政策的统一性。高层主管若希望在整个组织中采用统一的政策,以便于比较各部门绩效、保证步调一致,更容易实现管理目标的一致性,则集权程度较高。然而,一个组织所面临的环境是复杂多变的,为了灵活应对这种局面,组织往往会在不同的阶段、不同的场合采取不同的政策,这虽然会破坏组织政策的统一性,却可能有利于激发下属的工作热情和创新精神。③员工的数量和素质。如果员工数量和素质能够保证组织任务完成,则组织可以更多地分权;如果组织缺乏足够的受过良好训练的管理人员,其基本素质不能符合分权式管理的基本要求,则组织可能更多地集权。④组织的可控性。组织中各个部门的工作性质大多不同,有些关键的职能部门,如会计等部门往往需要相对地集权;而有些业务部门,如研发、市场营销等部门,或者是区域性部门则需要相对地分权。组织需要考虑的是围绕任务目标的实现,如何对分散的各类活动进行有效的控制。⑤组织所处的成长阶段。在组织成长的初始阶段,为了有效管理和控制组织的运行,组织往往采取集权的管理方式;随着组织的成长,管理的复杂性逐渐增强,分权的程度就越高。⑥组织高层管理者的个性特征。如果组织中较高层次的管理人员个性较强,且自信和独裁,对管理决策的方针政策的一致性偏好程度较高,不放心或不相信下属的工作能力,即该组织的高层管理人员具有专制型的领导风格,则倾向于集权。

3. 授权

(1)授权的含义

授权是指上级把自己的职权授给下属,使下属拥有相当的自主权和行动权。

分权和授权是两个极相似的概念,其实质都是权力的转移,但二者又有着本质的区别:分权是权力在组织系统中的分配,而授权是组织中的管理者将部门职权授予下属或参谋,由其代为履行职责的一种形式;分权的主体是组织,而授权的主体是拥有职权的管理者;分权的对象是部门或岗位,内容全面,而授权的对象是具体的人员,授权内容也局限在上级管理者的部门职权;分权具有恒久性,往往伴随着组织结构的调整而调整,授权则更加灵活,可以是长期性的,也可以是临时性的。

授权是一个过程,它包含三个方面。①分派任务。即管理者将工作任务分派给下属,意味着下属可以按照工作目标和要求,在执行任务的过程中发挥其主观能动性。②授予权力或职权。上级管理人员将部门职权一次性或临时性地授予参谋或下属,被授予方就拥有了相应范围内的权限。③明确责任。权力和责任是一对孪生兄弟,权力的转移也就意味着管理者将相关工作的执行责任移交给被授权者,自身则承担授权和监管的责任。

(2)授权的目的

授权是管理者必须掌握的技巧,在管理中有效授权可以达到以下目的:①对组织而言,授权有利于组织目标的实现,通过科学的授权,使基层拥有实现目标所必需的权力,自主运作,可以更好地促进目标的实现;②对高层管理者而言,授权可以让高层管理者从日常事务中解脱出来,专心处理重要的决策问题,还可以充分发挥下属的专长以弥补授权者自身才能的不足;③对下属而言,授权有利于鼓励下属并调动其工作积极性,增强其责任心,提高效率,还可以让下属在自主运用权力、独立处理问题的过程中不断提高管理能力和综合素质。

(3)有效授权的原则

授权看似简单,但许多研究表明,管理者由于授权不当引起的失败要比其他原因引起的失败多得多。因此,每一位管理者都要注意研究授权的方法和技巧,并遵循以下原则。①目的性原则。作为管理活动的一部分,授权应该有明确的目的。这就需要弄清楚授权的目的、期望达到的效果。目标明确后,才能确定授权内容和授权对象,不能为了授权而授权。②适度原则。授权应该根据实际情况进行灵活处理,并且要建立在效率的基础上。授权时既要防止授权不足,使上级领导工作量过大,也要防止授权过多使下属无暇应对,影响任务的完成。③权责一致原则。在授权时,必须让被授权者明确所授任务的目标、责任及权力范围,权责必须一致;否则,被授权者要么可能滥用职权,要么对工作无所适从,造成工作失误。④信任原则。授权必须建立在彼此互相信任的基础上,要敢于把一些重要的权力下放,锻炼下级的能力,使下级感受到上级的信任,并认识到管理工作的重要性。⑤统一领导原则。为了防止多头领导,一般要求一个下级只接受一个上级的授权,并只对一个上级负责;全局性的问题不应授权,应由高层领导进行决策,涉及各部门要分工明确,不能越级或交叉授权。

值得注意的是,上级领导授权给下级时并不意味着职责也全部推给了下级,而是仍然承担着实现目标的责任。

三、组织设计的影响因素

影响组织设计的因素主要包括外部环境、战略、技术、规模及组织的生命周期。

(一)外部环境

管理活动是在一定的环境下进行的。组织工作的目的就是要使组织能在适应外部环境的过程中更好地实现组织的目标。环境影响组织结构设计的表现是多方面的,其中环境的不确定性对于组织工作的影响是巨大的。不确定性是组织外部环境的主要特点,决策者很难掌握关于环境因素的足够信息,从而难以预测外部环境的变化并据此采取相应措施。不确定性增加了组织对环境反应的难度。环境的不确定性取决于外部环境的复杂性和变动性。环境的特点及其变化对组织的影响主要表现在以下三个方面。

1. 对职务和部门设计的影响

当外部环境的复杂性提高时,传统的应变方法是设置必要的职能部门和职务,减少外部环境对组织的冲击。如随着经济体制由计划经济向市场经济转变,国家逐步把企业推向市场,使企业内部增加了要素供应和市场营销的工作内容,要求企业必须相应增设或强化资源筹措和产品销售的部门;跨国公司遭遇战争、政治动荡等风险时,需要设置专门机构,安排相应人员收集信息;当潜在风险成为现实风险时,则需要由相应机构处理疏散、财产保全及索赔等事宜。

2. 对各部门关系的影响

环境不同,使组织中各项工作完成的难易程度及对组织目标实现的影响程度也不相同。

同样在市场经济的体制中,当产品的需求大于供给时,组织关心的是如何增加产量,扩大生产规模,增加新的生产设备或车间,组织的生产职能和生产部门会显得非常重要,而相对要冷落销售部门和销售人员;一旦市场供过于求,从卖方市场转变为买方市场,则营销职位会得到强化,营销部门会成为组织的重心。

3.对组织结构总体特征的影响

当外部环境较为稳定时,组织为了提高运行效率,往往需要制定明确的规章制度、工作程序和权力层级,因此采用高复杂性、高正规化、集权化的机械式组织结构。当外部环境不稳定时,要把机械式组织改为精干、快速和灵活的有机式组织,因为有机式组织具有低复杂性、低正规化和分权化的特点,能根据环境变化迅速做出调整。

(二)战略

战略是实现组织目标的各种行动方案、方针和方向选择的总称。为实现同一目标,组织可在多种战略中进行挑选。组织结构必须服从组织所选择的战略的要求,战略的发展阶段和战略类型对于组织设计具有重要影响。

1.战略发展阶段对组织设计的影响

战略发展有四个不同阶段,每个阶段都应有与之相适应的组织结构。①数量扩大阶段。数量扩大阶段的组织结构相对简单,只需要少量职能部门就能解决问题。在这个阶段,组织面临的战略是如何扩大规模。②地区开拓阶段。随着生产规模的扩大,组织需要向其他地区拓展业务。业务范围的扩大带来了协调、标准化和专业化等问题,组织需要建立职能部门对分布在不同地区的业务进行有机整合。③纵向联合开拓阶段。组织在同一行业发展的基础上,自然而然地会向其他领域扩展,这就要求组织建立与纵向联合开拓阶段相适应的组织结构。④产品多样化阶段。在原有产品或服务的主要市场开始衰退之前,有必要利用现有技术、设备和人员等资源开拓新的产品和服务,于是便形成了产品多样化的局面。这一阶段,组织不得不重新考虑资源分配、部门划分、新老业务之间的协调等问题,组织结构也会随之变化。

成功组织的组织结构是与其战略相适应的。如果保持在单一领域、单一行业内发展,组织则偏向于采用集权的职能结构;如果组织进行多元化经营,则多采用分权的事业部结构。组织结构需要根据战略的变化及时进行调整,以提高组织的适应性。

2.战略发展类型对组织设计的影响

除了战略的发展阶段,战略类型不同,组织活动的重点不同,组织结构的选择也各不相同。①保守型战略。采用这种类型的组织一般处于比较稳定的环境之中,需求没有大的增长和变化,保持生产经营的稳定和提高效率成为组织的主要任务。在组织设计上强调提高生产和管理的规范化程度,以及用严密的控制来保证生产和工作的效率。这种刚性组织结构的基本特征为专业化分工严格,规范化和集权化程度高,规章制度多,生产专家和成本控制专家在管理中特别是高层管理中占重要地位,信息沟通以纵向为主。②风险型战略。采用这种战略类型的组织一般处于动荡变化之中,环境复杂多变、需求高速增长、市场变化很快,而且机遇和挑战并存。组织必须不断开发新产品,开拓新市场,实行新的经营管理方法。为了满足组织不断开拓和创新的需要,在组织设计上应以保证组织的创新需要和部门间的协调为目标,依靠建构更加柔性、分权化的组织结构,使各类人才和各个部门都有充分的决策自主权,最终能够对市场最新需求做出灵活的反应。在这种组织结构中,高层管理主要由市场营销专家和产品开发研究专家支配,信息沟通以横向为主。③分析型战略。采用这种战略类型的组织所处的环境也是动荡不定的,但决策者的目标比较灵活,尽可能使风险最小而收益最大。这类组织一方面要稳定现有产品的市场份额,即需要实行规范化、标准化、程序化的作业保证市场供给;另一方面,组织又需要跟踪分析更富有市场竞争力的新产品,及时跟进,这时需要通过构建柔性灵活分权化的组织结构,随时对外在环境的变化做出反应。

因此,该战略介于保守型战略和风险型战略之间,它力求在两者之间保持适当的平衡。这类组织结构的设计兼具刚性和柔性的特征,既强调纵向的职能控制,也重视横向的项目协调。对生产部门和市场营销部门实行详细而严格的计划管理,对产品的研究开发部门则实行较为粗泛的计划管理;高层领导由老产品的生产管理、技术管理等职能部门的领导及新产品的事业部领导联合组成,前者代表组织的原有阵地,后者代表组织进攻的方向;信息在传统部门间主要为纵向沟通,在新兴部门间及其与传统部门间主要为横向沟通;集权和分权适当结合。

组织战略类型的选择对组织设计的要求总结于表8-2中。

表8-2　战略对组织设计的影响

结构特征	保守型战略	风险型战略	分析型战略
集权和分权	集权为主	分权为主	适当结合
计划管理	严格	粗泛	有严格,也有粗泛
高层管理人员构成	工程师、成本专家	营销、研究开发专家	联合组成
信息沟通	纵向为主	横向为主	有纵向,也有横向

(三)技术

技术是指组织在原材料加工成产品并销售出去这一转换过程中所运用的知识、工艺和技艺。它不仅包括组织的机器、厂房和工具,而且包括职工的知识和技能,以及生产工艺和管理业务方法等。技术可以分成作用于资源转换的物质过程的生产技术与主要对物质生产过程进行协调和控制的管理技术。管理过程是利用反映组织经营要素在时空上的运动特点与分布状况的各种信息来计划、组织、协调与控制组织生产经营活动。因此,与信息收集、处理利用相关的技术成为管理技术的主要内容。

1. 生产技术对组织的影响

著名的管理学家琼·伍德沃德和她的助手曾对组织结构和组织所采用的技术之间的关系进行了许多专门研究。在对英国南部近100家小型企业进行调查时,按"工艺技术连续性"的程度,把生产技术分为三种类型:单件小批量生产(Unit Production)技术,适用于定制产品、大型发电机组等单件或小批量产品的生产;大批量生产(Mass Production)技术,适用于成衣、汽车、装配线式生产等,可以通过专业流水线实现规模经济;流程生产(Process Production)技术,适用于化工厂、炼油厂、发电厂等连续不断的生产,比前两种技术更为复杂。组织所采用的技术类型不同,其组织结构也具有非常不同的特点,见表8-3。

表 8-3 组织结构特征与技术类型的关系

技术类型 组织结构特征	单件小批量 生产技术	大批量 生产技术	流程 生产技术
纵向管理层级	3	4	6
高层管理人员的管理幅度	4	7	10
基层管理人员的管理幅度	23	48	15
管理人员与一般人员比例	1：23	1：16	1：8
技术人员比例	高	低	高
规范化程度	低	高	低
集权化程度	低	高	低
复杂化程度	低	高	低
总体结构	有机	机械	有机

伍德沃德得出这样的结论：①从单件小批量生产技术到流程生产技术，随着技术复杂程度的提高，组织结构复杂程度也相应提高，管理层级数、管理人员同一般人员的比例及高层管理的控制幅度亦随之增加，然而，基层管理人员的管理幅度呈现非线性变化，即大批量生产技术最高，单件小批量生产技术次之，流程生产技术最低；②单件小批量生产或流程生产的企业，采用有机式组织结构最为有效，而大批量生产的组织通过严格的规范化管理可以有效地提高效率，因此适合采用机械式组织结构。

2. 信息技术对组织的影响

信息技术对组织设计的影响如同计算机一体化技术对生产的影响，提高了组织的生产效率和管理效率，同样也需要新型的组织结构来配合它的发展。①组织结构更加精简化。电子商务技术的发展使信息处理效率大幅提高，组织网络内每一个终端都可以同时获得全面的数据与信息，从而免去了中间层的上传下达，减少了信息流通的中间环节，因此，弱化了中间管理层的效用，相应地减少了对中间层次的需求，而促使组织精简组织结构。例如，在伦敦，一个运用了信息技术向雇员授权而不是维持严格的等级制度的组织中，技术的发展使其结构由 13 层减少至 4 层。一家名为 Hercules 的医药公司将电子信息与群件技术相联系，使组织结构由 12 层减为 7 层。②组织结构趋向分权化。在信息技术的帮助下，以前只有总部高层管理者才能获取的信息，如今即使远隔千里，也能够便捷地在组织内共享。在不同业务部门或办事处的管理者们有针对性地获取信息，迅速做出重要决策，省去等待总部指示的时间。网上谈判、网上合作有利于虚拟团队的员工自发组织交流和决策，同时给了下属更大的工作自主权。③改善横向沟通。信息不像其他资源，它的价值就在于能够与人的能力相联合而产生有用的知识，所以应用它的人越多，其产生的效用也就越大。信息技术支撑广泛的横向沟通和交流，这有利于信息传递的效率，有利于员工的相互启发、沟通和知识共享。新技术能使管理者之间彼此沟通并认识到组织的活动与结果，它有助于消除障碍和树立以前不曾有的团队意识及组织的整体意识，特别是当人们在不同地点工作时。

(四)规模

规模是影响组织结构的重要因素。当组织业务呈现扩张趋势,组织员工增加,管理层次增多,组织专业化程度不断提高时,组织的复杂程度也不断提高。对于一个生产某一产品,只有几十人的小型组织来说,采用简单的组织结构形式将是最好的选择,而对于一个拥有成千上万人的大型组织来说,如果没有复杂而严密的组织结构、健全的规章制度及分权计策,要使组织保持正常运行并取得高效率是很难想象的。大型组织与小型组织在组织结构上的区别主要体现在以下四个方面。

1.规范化程度

规范化程度是指组织依靠工作程序、规章制度引导员工行为的程度。工作程序、规章制度既包括以文字形式表述的各种制度、条例,也包括以非文字形式存在的传统、组织文化、企业伦理、行为准则等。大型组织具有更高的规范化程度,原因是大型组织更依靠规章、程序和书面工作去实现标准化和对大量的雇员和部门进行控制。

2.集权化程度

集权化程度是指组织决策正式权力在组织层级中的集中或分散程度。通常,小型组织的决策事务较少,高层管理者对组织拥有更大的控制权,因此集权化程度较高。而大型组织往往通过授权的形式将决策权分散给不同层级的管理者,既可以减轻高层管理者的负担,又有利于及时沟通,对环境变化做出快速反应。

3.复杂化程度

复杂化与组织中的层级数目(纵向复杂性)及部门和工种的数量(横向复杂性)有关。大型组织相比小型组织更具复杂性。随着组织中部门规模的增大,组织的专业化分工越细、层级越多、管理幅度越大、组织的复杂性就越高。组织的部门越多,地理分布越广,协调人员及其活动也就越困难。

4.人员结构比率

大型组织的另一个特点是管理人员、办事人员和专业人员的数量激增。随着组织规模扩大,管理人员的增速要高于普通员工的增速,而当组织进入衰退阶段时,管理人员的减幅却明显低于普通员工的减幅。换句话说,管理人员是最先被聘用而最后被解雇的。也有研究表明,随着组织规模的扩大,管理人员的比率是下降的而其他人员的比率则是上升的。

(五)组织的生命周期

像任何机体一样,组织也有其生命周期。1950年,美国经济学家鲍尔丁首次提出了"组织生命周期"这一概念。组织由小型组织向大型组织的发展过程经过若干阶段,它的演化成长呈现出明显的生命周期特征,组织结构、内部控制系统及管理目标在各个阶段都有可能是不同的。

组织初始阶段,由于规模较小,组织层级比较简单。权力集中在以创始人为代表的高层管理者手中。管理者很可能同时担任决策执行者的角色,即组织的管理层和执行层是合二为一的,或者其层级可能是包括管理层和执行层在内的两个简单层级。由于决策权集中在高层,一旦出现决策失误,组织将陷入巨大危机。

随着组织规模的不断扩大,原有的组织结构逐渐发生变化,组织的层级逐渐增加,中层、基层管理者被授予更多决策权,组织的规范化不断提高,但同时也容易出现沟通不畅、部门之间争权夺利的现象,组织面临着各自为政的风险。

当组织经过快速发展逐渐进入成熟阶段后,组织结构呈现出规范化的特征,内部沟通越来越正式化,层级关系更加清晰,规章制度更加完善。此时,组织面临着控制风险,管理者通过授权来调动各部门的积极性,但又不能失去控制。授权、规范化固然能够带来组织的成长,但也可能带来机构臃肿、人浮于事等负面影响,组织内部形式主义蔓延、运行效率低下,而改革却难以推进。

在组织逐渐走向老化或处于组织生命周期的衰退阶段时,组织如果能够适时调整组织结构,进行大刀阔斧的改革,便可继续向前发展,否则可能面临灭亡的命运。

美国学者托马斯·卡农(J. Thomas Cannon)把组织发展分为五个阶段,并指出在不同的发展阶段对组织形态的要求有极大的不同。①创业阶段。这个阶段的组织是小型的,组织的精力放在生存和单一产品的生产和服务上。决策主要由高层管理者个人做出,组织结构不正规,对协调只有最低限度的要求,组织内部的信息沟通主要是建立在非正式的基础上。②职能发展阶段。在这个阶段,企业仍是单一产品组织,但是其规模和经营区域扩大了。决策越来越多地由其他管理者做出,最高管理者亲自决策的数量越来越少,组织结构建立在职能专业化的基础上,各职能间的协调需要增加,信息沟通变得更重要,也更困难。③分权阶段。这一阶段,企业已不再具有单一产品线,而成为具有多种产品的组织。组织采用分权的方法来应对职能结构引起的种种问题,组织结构以产品或地区事业部为基础建立,目的是在组织内建立"小组织",使后者按创业阶段的特点来管理。但随之而来出现了新问题,各"小组织"成了内部不同利益集团,组织资源转移,用于开发新产品的相关活动减少,总部与"小组织"的许多重复性劳动使费用增加,高层管理者感到对"小组织"失去了控制。④参谋激增阶段。为了加强对各"小组织"的控制,组织高层的行政主管增加了许多参谋助手。这虽然增加了高层管理者的控制力量,但也导致了参谋人员与直线人员之间的矛盾,以及各种建议由于过多参谋人员的审核而导致延误的问题。⑤再集权阶段。分权和参谋激增阶段所产生的问题,组织的高层主管会采取再集权的方式予以解决。同时,信息处理的计算机化和复杂的控制系统使再集权成为可能。

四、组织设计的原则

在组织设计的过程中,除了考虑上面提到的影响因素外,还应遵循一些最基本的原则,这些原则都是在长期的管理实践中积累的经验,应该为组织设计者所重视。

(一)目标一致原则

组织活动是围绕一定目标进行的,因此组织设计需要以组织的整体目标为引领,部门设置、沟通协调、冲突解决都要为这一目标服务,这就是目标一致原则。目标一致对于组织设计尤为重要,因为组织目标是进行个人职责划分的基本依据。在进行组织设计时要考虑每一个组织成员的职责,看其职责的划分是否有利于组织整体目标的实现,要明确个人目标的实现最终是为了服务于组织目标。设计组织结构时首先要考虑何种结构形式更有利于组织目标的实现,组织设计完成后的调整也应该以能否促进组织目标实现为重要标准。

（二）分工与协作原则

分工与协作原则是指组织结构能够反映出实现目标所需的任务分解和相互协调，在专业分工的基础上实现部门间、人员间的协作与配合，保证组织活动顺利开展，从而实现组织的整体目标。

专业化分工指的是把工作活动划分为各项单独的工作任务。个体员工"专门"从事一项活动中的某一部分而不是整项活动，从而提高工作效率。分工越来越细是现代社会和现代组织的一个主要特征。然而，有分工就有协调和合作，很多工作不是一个人甚至一个部门能够独立完成的。因此，为了完成组织目标，在分工的基础上，还需要加强组织内部各部门的协作，分工和协作二者是相辅相成的。

（三）权责对等原则

权是指管理的职权，也就是职务范围内的管理权限。责是指管理上的职责，也就是当管理者占有某职位，担任某职务时应履行的义务。权责对等原则是指在一个组织中的管理者其所拥有的权力应当与其所承担的责任相适应的准则。没有明确的权力，或权力小于责任，就不能履行其职责，并不负责任。如果权力大于责任，就会导致不负责任地滥用职权，甚至会危及整个组织系统的运行。完全负责也就意味着责任者要承担全部风险，而要求管理者承担风险，就必须给其与风险相对应的收益作为补偿，否则，管理者就不会愿意承担这种风险。

（四）有效管理幅度原则

管理幅度也称管理跨度、管理宽度，是指在组织结构中一个管理人员所能直接管理或控制的部属数目。管理幅度是同管理层次相互联系、相互制约的，即管理幅度越大，管理的层次越少。由于领导者受时间和精力等方面因素的限制，往往不能够直接指挥组织各方面活动。如果一个管理者的管理幅度过小，必然会造成管理费用高，资源浪费，管理者无法达到满负荷工作，或者对下属管得太严，束缚了下属的手脚，降低下属的积极性和主动性；而如果管理幅度过大，则会超出领导者的能力，产生管理不过来、管理不到位的问题。

（五）统一指挥原则

统一指挥原则的实质，就是在管理工作中实行统一领导，建立起严格的责任制，消除多头领导、政出多门的现象，保证全部活动的有效领导和正常工作。每一位下属只能接受一个上级的命令和指挥，上级不能越级指挥下级，以维护下级组织的领导权威，从而在上下级之间形成一条清晰的指挥链。组织内部的分工越细，统一指挥原则对于保证组织目标实现的作用就越重要。

（六）集权与分权相结合的原则

在组织管理中，集权有利于实现统一的领导指挥，也能促进人力、物力、财力的合理分配使用。而分权有利于基层迅速而正确地做出决策、解决问题，把上层领导从繁重的日常事务中解脱出来，集中精力抓大问题。集权和分权各有利弊、相辅相成，因此在组织设计时要做好权衡。

(七)柔性经济原则

组织的柔性原则是指组织的各部门、各人员都可以根据组织的内外环境变化和战略调整而进行灵活调整和变动。组织的结构应当保持一定的柔性以减小组织变革造成的冲击和震荡。组织的经济原则,是指组织的管理层次与幅度、人员结构及部门工作流程必须设计合理,以达到管理的高效率。

柔性经济原则对组织设计提出了两方面要求:一是稳定性与适应性相结合,在维持组织稳定的同时保持一定的弹性;二是组织结构设计要合理,避免产生内耗,造成管理成本上升。组织的柔性和经济是相辅相成的,一个柔性的组织必须符合经济的原则,而一个经济的组织又必须使组织保持柔性,只要这样,才能保证组织结构既精简又高效,避免形式主义和官僚主义作风的滋长和蔓延。

第三节   组织结构

不同规模、不同类型的组织有着不同的组织结构,而且需要根据其发展进行动态调整。组织结构设计是组织设计的核心工作。

一、组织结构的含义

组织结构是组织中正式确定的,是工作任务得以分解、组合和协调的框架体系。组织结构包括横向结构和纵向结构。横向结构主要解决组织内部如何划分部门的问题,即按照组织目标对工作任务进行分解后,确定相应的部门完成工作;纵向结构主要解决如何科学地设计有效的管理幅度与合理的管理层次问题。横向是平行机构或人员之间的联系,是一种分工与协作关系;纵向是组织上下垂直机构或人员之间的联系,是一种领导隶属关系。在设计组织结构时,横向结构与纵向结构需综合考虑。

组织结构是组织工作的结果。组织结构既是组织工作研究的对象,又是与工作分工、部门化和授权有关的一系列管理决策的产物。由于每个组织的目标、所处的环境和所拥有的资源不同,组织结构自然是具有较大差异的,实际生活并不存在普遍适用的最佳的组织结构。

二、组织结构的形式

组织适应环境的过程,是一个组织结构不断革新和变革的过程。在组织结构形式的演进中,我们可以把结构形式分为两大类:传统的组织结构形式和现代的组织结构形式。传统的组织结构形式偏重严格按照等级链进行统一指挥、统一领导和集权化;按照组织内部操作的不同进行部门划分,包括直线制、职能制、直线职能制等。现代的组织结构形式关注组织员工的积极性和能动性的发挥,在遵循统一指挥等管理原则的基础上倾向于分权化,按组织的产出不同进行部门的划分,包括事业部制、矩阵制、多维矩阵制和网络式等。常见的组织结构基本类型有下列六类。

(一)直线制

1. 直线制组织结构的特点

直线制组织结构是最早使用、最简单的一种组织结构,是一种高度集权式的组织结构形式,最初用于军事组织,后来推广到企业,其组织结构图如图 8-9 所示。这是一种只有直线部门和直线领导,没有职能分工和参谋部门的组织结构形式,下级部门只接受一个上级的指令,各级负责人对其下属的一切问题负责。管理层级之间只有行政命令,没有实现管理专业化分工。

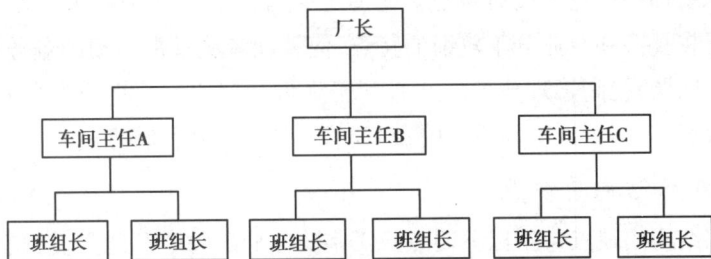

图 8-9 直线制组织结构图

2. 直线制组织结构的优点

直线制组织结构的优点主要有两点。①设置简单。组织结构形式简单,命令统一,决策迅速,管理成本低。②权责关系明确。下属只接受一名上级的领导,每一个层级管理者的职责、权力非常清晰,组织中不存在直线与参谋之间的矛盾。

3. 直线制组织结构的缺点

直线制组织结构的缺点主要有三点。①管理人员压力大。由于没有职能部门帮助直线人员工作,组织的直线管理人员要花大量的时间和精力从事各项职能管理工作,这样不利于提高组织的管理效率。②降低决策效率。高度集权的结构导致管理者的信息超载,决策制定缓慢而低效。③组织风险高。领导的个人突发事件或决策失误会引起组织的"震荡"。

这种结构适用于军队组织或产品单一、工艺技术比较简单、业务规模较小的企业组织。

(二)职能制

1. 职能制组织结构的产生

职能制组织结构最早由美国人泰勒提出。其原理是采用专业分工的职能管理者,代替直线制的全能管理者。职能制组织的管理是按专业进行划分,各职能机构在自己的业务范围内有权向下级发号施令。各级领导人员除了服从上级指挥外,还要服从上级各职能部门的指挥。它的特点是只有职能部门,几乎没有直线体系,强调专业管理。其基本机构形式如图 8-10 所示。

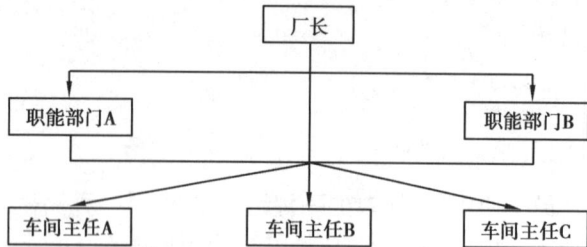

图 8-10　职能制组织结构图

2. 职能制组织结构的优点

职能制组织结构的优点主要有两点。①专业化程度高。促进管理专业化分工,能适应现代组织技术比较复杂和专业分工较细的特点,使管理者从日常烦琐的业务中解脱出来,集中精力思考重大问题,提高管理成效。②有利于降低管理成本。将同类专家划分在同一部门可以产生规模经济,减少人员和设备的重复配置,有利于降低管理成本。

3. 职能制组织结构的缺点

职能制组织结构的缺点包括以下四点。①多头领导。每个职能人员都有指挥命令的权力,必然在组织中造成多头领导,违反了管理的统一指挥原则。②职责不清。不容易明确区分各个部门的职责和权限。③协调困难。各个职能部门常常会因为追求职能目标而看不到全局的最佳利益,不容易相互配合,使组织的横向协调比较困难。④不利于综合型管理人员的培养。

职能制作为一种管理思想,即管理专业化是正确的,但是作为一种具体的组织结构形式却是不可取的,因为它违反了统一指挥原则。这种组织结构一般出现在各种协会等社会团体。

(三)直线职能制

1. 直线职能制组织结构的产生

直线职能制组织机构,又称 U 形组织结构,是综合了直线制结构和职能制结构的优缺点而设计的一种组织结构。它把直线指挥的统一化思想和职能分工的专业化思想相结合,既设置了纵向的直线指挥系统,又设置了横向的职能管理系统,是一种以直线指挥系统为主体建立的两维管理组织。在直线制组织结构的基础上,在各级主管之下设置相应的职能部门,通常包括采购、营销、技术、财务、人力资源等,分别从事专业管理,作为该级主管的参谋,如图 8-11 所示。

2. 直线职能制组织结构的优点

直线职能制组织结构的优点主要有两点。①统一指挥和专业化管理相结合。指挥权集中,决策迅速,上级决策和意图能够得到有效贯彻,保证统一集中的指挥,工作效率高;将同类专家配置在同一职能部门,可以充分发挥各部门的专长。②能够有效减轻管理者的负担。职能部门的存在,能够有效减轻管理者的负担。

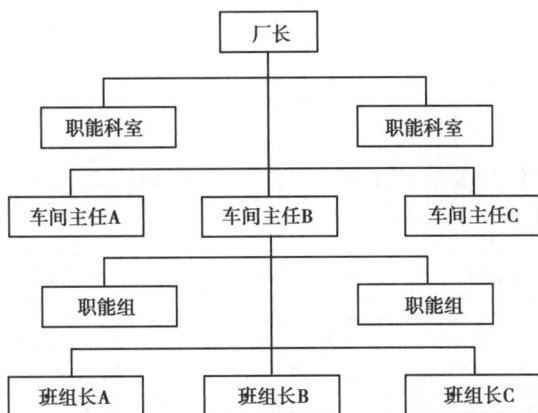

图 8-11 直线职能制组织结构图

3. 直线职能制组织结构的缺点

直线职能制组织结构的缺点主要表现在以下三个方面。①协调难度加大。直线部门与职能部门目标不一致，容易引发职能部门越权的现象，各职能部门还易产生"隧道视野"，缺乏全局观念，这都增加了组织内部的协调难度。②不利于下属积极性和自主性发挥。该组织结构偏重直线指挥的作用，组织的权力都集中在组织的高层管理者手中，不利于下属积极性和自主性的发挥。③降低对环境的适应能力。直线职能制组织结构缺乏弹性，对环境变化的反应迟钝，难以应对外部环境变化带来的挑战。

这种组织结构适合于环境比较稳定的中小规模组织。

(四)事业部制

1. 事业部制组织结构的产生

事业部制又称为 M 型组织结构、分部型结构，是一种分权制的组织结构，如图 8-12 所示。它由美国通用汽车公司前总裁艾尔弗雷德·斯隆(Alfred P. Sloan)首创，所以又被称为"斯隆模型""联邦分权制"，也被称为组织管理的一次革命。

事业部制强调分级管理、分级核算和自负盈亏，即一个公司按地区或产品类别分成若干个事业部，产品设计、原料采购、成本核算、产品制造和产品销售等均由事业部及所属工厂负责，公司总部只保留人事决策、预算控制和监督大权，并通过利润等指标对事业部进行控制。其主要特点是"集中决策，分散经营"。总部只是对各个事业部规定经营方针和经营发展方向，对整个组织的资金实行统一调度，考核、训练和培养各个分部领导人。事业部制适用于经营规模大、生产经营业务多样化或地域分散、市场环境差异大、适应性强的大型组织。

2. 事业部制组织结构的优点

事业部制组织结构的优点包括以下四点。①有利于管理者专注于战略规划与决策。组织的最高管理层摆脱了具体的日常管理事务，可以集中精力考虑战略性决策问题。②提高了组织对环境的适应能力。权力下放，专业化的管理和集中领导有机结合，提高了管理的灵活性和适应性；同时，由于多个事业部的存在，也增强了组织抵御风险的能力。③有利于发挥各部门的积极性、主动性和创造性。由于各个事业部是一个利润中心，便于把组织的经营状况同成员的利益挂钩起来，发挥他们的积极性、主动性和创造性。④有利于培养综合型管理人才。

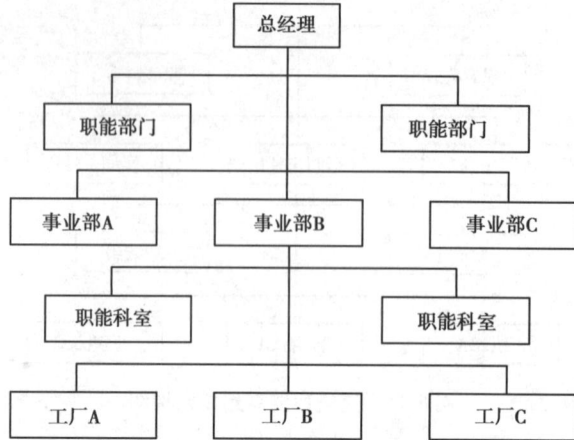

图 8-12 事业部制组织结构图

3.事业部制组织结构的缺点

事业部制组织结构的缺点包括三点。①容易滋生本位主义。各个事业部只考虑本部门的局部利益和眼前利益,忽视了组织的整体利益和长远利益,各事业部之间协作困难、沟通不畅。②增加管理成本。容易出现机构重复,造成人员浪费和管理成本过高。③对管理人员的要求高。对事业部经理的素质要求较高,为人员配置带来一定难度。

(五)矩阵制

1.矩阵制组织结构的产生

矩阵制组织结构是对职能部门化和产品部门化的融合,所以,它具有两套管理系统:纵向的职能领导系统和横向的产品部门系统(项目系统),如图 8-13 所示。矩阵制组织结构的实质是为了加强职能制组织之间的协调,引进项目管理的形式开发的一种组织形式。

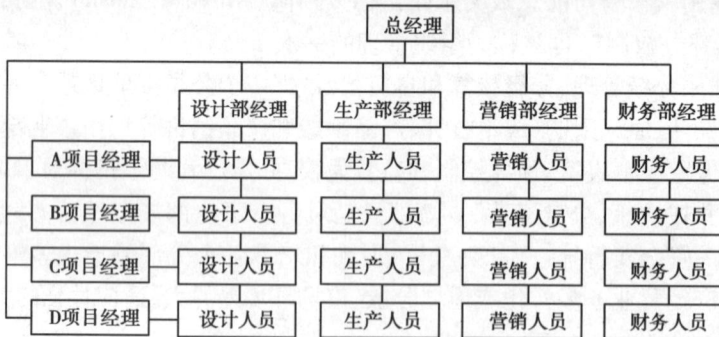

图 8-13 矩阵制组织结构图

对于组织来说,矩阵式的结构是固定的,而对于矩阵组织中的每一个项目组来说,却又是变动的,即当组织为了完成某项新的任务时,可以临时成立一个新的项目小组,负责人也是临时委任的。这个小组的成员来自各个职能部门,他们既接受各自职能部门的领导,同时又接受各个项目小组的领导。当项目小组的工作任务完成,从而项目小组没有存在的必要时,组织可以撤销项目小组,项目小组的成员又回到各自的职能部门工作。该结构打破了统一指挥的传统原则,它有多重指挥线,适用于在需要对环境变化做出迅速而一致反应的组织,可用来完成涉及面广、临时性、复杂的重大工程项目或管理改革任务。

2.矩阵制组织结构的优点

矩阵制组织结构的优点主要表现在以下四点。①机动性强。任务完成即解散,各回原来的部门,对环境变化有高度的适应性。②目标明确、人员结构合理。矩阵制组织的目标十分明确、具体,各项目组有着特定的攻关任务,人员来自任务相关的部门,结构合理。③沟通顺畅。克服了职能部门相互脱节、各自为政的现象,加强了组织内部横向联系;各种专业人员相互沟通、相互帮助,培养合作精神和全局观念。④专业人员和专用设备得以充分利用。⑤有利于创新。矩阵制组织的人员从各职能部门抽调而来,有着不同的专长,目标一致,不同部门的员工在一起有利于相互启发,集思广益,思维的碰撞有利于创新。

3.矩阵制组织结构的缺点

矩阵制组织结构的缺点主要表现在三个方面。①多头指挥。矩阵制组织的成员都要接受项目组和职能部门的双重领导,容易产生权责不清、管理混乱的现象。②稳定性比较差。组织成员由于经常变换工作,可能会产生临时性的观念。③容易产生权力争斗的倾向,两个系统为领导权、资源分配和控制而产生争斗。

(六)多维矩阵制

多维矩阵制又称为多维立体型组织结构,是直线职能制、矩阵制、事业部制和地区、事件结合为一体的复杂机构形态。它是从系统的观点出发,建立多维立体的组织结构。多维矩阵制主要包括三类管理机构:一是按产品划分的事业部,是产品利润中心;二是按职能划分的专业参谋机构,是专业成本中心;三是按地区划分的管理机构,是地区利润中心,如图8-14所示。

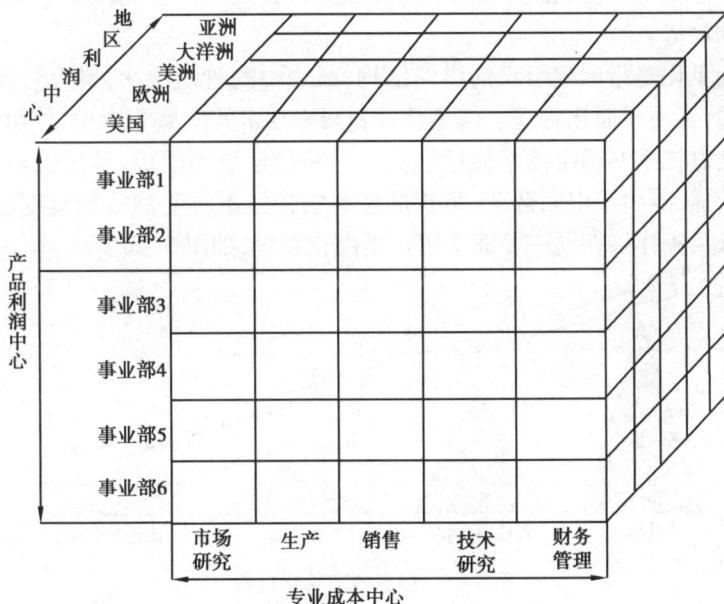

图8-14 多维立体组织结构图

在这种组织结构形势下,围绕某种产品的研发、生产和销售等重大问题,每一系列都不能单独行动,必须由三方代表通过共同协调才能采取行动,进而突出了整体利益,加强了相互之间的信息沟通和交流,减少了产品部门之间、地区部门之间的矛盾。这种组织结构适用于跨地区从事大规模生产经营但又需要保持较强灵活反应能力的大型组织,目前杜邦、雀巢、飞利浦等组织均采用这种组织结构。

上面介绍的是几种典型的组织结构形式,各种组织结构形式都是利弊共存的。从其稳定性和适应性角度又可分为两类:一类是机械式组织结构,如职能制、事业部制组织结构;另一类为有机式组织结构,如矩阵制、多维立体制组织结构等。相比较而言,机械式组织结构的正规化程度较高,注重内部的效率和纪律,但灵活性和适应性要差一些。而有机式组织结构则在灵活性和适应性方面要强一些。每一个组织都必须从实际出发,在综合分析各种因素作用的基础上,选择一种形式或综合几种形式,以形成适合自身特点的组织结构。

三、组织结构的发展趋势

随着时代的发展,组织结构正在悄然发生变化,现有的组织结构形式已经不能满足企业发展的需要。企业在不断对组织结构进行动态调整,扁平化、柔性化、无边界化、网络化成为组织结构演进的大趋势。

(一)扁平化

组织结构存在两种典型的类型,即高耸型和扁平型。传统的高耸型组织形式虽具有结构严谨、等级分明、分工明确、便于控制和统一指挥等优点,但在新形势下其弊端日益突出:管理层次多,导致机构臃肿、人员膨胀;管理成本上升;人浮于事,管理效率低,信息处理和传递不畅;下层自主性小,创造潜能难以释放,对外部环境变化反应迟钝;上层领导与基层群众难以交流沟通。这种组织形式越来越不适应信息时代快速反应的要求,组织结构扁平化已成为不可避免的趋势。

组织结构扁平化是指压缩组织的纵向结构,减少中间管理层次,增大管理幅度,促进信息的传递与沟通,实现平面化管理。信息技术和网络技术的发展和应用,使组织的扁平化成为可能。因为信息技术和网络技术使信息的获得和传递更为便捷,基层管理部门可以直接与高层决策者沟通,减少了中间环节,组织的等级结构已不再受到管理幅度的限制,从而形成决策层、管理层、操作层在同一平面上进行平面化管理,如图 8-15 所示。

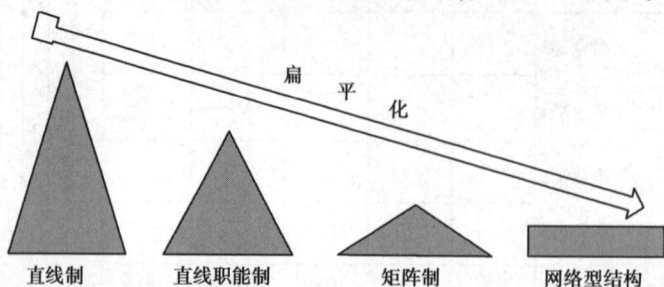

图 8-15　组织的扁平化过程

组织结构扁平化的优点体现在以下四点:①管理层次减少,管理人员大幅削减,降低了管理费用;②管理跨度加大,权力下放,下属的自主性增强,有利于激发员工的积极性、主动性和创造性;③削减了中间层次,信息传递速度加快,减少信息的过滤和失真,促进上下级之间的沟通;④对管理者的要求提高,有利于改善和提高员工队伍的整体素质。

(二)柔性化

"柔性组织"是相对"刚性组织"而言的。传统的刚性组织以规章制度为中心,坚持正式的职权层级和统一指挥的原则,作业行为简单化、常规化和标准化。而这在产品开发周期不断缩短、市场需求瞬息万变的今天颇显迟钝。随着环境不确定性的增加,组织需要增加柔性以应对环境变化。柔性化是通过设置协调岗位、临时委员会或工作团队的形式加强组织内部的横向联系、增强组织机动性的一种趋势。

在柔性化组织中,集权和分权相结合,稳定性与变化性相统一,灵活性和多样性相协调,保证组织充分利用资源,为组织提供了应变内外部环境变化的能力,从而提高了组织的竞争力。

柔性化趋势通常表现为临时团队、工作团队和项目小组等形式。所谓"团队",就是让员工打破原有的部门界限,绕过原来的中间管理层次,直接面对顾客和向组织总体目标负责,从而以群体和协作优势赢得竞争主导地位。临时团队,是与组织小型化相对应的,往往是为了解决某一特定问题而将有关部门的人员组织起来的"突击队"。通常等问题解决后,团队即告解散。这种形式是对那种等级分明、层次多、官僚主义组织的强烈冲击。团队工作方式,是一种通过改变传统组织中的高度集权,给员工一定的自主权,即把业务流程分解成许多小段,每个人做其中一份工作的方式。项目小组,由一个项目经理、一个市场经理、一个财务经理、一个设计师、一个工艺工程师和若干位不同工种的工人组成,根据需要还可以吸收组织外部一些专家加入。这种组织方式的优点是可以发挥团结合作优势,缩短产品研制与生产出货的时间,对消费者的需求能迅速做出反应,消除人浮于事的现象等。

(三)无边界化

随着市场竞争的日益激烈、信息技术的快速发展及全球化的到来,组织的竞争已经不再是在单一的区域内进行,而是以全球作为竞争的舞台;组织将在全球范围内配置资源、寻找市场、提高产出;与组织相关的人员范围也从股东、管理者、员工扩大到包括顾客、供应商、竞争者、各类协会、社区、政府等在内的利益相关者;组织的业务不再封闭,与其他组织之间的联系更加紧密,组织的边界正在被打破,组织结构也呈现出无边界化的趋势。

无边界组织概念最早由通用电气公司前首席执行官和董事长杰克·韦尔奇(Jack Welch)提出的。其基本内涵是:在构建组织结构时,不是按照某种预先设定的结构来限定组织的横向、纵向和外部边界,而是力求打破和取消组织边界,以保持组织的灵活性和有效运营。其中,横向边界是由专业分工和部门划分形成的,纵向边界是将员工划归不同组织层次的结果,外部边界则是指将组织与顾客、供应商及其他利益相关者分离开来的隔墙。通过运用跨层级团队和参与式决策等结构性手段,可以取消组织内部的纵向边界,使组织结构趋于扁平化;通过跨职能团队和工作流程而非职能部门组织相关的工作活动等方式,可以取消组织内部的横向边界;通过与供应商建立战略联盟及体现价值链管理思想的顾客联系手段等方式,可以削弱或取消组织的外部边界。

(四)网络化

随着信息技术的普遍适用,传统的组织运作形态呈现出组织结构的网络化趋势。组织结构网络化既表现为组织内部结构的网络化,使组织内部决策的层次越来越少,管理的幅度越来越宽,决策越来越分散于最接近客户的经营前沿,又表现为组织间结构的网络化,形成以专业化联合的资产、共享的过程控制和共同的集体目的为基本特征的组织间的网络组织。具体又可分为内部网络、垂直网络、横向网络和机会网络四种。组织内部网络是指在组织内部打破部门界限,各部门及成员以网络形式相互连接,使信息和知识在组织内快速传播,实现最大限度的资源共享。垂直网络即由行业中处于价值链不同环节的组织共同组成的网络型组织,例如供应商、生产商、经销商等上下游组织之间组成的垂直型网络。横向网络指由处于不同行业的组织所组成的网络,这些组织之间发生着业务往来,在一定程度上相互依存。机会网络是由不同的组织为了实现一个共同目标暂时组成一个联合体,一旦目标实现,这种网络结构也就随之解体。组织的网络化使传统的层次性组织和灵活机动的计划小组并存,使各种资源的流向更趋合理化,通过网络凝缩时间和空间,加速组织的全方位运转,从而提高组织的效率和绩效。

第四节　组织变革

组织作为一个开放系统,必然会不断与外界环境进行交换,并随着内外环境的变化而变化。一个组织结构、组织制度在当前是合适的,但随着时间的推移,在新的环境因素下,它们可能变得不再适用。为了适应环境的变化、更有效地利用资源,从而最大限度地实现组织目标,组织必须不断进行变革。可以说,组织变革是组织保持活力的一种手段。

一、组织变革的含义

组织变革是指组织根据内外环境的变化,及时对组织中的要素及其关系进行调整,以适应组织未来发展的要求。这种变革的范围包括组织的各个方面,如组织行为、组织结构、组织制度、组织成员和组织文化等。任何一个组织,无论过去如何成功,都必须随着环境的变化而不断调整自我并与之相适应。

组织变革的根本目的是提高组织的效能。在动荡不定的环境条件下,要想使组织顺利地成长和发展,就必须自觉地研究组织变革的内容、阻力及其一般规律,研究有效管理变革的具体措施和方法,以积极引导和实施组织的变革。

二、组织变革的动因

推动组织变革的因素可以分为外部环境因素和内部环境因素两个部分。

(一)组织变革的外因

1. 经济的力量

由于经济全球化的影响,组织面临的市场竞争日益激烈,竞争的领域也随之扩大,这种变化为组织带来机遇的同时,随之而来的风险也进一步增大,如果组织不能有效实施组织变革,就无法应对竞争的压力。与此同时,消费者的消费水平、需求结构、价值观和生活方式、审美观和闲暇时间等都发生了一系列的新变化,为及时满足消费者的需要,迅速占领市场,组织也需要进行变革。

2. 社会政治的影响

政治体制的改革、国内政治局势的动荡和稳定、方针政策的正确与偏差、社会风气的好坏、国际政治风云变化等社会政治因素的变化都会使组织产生变革的需求。

3. 科技进步的影响

当今时代是科学技术飞速发展的时代,现代科学技术正在深刻地影响和改变着社会生产及人类生活的方方面面。对于组织来说,组织结构、管理幅度、管理层次、信息沟通方式等都受科技的巨大影响。信息技术的使用改变了组织内部的信息沟通方式,使组织中部门之间、上下级之间的沟通更加便捷。组织的管理幅度更加宽广、管理层次减少,组织结构向扁平化、柔性化、网络化发展。此外,随着科学技术的进步,产品的技术含量越来越高,产品从研发到投入市场的周期日益缩短,产品更新的速度也越来越快,这就要求组织必须有针对性地进行变革,使组织更具灵活性,能够更具竞争力。

4. 资源变化的影响

组织发展所依赖的资源对组织具有重要的支持作用,如原材料、资金、能源、人力资源、专利使用权等,组织必须克服对环境资源的过度依赖,同时要及时根据资源的变化顺势变革组织。

5. 竞争观念的改变

基于全球化的市场竞争将会越来越激烈,在超竞争环境下,组织若想博得最有利的竞争地位,必须在竞争观念上顺势调整,争得主动,加快重组步伐,这样才能在竞争中立于不败之地。

(二)组织变革的内因

1. 组织目标的改变

随着组织的发展,组织目标必然会做出相应的改变和调整,要么组织既定的目标已经实现或即将实现,需要寻求新的发展、新的目标;要么组织既定目标无法实现,需要及时转轨变型;要么组织目标在实施过程中与环境不相适应,出现偏差,需要及时进行修正与调整。组织目标的改变会促使组织调整结构、重新组织人员和财力,有针对性地进行变革。

2. 管理条件的变化

管理现代化要求组织对其行为做出有效的预测和决策,对组织要素和组织运行过程的各环节进行合理规划,最大限度地发挥本组织人力、物力和财力的作用,取得最佳效益。推行各种现代化管理方法、运用计算机辅助管理、转化经营机制、改革用工制度、优化劳动组合、保障信息畅通等,都会要求组织机构做出相应的改革,以适应组织管理条件的变化。

3. 组织发展阶段的变化

在组织生命周期的不同阶段,组织有不同的运行模式。在每个阶段的后期都面临某种危机和管理难题,这就要求组织适时做出变革,采用一定的管理策略解决这些危机,达到成长的目的。

4. 组织员工的变化

组织的成长会带来员工工作动机、工作态度、行为方式等的变化。随着组织的发展,组织成员需求层次提高,参与意识、自主意识及个性化趋势增强,这就要求组织改变激励手段,改善工作环境和工作条件,改变工作设计。同时,员工的价值观、对组织的期望和劳动态度的变化都要求组织随之做出变革。

5. 提高组织整体管理水平和效率

组织整体管理水平的高低是竞争力的重要体现。组织在成长的每一个阶段都会出现新的发展矛盾,为了达到新的战略目标,组织必须在人员素质、技术水平、价值观念、人际关系等各个方面做出进一步的改善和提高。另外,原有的僵化的组织结构、决策程序和人员配备都可能出现某些低效率的现象,增加组织的管理成本,甚至错失组织发展的良机。管理者会从提高管理效率的角度,不断思考最适合组织需要的、最节约成本的组织形式,这是推动组织变革的一个非常重要的内在动力。

三、组织变革的目标

组织变革的基本目标是提高三个适应性,即组织更具环境适应性、管理者更具环境适应性、员工更具环境适应性。

(一)提高组织的环境适应性

环境因素具有不可控性,组织要想在动荡的环境中生存和发展,就必须顺势调整自己的任务目标、组织结构、决策程序、人员配备和管理制度等,唯有如此,组织才能有效把握各种机遇,识别并应对各种威胁和危机,使组织更具环境适应性。

(二)提高管理者的环境适应性

一个组织中,管理者是决策的制定者和组织资源的分配者。在组织变革中,管理者必须清醒地认识到自己是否具备应对未来挑战所需的决策能力、组织能力和领导能力。因此,管理者一方面需要调整过去的领导风格和决策程序,使组织更具灵活性和柔性;另一方面,管理者要能够根据环境的变化要求重构层级之间、工作团队之间的各种关系,使组织变革的实施更具针对性和可操作性。

(三)提高员工的环境适应性

组织变革最直接的感受者就是组织的员工。组织如若不能使员工充分认识到变革的重要性,顺势改变员工对变革的观念、态度、行为方式等,就可能无法使组织变革措施得到员工的认同、支持和贯彻执行。需要进一步认识到，改变员工的固有观念、态度和行为是一件非常困难的事，组织要使人员更具环境适应性，就必须不断地进行再教育和再培训，决策中要更多地重视员工的参与和授权，要能根据环境的变化改造和更新整个组织文化。

四、组织变革的内容

由于环境情况各不相同，组织变革的内容和侧重点也有所不同。综合来看，组织变革过程的主要变量因素包括人员、结构、技术与任务，具体内容如下。

(一)人员的变革

人员的变革是以人力资源为中心的改革，它涉及员工在态度、技能、期望、任职、培训、行为和薪酬制度上的改变。组织发展虽然包括各种变革，但是人是最主要的因素，人既可能是推动变革的力量，也可能是反对变革的力量。变革的主要任务是组织成员之间在权力和利益等资源方面的重新分配。要想顺利实现这种分配，组织必须注重员工的参与，注重改善人际关系并提高实际沟通的质量。通过人力资源管理职能的改善提升整个组织的功能。

(二)结构的变革

组织结构变革是指组织总体设计或组织结构的基本组成部分的改变。组织总体设计是选择或设计一种新的组织结构形式，如从直线职能制组织结构变革为事业部制组织结构等。组织的基本组成部分变革，包括集权和分权的程度、管理幅度和管理层次的改变，以及协调机制、职务与工作再设计等其他结构参数的变化。管理者的任务就是要对如何选择组织设计模式、如何制订工作计划、如何授予权力及授权程度等一系列行动做出决策。

(三)技术与任务的变革

技术与任务的变革包括对作业流程与方法的重新设计、修正和组合，包括更换机器设备，采用新工艺、新工具、新技术和新方法等。由于现代社会技术飞速进步，组织为了生存和发展，必须对技术的变化和由此引起的顾客需求变化做出快速反应，提升组织的环境适应能力和竞争能力。由于产业竞争的加剧和科技的不断创新，管理者应能紧跟当今的信息革命，在流程再造中利用最先进的计算机技术进行一系列的技术改造。同时，组织还需要对组织中各部门或各层级的工作任务进行重新组合，如工作任务的丰富化、工作范围的扩大化等。

五、组织变革的过程和程序

(一)组织变革的过程

按照库尔特·勒温(Kurt Lewin)的观点，组织变革通常包括解冻、变革和再冻结三个阶段。

1.解冻阶段

解冻阶段是组织变革的初始阶段，也称心理准备阶段。它主要是对组织现状进行解冻，这个阶段的首要任务就是动员员工了解变革的原因和新的组织目标,通过积极的引导,激励员工更新观念和态度,理解变革的意义并参与到变革中去。

2. 变革阶段

这是变革过程中的行为转化阶段,也是变革措施正式的开始。进入这一阶段,组织上下已对变革做好了充分的准备,变革措施就此开始。组织把激发起来的改革热情转化为改革的行为。关键是要能运用一些策略和技巧减少对变革的抵制,进一步调动员工参与变革的积极性,使组织变革成为全体员工为之奋斗的目标。

3. 再冻结阶段

再冻结阶段是组织变革的行为强化阶段,其目的是要通过平衡变革的驱动力和约束力,使新的组织状态保持相对稳定。由于人们的传统习惯、价值观念、行为模式、心理特征等是在长期的社会生活中逐渐形成的,不是一次变革就能彻底改变的,因此,改革措施顺利实施后,还应采取种种手段对员工的心理状态、行为规范和行为方式等进行不断巩固和强化;否则,稍遇苦难和挫折,便会反复,使改革的成果难以巩固。

(二)组织变革的程序

组织变革的程序可以分为以下四个步骤。

1. 通过组织诊断,发现变革征兆

组织变革的第一步就是要对现有的组织进行全面诊断。这种诊断必须要有针对性,要通过调查和资料收集等方式,对组织的职能系统、工作流程、决策系统及内在关系等进行全面诊断。组织除了要从外部信息中发现对自己有利或不利的因素外,更重要的是能够从各种内在征兆中找出导致组织或部门绩效不佳的具体原因,并确立需要进行整改的具体部门和人员。

2. 分析变革因素,制订改革方案

组织诊断任务完成之后,接下来便是分析组织变革的具体因素,如职能设置是否合理、决策中的分权程度如何、员工参与改革的积极性怎样、流程中的业务衔接是否紧密、各管理层级间或职能机构间的关系是否易于协调等。在此基础上制订若干可行的改革方案,以供选择。

3. 选择正确方案,实施变革计划

制订完改革方案后,组织需要在备选方案中选择正确的实施方案,然后制订具体的改革计划并予以实施。推进改革的方式有很多,组织在选择具体方案时要充分考虑到改革的深度和难度、改革的影响程度、变革速度及员工的可接受程度和参与程度等,做到有计划、有步骤、有控制地进行。当改革出现某些偏差时,要有备用的纠偏措施及时纠正。

4. 评价改革效果,及时进行反馈

组织变革是一个包括众多复杂变量的转换过程,再好的改革计划也不能保证就一定能取得理想的效果。因此,变革结束之后,管理者必须对改革的结果进行总结和评价,及时反馈情况。对于没有取得理想效果的改革措施,应当在认真分析和评价后再做取舍。

六、组织变革的阻力及其管理

(一)组织变革的阻力

组织变革是一种对现有状况进行改变的努力,变革常常会遇到来自各种变革对象的阻力和反抗。产生这种阻力的原因可能是传统的价值观念和组织惯性,还有一部分是出于对变革不确定后果的担忧,它集中表现为来自个人的阻力和来自团体的阻力。

1.个人的阻力

任何一场变革都不可避免地要涉及人。由于不同个体对组织变革的结果接纳程度及风险意识不同,因而对变革的态度就会不同,所以人的因素是组织变革的核心问题,甚至直接关系到组织变革的成败。组织变革中存在的个人阻力主要来自利益上的影响和心理上的影响。

(1)利益上的影响

变革从结果上看,可能会威胁到某些人的利益,如机构的撤并、管理层级的扁平化,可能会使部分成员面临着失去权力的威胁;新设备的引进、自动化生产的实施,迫使手工操作的工人下岗,从而影响他们的经济收入;通过变革来提高生产效率需要时间,可能会影响员工短期内的收益;过去熟悉的职业环境已经形成,而变革要求人们调整不合理的或落后的知识结构,更新过去的管理观念、工作方式等,这些新要求都可能会给组织成员造成压力和紧张感。

(2)心理上的影响

变革意味着原有的平衡系统被打破,要求成员调整已经习惯的工作方式,而且变革意味着要承担一定的风险。对未来不确定性的担忧、对失败风险的惧怕、对绩效差距拉大的恐慌及对公平竞争环境的担忧,都可能造成人们心理上的倾斜,进而产生心理上的变革阻力。另外,平均主义思想、厌恶风险、因循守旧、满足现状等心理等都会阻碍或抵制变革。

2.团体的阻力

(1)组织结构变动的影响

组织结构变革可能会打破过去固有的管理层级和职能机构,并采取新的措施对责权利重新做出调整和安排,这就必然要触及某些团体的利益和权力。如果变革与这些团体的目标不一致,团体就会采取抵制和不合作的态度,以维持原状。

(2)资源分配变革的影响

组织中控制一定数量资源的群体,尤其是那些最能从现有资源分配中获利的群体常常视变革为威胁,他们倾向于对事情的原本状态感到满足,而对可能影响未来资源分配的变革感到担忧,甚至会不惜代价抵制变革。

(3)人际关系调整的影响

组织变革意味着组织固有的关系结构的改变,组织成员之间的关系也随之需要调整。非正式团体的存在使这种新旧关系的调整要有一个较长的过程。在这种新的关系结构未被确立之前,组织成员之间很难磨合一致,一旦发生利益冲突就会对变革的目标和结果产生怀疑和动摇,特别是一部分能力有限的员工将在变革中处于相对不利的地位。随着利益差距的拉大,这些人必然会对组织的变革产生抵触情绪。

(二)消除组织变革阻力的对策

为了确保组织变革的顺利进行,必须要事先针对变革中的种种阻力进行充分研究,并采取一些具体的对策。

1.客观分析变革的推力和阻力的强弱

库尔特·勒温曾提出运用力场分析的方法研究变革的阻力。其要点是,把组织中支持变革和反对变革的所有因素分为推力和阻力两种力量,前者发动并维持变革,后者反对和阻碍变革。当两力均衡时,组织维持原状;当推力大于阻力时,变革向前发展;反之,则变革受到阻碍。管理层应当分析推力和阻力的强弱,采取有效措施,增强支持因素,削弱反对因素,进而推动变革深入进行。

2.创新组织文化

美国心理治疗师维吉尼亚·萨提亚(Virginia Satir)提出的冰山理论认为,假如把水面之上的冰山比作组织结构、规章制度、任务技术和生产发展等要素的话,那么,水面之下的冰体便是组织的价值观体系、组织成员的态度体系、组织行为体系等组成的组织文化。只有创新组织文化并渗透到每个成员的行为之中,才能使露出水面的改革行为变得更为坚定,也才能够使变革具有稳固的发展基础。

3.创新策略方法和手段

为了避免组织变革中可能造成的重大失误,使人们坚定变革成功的信心,变革者必须采用比较周密可行的变革方案,并从小范围逐渐延伸扩大,特别是要注意调动管理层变革的积极性,尽可能削弱团体对组织变革的抵触情绪,力争使变革的目标与团体的目标相一致,提高员工的参与程度。

(1)教育与沟通

当人们不清楚将要发生什么时,未知的情况会让他们感到害怕和担忧,从而抵制变革。组织有必要事先向相关的个人、部门乃至全体员工说明变革的必要性、可能遇到的风险和困难,以及预期效果,及时沟通教育,一旦取得效果,就会获得推动变革的巨大力量。

(2)参与与融合

当人们逐渐理解变革这一现实之后,可以让员工参与到组织变革的诊断调研和计划、设计当中,这样不仅可以从员工中取得建议和设想,使变革者对变革进行更加全面深入的思考和研究,而且可以减少来自下面的阻力。但如果个人参与设计都偏重本位考虑,可能会使变革产生偏差。

(3)培训与支持

如果组织成员普遍不适应,可以大力推行与组织变革相适应的人才培训计划,减轻员工对新岗位和新技能的畏惧心理,大胆启用年富力强、具有开拓精神的管理人才,同时采取优惠政策,妥善安排被精简人员的工作和生活出路。

总之,无论是个人还是组织都有可能对变革形成阻力。变革成功的关键在于尽可能消除阻碍变革的各种因素,缩小反对变革的力量,使变革的阻力尽可能降低,必要时还应当运用行政的力量保证组织变革的顺利进行。

【本章小结】

1. 组织是一个人为的系统,必须有共同的目标及分工与协作。

2. 组织具有力量凝聚、力量放大和交换等功能。

3. 组织按照形成方式可划分为正式组织与非正式组织,按照是否以营利为目的可划分为营利性组织和非营利性组织,按照组织的特征可划分为机械式组织和有机式组织,按照形态可划分为实体组织和虚拟组织。

4. 组织设计是对组织系统的整体设计,即按照组织目标在对管理活动进行横向和纵向分工的基础上,通过部门化形成组织框架并进行整合。

5. 组织设计的任务是设计清晰的组织结构,规划各部门的职能和权限,确定组织中职能职权、参谋职权、直线职权的活动范围,最终编制职务说明书。

6. 常见的部门划分方式有职能部门化、产品部门化、区域部门化、顾客部门化、流程部门化等。

7. 管理幅度也称为管理宽度、管理跨度,是指组织的管理者能有效领导和管理的直接下属人员的数量。一个组织的管理幅度在很大程度上决定了组织中管理人员的数量和管理层次的数目。

8. 管理层次又称管理级别,是指组织从最高管理人员到最底层工作人员中间所有的等级数。

9. 按照管理幅度与管理层次的反比关系,组织形成了两种典型的层次结构:高耸型结构和扁平型结构。

10. 组织内的职权有三种类型:直线职权、参谋职权和职能职权。

11. 集权是指决策权在组织系统中较高管理层次的一定程度的集中,分权则是指决策权在组织系统中较低管理层次的一定程度的分散。

12. 授权是指上级把自己的职权授给下属,使下属拥有相当的自主权和行动权。

13. 有效授权应遵循目的性原则、适度原则、权责一致原则、信任原则、统一领导原则。

14. 组织设计受外部环境、经营战略、技术、规模、组织的生命周期等因素的影响。

15. 组织设计应遵循目标一致原则、分工与协作原则、权责对等原则、有效管理幅度原则、统一指挥原则、集权与分权相结合原则、柔性经济原则。

16. 常见的组织结构基本类型有直线制、职能制、直线职能制、事业部制、矩阵制、多维矩阵制等。

17. 企业在不断对组织结构进行动态调整,扁平化、柔性化、无边界化、网络化成为组织结构演进的大趋势。

18. 推动组织变革的因素可以分为外部环境因素和内部环境因素两个部分。

19. 组织变革的基本目标是提高三个适应性,即组织更具环境适应性、管理者更具环境适应性、员工更具环境适应性。

20. 组织变革主要包括人员的变革、结构的变革、技术与任务的变革。

21. 按照库尔特·勒温的观点,组织变革通常包括解冻、变革和再冻结三个阶段。

22.组织变革程序可以分为以下四个步骤:通过组织诊断,发现变革征兆;分析变革因素,制订改革方案;选择正确方案,实施变革计划;评价改革效果,及时进行反馈。

【实务训练】

巴恩斯医院的管理

10月的某一天,产科护士长戴安娜给巴恩斯医院的院长戴维斯博士打来电话,要求立即做出一项新的人事安排。从戴安娜急切的声音中,院长感觉到一定发生了什么事情,因此要她立即到办公室来。5分钟后,戴安娜递给院长一封辞职信。

"戴维斯博士,我再也干不下去了。"她开始申述,"我在产科当护士长已经快四个月了,我实在干不下去了。我怎么能干得了这项工作呢?我有两三个上司,每个人都有不同的要求,都要求优先处理。要知道,我只是一个凡人。我已经尽最大的努力适应这种工作了,但看来这是不可能的。让我给您举个例子吧,请相信我,这是一件极其平常的事情。像这样的事情,每天都在发生。

"昨天早上7点45分,我来到办公室就发现桌上有张纸条,是杰克逊(医院的主任护士)给我的。她告诉我,她上午10点钟需要一份床位利用情况报告,供她下午向董事长汇报时用。我知道,这样一份报告至少要花一个半小时才能写出来。30分钟以后,乔伊斯(戴安娜的直接主管,基层护士监督员)走进来质问我为什么我的两名护士不在上班。我告诉她,雷诺兹医生(外科主任)从我们这要走了她们,说是急诊外科手术正缺人手,需要借用一下。我告诉她我也反对过,但雷诺兹坚持说只能这么办。您猜,乔伊斯说什么?她叫我自己让这两名护士回到产科部。她还说,一个小时以后,她会回来检查我是否把这事办好了!我跟您说,戴维斯博士,这种事情每天都发生好几次。一家医院就只能这样运作吗?"

请思考以下问题:

1.巴恩斯医院的正式指挥链是怎样的?

2.巴恩斯医院有人越权行事了吗?

3.戴维斯博士能做些什么来改进现状?

4."巴恩斯医院的结构并没有问题,问题在于,戴安娜不是一个有效的监督者。"对此,你是否赞同?说出你的理由。

【思考与练习题】

一、单项选择题

1.当代管理机构变革的一个大趋势是(　　)。

A. 管理层次复杂化   B. 组织结构扁平化

C. 管理幅度日益减少   D. 锥形结构更受欢迎

2. 组织变革阻力的管理对策不包括(　　)。

A. 分析阻力与推力的强弱   B. 创新组织文化

C. 解雇持反对意见的员工   D. 创新策略手段及方法

3. 组织变革的两大方面力量是(　　)。

A. 管理者和员工   B. 外部环境和内部条件

C. 顾客和竞争对手   D. 优势和劣势

4. 对工作的流程、方法、设备、设施进行改变,属于(　　)。

A. 技术变革   B. 人员变革

C. 结构变革   D. 环境变革

5. 组织规模一定时,组织层次和管理幅度之间的关系是(　　)。

A. 正比   B. 反比

C. 指数   D. 相关

6. 矩阵制组织结构违反了以下原理中的(　　)。

A. 专业化分工   B. 统一指挥

C. 有效管理幅度   D. 权责一致

7. 事业部组织结构中的多事业部实行(　　)。

A. 统一经营,单独核算   B. 统一经营,统一核算

C. 独立经营,统一核算   D. 独立经营,独立核算

8. 改变员工原有的观念和态度是组织在(　　)的中心任务。

A. 解冻阶段   B. 变革阶段

C. 再冻结阶段   D. 流程再造阶段

9. 为了充分运用管理者的专业知识和技能,有利于组织专业化生产和经营,常常采用
(　　)部门的方法。

A. 按产品划分   B. 按职能划分

C. 按流程划分   D. 按地域划分

10. 组织的各个部门、各个人员可以根据组织内外环境的变化而进行灵活调整和变动,
这体现了组织设计的(　　)。

A. 统一指挥原则   B. 分工协作原则

C. 柔性经济原则   D. 有效管理幅度原则

二、多项选择题

1. 组织部门可( )。

A. 按照地域设计组织的部门

B. 按照流程设计组织的部门

C. 按照产品或服务设计组织的部门

D. 按照职能设计组织的部门

E. 按照顾客设计组织的部门

2. 组织变革的目标应该是( )。

A. 使组织更具环境适应性

B. 使管理者更具环境适应性

C. 使员工更具环境适应性

D. 使董事会更具环境适应性

E. 使产品更具环境适应性

3. 组织变革中,团队的阻力包括( )。

A. 利益上的影响

B. 心理上的影响

C. 组织结构变动的影响

D. 人际关系调整的影响

E. 资源分配改革的影响

三、简答题

1. 组织部门化的主要方法有哪些?

2. 组织设计应该遵循哪些原则?

3. 简述管理层次与管理幅度之间的关系。

4. 什么是职权?组织职权有哪些基本类型?

5. 什么是组织变革?组织变革的内容主要是什么?

四、论述题

1. 常见的组织结构形式有哪几种?各有什么特点?

2. 你认为未来的组织结构变革趋势有哪些?请谈谈你对它们的认识。

第八章思考与练习题
参考答案

第九章

人员配备

【学习目标】

1. 掌握人员配备的工作内容、原则和程序。
2. 掌握管理人员选任的途径。
3. 了解管理人员考评的内容与程序。
4. 了解管理人员培训的目标和方法。

【导入案例】

王某的烦恼

王某是一个开朗、乐观、思维敏捷的年轻人,他喜欢交友、旅游和体育活动。2021年他从某大学会计系毕业后在一家电视台的财务部工作。但是王某不喜欢会计工作,在电视台工作期间,他对新闻采访部的新闻记者工作产生了浓厚的兴趣,只要有空或单位需要,他就帮着新闻记者现场摄像。后来他就有了调换工作的想法,还把这个想法告诉了他的直接领导——财务部经理。财务部经理没有发表意见,但对他的态度明显冷淡了,而且还加强了对他的工作控制。王某并没有放弃,他又把想法告诉了主管财务工作的副台长,但是副台长说:"当初招你进来时就是做会计的,现在既然你不想做了,只有一条路,走人。"由于不想离开电视台,王某只好作罢。但是,王某因此受到了很大的打击,工作提不起劲儿,还总是跟部门经理闹别扭。

王某的经历给你哪些管理启示?

【思维导图】

```
            ┌─────────────┐       ┌──────────────────┐
            │             │       │  人员配备的含义   │
            │             │       └──────────────────┘
            │             │       ┌──────────────────┐
            │  人员配备概述 │───────│  人员配备的任务   │
            │             │       └──────────────────┘
            │             │       ┌──────────────────┐
            │             │       │  人员配备的内容和  │
            │             │       │      程序        │
            │             │       └──────────────────┘
            │             │       ┌──────────────────┐
            │             │       │  人员配备的原则   │
            └─────────────┘       └──────────────────┘
            ┌─────────────┐       ┌──────────────────┐
            │             │       │   人员的来源      │
            │             │       └──────────────────┘
  ┌───────┐ │             │       ┌──────────────────┐
  │ 人    │ │  人员选聘    │───────│  人员选聘的标准   │
  │ 员    │ │             │       └──────────────────┘
  │ 配    │ │             │       ┌──────────────────┐
  │ 备    │─│             │       │  人员选聘的途径与  │
  │       │ │             │       │      方法        │
  └───────┘ └─────────────┘       └──────────────────┘
            ┌─────────────┐       ┌──────────────────┐
            │             │       │  人事考评的功能与  │
            │             │       │      要素        │
            │             │       └──────────────────┘
            │  人事考评    │───────┌──────────────────┐
            │             │       │  人事考评的方法   │
            │             │       └──────────────────┘
            │             │       ┌──────────────────┐
            │             │       │  人事考评的程序   │
            └─────────────┘       └──────────────────┘
            ┌─────────────┐       ┌──────────────────┐
            │             │       │  人员培训的功能   │
            │             │       └──────────────────┘
            │  人员培训    │───────┌──────────────────┐
            │             │       │  人员培训的任务   │
            │             │       └──────────────────┘
            │             │       ┌──────────────────┐
            │             │       │  人员培训的分类和  │
            │             │       │      方法        │
            └─────────────┘       └──────────────────┘
```

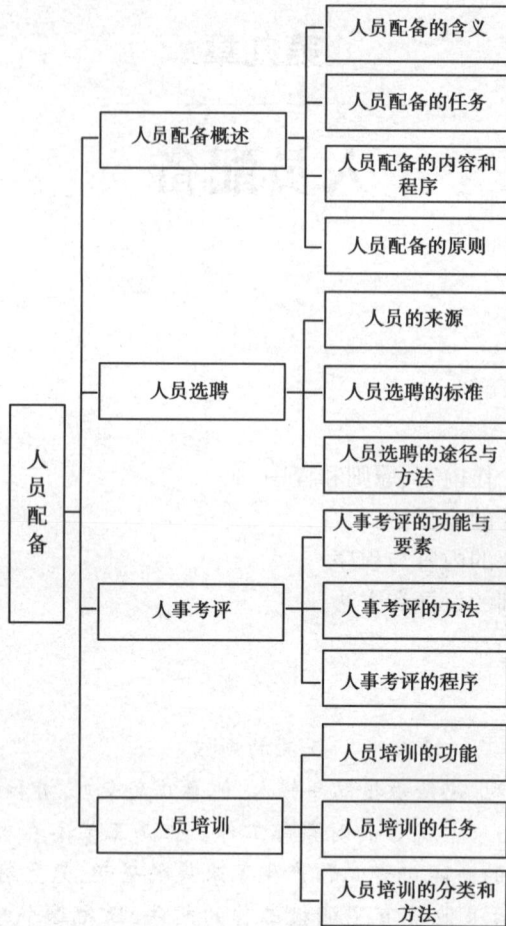

组织结构为组织设计了大量的岗位,只有为这些不同的岗位选配合适的人员,才能保证组织的有效运行。管理者寻找合适的人选来填补空缺的岗位,或者在环境的要求下解聘员工,就是人员配备要发挥的作用。因此,人员配备是组织设计的逻辑延续。

人员配备是组织的一项重要工作。这项工作的主要内容和任务是通过分析人与事的特点,谋求人与事的最佳组合,实现人与事的不断发展。合理的人员配置不但有利于组织充分挖掘劳动潜力,节约使用劳动力,降低人力成本,而且也为组织不断地改善结构、提高效率提供了条件。在本章中,我们将会了解管理者做这些事情的程序,还将了解当代管理者所面临的一些人员配备的问题。

第一节　人员配备概述

一、人员配备的含义

所谓人员配备,就是根据组织结构规定的职位数量和要求,对所需人员进行恰当的选拔、使用、考评和培训,以合适的人员去充实组织中的各个职位,保证组织活动正常进行并实现组织既定目标的活动。

人员配备主要涉及的问题是人,不仅包括选人、评人、育人,还包括如何使用人员,以及如何增强组织凝聚力来留住人员,在整个管理过程中占有极为重要的地位。

(一)人员配备是组织有效活动的基础

组织目标的确定为组织明确了活动的方向,组织结构的建立为组织提供了实现目标的条件。但是,要真正实现组织目标,还要靠组织中最主要的因素——人来完成,没有人的组织是没有活力的静态结构,无法发挥任何功能,组织的其他概念也无从谈起。因此,人是组织的灵魂和动力之源。

组织人员中,最重要的是管理人员。因为管理人员的基本任务是设计和维持一种环境,使组织成员能在组织内一起工作,协作完成组织预定的使命和目标。由此可见,管理人员在组织管理过程中起着举足轻重的作用,是组织活动取得成效的关键人物。因此,为组织机构配备各级管理人员是组织活动取得成效的有力保证。

(二)人员配备是组织赓续发展的准备

人员配备的另一个重要性,是在复杂多变的环境中为从事组织活动所需要的各类人员做好准备。组织的赓续发展是面向未来的,而未来的情况具有不确定性,组织中的各类人员都必须能很好地面向社会,适应未来社会发展和环境变化的复杂局面。因此,组织中的人员配备应秉持先进、开放的理念,要着眼于未来,要根据具体情况采取随机制宜的方法,对组织中的各类人员进行恰当而有效的选拔、培训和考评,以满足组织未来对各类人员的需要。

二、人员配备的任务

人员配备是为组织中的每个岗位配备适当的人,因此,人员配备首先要满足组织的需要,使人员与岗位相匹配。同时,人员配备也是为每个人安排适当的工作,让工作与个人的特点、爱好和需要相匹配,满足人员自身发展与成长的需要,实现人的全面和自由发展。因此,人员配备的任务主要有以下四个方面。

(一)促进组织系统正常运转

组织的各部门是基于分工原则设立的,不同的部门和岗位有不同的任务和不同的工作性质,需要有不同知识、能力和素质的人与之相匹配。因此,人员配备的首要任务,是使组织中每个工作岗位都配备合适的人员,使实现组织目标所必须进行的每项活动都有合格的人去完成。只有这样,才能够促进组织系统的正常运转。

(二)保证组织功能有效发挥

组织所处的环境是不断发展变化的,组织目标、组织活动的内容需要经常根据环境的变化做出适当的调整,由组织目标和活动所决定的组织机构及其功能也会随之发生相应的变化。组织机构及其功能的变化要求把组织中不同素质、能力和特长的人员适时调整到适当的岗位上,使人员配备尽量适应各类岗位性质的要求,使各岗位应承担的职责得到充分履行,从而保证组织功能得到有效发挥。

(三)维持成员对组织的忠诚

对组织来说,人才流动是不可避免的。人才流动有利有弊,对个人来说,人才流动可以使人才找到最适合自己、给自己带来最大利益的工作;对组织来说,人才流动虽有可能给组织"输入新鲜血液",提高人才质量,但人才外流往往导致人员不稳定、职工离职率高,特别是优秀人才的外流,可能破坏组织的人员发展规划,影响组织人才的选拔和有效配置,甚至导致组织竞争力的丧失。因此,组织必须建立合理的用人机制、公平的绩效考评机制和激励机制,通过人员配备来稳住人心,留住人才,做到人岗匹配、人尽其才、才尽其用,做到待遇留人、情感留人、事业留人。只有这样,才能达到维持他们对组织忠诚的效果。

(四)实现人的全面和自由发展

人员配备既要适当选拔、配备和使用、培训人员,做到人员与岗位的高度匹配,以适应组织发展的需要,同时还要注重对人的培养,使每个人的知识和能力不断发展,素质不断提高,最大限度实现人的全面发展。

三、人员配备的内容和程序

为完成上述任务,组织中的人员配备应依次做好下面三项工作。

(一)确定人员的需要量

人员配备是在组织设计的基础上进行的。确定组织人员需要量的主要依据是组织设计出的职务类型和职务数量。职务类型指出了需要什么样的人,职务数量表明每种类型的职务需要多少人。组织中的职务可以分成不同的类型。如组织中的全体职员可分成管理人员与生产作业人员,管理人员可分成高层、中层、基层管理人员,每一层次的管理人员又可分成直线主管、参谋人员或管理研究人员,生产作业人员可分成技术工人与专业工人、基本生产工人与辅助生产工人等。

为新建组织选配人员,一般只需要利用职务设计的分类数量表来确定人员的数量并向社会公开招聘。如果对现有组织机构的人员配备情况进行重新调整,就应根据组织的重新设计,检查和对照组织内部现有的人力资源情况,找出差额,确定需要从外部选聘的人员类别与数量。此外,由于人员的流动,即出于退休、病休、死亡或降级、调离等原因造成的职位上人员的空缺,就需要有新的人员来填充,这也会影响人员的需求量。

(二)选配人员

组织中不同的岗位需要有不同知识结构、素质和能力的人员来担任。为了保证担任不同职务的人员具备该岗位要求的知识和技能,必须对组织内外的候选人进行筛选,做出最恰当的选择。待聘人员可能来自组织内部,也可能来自组织外部。人员配备的任务就是从岗位要求出发、从组织内部或组织外部选聘到符合组织岗位要求的人员。如果把不合适的人安排在不合适的岗位上,不论对个人还是对组织,都可能带来灾难性的后果,因此,组织中的人员配备必须谨慎、认真、细致。

(三)制订和实施人员培训计划

虽然人员配备的基本要求是人岗匹配,但要真正发挥好他们的作用还需要根据具体岗位的要求进行培训。另外,组织成员在明天的工作中表现出的技术和能力需要在今天培训;组织发展所需的管理人员要求在今天就开始准备;维持成员对组织忠诚的一个重要方面是使他们看到自己在组织中的发展前景。所以,人员培训无疑是人员配备中的一项重要工作。培训既是为了适应组织技术变革、规模扩大的需要,也是为了组织成员个人的充分发展。因此,要根据组织的成员、技术、活动、环境等特点,利用科学的方法,有计划、有组织、有重点地进行培训。

四、人员配备的原则

组织中的人员配备首先需要满足组织的要求,同时也要考虑组织成员个人的特点和成长需要,将合适的人安排在合适的岗位上,实现人与事的优化组合。因此,组织中的人员配置必须遵循以下原则。

(一)任人唯贤、德配其位原则

任人唯贤、德配其位意指在人员选聘方面大公无私、实事求是地发现人才、爱护人才,本着求贤若渴的精神,选择那些具有才识品德的贤人,使他们的品行道德与岗位相匹配。这是组织不断发展壮大、走向成功的根本保证。

(二)因事择人、因材器使原则

因事择人就是人员的选聘应以职位的空缺和实际工作的需要为出发点,以职位对人员的实际要求为标准,选拔、录用各类人员。因材器使是指根据人的能力和素质的不同安排合适的岗位。人的差异是客观存在的,一个人只有处在最能发挥其才能的岗位上,才能干得最好。从组织中人的角度来考虑,只有根据人的特点来安排工作,才能使人的潜能得到最充分的发挥,使人的工作热情得到最大限度的激发。如果学非所用、大材小用或小材大用,不仅会严重影响组织效率,也会造成人力资源的浪费。

(三)用人所长的原则

用人所长,是指在用人时不能求全责备,管理者应注重发挥人的长处。在现实中,由于人的知识、能力、个性发展是不平衡的,组织中的工作任务要求又具有多样性,因此,完全意义上的"通才""全才"是不存在的,即使存在,组织也不一定非要选择用这种人才,而应该选择最适合空缺职位要求的候选人。有效的人员配备就是要能够发挥人的长处,并尽量避免其短处。

(四)平等竞争原则

在招聘过程中,要对所有应聘者一视同仁,空缺的职务对任何人都开放,不能有各种不平等的限制,不能徇私舞弊,考核方法要科学而客观,不能靠直觉、经验和印象来选人,要保证招聘的公平性。只有遵循平等竞争的原则,以严格的标准、科学的考核方法对候选人进行测评,根据测评结果确定人选,才能创造公平竞争的环境,选出真正适合组织的人才。

(五)程序化、规范化原则

员工的选拔需要遵循一定的标准和程序,科学合理地确定选拔标准和聘任程序是组织选拔优秀人才的重要保证。只有严格地按照规定的程序和标准选拔人才,才能更好地把优秀的人才吸收到组织中来。

(六)动态平衡原则

处在动态环境中的组织是在不断发展的,工作中人员的能力和知识也在不断丰富和提高,同时,组织对其成员的素质认识也是不断完善的。因此,人与事的配合需要进行不断调整,使能力发展并得到充分证实的人去从事更高层次的、负更多责任的工作。同时要使能力平平、不符合职位需要的人得到识别及合理的调整,最终实现人与职位、工作的动态平衡,力求使每一个人都能得到最合理的使用。

第二节 人员选聘

一、人员的来源

组织中空缺岗位所需人员的配备一般通过内部选聘和外部招聘来完成。

(一)内部选聘

大多数组织在有岗位空缺时通常先在内部选聘人员充任,即通过对组织内成员晋升、职位调动和工作轮换等形式,选聘组织发展需要的人员。

实践中,内部选聘有其优点和缺点。其最大优点是能提高组织选聘的效益,另有以下四个优点。①有利于鼓舞士气,调动组织成员的积极性。内部提升制度给组织中的每个人都带来了希望。组织成员只要在工作中不断提高能力、丰富知识,就有可能被分配担任更重要的工作。因此,内部选聘能更好地维持成员对组织的忠诚,使那些有发展潜力的成员能自觉地更积极地工作,以促进组织的发展,从而为自己创造更多的职务提升机会。②有利于吸引外部人才。内部选聘制度表面上是排斥外部人才,其实不然。真正有发展潜力的人员知道,加入到这种组织中,担任职务的起点可能比较低,有时甚至需要一切从头做起,但是凭借自己的知识和能力,只要熟悉基层业务后能做出成绩和贡献,就能迅速地提升到较高层次的职位。正因为内部选聘制度为新来者提供了美好的发展前景,外部人才才会乐意应聘到这样的组织中工作。③有利于保证选聘工作的正确性。已经在组织中工作若干时间的候选人,在组织中工作的经历越长,组织越有可能对其做全面深入的考察和评估,从而选聘工作的正确程度可能越高。④有利于被选聘者迅速展开工作。组织成员能力发挥的程度受到他们对组织文化、组织结构及其运行特点的了解程度的限制。在内部成长起来的被选聘者,熟悉组织中错综复杂的机构和人事关系,了解组织运行的特点,可以迅速地适应新的职务,工作起来能够很快得心应手,能迅速打开局面。

内部选聘的缺点主要表现在以下两点。①易引起同事的不满。在若干个内部候选人中进行选聘,可能使落选者产生不满情绪,从而不利于被选聘者展开工作。避免这种现象的一个有效方法是不断改进人员考核制度和方法,正确地评价、分析、比较每一个内部候选人的条件,努力使组织选聘到最优秀的人员,使每一个候选人都能体会到组织的选择是正确、公正的。②可能出现"近亲繁殖"的现象。从内部选聘的人员往往喜欢模仿上级或前辈的管理方法。这虽然可能使老一辈的优秀经验得到传承,但也有可能使不良作风得以发展,从而不利于组织的管理创新,不利于管理水平的提高。要克服这种现象,必须加强对人员的教育和培训工作,特别是要不断组织他们学习管理的新知识。此外,在评估候选人的综合能力时,要注意对他们创新能力的考察。

(二)外部招聘

外部招聘是根据一定的标准和程序,从组织外部的候选人中选拔符合空缺职位工作要求的人员的过程。

外部招聘人员具有以下三个优点。①被聘人员具有"外来优势"。对于从组织外部招聘的人员,组织只知其目前的工作能力和实绩,而对其历史,特别是职业生涯中的失败记录知之甚少。因此,如果他们确有工作能力,就可迅速打开局面。相反,如果从内部选聘,内部人员可能对他们在成长过程中的失败教训有着深刻的印象,从而可能影响他们大胆地放手工作。②有利于平息和缓和内部竞争者之间的紧张关系。组织中空缺的职位可能有好几个内部竞争者,每个人都希望有机会得到。如果员工发现自己的同事,特别是原来与自己处于同一层次具有同等能力的同事被任用而自己未果时,就可能产生不满情绪,懈怠工作,不听管理,甚至拆台。从外部选聘则可以使这些竞争者得到某种心理上的平衡,从而有利于缓和他们之间的紧张关系。③能够为组织带来新鲜空气。来自组织外部的候选人可以为组织带来新的工作方法与经验。他们没有受到过多原有程序的束缚,工作起来可以放开手脚,从而给组织带来较多的创新机会。

当然,外部招聘也有许多局限,主要表现在以下两个方面。①组织对应聘者的情况不能深入了解。虽然选聘时可借鉴一定的测试、评估方法对应聘者进行一番考察,但是几次短暂的会晤、几次书面测试很难全面了解一个人的能力。被聘者的实际工作能力与选聘时的评估能力可能存在很大差距,因此组织可能聘用一些不符合要求的人员。这种错误的选聘可能给组织造成极大的危害。②外聘人员的最大局限性莫过于对内部员工的打击。大多数员工都希望在组织中有不断发展的机会,都希望能够担任越来越重要的工作。如果组织经常从外部招聘人员,且形成了制度和习惯,就会堵死内部员工的升迁之路,从而会挫伤他们的工作积极性,影响他们的士气。同时,有才华、有发展潜力的外部人才在了解到这种情况后也不敢应聘。因为一旦应聘,虽然在组织中工作的起点可能很高,但今后提升的希望却很小。

二、人员选聘的标准

组织中人员的选聘要做到三个匹配,即人员技能与岗位职责相匹配,人员个性与岗位特点相匹配和人员价值观与组织价值观相匹配。只有人员的三个匹配度都符合组织的要求,所聘人员才有可能适应组织的工作。

(一)人员的技能与岗位职责相匹配

组织岗位需要的基本技能如学历、专业、经验等,是做好一项工作的前提。这就需要进行工作分析,明确岗位职责,把选聘职位的工作内容、特点与对人员的技能要求等编制成职位说明书,让应聘者知道岗位的任职条件。选聘人员的技能与组织岗位相匹配,是人员选聘的基本标准。

(二)人员个性与岗位特点相匹配

人员个性是选聘中要考虑的重要因素。现代社会,专业化分工越来越细,团队协作越来越重要,那些以自我为中心、合作能力不强的人不适合在团队中工作。另外,人员与团队的互补性也很重要。如果团队成员个性都很强,那么善于协调的员工就能发挥作用。因此,分析团队的特点,选聘合作性和互补性强的新成员,团队才能产生 1+1>2 的效果。

当然,对人员的个性要求应因岗位而异。如对于组织的监管、监察、质检等岗位来说,坚持原则的人员更有用武之地。因此,选聘前一定要清楚新聘人员的岗位,该岗位对人员个性等有哪些要求,还要考虑新聘人员的职业取向及可能的升迁位置等,这样选聘来的人员才能"对号入座",发挥自身的价值。

(三)人员价值观与组织价值观相匹配

价值观支配个体行为。组织成员对组织忠诚度的高低与其对组织价值观的认同度有密切关系。认同组织价值观的成员能够与组织文化更好地融合,提高组织绩效。所以,应当向应聘人员开诚布公地讲明本组织的优劣势、提倡什么和反对什么、组织文化的特点等,让应聘者权衡选择。这样组织虽然有可能失去一些个人价值观与组织价值观相异的优秀人员,但更能增加成员的稳定性。

三、人员选聘的途径与方法

如前所述,人员选聘是组织为一定的工作岗位选拔、配备合格人才而进行的一系列活动。能否选聘与录用到高质量的合格人员,是关系整个组织成员队伍素质高低的关键。其中,人员选聘的途径和方法将直接影响人员的素质和组织的效率与效益。

（一）组织内部人员选聘的途径与方法

当组织中某一职位发生空缺时，如果组织内部管理制度有效，组织成员的工作作风良好，组织不想改变目前的状况，就应考虑从现有成员中调剂解决，或是在组织内按照有关标准考评提拔。组织内部选聘主要包括组织内部成员的提升和组织内部的职位调动两种方式。

1. 组织内部人员的提升

提升内部成员是填补组织内部的职位空缺的最好办法，不仅可以将有管理才能的成员放在更合适的位置上，更重要的是能够充分调动组织成员的工作积极性。但是，组织内部成员工作积极性能否充分调动还取决于提升工作做得是否完善。如果提升工作没有做好，不仅不能产生对组织成员的激励作用，反而会起反作用。有效的内部提升有赖于组织的内部技术规划和内部提升政策，有赖于通过对组织成员提供教育和培训来帮助管理者确认并开发内部成员的晋升潜力。所以，组织的人力资源管理者应掌握好组织内部成员提升的方法，克服主观片面，真正做到任人唯贤。

要使内部提升计划取得成功，必须做好这三项工作。①确定提升候选人。确定提升候选人是做好提升工作的基础。确定提升候选人是否具有提升资格，必须从德、能、勤、绩四个方面进行考察。一是个人品德，考察提升候选人是否达到德才兼备的标准；二是个人才能，考察提升候选人要注重考察其知识面、分析问题的能力及管理能力；三是个人表现，考察提升候选人是否勤奋工作，尽职尽责，视事业如天职，以勤养德，以勤求绩；四是个人业绩，考察提升候选人的工作成果和业绩如何、工作效率和效益如何、工作方法是否得当。②对提升候选人进行测试。在组织内部选聘人员时，必须对候选人进行一些测试，以考察其管理能力，即测定其分析问题和解决问题的能力、决策能力、领导能力和人际交往能力等，以便确定候选人是否真正具备晋升的潜力。提升候选人在德、能、勤、绩等方面各有优点，在测试中会反映出不同的能力。为了避免测试的片面性，必须使每一位提升候选人都具有综合可比性。③确定提升人选。在对拟提升人选进行测试的基础上，确定提升人选，尽可能做到各尽所能，人尽其用。

2. 组织内部职位的调整

组织内部职位的调整是指组织将组织成员从原来的岗位调整到同一层次的空缺岗位工作的活动。组织内部职位的调整通常由以下原因引起。①组织结构调整的需要。由于组织环境的变化，组织需要对原先设置的部门进行调整与重新组合，或设立新的部门，这种变化必然会涉及职位的调整问题。②对组织成员培养的需要。为了增强组织成员的适应能力，组织通常会采取流动培训的方式来训练他们。另外，将提升候选人安排在各部门间轮流实习，可以让他们对组织各部门的运作有更清晰的认识，使其更胜任新岗位的工作。③组织成员对现任岗位不适应。某些人员通过培训入职后，其所掌握的技能仍与岗位工作要求不相适应，或是掌握的技能和知识远远超过其岗位要求，这时，组织应对其进行职位调动，为其选择一个合适的工作岗位，使"人在其位，位得其人"。④调动组织成员的积极性。某些人员长期在同一岗位工作，会对原工作岗位失去兴趣。为了调动其工作积极性，需要重新安排该成员到他感兴趣的工作岗位上去。⑤人际关系问题。如果组织成员在原工作部门产生了较严重的人际关系问题，不利于其积极性的发挥，则应对这些人员进行调动，为其创造新的工作环境。

组织内部人员的提升与调整可以为所有人员提供一个平等竞争的机会,这对于挖掘组织成员的潜力,不断激发他们的工作兴趣和积极性,增强组织凝聚力,节约人力资源,促进组织发展等方面都有重要的意义。

3. 组织内部选聘的方法

内部选聘主要通过职务选聘海报、口头传播、从组织的人员记录中选择等方法进行,其中常用的是职务选聘海报。

职务选聘海报通常通过布告栏、内部报纸、广播和全体人员大会等发布选聘消息,邀请所有人员应聘新职位。所发布信息中应描述空缺职位、选聘此职位的重要性、报酬、应聘者应具备的条件等,增加职位透明度,让人们了解组织的需要。选聘结束后,组织需要公开宣布应聘人及被聘理由,以保证选聘工作的公正、公平和透明。

(二)组织外部人员招聘的途径、方法与程序

1. 组织外部人员招聘的途径

从组织外部招聘人员的途径多种多样,主要包括通过职业介绍机构与人才交流市场招聘、通过猎头公司招聘、校园招聘、公开招聘等。

(1)通过职业介绍机构与人才交流市场招聘

这类招聘的优点是:应聘者面广,中间环节少,人员选用耗时短,可以避免裙带关系等。缺点是:应聘人员的素质参差不齐,不能全面了解应聘者的情况,有些职介机构鱼龙混杂等。因此,运用这种选聘方式时,要选择信誉较高的机构,并尽可能多地了解应聘者的情况。

(2)通过猎头公司招聘

猎头公司是指一些专门为组织选聘高级人才或特殊人才的职业选聘机构。当组织需要雇佣对其有重大影响的高级专业人员,或当组织需要多样化经营、开拓新的市场或与其他组织合资经营需要经营管理"多面手"时,就会委托猎头公司代其选择人才。猎头公司能够快捷、有效地完成选聘,而且被聘用的人员不需进一步的培训就可以上岗并发挥重要作用,为组织管理带来立竿见影的效果。

(3)校园招聘

高等院校和职业学校是组织选聘、储备管理人员和专业技术人员的摇篮。青年学生具有专业知识较强、接受新事物能力快、个人素质较高等特点,在校期间也接受过专业训练和专业实习,具有一定的实际工作经验,入职后,只需接受组织短时间的培训,就可以上岗工作。录用青年学生是保证组织成员队伍稳定和提高其整体素质的有效途径。

(4)公开招聘

公开招聘是指组织利用互联网、广播、电视、报纸、杂志、广告等多种途径向社会公开宣布选聘计划,从社会择优录取合格人员的选聘方式。公开选聘时,应聘者参差不齐,筛选工作量大,所以不适合填补关键岗位急需人才的选聘需要。

2. 组织外部人员招聘的方法

从组织外部招聘人员的方法主要包括招聘广告和网上招聘两种。

(1)招聘广告

招聘广告是指利用报纸、杂志、电视和电台发布招聘信息进行招聘。最常用的外部选聘

方法是在报纸上刊登招聘广告,因为报纸发行量大,读者面广,费用较低。利用报纸发布招聘广告适用于招聘组织急缺的高级人员和特殊领域的专家。通过电台和电视发布招聘广告数量少,因为其支出费用较高,而且招聘效果深受各频道或节目收视率的影响。

(2)网上招聘

网上招聘是指通过互联网向公众发布招聘信息。组织利用互联网发布招聘信息,职务申请者可以通过网络寻找到适合自己的职位。网上招聘的主要优点是信息传递快速及时、传播面广。网上招聘已越来越受到组织的重视,运用效果也越来越受到组织的认可。

3.组织外部人员招聘的程序

从组织外部招聘人员的方法主要分为准备筹划、宣传报名、全面考评和人员录用四个阶段。

(1)准备筹划阶段

这一阶段的主要工作是:根据组织需要确定招聘计划,根据人员招聘量和重要程度确定招聘组织,拟订招聘方案,确定招聘区域、范围、标准和报名时间,按规定向有关部门报批并办理相关手续。

(2)宣传报名阶段

这一阶段的主要工作:一是发布招聘信息,使求职者获得组织招聘的信息,并起到一定的宣传作用;二是受理报名,通过求职者填写有关求职登记表,了解求职者的基本情况,并通过目测、交谈,判断其是否符合本组织招聘人员的报名资格,为接下来的全面考评奠定基础。

(3)全面考评阶段

这一阶段是人员招聘工作的关键。这一阶段要根据招聘标准对求职者进行现实表现考评和职业适应性考察。现实表现考评主要是了解求职者过去的工作表现。职业适应性考察包括报名时的初试、笔试、面试、体检等方面。

(4)人员录用

人员录用是依据选拔的结果做出录用决策并进行安置的活动,其关键是做好录用决策。录用决策是依照人员录用的原则把选拔阶段多种考评和测验结果组合起来进行综合评价,从中择优确定录用名单。在做出最终录用决策时,应当注意以下三个问题。第一,尽量使用全面衡量的方法。应根据组织和岗位的实际需要,针对不同岗位的能力素质要求给予不同的评价权重,然后录用那些得分最高的应聘者。第二,减少参加录用决策的人员。在决定录用人选时,应坚持少而精的原则,选择直接负责考察应聘者工作表现及将与应聘者共事的人参加决策。第三,不能求全责备。没有十全十美的人才,因此在进行录用决策时不能吹毛求疵,挑小毛病。录用决策人员必须分辨哪些能力对完成应聘岗位工作是不可缺少的,这样才能录用到合适的人选。

第三节　人事考评

一、人事考评的功能与要素

人事考评是指组织根据一定的标准和程序,运用科学的方法对员工的工作能力和工作绩效进行定期的考核与评估。人事考评是人员配备的核心工作。传统的人事考评主要凭直觉、印象和简单的成绩记录来对组织成员的工作情况做出判断。这类考评手段缺乏严格性、系统性和科学性,存在考评失误、有失公平、影响管理效率和效果等弊端。现代人事考评要求运用科学的评价系统对员工的行为、业绩做出客观、公正的评价。

(一)人事考评的功能

1.促进实现绩效目标

人事考评标准对被考评者和其他人员来说具有导向作用,能够形成对被考评人员的行为导向。同时,人事考评标准同奖惩机制结合起来,直接关系到被考评者的经济利益,影响其价值取向。因此,在组织目标体系的指导下,考评像一只无形的手,指导着组织成员共同努力,促进组织绩效目标的实现。

2.促进形成激励机制

考评结果的差异代表着被考评人员在能力和成绩上的差距。这种差距能够作为对被考评人员及其他人员进行激励的依据;通过考评将绩效突出的成员真正凸显出来,使这些人有一定的成就感和荣誉感;给绩效不高者造成一种压力,促使他们不断改进工作,提高绩效。这种措施形成激励机制后,能够增强整个组织的凝聚力,促进组织绩效的提高。

3.促进成员共同进步

通过考评,将组织成员的绩效状况和素质能力反馈给全体成员,可以促进组织成员共同协调发展。对于被考评者来说,考评结果的反馈有利于他们去寻找造成自己取得成就或不称职状况的原因;对于掌握具体工作岗位对任职人员要求的考评主体来说,在了解被考评人员现状情况的基础上,他们能够自觉地调整自身的工作,减少内耗,形成一致行为,促进被考评人员提高绩效。

(二)人事考评的要素

人事考评要素是指人事考核和评价的必要因素。科学合理地设计考核要素是人事考核工作中的难点。

1.人事考核的基本要素

对人员进行全面考核的基本要素包括职业品德、工作态度、工作能力和工作业绩等四个方面。

（1）职业道德

职业道德要考核组织成员是否在思想上与组织精神、理念保持高度一致。具体内容包括两点：一是忠诚度，主要考核组织成员是否责任心、事业心强，是否爱岗敬业，能否认真做好本职工作，能否与组织同甘共苦；二是执行力，主要考核组织成员的积极主动性，是否严格贯彻组织精神、理念及各类制度并能及时反映异常状况等。

（2）工作态度

工作态度包括责任心、服从意识、协作意识等。具体考核内容包括以下五点：一是人际关系，即是否与同事、上下级相处融洽并受到欢迎；二是组织纪律性，即是否能严格遵守组织制度，以身作则；三是团队合作，即是否具有良好的团队合作精神和服务意识，工作上能否理解、支持、配合；四是积极主动性，即工作是否积极主动，是否敢于承担责任，是否遇到工作不推诿，是否有进取心、不断自我学习、不断进取；五是下属认可度，如在下属心目中是否有较高地位，是否被下属认可等。

（3）工作能力

工作能力考核的目的是考核组织成员的基本能力、业务能力、应用能力和创新能力等。具体考核内容包括以下九点：一是管理统率能力，即是否能够根据下属的性格、经验、学识等进行合理分工、科学部署，是否具备组织下属完成工作任务的能力；二是理解执行能力，即对上级的决定计划准确理解和执行的能力；三是专业知识能力，即是否具有丰富的岗位相关知识；四是沟通协调能力，即是否具有运用文字或口头语言，使他人了解本人意图，圆满处理各类事务的能力；五是统筹策划能力，即准确把握问题的实质并提出切实可行方案的能力；六是计划安排能力，即对分内工作进行合理、科学安排的能力；七是判断决策能力，即准确把握问题的关键，立足全局，全面迅速做出决定的能力；八是培训指导能力，即积极合理地培训、指导、激励下属工作，使下属能动地接受工作并完成任务的能力；九是应变创新能力，即思维敏捷，临危不乱，面对困难和问题能够及时发现并解决的能力。

（4）工作业绩

工作业绩是指工作目标完成度、准确度、效益和对组织的贡献。工作业绩考察的是组织成员完成工作任务的质量和数量，从事创造性劳动的成绩、工作效率及为组织所做的贡献大小等。具体内容包括以下四点：一是目标达成度，即组织或上级规定的工作职责完成情况；二是工作品质，即所辖范围内的工作秩序是否良好，处理事务是否按规定完成，要求归档的文件、表单、资料是否齐全和管理是否有序；三是工作方法，即完成工作的方法是否科学、合理、合法、高效；四是绩效增长，即被考评人员本身责任的执行情况，下属绩效的改进情况等。

2. 不同人事考评对象考评要素的确定

不同岗位的组织成员由于工作性质和工作内容的不同，所考核要素的设定也应该分门别类，只有这样，考核才具有针对性。如对机关人员的考核应以服务态度、原则性、协调性、工作计划性等为重要考核要素。对高层管理人员应注重考评其政治立场、思想品质、政策业务水平、分析能力、判断能力、决策能力、组织领导能力、沟通协调能力等。

3. 人事考评指标体系的完善

人事考评通过考评指标体系来实施。在具体的人事考评中，要依据考评要素设计完善的人事考评指标体系。考评指标的设计包括指标内容与标准的确定及量化等主要工作，指标内容的设计包括考评要素拟订、要素标志选择及标度划分三项内容。

人事考评指标设计要与实际考评内容保持一致。指标要具有可操作性,尽量将无法操作的指标用可操作的指标代替,所设计的指标应尽量具有普遍性,要适合所有考评对象,有较强的代表性,这也是人事考评简便性特征的要求。指标的内容设计上要涵盖工作的条件、过程及结果,即指标内容设计中不但要包括人员素质和能力,还要包括工作绩效的考评指标。指标内容设计要避免相互交叉,同时要确保其完整性。指标的量化,即将考评指标赋予一定的分值,使指标体系具有可靠功能。

二、人事考评的方法

(一)实测法

实测法是指对各种项目进行实际测量和考评的方法。例如,对被考评者进行生产技术技能的考评,通常采用现场作业进行实际测量,并进行技术测定和能力考核。

(二)成绩记录法

成绩记录法是指先将各项成绩记录下来,再以最后累积的结果进行评价的方法。这种方法主要适用于能实行日常连续记录的生产经营活动,如生产数量、进度、质量投诉等。

(三)书面考试法

书面考试法是指通过各种书面考试的形式进行考评的方法。这种方法主要适用于对理论知识进行测定。

(四)直观评估法

直观评估法是指通过对被考评者平日的接触与观察,考评者凭主观判断进行评价的方法。这种方法简便易行,但易受考评者的主观好恶影响,科学性差。

(五)情境模拟法

情境模拟法是指设计特定情境,考察被考评者现场随机处置能力的一种方法。

(六)民主测评法

民主测评法是指由组织成员集体打分评估的考核方法。

(七)因素评分法

因素评分法即分别评估各项考核因素,为各因素评分,然后汇总、确定考核结果的一种考核方法。

三、人事考评的程序

(一)确定考评目标和内容

组织中的职位不同,工作要求不同,相关人员应具备的能力和提供的贡献也不同。因此人事考评首先要根据不同岗位的工作性质和特点,有针对性地选择、确定特定的考核评估目标,并据此设计合理的考评表。这是有效开展人事考评工作的基本前提。

(二)选择考评者

人事部门只是考评的组织者,具体的考评工作应由被考评对象在业务上发生联系的有关部门的人员进行。这些人员主要有上级、关系部门和下属。上级主要考核和评价下属的理解和组织执行能力,关系部门则评价其协作精神,下属则评价其领导能力和影响能力。由这些人员进行考评,可以克服被评价者工作中只"唯上"、只做表面文章等弊端,促进他们增强民主意识和协作意识。

(三)衡量岗位工作、收集岗位信息

根据考核标准和考评表,多方面获取能够反映被考核人员岗位工作状态及其结果的信息。这些信息应当真实可靠。

(四)做出综合评价

分析考核表的可靠性,剔除不符合要求的考核表格。在此基础上,综合考评表的打分和意见,采用科学的方法对被考核人员进行综合考评,得出科学有效的结论,并进行对照分析。

(五)考评结果反馈和备案

要及时将考评结果反馈给有关当事人。反馈形式可以是上级管理者与被考评者单独面谈,也可以是书面通知。比较有效的方法是把这两种方法结合起来使用。被考评者如果认为考评不公正或不全面,应当给予申辩的机会。同时,人力资源部门应将考评结果及时进行备案,作为确定考核对象职业发展方向和组织人力资源工作决策的依据。

第四节　人员培训

一、人员培训的功能

组织的发展过程中,出于某种自然与非自然的原因,组织的人员需要不断地更新和补充。人的成长总需要一个相对漫长的渐进过程,明天组织需要的人才今天就应开始培训。因此,组织要在通过人事考评了解人员状况和特点的基础上,重视展开人员培训。有效的人

员培训是提升组织综合能力的过程,对组织的发展有重要的作用。组织中的人员培训往往具有以下功能。

(一)提高组织成员的综合素质

组织中的人员培训有岗位技能培训和文化知识培训等不同形式。岗位技能培训意在提升人员与岗位的匹配度,文化知识培训意在提高组织成员的人文素质和品德修养。人员培训还能为组织发展提供新的工作思路、知识、信息、技能,增长组织成员的才干,提升敬业精神和综合素质。

(二)促进组织文化建设

每一个成功的组织都有自己的文化,一切长期生存发展的组织也必须建立自己的文化。人员培训能促进组织与成员、管理人员与非管理人员的双向沟通,增强组织的向心力和凝聚力,塑造优秀的组织文化。组织中的成员如果认同组织文化,不仅会自觉学习、掌握科技知识和技能,而且会增强主人翁意识、质量意识、创新意识,从而培养全体成员的敬业精神、革新精神和社会责任感。人员培训中融入组织文化内容,有利于组织文化的建设,增强组织成员对组织的归属感和主人翁责任感,提升组织的凝聚力。

(三)提升组织能力

组织的发展能力取决于其人员的能力及凝聚力。具有优秀人员和高凝聚力的组织可以克服任何困难,所向披靡。通过培训提升组织成员的素质能力和组织的凝聚力是创建优秀组织的基本途径。现代社会,组织竞争实质上是人才的竞争,人员培训是组织发展不可忽视的人本投资,是提高组织造血功能的根本途径。事实证明,人才是组织的第一资源,有了一流的人才,就可以创造一流的业绩,组织就可以在竞争中立于不败之地。

二、人员培训的任务

(一)改变组织成员的态度

每个组织都有自己的文化、价值观念、行动的基本准则。组织成员只有了解并接受了这种文化,才能在其中有效地工作。因此,要通过人员培训,使他们逐步了解组织文化,接受组织的价值观念,按照组织中普遍的行动准则来从事业务活动,与组织同化。

(二)更新组织成员的知识

现时代,知识的新旧更替正以前所未有的高速度呼啸而至,人们原先拥有的知识结构在迅速地陈旧和老化。这就要求组织成员持续学习,不断更新知识。新的知识既可以在工作前的学校教育中获取,更应该在工作中不断地补充和更新。为了使组织成员跟上知识更新的速度,组织必须通过培训及时补充和更新他们的科学、文化、技术知识。

(三)帮助组织成员成长

组织中的人员培训要与每名组织成员的职业发展结合起来,把组织目标与个人目标结合起来,引导组织成员满腔热情地为实现组织目标做出贡献,使组织成员真正愿意参与培训,主动参与培训,通过培训获得帮助和成长。

三、人员培训的分类和方法

(一)人员培训的分类

1. 岗前培训

岗前培训,即组织成员在进入岗位前进行的培训。岗前培训可以分为一般性的岗前培训和专业性的岗前培训两种。一般性的岗前培训主要是向新员工介绍组织的大体情况,让新员工对组织有一个大致的了解。专业性的岗前培训主要是针对工作岗位,进行技术、方法、流程等方面的培训,让新员工对自己的工作有清晰的认知。

2. 在职培训

在职培训是指对组织员工在本组织工作期间进行的、旨在全面提高员工工作效率和综合素质以更好地协调组织的运作及发展的培训。培训内容和方式一般均由部门决定。

3. 专题培训

专题培训是指为达到某一专门目的或解决某一专门问题而对员工进行的培训。专题培训有利于组织成员了解组织发展状况和经济社会发展形势的变化,开阔其视野,提升其素质。

(二)人员培训的方法

管理者的能力和素质不是天生的,要通过学习与实践锻炼逐步形成和不断提高。知识的更新和补充可以相对迅速地通过集中脱产或业余学习的方法来完成,而态度的改变与技能的培养则需要在参与管理工作的实践中长期不懈的努力。组织中人员培训经常采用的方法主要有以下六种。

1. 讲授法

讲授法是一种传统的培训方式。其优点是运用方便,便于培训者控制整个过程。其缺点是单向信息传递,反馈效果差。它常被用于一些理念性知识的培训。

2. 讨论法

讨论法按照费用与操作的复杂程度又分成研讨会与一般小组讨论两种方式。研讨会多以专题演讲为主,中途或会后允许学员与演讲者进行交流沟通。优点是信息可以多向传递,与讲授法相比反馈效果较好,但费用较高。一般小组讨论的特点是信息交流时方式为多向传递,学员的参与度高,费用较低,多用于巩固知识,训练学员分析、解决问题的能力与人际交往能力,但运用时对培训教师的要求较高。

3. 案例研讨法

案例研讨法是通过向培训对象提供相关的背景资料让其寻找合适的解决方法。这一方式使用费用低,反馈效果好,可以有效训练学员分析、解决问题的能力。案例研讨法的优点在于:一是可以帮助学员学习分析问题和解决问题的技巧;二是能够帮助学员确认和了解解决问题的多种可行方法。缺点是需要的时间较长;与问题相关的资料有时可能不明了,影响分析的结果。

4. 角色扮演法

角色扮演法是让受训者在培训教师设计的工作情境中扮演某个角色,其他学员与培训教师在学员表演后做适当的点评。由于信息传递多向化,反馈效果好、实践性强、费用低,因而多用于人际关系能力的训练。角色扮演法的优点和缺点都很多。优点是:能激发学员解决问题的热情;可增加学习的多样性和趣味性;能够激发热烈的讨论,学员能够各抒己见;能够提供在他人立场上设身处地思考问题的机会;可避免可能的危险与尝试错误的痛苦。缺点是:观众的数量受限;演出效果可能受限于学员过度羞怯或过强的自我意识。

5. 互动小组法

互动小组法也称敏感训练法。此法主要适用于管理人员的实践训练与沟通训练。让学员通过培训活动中的亲身体验增强处理人际关系的能力。其优点是可明显提高人际关系和沟通的能力,但其效果在很大程度上依赖于培训教师的水平。

6. 师徒传承法

师徒传承法也叫师傅带徒弟、学徒工制、个别指导法,是由一个在年龄上或经验上资深的人员,支持一位资历较浅者进行个人发展或生涯发展的方式。师傅的角色包含了教练、顾问及支持者。身为教练,会帮助资历较浅者发展其技能;身为顾问,会提供支持并帮助他们建立自信;身为支持者,会以保护者的身份积极介入各项事务,让资历较浅者得到更重要的任务,或运用权力让他们升迁、加薪。师徒传承法有许多优点:一是在师傅指导下开始工作,可以避免盲目摸索;二是有利于尽快融入团队;三是可以消除刚刚进入工作的紧张感;四是有利于传统优良工作作风的传递;五是可以从指导者那里获取丰富的经验。

【本章小结】

1. 人员配备是根据组织结构规定的职位数量和要求,对所需人员进行恰当的选拔、使用、考评和培训,以合适的人员去充实组织中的各个职位,保证组织活动正常进行并实现组织既定目标的活动。

2. 人员配备的任务是促进组织系统正常运转、保证组织功能有效发挥、维持成员对组织的忠诚和实现人的全面和自由发展。

3. 人员配备的内容和程序包括确定人员的需要量、选配人员和制订和实施人员培训计划。

4. 人员配备的原则包括任人唯贤、德配其位原则,因事择人、因材器使原则,用人所长的原则,平等竞争原则,程序化、规范化原则和动态平衡原则。

5. 组织中人员的来源包括内部选聘和外部招聘两种方式。

6. 人员选聘的标准有人员的技能与岗位职责相匹配、人员个性与岗位特点相匹配和人员价值观与组织价值观相匹配。

7. 人事考评的功能包括促进实现绩效目标、促进形成激励机制和促进成员共同进步;人事考评的要素包括职业道德、工作态度、工作能力和工作业绩。

8. 人事考评的方法包括实测法、成绩记录法、书面考试法、直观评估法、情境模拟法、民主测评法和因素评分法。

9. 人事考评的程序包括确定考评目标和内容,选择考评者,衡量岗位工作、收集岗位信息,做出综合评价及考评结果反馈和备案。

10. 人员培训的功能包括提高组织成员的综合素质、促进组织文化建设、提升组织能力;人员培训的任务包括改变组织成员的态度、更新组织成员的知识、帮助组织成员成长。

11. 人员培训包括岗前培训、在职培训和专题培训等类型。

12. 人员培训的方法包括讲授法、讨论法、案例研讨法、角色扮演法、互动小组法和师徒传承法。

【实务训练】

索尼的人才选拔机制

有一天晚上,索尼董事长盛田昭夫按照惯例走进职工餐厅与职工一起就餐、聊天。他多年来一直保持着这个习惯,以培养员工的合作意识和与他们的良好关系。这天,盛田昭夫忽然发现一名年轻职工郁郁寡欢,满腹心事。于是,盛田昭夫就主动坐在这名员工对面,与他攀谈。几杯酒下肚之后,员工终于开口了:"我毕业于东京大学,有一份待遇十分优厚的工作。进入索尼之前,对索尼公司崇拜得发狂。当时,我认为进入索尼,是我一生最佳的选择。但是,我现在却觉得不是在为索尼工作,而是为课长干活。坦率地说,我这位课长是个无能之辈,更可悲的是,我所有的行动与建议都得课长批准。我自己的一些小发明与改进,课长不仅不支持,还挖苦我癞蛤蟆想吃天鹅肉,有野心,我十分泄气。这就是索尼? 我居然放弃了那份优厚的工作来到这种地方!"

这番话令盛田昭夫十分震惊,他想,类似的问题在公司内部员工中恐怕不少,管理者应该关心他们的苦恼,了解他们的处境,不能堵塞他们的上进之路。于是他产生了改革人事管理制度的想法。之后,索尼公司开始每周出版一次内部小报,刊登公司各部门的"求人广告",员工可以自由而秘密地前去应聘,他们的上司无权阻止。另外,索尼原则上每隔两年就让员工调换一次工作,特别是对于那些精力旺盛、干劲十足的人才,不是让他们被动地等待工作,而是主动地给他们施展才能的机会。在索尼公司实行内部招聘制度以后,有能力的人才大多能找到自己较中意的岗位,而且人力资源部可以发现那些"流出"人才的上司存在的问题。

问题:

1. 你认为案例中年轻员工所反映的情况在现实中存在吗? 这种现象对组织有什么样的不利影响?

2. 一般而言,这样的员工在组织中给人恃才傲物的感觉,如何正确对待此类员工是领导者要慎重处理的问题,如果是你,将如何处理?

3.你认为内部招聘制度能给组织管理带来哪些好处?

【思考与练习题】

一、单项选择题

1.只从内部选聘主管人员的做法存在着若干弊端。在下面所列出的几条中,不属于内部选聘制度弊端的是( )。

A.可能造成"近亲繁殖"

B.组织对晋升者的情况不能深入了解

C.会造成同事之间的紧张关系

D.会引起同事的不满

2.根据每个人的长处安排合适岗位的人员配备原则是( )。

A.因人设职　　　　　B.用人所长

C.平等竞争　　　　　D.因事用人

3.由组织成员集体打分评估的考核方法是( )。

A.成绩记录法　　　　B.因素评分法

C.直观评估法　　　　D.民主测评法

二、多项选择题

1.外部招聘的优点有( )。

A.被聘干部具有"外来优势",没有历史包袱

B.能够为组织带来新鲜血液

C.有利于使被聘者迅速开展工作

D.有利于鼓舞士气,提高工作热情

E.有利于平息和缓和内部竞争者之间的紧张关系

2.内部招聘的优点包括( )。

A.有利于调动组织成员的积极性

B.有利于为组织带来新鲜的空气

C.更好地维持组织成员对组织的忠诚

D.有利于使被聘者迅速开展工作

E.有利于消除同事的不满

三、简答题

1.试分析选聘管理人员的主要途径。

2. 试分析人事考评的基本要素有哪些?

四、论述题

1. 人员配备的任务有哪些?

2. 为什么不仅要考评管理人员的贡献,还要考评其能力?

第九章思考与练习题
参考答案

第十章

组织文化

【学习目标】

1. 了解组织文化的内涵。
2. 掌握组织文化的特征及影响因素。
3. 了解组织文化的构成与功能。
4. 掌握组织文化塑造的途径。
5. 熟悉组织文化的维系与传承。

【导入案例】

加多宝的组织文化

2012年5月12日,王老吉商标使用权被广药夺回,加多宝集团面临生死抉择。就当时的市场经验来说,没有哪家企业有过类似的案例,加多宝遭遇的这场商标争夺战可以说是一场惊心动魄的商海战役。

然而在商标争夺彻底无望的同时,加多宝凭借其危机应对的营销策略,借助高调赞助中国好声音等市场营销活动,成功在最短时间内重新树立起一个新的凉茶品牌。

在2012年中国人力资源管理年会中,加多宝人力资源主题案例"红色力量,我们在行动"获得中国人力资源管理十大最佳实践奖。

对于这次获奖,加多宝官方的表述为:2012年加多宝集团面对突然出现的品牌转换危机,人力资源部紧密配合公司策略,在第一时间向员工传达来自公司高层的期望与信心、传达公司战略调整的方向和目标,同时迅速启动"红色力量,我们在行动"的主题活动,策划了包括"每天影响一个人""红色宣传""红色行销""红色创意"等在内的一系列行动方案。从信心提振、信息分享、激发创意、鼓励优秀等各方面,充分调动员工热情、激发信念、凝聚力量、鼓舞士气,使每一位员工都能够深度参与品牌转换,真正成为加多宝品牌的塑造者。"红色力量"的主题活动使加多宝人在极短时间内凝聚起来,高度团结,展现了强烈的自我驱动和深度的全员参与,从而配合积极精准的市场策略,共同演出了一场绝地反击式的胜利。

当时加多宝集团人力资源及行政总经理夏楠回忆说,当巨变来临时,公司管理层紧急召开各种会议部署战略,市场、销售等,都有明确的规划和应对措施。而公司对人力资源的要求就留下了四个字:稳定军心。夏楠分享了红色力量活动中非常有意思的几个细节。

公司所有员工的即时通信工具头像统一更换成加多宝红罐凉茶。策划贯彻主题活动:每天影响一个人。以前加多宝的员工去餐厅吃饭都会自带饮料,但从那一刻开始,员工去餐厅吃饭都会主动向服务员强调要"加多宝"。有不少员工在打出租车的时候会主动送加多宝给司机,并告知凉茶换标了。

有记者采访加多宝换标事件,发现杭州街头的加多宝促销人员不停地从便利店里购买加多宝赠送路人。最后通过对加多宝一线员工的采访后,发表了一篇题为《加多宝,你的员工说,会和你在一起》的文章。当夏楠把这篇文章拿给老板看的时候,老板哭了。

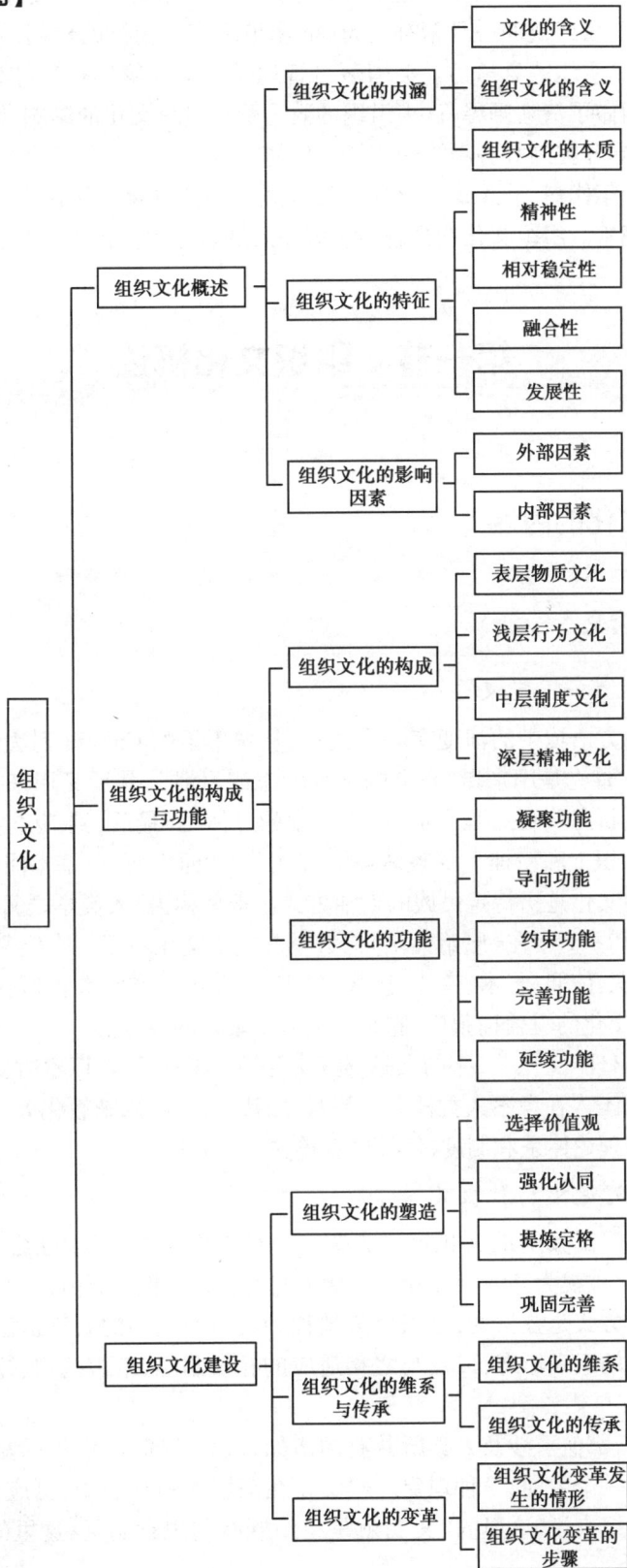

请分析加多宝在强化自己的组织文化时做了哪些工作。

【思维导图】

```
                                          ┌─ 文化的含义
                          ┌─ 组织文化的内涵 ─┼─ 组织文化的含义
                          │                 └─ 组织文化的本质
                          │
                          │                 ┌─ 精神性
            ┌─ 组织文化概述 ─┼─ 组织文化的特征 ─┼─ 相对稳定性
            │               │                 ├─ 融合性
            │               │                 └─ 发展性
            │               │
            │               │                 ┌─ 外部因素
            │               └─ 组织文化的影响   ┴─ 内部因素
            │                  因素
            │
            │                                 ┌─ 表层物质文化
            │               ┌─ 组织文化的构成 ─┼─ 浅层行为文化
            │               │                 ├─ 中层制度文化
            │               │                 └─ 深层精神文化
            │               │
  组织文化 ─┼─ 组织文化的构成 ─┤                 ┌─ 凝聚功能
            │    与功能       │                 ├─ 导向功能
            │               └─ 组织文化的功能 ─┼─ 约束功能
            │                                 ├─ 完善功能
            │                                 └─ 延续功能
            │
            │                                 ┌─ 选择价值观
            │               ┌─ 组织文化的塑造 ─┼─ 强化认同
            │               │                 ├─ 提炼定格
            │               │                 └─ 巩固完善
            │               │
            └─ 组织文化建设 ─┼─ 组织文化的维系  ┌─ 组织文化的维系
                            │    与传承       └─ 组织文化的传承
                            │
                            │                 ┌─ 组织文化变革发
                            └─ 组织文化的变革 ─┤   生的情形
                                              └─ 组织文化变革的
                                                  步骤
```

组织文化是组织中不可缺少的一部分。优秀的组织文化能够营造良好的组织环境,提高员工的文化素养和道德水准,并且能让员工内部自然地形成一种凝聚力、向心力和约束力,形成组织发展不可或缺的一种精神力量,能使组织产生积极的作用,使组织资源得到合理的配置,从而提高组织的竞争力。美国著名管理学家哈罗德·孔茨曾对组织文化在组织运行中的重要作用做了清晰阐释,认为组织的效力受到组织文化的影响,组织文化影响着计划、组织、人事、领导和控制等各项管理职能的实施方式。关于组织文化的系统研究始于20世纪70年代末80年代初,进入21世纪以来,全球化和信息化的快速发展进一步促进了组织文化理论日臻完善。组织文化在推进组织健康发展过程中发挥着越来越重要的作用。

第一节　组织文化概述

一、组织文化的内涵

(一)文化的含义

1. 文化的"人类学"定义

文化一词在西方语境中的演变有一个过程,从拉丁语的 Cultura 到法语的 Culture,再到英语的 Culture。它首先是用来指"心灵的某种状态或习惯",其后又用来指"一个社会整体中知识发展的一般状态",再后是表示"各类艺术的总体"。最后,到19世纪末,文化开始意指"一种物质上、知识上和精神上的整体生活方式"。就西方而言,基本能够达成共识的,在最宽泛的意义上的文化是指特定民族的生活方式。被尊称为"人类学之父"的英国文化人类学家爱德华·泰勒1871年在《原始文化》一书中首次给文化下了一个定义:"文化是一个复杂的总体,包括知识、信仰、艺术、道德、法律、风俗,以及人类在社会里所获得的一切能力和习惯。"由此可见,文化的覆盖面很广,它是一个非常繁杂的系统。

在中国,最早出现"文化"二字的文献,是《易经》:"观乎天文,以察时变;观乎人文,以化成天下。"说的就是圣人在考察人类社会文明时,用诗、书、礼、乐来教化天下,以构造修身、齐家、治国、平天下的理论体系和制度,使社会变得文明而有序。

2. 文化的广义定义与狭义定义

目前有两种被广泛接受的文化定义方式。一种是广义的、置于社会学视野下的方式。根据这种理解,文化被视为某一特殊社会生活方式的整体。例如,印度文化、阿拉伯文化、玛雅文化等。第二种方式是狭义的,是以民族精神和气质为核心的属于价值形态的定义。狭义的文化是指社会的意识形态,以及与之相适应的礼仪制度、组织机构、行为方式等物化的精神。

无论哪种理解,都似乎涉及人类所共有的诸如知识、信仰、习俗等的复合命题。更多的人仅仅把文化当作一个名词,一种现象。但文化在深层次的理解中,更应该是"文"与"化"的两位一体。对组织来说,这里的"文",就是组织既有的规章制度;这里的"化",就是组织要严格执行,积极完善。

(二)组织文化的含义

组织文化(Organizational Culture)是指在一定的社会政治、经济、文化背景条件下,组织在生产与工作实践过程中所创造或逐步形成的并且为组织成员普遍认可和遵循的具有本组织特色的价值观念、道德标准、行为准则、作风和团体氛围的总和。

任何组织都是在其自身所处特殊环境条件下产生和发展起来的,其间各自形成了独特的历史传统、意识形态、价值取向和行为方式,这就是组织文化。可见,文化与组织联系在一起的时候,指成员所共有的行为方式、共同的信仰及价值观。从这个意义上讲,组织文化指的是一个组织在长期实践活动中形成的具有本组织特征的文化现象,是组织中的全体成员共同接受和共同遵循的价值观念和行为准则。

(三)组织文化的本质

1. 组织文化是历史的积淀

陈之藩在《在春风里·剑河倒影》中说道:"许多许多的历史可以培养一点点传统,而许多许多的传统可以培养一点点文化。"文化是一个国家和一个民族在长期的历史演进过程中所形成的最具有价值、最精髓的精神层面的事物。同样,组织文化是一个组织在漫长的组织成长过程中所形成的最具价值、最精髓的东西。它是一代代人总结流传的精神力量。

2. 组织文化是认同感

组织文化一定得由本组织的成员认可并且遵循。组织文化是属于组织意识形态层面的事物,是一种物化的精神。它像空气一样渗透于组织的一切活动之中,形成一个组织的氛围,代表着一个组织的个性。从严格意义来讲组织文化实际上就是一个组织所信奉的价值观,而且最终是要融入组织所有人员的思想和行为之中去的,要靠组织所有成员的思想和行为来体现。

3. 组织文化是价值观

组织文化的精髓是组织价值观。在特定的社会组织和群体中,组织价值观就是这个体系中起主导作用的最根本、最重要、最稳定的部分。组织价值观是组织精神文化的核心,是组织优良传统的结晶,是维系组织生存发展的精神支柱。比如对于政党、国家、民族、军队来说,价值观就是精神旗帜,是最高的思想认同,是凝聚力和战斗力的不竭源泉。

二、组织文化的特征

组织文化是组织经过长期实践逐渐培育和积累而形成的,不同组织的产生和发展都有其自身的特殊环境,因此各自具有其特定的共享价值观、共同的精神取向和群体意识。由此可见,组织文化首先具有独特性、长期性和可塑性特征。除此之外,还有以下四个特征。

(一)精神性

从本质上讲,组织文化是一种抽象的意识范畴,是存在于组织内部的一种群体意识现象、意念性行为取向和精神观念。正是基于组织文化的这种精神性特征,人们常常将之看成组织的一种无形资源或无形资产。

（二）相对稳定性

组织文化是组织在长期的发展中逐渐积累而成的,具有较强的稳定性,不会因组织结构的改变、战略的转移或产品与服务的调整而随时变化。一个组织中,精神文化又比物质文化具有更多的稳定性。

（三）融合性

每一个组织都是在特定的国度和文化背景之下形成的,必然会接受和继承这个国家和民族的文化传统和价值体系。但是,组织文化在发展过程中,也必须注意吸收其他组织的优秀文化,融合世界上最新的文明成果,不断地充实和发展自我。也正是这种融合继承性使组织文化能够更加适应时代的要求,并且达成历史性与时代性的统一。

（四）发展性

组织文化随着历史的积累、社会的进步、环境的变迁及组织的变革逐步演进和发展。强势、健康的文化有助于组织适应外部环境和变革,而弱势、不健康的文化则可能导致组织的不良发展。改革现有的组织文化,重新设计和塑造健康的组织文化的过程就是组织适应外部环境变化,改变员工价值观念的过程。

三、组织文化的影响因素

（一）外部因素

1. 民族文化

民族文化是指世界上各民族在其长期历史发展过程中创造和积累起来的具有本民族特征的文化,其中既包括衣着、住宅、生活用品、生产工具等物质文化,也包括语言文字、文学艺术、风俗习惯等精神文化。一种民族文化既是该民族赖以生存和发展的文化根基,也是其历史发展水平的集中体现。组织作为社会系统中的一个微观子系统,其文化的形成和发展自然会受到自身所处民族文化环境的影响和制约,无论是组织的价值观、思维方式,还是组织的行为规范,无不打上深深的民族文化烙印。因此,民族文化是影响组织文化形成和发展的重要因素,也是影响组织运行和发展的重要外部环境。实践证明,越是能最大限度地在民族文化中吸取营养的组织文化,越容易得到组织成员和社会公众的认可、理解与接受。

2. 制度文化

制度文化是指人类适应自身生存和社会发展需要而主动创建的规范体系,其核心内容是国家的政治制度、法律制度和经济制度。制度文化作为有组织的社会规范系统,是人类文化的一个重要层面,它介于物质文化和精神文化之间,是二者的中介,既是物质文化的反映形式,又是精神文化的物化形态。任何一个国家的政治制度、法律制度和经济制度,都是影响组织生存和发展的重要外部环境,也是影响组织文化形成和演进的重要因素。在不同的国家政治制度、法律制度和经济制度下,组织的价值观、思维方式和行为规范会有很大差异。

3. 外来文化

对一个特定组织而言,其他国家、民族、区域、行业的文化及其他组织的文化都是外来文化,这些外来文化对组织文化的形成和发展具有多重影响。在全球化背景下,世界各国、各地区的经贸关系日益密切。相应地,不同文化之间也相互交流、相互融合、相互渗透。这种变化必然会对组织的经营哲学、思维方式、行为准则产生一定的影响和冲击,也促使组织文化更具开放性。任何组织只有在巩固、完善自身已有文化的同时,更加主动地、有意识地借鉴和吸纳外来文化中的有益元素,才能够不断发展组织文化,增强组织对外部环境的适应能力。

(二)内部因素

1. 领导者的素质

一个组织在创立和成长初期,创始人的核心价值观及行为风格自然会直接影响该组织的文化形成,而组织文化的部分特点特别是那些优秀的组织文化特点会在组织运行中不断得到传承与发展,进而贯穿于组织的整个生命周期。从这个角度分析,可以说,组织的宗旨、使命、传统习惯等都从某种程度上体现了组织领导者的价值观。基于此,人们常说组织文化实际上就是老板文化,意指领导者的价值观念、经营哲学、行为方式及人格特征等都对组织文化的形成和发展具有显著影响。

2. 组织成员的素质

组织文化是所有组织成员达成共识并共同遵循的价值标准、基本信念、行为准则,组织成员不管处于哪个层次,都会受到组织文化的影响和约束,但同时都能反作用于组织文化。所以,组织成员的素质成为组织文化层次和水平的直接影响因素。组织文化的传播和发展,依赖于高层管理人员的综合素质、行为举止与组织文化保持相对一致,也依赖于全体成员对组织文化的精髓高度认可。

3. 组织发展的不同阶段

正常情况下,组织的生命周期都是从初创期开始,经过成长期和成熟期后逐步进入衰退期的。组织自身在整个循环过程中的不同发展阶段,因面临的环境不同,应对的挑战不同,会确立不同的战略目标。在此期间,组织也会相应地、有所侧重地致力于组织文化建设,一方面要循序渐进地积累优秀的文化传统,另一方面要适时摒弃一些不良风气和行为。具体来说,组织在初创期往往急于求成,热衷于抢市场、抓机遇,因全身心关注并积极应对组织外部环境,无暇顾及组织内部的规范管理,此时容易形成短视和追求功利的文化氛围。为此,组织领导者应及时予以纠正,树立正确的义利观,营造"以义取利,见利思义"的风气。当组织进入成长期后,其各项事业顺利发展,组织文化初步形成,这是塑造组织文化的关键时期。组织领导者要抓住时机,从长计议,塑造可以永久传承的优秀组织文化。进入成熟期后,组织文化基本形成,此时组织领导者要防范惰性习惯,一旦发现组织文化已不适应组织发展的要求,就应当机立断,实施组织变革,通过组织文化的进化和升华,防止组织走向衰退。可见,适应组织发展需要而不断优化的组织文化,是组织健康生存和发展的重要保障。

第二节　组织文化的构成与功能

一、组织文化的构成

组织文化可以分为表层物质文化、浅层行为文化、中层制度文化和深层精神文化四个基本层次。

（一）表层物质文化

所谓表层文化，是组织文化的第一个层次，也就是组织的物质文化。它主要表现在组织的一些器物和标识上。比如器物层面，包括组织的劳动场所、工作环境、娱乐休息环境及文化设施。标识层面如商标，产品的结构、外表、特色、包装；组织的信纸、信封，员工的工作服等。表层物质文化作为区分组织与其他组织的一种手段，有着非常重要的作用。表层物质文化是人们了解组织文化的基础，它是组织外部对组织的"第一印象"。

（二）浅层行为文化

浅层行为文化主要表现在组织的活动文化和礼仪文化上。组织行为文化是指组织员工在生产经营、学习娱乐中产生的活动文化，它是组织作风、精神面貌的动态体现，也是组织精神、价值观的折射。

（三）中层制度文化

制度层文化显示了整个组织对文化的一种规范，它包括一些强制性的制度文化与纸面文化。制度层规定了组织成员在共同的生产劳动活动中应当遵守的行为准则，主要包括组织的基本制度如人事管理制度、生产管理制度、民主管理制度、分配机制、用人机制、组织结构、管理模式等。制度文化的内容其实就是制度与文件。制度文化不仅仅是指纸面上的文字，而是强调人与制度的相互作用、相互影响而产生的结果。

制度文化是组织文化的中介和桥梁，它把物质层、行为层和精神层文化有机地结合成一个整体，是精神文化的具体表现形式，又是塑造精神文化的主要机制和载体。同时制度文化也是物质、行为文化实现的保证。它对组织文化的建设起着一种重要的承上启下的作用。组织文化需要让组织的核心价值变为成员的自觉行为，而从文化理念到自觉行为从来不是一蹴而就。因为文化是柔性的，而制度是刚性的，组织需要通过制度的刚性约束使柔性的价值观贯彻到组织成员的行为中，从而形成习惯，再从习惯变为成员的自觉行为。因此，制度是组织所倡导的文化形成与落地的重要保障。

（四）深层精神文化

精神文化是组织文化的核心和灵魂。它是组织在长期实践中形成的群体心理定式和价值取向，是组织的道德观、价值观即组织哲学的总和。精神文化反映了全体成员的共同追求和共同认识,是指组织的领导和成员共同信守的基本信念、价值观、职业道德和精神风貌。组织价值观是精神文化的核心,是组织优良传统的结晶,是维系组织生存发展的精神支柱。精神文化就像组织的指南针,它在潜意识里指导着组织中每一个人的思想和言行,能改变每一个人的价值观和哲学思想。

二、组织文化的功能

组织文化的功能指的是组织文化发生作用的能力。组织文化作为一种自组织系统具有多种特定功能。

(一)凝聚功能

组织文化的凝聚功能,是指当一种价值观被该组织成员共同认可之后,它就会成为一种黏合剂,从各个方面把其成员团结起来,从而产生一种巨大的向心力和凝聚力。而这正是组织获得成功的主要原因,所谓"人心齐,泰山移",凝聚在一起的成员有共同的目标和愿景,从而能够克服遇到的任何困难,推动组织不断前进和发展。

(二)导向功能

一个组织的文化一旦形成,它就建立起了自身的价值取向和行为规范,就能够对组织整体和每一个成员的价值取向,以及行为取向起引导作用。组织文化是一个方向盘,组织提倡什么崇尚什么,成员就追寻什么。一种文化可以使每一个成员的思想和言行都能够符合组织所确定的标准。如果成员在价值和行为取向上与组织文化的标准产生悖逆现象,文化会将其纠正并将之引导到组织的价值观和行为规范上来。

(三)约束功能

优秀的组织文化,不但有很好的导向功能,还有非常明显的约束功能。组织文化的约束功能,产生于组织中弥漫的组织文化氛围、群体行为准则和道德规范。组织成员的行为会因为符合组织文化所规定的群体行为准则而受到群体的肯定和赞扬,成员就会获得心理上的满足与平衡。反之,如果成员的某种行为违背了群体行为准则,群体就会来规劝、说服和教育;如果屡教不改,他就会受到群体意识的谴责和排斥,从而内心深处产生失落感、挫折感,甚至最后被群体所抛弃。

道德规范从伦理关系的角度来约束组织成员的行为。它比较注重以意念、情感等柔性的方式对主体行为进行自我约束和调节。组织的道德观一旦被成员认同,就会转变成为一种信念、情感和意识,内在地驱动成员自觉调整行为,自觉维护组织利益。如果人们违背了道德规范的要求,就会受到舆论的谴责,心理上就会感到内疚。

(四)完善功能

组织文化会不断更新和优化,推动组织本身发展,而组织的进步和提高又会促进组织文化的丰富。组织的兴旺和发达与组织文化的自我完善是分不开的。

（五）延续功能

组织文化与任何文化一样都具有历史传承性。组织文化一经固化形成，就会具有自己的历史延续性并持久不断地起着应有的作用，并且不会因为组织领导层的人事变动而立即消失。

第三节　组织文化建设

组织文化建设是指组织文化相关的理念的形成、塑造、传播等过程，要突出在"建"字上，切忌重口号、轻落实。

一、组织文化的塑造

组织文化塑造是指有意识地、系统地创建或变革组织文化的工程。组织文化建设的最高境界就是让组织的核心价值观内化为成员的思想和行为。也就是要把组织的核心价值观融入成员的思想，落实到成员的行动中去。

（一）选择价值观

组织价值观是整个组织文化的核心和灵魂，选择正确的组织价值观对组织发展具有重大战略意义，所以，选择价值观是塑造良好组织文化的首要任务。

1. 组织价值观要体现组织的宗旨和发展战略与方向

一个组织的价值观应该体现组织发展的方向和目标。选择组织价值观的过程，实质上就是制定"一个鼓舞人心的组织文化愿景"的过程。因此，要立足于本组织的实际，根据组织自身的使命、宗旨、目标、环境、习惯和组织方式等，结合本组织自身的性质、规模、技术特点、人员构成等因素，选择适应组织发展需要的组织文化模式，以利于在组织与组织成员之间达成共识。

2. 组织价值观要与组织文化各要素之间相互协调

要协调好组织价值观与组织环境、组织树立的典型模范、组织内部的文化仪式及文化网络等各组织文化要素的关系，确保各要素之间相互组合与匹配的科学性，以实现组织文化系统的整体优化。

3. 组织价值观要得到组织成员和社会的认可与接受

良好的价值观应当能够凝聚全体组织成员的理想和信念，融合其行为，进而成为鼓励组织成员努力工作的精神力量。因此，在选择组织价值观的过程中，要充分发挥组织成员的创造精神，广泛听取其意见和建议，并经过自上而下、自下而上的反复沟通，审慎地甄选出既符合组织特点又反映组织成员心态的组织价值观和组织文化模式。选择组织价值观的标准应当与本组织成员的基本素质相吻合，既不过高，也不过低，否则，难以得到全体组织成员的普遍认可和接受。另外，现代组织的价值观还应体现可持续发展理念和强烈的社会责任感，以适应人类对经济、社会、环境和谐相处的可持续发展愿景和社会对组织承担社会责任的期望与要求,这样做更易于使社会公众对组织产生良好印象。

(二)强化认同

在选择并确立了组织价值观和组织文化模式后,应采取有效的方式进行强化灌输,使得到基本认可的方案真正深入人心。具体做法包括以下三个方面。

1. 广泛宣传

利用组织中一切可以利用的媒体如内部报纸、杂志、电视、网络、宣传栏等,广泛传播组织文化的内容和精要,创造浓厚的舆论环境氛围。

2. 培养和树立典型

模范典型是组织精神和组织文化的人格化身与形象缩影。组织通过表彰和奖励那些行为体现理想组织文化的组织成员,让他们以其特有的感召力、影响力为其他组织成员树立学习的标杆,"榜样就在身边",组织成员会从典型模范的精神风貌、价值追求、工作态度和言行表现之中,深刻理解和体会组织文化的实质。

3. 加强培训和教育

组织通过开展目的明确的内部培训和教育,以及丰富多彩的活动,潜移默化地使组织成员系统接受和强化认同组织精神与组织文化。

(三)提炼定格

成熟的组织价值观和组织文化模式的形成不是一蹴而就的,必须经过精心分析、全面归纳和提炼定格。

1. 精心分析

组织价值观和组织文化模式经过广泛宣传、初步强化认同后,组织应当对反馈回来的意见和建议进行深入剖析和评价,详细分析和比较组织成员对组织文化实际认同的结果与原来所做的方案之间的差距,找出可吸收的有关专家和组织成员的合理意见与建议。

2. 全面归纳

在系统分析的基础上,进行综合整理、归纳、总结和反思,采用去粗取精、去伪存真、由此及彼、由表及里的方法,摒弃那些落后的、不为组织成员所认可的组织文化内容和形式,而对那些进步的、卓有成效的、组织成员普遍接受的予以保留。

3. 提炼定格

对经过科学论证和实践检验的组织精神、组织价值观、组织伦理与行为,予以条理化、完善化和格式化,并从理论上和文字上进行加工处理,用精练的语言表述出来。

(四)巩固完善

1. 建立规章制度

在组织文化演变为全体成员的习惯之前,要使每一位成员从一开始就自觉地、主动地按照组织文化和组织精神的标准去行动比较困难,即使在组织文化业已成熟的组织中,个别成员背离组织宗旨的行为也时有发生。因此,为了巩固、落实已提炼定格的组织文化,有必要建立奖优罚劣的规章制度。

2.领导者率先垂范

正所谓上行下效,领导者在塑造组织文化的过程中起着决定性的作用,领导者自身的模范行为具有一种感召力和导向性,对广大组织成员会产生强大的示范效应。所以,为了培育和巩固优秀的组织文化,领导者必须与组织发展方向保持言行一致,不仅活跃在组织中,而且要经常谈及组织的愿景,并日复一日地去践行。只有领导者以身作则、身先士卒、率先垂范,才能真正带领组织成员为建设优秀的组织文化而共同努力。

二、组织文化的维系与传承

组织文化不是在某一时刻产生的,而是组织在长期的经营和管理中持续维系和传承的产物。在维系和传承过程中,组织文化的精髓得到沉淀,形成组织所独有的、鲜明的文化传统;同时,原有文化中不合时宜的成分的遗弃,以及新的适应环境的文化成分的增加,也使组织文化本身变得更加丰满。

(一)组织文化的维系

组织文化建立之后,组织内部就可以通过一些管理措施,如给员工提供一系列相似的经历来维系文化。组织也可以采取一些策略使其所聘用的员工与组织文化相适应,对那些支持和拥护组织文化的员工给予奖励,而对挑衅组织文化的员工进行惩罚,从而强化组织文化。在组织文化的维系过程中,以下三个方面将起到重要作用。

1.甄选

组织在选拔新成员的过程中,往往会注意到维系组织文化的目的。组织选拔人员的目标是明确的,就是要聘用那些有知识、有能力来完成好组织工作的人。但对于众多能够满足工作需要的候选人来说,能否被录用,则取决于招聘决策者对候选人是否适合于组织的判断。在选拔的过程中,组织决策者会努力使所聘用的成员与组织的需要相匹配,其中包括所聘用成员的价值观与组织价值观基本一致,或至少与组织价值观的大部分相一致。那些可能对组织的核心价值观构成威胁的候选人员很难被组织录用。

另外,甄选的过程也为求职者提供了一些组织的信息,当求职者发现自己的价值观与招聘方的组织价值观存在冲突时,他们也会自动退出候选人之列。可见甄选是一种双向选择过程,它可以筛选掉那些可能对组织的价值观构成冲击和威胁的人,从而起到维系组织文化的作用。

2.最高管理层的活动

组织高层管理人员的言行举止对组织文化的维系也会产生重要的影响。例如,组织鼓励或反对哪些行为及思想不仅可以通过制定规章制度来实现,还可以通过高层管理者的一言一行把这些准则渗透到组织文化中去。因此,高层管理人员的活动也会对组织文化的维系起重要作用。例如,华为公司的组织文化强调同甘共苦、人人平等,公司的高层领导不设专车,吃饭、看病同普通员工一样排队,付同样的费用,任何个人利益都必须服从集体利益,团结奋斗、荣辱与共的精神在华为得以充分体现。华为公司高管们的言行起到了很好的示范作用,使华为的组织文化得以很好地维系。

3. 社会化

为了防止组织录用的新成员干扰组织已有的观念和习惯,组织要帮助新成员适应组织文化,这种适应过程称为成员的社会化(Socialization)。在这个过程中,最关键的阶段是新成员刚刚进入组织的时期,组织会努力把外来者塑造成符合组织要求的合格的成员。而那些不服从者或反叛者,则很难在组织里生存或发展。通过社会化,新成员能够适应组织文化的要求,也会达到维系组织文化的目的。

新成员的社会化过程包括三个阶段,即原有状态阶段、碰撞阶段和调整阶段。为了使新成员能够通过社会化过程更好地学习和认同组织的文化,并获得在组织中活动所必需的行为、态度、知识和技能,组织会主动设计、建立和实施特定的新成员社会化的策略。如在迪士尼公司,新员工一旦被聘用,就要经历正规化程度较高、集体性、连续性的入门社会化过程。新来者的身份并不因为他们被分配到新岗位而很快消除,他们先接受 8 小时的岗前定向培训,然后在迪士尼公园中接受大约 40 小时的学徒培训。

组织可以采取一定的策略来对新成员进行社会化。琼斯根据凡·曼尼和沙因的研究提出了组织可选择的社会化策略,见表 10-1。

表 10-1 琼斯的组织社会化策略分类

项目	制度化的社会化策略	个性化的社会化策略
新员工角色定位	正规型:正规型策略注意设定特定的新员工社会化期间,在该期间内将新员工与组织的原有成员分离,给予其新员工特殊角色。如在上岗之前,对新成员进行岗前培训和其他培训	非正规型:非正规型策略刻意消除其新员工的特殊角色,例如要求新员工立即到岗工作而不给予特殊的关照
社会化方式	集体型:集体型策略指组织对新员工以群体形式开展社会化活动,实现组织对大量新员工社会化的目标。如对新成员进行集体培训等	个体型:个体型策略指组织对新员工分别进行个别的、单独的社会化活动。如根据新员工的个人特点,提供有针对性的培训等
社会化过程时间控制	固定型:固定型策略通过设定一个明确的时间表来进行和控制整个社会化过程。如雅虎中国的文化中,员工入职五年才能正式成为"雅虎人"	可变型:可变型策略不设定硬性的时间表,随社会化过程的发展而变化
社会化过程内容	有序型:有序型策略为组织的新员工社会化活动确定了明确的顺序,各项活动均依据预先的安排来进行	随机型:随机型策略没有明确的进度安排,各项活动可以随意安排与调整
对新员工个人特质的处理	集权型:集权型策略注重消除新员工与组织不相适应的个人特质	授权型:授权型策略注重激发和利用新员工的个人特质,即使这些人的特质与现阶段的组织不相适应
对新员工的角色引导	连续型:连续型策略的特点在于组织以特定的角色要求来塑造新员工,是一种非常明确的目标导向型活动。如树立典型,或是组织安排有经验的资深成员伴随新进员工完成社会化过程	离散型:离散型策略对新员工不做任何预先的角色设定,完全视新员工的个人发展而定。此种策略下,组织成员自行摸索,无角色榜样可学习

（二）组织文化的传承

组织可以通过下面几种途径来对其文化进行传承。

1. 组织对其文化的灌输和强化

（1）树立模范或英雄人物，进行典型引导

通过这种方法，可以使组织成员准确了解和把握组织文化所高度抽象概括的结果，实现组织文化的人格化、直观化。迪尔和肯尼迪在《企业文化——企业生活中的礼仪与仪式》一书中将英雄楷模作为组织文化的构成要素之一，他们认为没有英雄的文化是难以维系和传承的。把组织中最能体现组织所尊崇的核心价值观念的个人和集体树为典型，进行宣传、表彰，并加以适当的激励，有利于组织文化的传承。

（2）对组织文化进行反复宣传和强化

组织可以通过标语、口号和内部出版物等形式反复宣传和强化自己的文化，这有利于员工对组织文化的深刻理解和领悟，从而有利于文化的传承。有人曾经问过国内某个著名企业的员工是否认同该企业的文化，得到的回答是大部分员工对组织的文化刚开始或许并不认同，但看得多了，听得多了，大家也就对它认同和接纳了。

（3）通过组织领导者的示范进行强化

组织领导者的意识、行为、工作作风以及要求本身就代表着他们对组织文化的领悟，组织领导者的言传身教是一种很好的组织文化传承方式。

（4）健全规章制度，规范组织行为

通过组织的制度，如考核、晋升制度等进行"硬性"管理，可以巩固组织的文化成果，推广组织的核心价值观，引导组织成员的行为。因此组织的规章制度功能的发挥也有助于组织文化的传承。

（5）对组织成员进行教育和培训

通过对组织成员进行文化教育和培训，可以使组织成员更加深刻地理解和认同本组织文化的内涵、来源、特点及其作用，有利于成员将组织文化内化于心，外显于日常的工作之中。

（6）设计仪式，组织群体活动

优秀的组织文化中必有一些特殊的仪式，这些仪式表达和强化了组织文化中的核心价值观。组织可以通过一些恰当的仪式或组织一些群体活动，加深组织成员对组织核心价值观的理解和认同，从而实现组织文化的传承。

2. 成员对组织文化的学习

组织文化需要组织的成员来传承，组织成员可以通过以下途径来学习和领悟组织文化。

（1）故事

故事可以塑造或强化认同。许多组织都流传着一些小故事，包括与组织创始人有关的具有戏剧性的神话，如对规则的打破、白手起家的创业过程、裁员或员工重新安置、对过去错误的反省、组织的应急事件等。这些小故事能使组织的"现在"和它的"过去"相连接，同时还可以为组织当前实施的政策提供解释和支持。例如，UPS 公司常讲的一个故事是：有一个员工在没有决定权限的情况下，订购了一架波音 737 飞机作为加班机，以便及时运送一批节假日繁忙中漏掉的圣诞节邮件，后来公司不仅没有惩罚他，反而奖励了他的主动性。通过这个故事,UPS 公司的员工得知了这样一个信息:公司坚持自己的承诺,努力发挥员工的自主权并做好客户服务。

(2)仪式

仪式是一系列活动的重复,这些活动能够表达并强化组织的核心价值观:什么目标是最重要的,哪些人是重要的,哪些人是无足轻重的。许多公司都有自己的仪式,以此强化组织成员对组织文化的理解。例如,玫琳凯化妆品公司的年终奖大会很有名。大会在一个大礼堂的舞台上举行,一般持续几天。台下是一大群欢呼雀跃的人,与会者都身着漂亮的晚礼服。达到销售指标的女售货员得到一些美妙的奖品,如金饰针、钻石饰针、狐皮披肩等。这种年会公开地奖励销售业绩突出的员工,从而起到了激励员工的作用。此外,这种仪式还强化了玫琳凯个人的坚强意志与乐观精神,而这两点正是她克服个人困难,创立自己的公司,获得巨大物质财富的能量来源。玫琳凯通过年会这种形式告诉她的员工,实现他们的销售指标很重要;通过努力工作和足够的勇气,他们也能获得成功。

(3)物质象征

物质象征如公司的布局、高级管理者的额外津贴、员工的衣着及办公室的大小等,向组织的成员传递这样的信息:谁是组织的重要人物,高级管理者期望得到什么程度上的公平及哪些行为(如保守、参与、冒险、独裁等)是适当的。物质象征很有力量,它使组织成员注意某些具体的事物、行为及其意义。

(4)语言

随着时间的推移,很多组织和组织内部的工作部门往往会创造自己所特有的名词,用来描绘与工作有关的设备、办公用品、关键人物和产品等。新成员在经过组织的社会化之后,开始把那些起初令他们困惑的缩略语、行话变成他们工作语言的一部分。一旦这些术语为组织成员所掌握,它们就成了组织成员所共有的特征,把特定文化或亚文化中的成员联系在一起。许多组织及其内部的工作部门把这些语言当作识别该组织文化或组织亚文化的手段。通过对这些语言的学习,组织成员表达了自己对该文化的认可和接纳,同时,这样做也有利于文化的维系和传承。除了口头语言外,还可以通过一些书面语言,如组织的公开宣言、宗旨等表达组织核心价值观的文字,来呈现、强化和传承组织文化。

三、组织文化的变革

组织文化的变革目的是让组织突破困境,具体来说,就是怎样重获公众和员工的信心,怎样提升组织持久的竞争力。变革是为了更好地面对未来,今天所有的努力都是为未来所准备的。不变则退,不进则亡。

(一)组织文化变革发生的情形

组织文化的变革最可能在具有以下全部或绝大部分情形下发生。

1.大规模危机的出现

如组织业绩平平或是每况愈下、失去重要的客户、竞争对手取得重大的技术突破等,这些巨大的危机会形成一种冲击,瓦解人们对现状的认识并使人们对现存组织文化的信心产生动摇。

2.组织高层领导更换

领导者的更换会带来领导方式的改变,如新上任的领导层可能提出另一套核心价值观,组织成员会认为它对应对危机更为有效。

3.组织小而新时

组织越小,历史越短,文化的根基就越浅,渗透力就越弱。同样,与大型的组织相比,在越小的组织中,管理层越容易向组织成员灌输新的价值观。

4.组织的文化力弱

组织的文化越是广泛、深入地为组织成员所拥护,变革起来就越困难;相反,与强文化相比,弱文化具有更大的可变性。

(二)组织文化变革的步骤

既然变革组织文化是可以实现的,那么在条件合适时,该如何推行组织文化的变革呢?组织文化的变革是一项系统的工程,因此,需要一个全面协调的战略来管理文化的变革。推行组织文化变革需要经历以下五个步骤。

1.建立文化变革的指导机构

组织文化变革工程需要一个推进主体,即变革的指导机构,来负责组织文化变革的目标和方案的制订、实施与控制工作。应该让组织的高层领导者负责该机构的运转,以便使其具有权威,来推行变革的实施。

2.调查组织的内外环境

要构建完整的组织文化变革战略,进行科学有效的组织文化变革,就必须对组织的内外环境因素做出客观、细致的分析,区别哪些因素是主要的,哪些因素是次要的,哪些是基本因素、哪些是一般因素,以此为基础,使组织文化变革既具有现实性,又具有前瞻性。

3.对组织的现有文化进行诊断

运用一定的文化诊断工具(如 OCI、OCAI 等)对组织现有的文化进行诊断,辨别组织文化的类型,找出组织文化中存在的问题及需要变革的因素,从而为组织文化的变革提供依据。

4.制订并实施变革方案

制订组织文化的变革方案可以从以下三个方面着手:首先,需要在分析组织内外环境和诊断现有组织文化的基础上,分析组织现有的文化状态与组织渴求的文化状态间的差距,即进行组织文化需求评估;其次,在组织文化需求评估的基础上,制订组织文化变革的方案;最后,根据组织一致达成的文化变革方案,制订方案的实施计划,并根据计划具体执行。

5.巩固文化变革的结果

变革的目标是塑造一种新的符合组织发展需要的组织文化,因此必须采取一些措施,使新的组织文化中的价值观和信念得到组织成员的接纳和内化。组织可以通过对成员进行有关组织文化的教育和培训、树立典型进行强化及组织高层领导的身体力行带来垂范效应等方式来实现这一目的。

【本章小结】

1. 组织文化是组织在长期的生存和发展中所形成的，为组织所特有的，且为组织多数成员共同遵循的最高目标价值标准、基本信念和行为规范等的总和及其在组织中的反映。

2. 组织文化的本质表现在组织文化是历史的积淀，是认同感、是价值观。

3. 组织文化具有精神性、相对稳定性、融合性、发展性等特征。

4. 组织文化受外部因素和内部因素的影响。外部因素包括民族文化、制度文化、外来文化；内部因素包括领导者的素质、组织成员的素质和组织发展的不同阶段。

5. 组织文化由表层物质文化、浅层行为文化、中层制度文化和深层精神文化构成。

6. 组织文化具有凝聚功能、导向功能、约束功能、完善功能和延续功能。

7. 组织文化塑造是指有意识地、系统地创建或变革组织文化的过程，包括选择价值观、强化认同、提炼定格、巩固完善等过程。

8. 组织文化是组织在长期的经营和管理中持续维系和传承的产物。

9. 组织文化的变革是为了让组织突破困境，更好地面对未来。

【实务训练】

B 公司的企业文化建设

B 公司是一家制造业企业，主要生产耳机，合作单位都是世界 500 强企业。从小作坊开始做起，该企业员工离职率是同行业较低的。B 公司的企业文化相对简单，因为制造业跟服务型企业有很大的差异，B 公司只需要做好以下三个方面，便能改善企业员工的工作态度，降低离职率，解决招人难问题。

1. 企业的愿景和价值观塑造

首先是让中层管理人员和带班长必须清楚牢记，并且能够清晰讲出企业为什么树立这样的目标和价值观，然后慢慢深入到员工。

2. 福利

说到福利，很多企业可能就是聚餐或者节日的福利，但是 B 公司做得好的一点就是根据季节和天气为员工提供所需，比如夏天，高温天气，企业就会安排分发冷饮、藿香正气水；遇到恶劣天气，会要求管理者和主管安排员工上下班用车接送或者提供保护物品，保证安全。

3. 业余文化

很多企业对业余文化关注较少。有人可能会说业余文化无非就是吃喝玩乐，没有什么用。如果换一种方式，既能给员工增加一小部分收入，又能提升员工的能力，为企业寻找和培养人才，离职率还减少了。怎么做到呢？

就是企业把奖金分出一部分来用另外一种形式奖励给员工，员工就会慢慢发现自己无论工作上还是生活上有很大的改变,对待工作的态度就会有很大的改变。企业在发展过程中,要善于用各种奖励方式激发员工。最后的效果是,很多员工慢慢晋升带班长、主管,甚至有的被安排到办公室,这就造就了员工对公司的信任和依赖,即使离职短时间找不到合适的工作或者找到了发现没原先企业好,他还会选择回来继续工作。好的企业文化不是一天两天形成的,而是经过长时间沉淀能够完全深入每个员工心里,改变员工对企业的认知,改变员工对工作的态度,改变员工对企业发展的那份期望。企业文化能够将企业员工凝聚在一起,为企业目标奋斗,同时实现个人价值和人生目标,并且能够应对市场经济变化带来的挑战。

问题:结合本案例说明应如何进行组织文化的建设。

【思考与练习题】

一、单项选择题

1. 下列有关组织文化的本质的说法中,不正确的是( )。

A. 组织文化是历史的积淀　　　　　B. 组织文化是认同感

C. 组织文化是价值观　　　　　　　D. 组织文化是组织的象征

2. 下列选项不属于组织文化的内部影响因素的是( )。

A. 领导者的素质　　　　　　　　　B. 组织成员的素质

C. 组织发展的不同阶段　　　　　　D. 组织价值观的不同发展阶段

3. 组织的活动文化和礼仪文化属于组织文化中的( )。

A. 表层物质文化　　　　　　　　　B. 浅层行为文化

C. 中层制度文化　　　　　　　　　D. 深层精神文化

二、多项选择题

1. 组织文化的外部影响因素包括( )。

A. 民族文化　　　　　　　　　　　B. 制度文化

C. 外来文化　　　　　　　　　　　D. 精神文化

E. 世界文化

2. 组织文化的功能包括( )。

A. 内聚功能　　　　　　　　　　　B. 导向功能

C. 约束功能　　　　　　　　　　　D. 完善功能

E. 延续功能

三、简答题

1. 什么是组织文化?

2. 组织文化有哪些特征?

四、论述题

联系实际谈谈怎样塑造组织文化。

第十章思考与练习题
参考答案

第十一章

领 导

【学习目标】

1. 理解领导的定义与作用。
2. 熟悉领导权力的来源。
3. 了解领导素质要求及风格类型。
4. 掌握领导行为理论与领导权变理论相关要点。

【导入案例】

谷文昌的"潜绩"

如今的东山,绿树环抱、花田掩映,是个美丽富饶的生态岛。谁能想到,60 多年前,这里竟是"沙滩无草光溜溜,风沙无情田屋休"。当时,一年 6 级以上大风天多达 150 多天,森林覆盖率仅为 0.12%;百年间,风沙不断吞没家园,天花、眼病泛滥,外出当苦力、当乞丐的十之有一。

漫山木麻黄,正是东山岛蜕变的关键,也正是谷文昌在东山树起的一座丰碑。谷文昌是河南林县人,1950 年随部队南下至福建,在东山县工作了 14 年,担任县委书记 10 年。他以"不治服风沙,就让风沙把我埋掉"的胆魄,率领东山人民苦战十几载,遍植木麻黄,筑起绿色长城,硬是治服了"神仙都难治"的风沙,让海岛换了天地,让百姓换了人间。

后来,谷文昌转任福建省林业厅副厅长,"文化大革命"期间曾被下放劳动。凡是他工作和战斗过的地方,只要提起谷文昌,人们都有说不完的敬重、道不完的思念、言不尽的呼唤。植树造林、治理风沙、修建水库、战天斗地的场景里,他总是冲在一线。他常对身边人、家里人说:"当领导的要先把自己的手洗净,把自己的腰杆挺直。"身边的工作人员换了几茬,他没有提拔重用一个人;他招收别人进单位,偏偏不安排自己的 5 个子女入公职;哪怕是一辆自行车,他也不许家人碰一碰,因为它姓"公"……

"我要和东山的人民、东山的大树永远在一起。"谷文昌临终留下遗言。如今,谷文昌长眠在他当年率领干部群众战天斗地的赤山林场。50 多年前栽下的木麻黄参天如盖,守护在墓旁,见证着这位"心中有党、心中有民、心中有责、心中有戒"的好干部的满腔热血、一片忠诚。

习近平曾点赞过三位县委书记:焦裕禄、谷文昌和王伯祥。在《之江新语》中,他以谷文昌为例,讲述"潜绩"与"显绩"的道理。谷文昌种树,可能难以立即看到成效;但努力几十年,就能取得效果。此时,曾经的"潜绩",就变成了最大的"显绩"。习近平认为,"潜"与"显"是一对对立统一的矛盾,"潜"是"显"的基础,"显"是"潜"的结果,后人的工作总是建立在前人的基础之上,如果大家都不去做铺路石,不甘于默默无闻地奉献,"显绩"就无从谈起,就成了无本之木、无源之水,即使有"显绩",充其量也只是急功近利的"形象工程"。

通过本案例,你对管理和领导的关系有怎样的认识?

【思维导图】

```
          ┌─ 领导概述 ──┬─ 领导的含义
          │            ├─ 领导与管理
          │            └─ 领导的作用
          │
          │            ┌─ 法定权力
          │            ├─ 奖赏权力
          ├─ 领导权力来源 ─┼─ 惩罚权力
领 导 ─────┤            ├─ 感召权力
          │            └─ 专长权力
          │
          ├─ 领导者风格与素质 ─┬─ 领导风格
          │                 └─ 领导者素质
          │
          │            ┌─ 领导特性理论
          │            ├─ 领导行为理论
          └─ 领导理论 ──┼─ 领导权变理论
                       └─ 领导价值理论
```

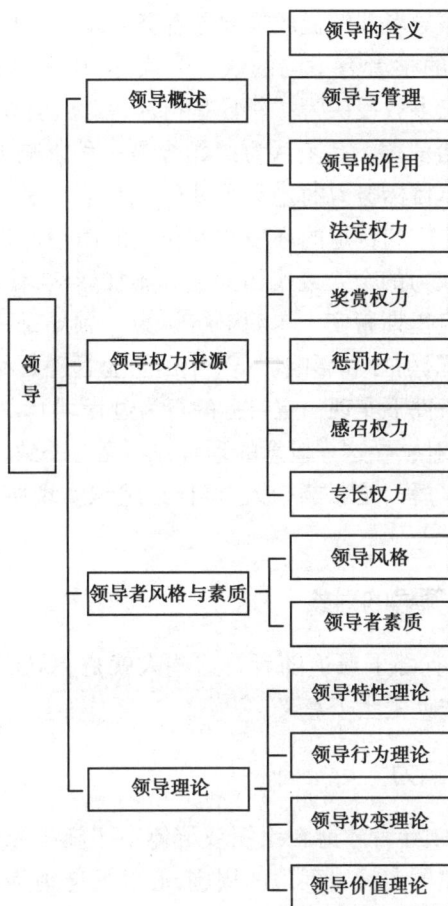

第一节　领导概述

　　领导是管理工作中的一项重要职能,贯穿整个管理过程。从管理工作的运行过程来看,领导职能不仅是计划、组织、控制等工作有效进行的保证,也是连接计划、组织、控制等管理职能的纽带,更是实现组织目标的关键。可以说,领导水平的高低不仅影响其他管理职能作用的发挥,更直接关系到组织的生存与发展。所以,如何有效地进行领导是现代管理者必须掌握的一种基本技能。

一、领导的含义

人们往往将领导一词理解为权力和职位，或者理解为在一个组织中处于支配地位的人、组织的领导人，比如企业的经理、公司的总裁、单位的主官等。事实上，汉语中的"领导"一词有两种含义：作为名词时，指领导者，表示组织的首领；作为动词时，是指一种行为过程，即领导者所从事的活动。管理学所研究的领导是动词形态，指的是管理职能、管理工作、管理行为，通过该项职能的行使，领导者能够促成被领导者努力地实现既定的组织目标。

关于领导的概念，不同的学者有不同的认识和表述，比较具有代表性的主要有以下五种。①南京大学商学院周三多教授认为："领导是指挥、带领、引导和鼓励部下为实现目标而努力的过程。"②美国学者哈罗德·孔茨认为："领导是一种影响力，它是影响人们心甘情愿地和满怀热情地为实现群体目标努力的艺术或过程。"在他看来，"领导是一种影响过程，即领导者和被领导者个人的作用和特定的环境相互作用的动态过程"。③中国人民大学王利平教授认为："领导是拥有权力的个人或集团向他人施加影响，使之为实现预定目标而努力的过程。"④法国著名高管克里斯蒂安·布朗卡特认为："领导是一项程序，使人得以在选择目标及达成目标上接受指挥、引导和影响。"⑤《中国企业管理百科全书》把领导定义为："率领和引导任何组织在一定条件下实现一定目标的行为过程。"

上述观点和认识，虽然对领导这一概念的理解并不完全一致，但却存在着相同之处。我们认为，领导是一种影响力过程，是影响个人、群体或组织实现所设定目标的过程。这一定义包含以下四个方面。

(一)领导者一定要有领导的对象

也就是说，领导者必须有部下或追随者。这些人就是领导者的下属，或者说是被领导者；没有被领导者，领导工作就失去了意义。

(二)领导的本质是影响力

正是依靠这种影响力，领导者才能在组织或群体中实施领导行为；依靠这种影响力，领导者把组织或群体中的被领导者吸引到他的周围，心甘情愿地为实现群体或组织的目标而努力，使领导具有有效性。因此拥有影响力的人才称得上领导者。

(三)领导的目的是群体或组织目标的实现

领导就是让下属情愿地、热心地为实现组织或群体目标而努力。下属之所以愿意接受领导者的影响，是因为他们认识到这有利于群体或组织目标的实现，而群体或组织目标的实现与自己的利益息息相关。

(四)领导是一种活动过程

领导活动不是领导者个人的孤立行为，而是一个包含着领导者、被领导者、作用、对象和客观环境等多种因素在内的一种活动过程。

二、领导与管理

人们通常容易在概念上将管理与领导混淆,认为领导就是管理,管理者就是领导者。实际上,领导与管理是两个不同的概念,两者之间既有联系又有区别。

领导是与管理联系在一起的,一切领导都是管理过程中的领导,属于广义上的管理范畴。也就是说,管理中包含着领导,当管理者从事影响他人达到组织目标的活动时,就是在进行领导。反过来,领导中也包含着管理,当领导者行使计划、组织、人事和控制职能时,他其实是在进行管理。

但管理与领导又不能等同,并不是一切管理活动都属于领导活动。领导与管理的区别体现在以下五个方面。①领导与管理的层次和着眼点不同。领导要从根本上、宏观上把握组织活动的过程;管理却必须注意细节问题,通过对人、财、物、时间、信息的安排与配置而使诸因素得到合理运用。领导侧重于战略,注重对组织内部各个组成部分进行整体性的计划、协调和控制;管理侧重于战术,注重用技术性的方法去保证组织高效率地运转。②在计划和预算方面,管理强调制订详细的议事日程,安排时间表,分配资源;领导则强调确定方向,注重宏观方面的形势阐明和愿景构建。③在组织和人事方面,管理注重为员工安排合适的工作,制定正常开展工作的规章制度和操作程序,领导则侧重与追随者交流愿景,建立和谐的团队,使整个群体朝着既定的目标前进。④在控制和解决问题的活动中,管理侧重于控制和预见性;领导则强调激励和鼓励追随者、授权给追随者和激发他们的积极性。⑤领导与管理的功用不同。管理寻求的是秩序和稳定,因而保证组织的秩序和一致性是管理压倒一切的任务;领导的职能是变革,因而领导在不断地寻求适应性和建设性的变化。

三、领导的作用

在带领、引导和鼓舞部下为实现组织目标而努力的过程中,领导者要具体发挥指挥、激励、协调和沟通等方面的作用。

(一)指挥作用

在组织的集体活动中,需要有头脑清醒、胸怀全局、高瞻远瞩、运筹帷幄的领导者,帮助组织成员认清所处的环境和形势,指明活动的目标和达到目标的途径。领导就是引导、指挥、指导和先导,领导者应该帮助组织成员最大限度地实现组织的目标。领导者不是站在群体的后面去推动群体中的人们,而是站在群体的前列,带领人们前进并鼓舞人们去实现目标。

(二)激励作用

组织是由具有不同需求、欲望和态度的个人所组成,因而组织成员的个人目标与组织目标不可能完全一致。领导的目的就是把组织目标与个人目标结合起来,引导组织成员满腔热情地为实现组织目标做出贡献。领导者为了使组织内的所有人都最大限度地发挥其才能,实现组织的既定目标,就必须关心下属,激励和鼓舞下属的斗志,发掘、充实和加强人们积极进取的动力。

（三）协调作用

在组织实现其既定目标的过程中，人与人之间、部门与部门之间发生各种矛盾冲突及在行动上出现偏离目标的情况是不可避免的。因此，领导者的任务之一就是协调各方面的关系和活动，保证各个方面都朝着组织既定的目标前进。

（四）沟通作用

沟通是领导者和被领导者进行交往时不可或缺的活动。通过沟通，领导者不仅可以使所发布的命令、指示得到下属的准确理解和贯彻执行，而且还能更好地察觉下属需要什么及他们为什么会如此行事。

虽然管理工作的各个方面都离不开信息沟通，但在领导职能中，沟通的作用尤其重要。领导者是组织的首脑和联络者，在信息传递方面发挥着重要作用，是信息的传播者、发言人和谈判者，在管理的各层次中起到上情下达、下情上述的作用，以保证管理决策和管理活动顺利进行。

一般而言，一个组织或群体领导者的领导是否有效，可从以下七个方面反映出来。①下级的支持。下级员工主动而非被迫地支持领导者，不论这种支持是出自感情上还是利益上的考虑。②相互关系。领导与下级员工之间保持密切、和谐的交往关系，并鼓励群体成员之间发展亲密的、相互满意的关系，企业内部关系处于协调状态。③员工的评价。绝大多数员工都能高度评价所在企业或群体，并以成为该企业或群体的一员而感到自豪。④激励程度。员工因自身需要获得满足而焕发出较高的工作热情和积极性，个人的潜能得到充分的发挥。⑤沟通的效果。领导者与下级员工之间能够及时、顺畅地沟通信息，并以此作为调整领导方式、协调相互关系的依据。⑥工作效率。在领导者的引导、指挥和率领下，企业的各项资源得到了合理配置，生产经营活动得以高效率地进行。⑦目标的实现。领导活动的效能或效果最终要通过能否实现企业的预定目标及实现的程度反映出来。

第二节　领导权力来源

领导的本质是影响力。"影响"意味着使他人的态度和行为发生改变。要对下属产生影响，领导者就必须拥有着某种比被领导者更大的权力，这种权力是领导者对他人施加影响的基础。领导的影响力是由其权力派生而来的。

领导者的职务、权力、责任和利益的统一，是领导者实现有效领导的必要条件。职务是领导者身份的标志，并由此产生引导、率领、指挥、协调、监督、教育等基本职能；权力是领导者履行领导职能所需要的法定依据；责任是领导者行使权力所需要承担的后果；利益是领导者因工作好坏获得的报偿和受到的惩罚。领导者职务、权力、责任、利益的统一，突出表现为有职务必须要有相应的权力，有权力必须负起应有的责任，尽职尽责的领导者应当受到一定的奖励。反过来说，有职无权就无法履行领导责任，有权无责就会滥用权力，不尽职尽责就应该受到惩罚。

一个领导者获得影响力的途径是多样的。我们将主要依靠法定权力、奖赏权力和惩罚权力而形成的影响力，统称为职位权力或制度权力，而将与个人因素相关的感召权力和专长权力统称为个人权力,如图 11-1 所示。

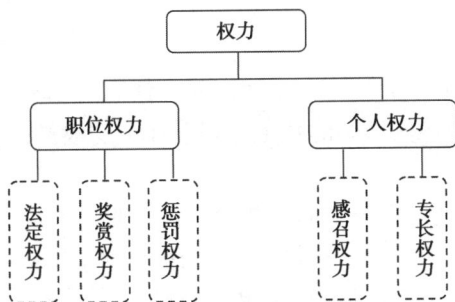

图 11-1 领导权力来源结构图

一、法定权力

法定权力也称法理权力,是向下属发布命令并希望命令得到执行的权力,是一个组织或群体通过某种方式赋予一个人的正式权力,以个体在组织的正式层级结构中所获得的职位为基本特征,如通过群体选举而产生的自然领导人的权力。所有的成员都非常清楚,自己必须在工作中尊重这位领导,并接受他的指令。下属认为这种权力是法定的,这也是他们为什么要服从领导的原因。所以说法定权力的作用基础是职位的权威性,凡是处于某一职位上的领导者都拥有一定的法定权力。但是,法定权力不一定必须由领导者本人来实施,通过制定有关政策和规章制度也可以达到行使法定权力的目的。

法定权力是所有权力中最重要的一种权力,其覆盖面也最为广泛。

二、奖赏权力

奖赏权力是在法定权力的基础上,通过对他人实施奖励而产生影响力的权力。

奖赏权力可以增强下属的责任心、事业心和敬业精神,调动下属工作的积极性、主动性和创造性,从而更好地实现组织目标。奖赏权力源于被领导者的期望,即部属感到领导者有能力奖赏他,能满足他某些需要。

可以说,领导者所控制的奖赏手段越多,那么他拥有的影响力就越大。但是,领导的奖赏权力是有限的,一旦不能满足下属的需要,即会产生负面效果。

三、惩罚权力

与奖励对应的是惩罚。与奖赏权力正好相反,惩罚权力是一种进行惩罚或建议惩罚的权力。例如对下属的降职、减薪、批评、处分、解雇等行为,实际上都是在行使惩罚的权力。这种行为直接导致了下属的畏惧感。所以惩罚权来源于被领导者的恐惧,但惩罚权在使用时往往会引起愤恨、不满,甚至报复行动,因此必须谨慎对待。

同时,惩罚权力和奖赏权力一样,都是与法定权力密切相关的,惩罚权力更多地使用威胁这种手段。这两种权力也是领导者经常使用和最有效的权力之一,是人们对领导最直接的感受,也是领导影响力的重要来源。

四、感召权力

感召权力也称为"榜样力量"或"领袖魅力"。拥有感召权力可以得到下级的尊敬、仰慕,甚至可以达到令下级模仿其行为的效果。当群体中的成员对领导者十分敬佩时,就显示了感召权力的影响力。

感召权力源于领导者的个性魅力而不是领导这个职位本身。许多具有魅力的领导者身上都体现了这种权力,比如南非的曼德拉、中国的周恩来、印度的甘地等就属于这一类领导人,他们的影响力主要来自他们高尚的人格魅力。

五、专长权力

专长权力是指由个人的特殊技能或某些专业知识而产生的权力。专长权力源于领导者能够指导下级完成任务所具备的专业技能或专业知识。从某种程度上讲,知识也是权力。领导者掌握了知识,具有了专长,就有了影响别人的专长权力。

如果领导者是某一领域的专家,下级会遵从领导者的指示,因为他在这个领域就是权威;如果下级认为领导者缺乏这种专业知识或能力,那么领导者的影响力就会减弱。如医院的名医,大学里的硕导、博导、名师都可能拥有相当大的影响力。由此可见,领导者的专长权力主要取决于其个人的素质和能力。

第三节　领导风格与素质

领导风格是创造组织气氛的主要因素。选用什么样的人作为领导者? 领导者如何进行领导才能有效? 这是管理心理学中需要解决的一些重要问题。

一、领导风格

在引导和影响组织成员的过程中,组织成员对领导者的追随往往是以领导方式为基础的,所以从 20 世纪 30 年代开始,许多学者从研究领导者的内在特征转移到研究外在行为上。领导者对所获得的权力的使用方式称为领导作风或领导风格,领导方式回答的是怎样领导的问题。管理实践中,不同领导者倾向于不同的领导行为作风,往往是由他们对人性的不同认识所决定的。

(一)三种极端领导风格理论

德国心理学家勒温提出了该理论。

1. 专制独裁式领导

这种领导风格的特点是:领导者总揽一切权力,对下属授权少,运用权力推行工作,要求他人绝对服从,对下级的影响依据的是制度化的奖惩权力。这种领导风格的优点是令行禁止,缺点是不利于调动下属的主动性和积极性。

2. 民主式/参与式领导

这种领导风格的特点是:领导者在决策中接纳下级参与,允许下级发表意见,但是决策权力仍然掌握在领导者的手中。这种领导风格的优点是能够发挥下级的积极作用。

3. 自由放任式领导

这种领导风格的特点是:领导者对下属授权甚多,下属能在授权范围内自主地开展工作,领导者只是保留对下属工作加以检查和控制的权力,极端者甚至对下属是完全自由放任的。这种领导认为自己的任务就是为下级提供信息,充当组织与外部环境的联系人。这种领导者如果分权不当,容易造成权力失控。

勒温认为,放任自流的领导作风工作效率最低,只能达到组织成员的社交目标,但完不成工作目标;专制的领导作风虽然通过严格管理能达到工作目标,但群体成员没有责任感,情绪消极,士气低落,争吵较多;民主的领导作风工作效率最高,而且组织成员之间关系融洽,工作积极主动,富于创造性。

(二)四种领导风格理论

这一理论由美国管理学家伦西斯·利克特教授提出。他认为领导者与下属的沟通方式是影响领导风格的重要因素,也是判定领导风格的标准。在这个假定的基础上,他提出了领导风格的以下四种分类。

1."专制—权威式"领导(剥削—集权式)

采用这种领导风格的领导者非常专制,很少信任下属,通常采取使人恐惧的方法,偶尔兼用奖赏来激励下属;与下属的沟通采取自上而下的方式,决策权也只限于高层。

2."开明—权威式"领导(仁慈—集权式)

采用这种领导风格的领导者对下属怀有屈尊俯就的信任和信心,采用奖罚并用的方法激励下属;允许一定程度的自下而上的沟通,向下属征求一些想法和意见,授予下属一定的决策权,但是牢牢掌握政策性控制。

3."协商式"领导

采用这种领导风格的领导者,对下属抱有相当大但又不充分的信任和信心,通常设法采纳下属的想法和意见;采用奖赏,偶尔用惩罚和一定程度的参与,形成上下双向沟通;在最高层制定主要政策和总体决策的同时,允许低层部门做出具体问题的决策,并在某些情况下协商。

4."群体参与式"领导

这种领导风格的特点是对下属在一切事务上都抱有信心和充分的信任,总是通过下属获取设想和意见,并且积极地加以采纳;对于确定目标和评价实现目标所取得的进展方面,组织群体参与其事,在此基础上给予物质奖赏;更多地与同事沟通;鼓励各级组织做出决策,或者本人作为群体成员同下属一起工作。

"群体参与式"领导被认为是最有效的领导方式,其生产效率要比一般企业高出 10% ~ 40%。据此,利克特倡议员工参与管理。

(三)领导风格的连续统一体理论

这种领导风格理论是由美国管理学家罗伯特·坦南鲍姆提出来的。他们认为,一个截面上的管理者的领导风格不可能仅仅只用专制或者民主两个尺度来度量,而是多种多样,从集权到分权连续分布的。

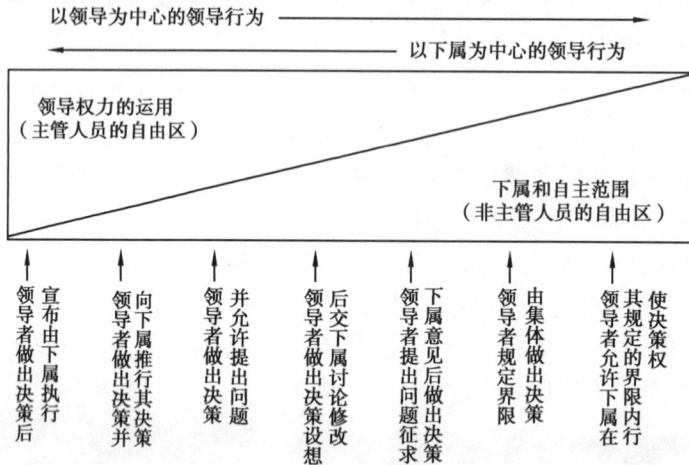

以领导为中心的领导行为 ──→

←── 以下属为中心的领导行为

领导权力的运用
(主管人员的自由区)

下属和自主范围
(非主管人员的自由区)

↑ 领导者做出决策后宣布由下属执行

↑ 领导者做出决策并向下属推行其决策

↑ 领导者做出决策并允许提出问题

↑ 领导者做出决策设想后交下属讨论修改

↑ 领导者提出问题征求下属意见后做出决策

↑ 领导者规定界限由集体做出决策

↑ 领导者允许下属在其规定的界限内行使决策权

图 11-2　领导行为连续统一体模型

经研究表明,没有哪一种领导方式总是正确的,而另一种总是错误的;也没有哪一种是最好的或最坏的。因为领导方式实际上有从以领导者为中心到以下属为中心的多种多样的方式。故不应仅在专制的和民主的两种领导方式中做出选择,而应在这一系列连续变化的领导方式中做出选择。

基于这种观点他们提出了领导行为连续统一体理论,也称为领导连续带模式或称作主管者—非主管者的行为连续流。领导连续统一体理论认为,在这一系列的领导方式中何种领导方式是最适合的,取决于领导者的能力、下属的能力和当时的情境,此外组织环境和社会环境也会对领导风格产生影响。

二、领导者素质

作为一个领导者确实必须具备一些基本的素质和条件。我们认为领导者的思想素质、业务素质和身体素质应符合下列条件。

(一)思想素质

领导者应有强烈的事业心、责任感和创业精神;有良好的思想作风和工作作风,能一心为公,不谋私利,谦虚谨慎,戒骄戒躁,不文过饰非,严于解剖自己,深入基层,善于调查研究,工作扎实细致,有布置有检查,实事求是,不图虚名;艰苦朴素,与群众同甘共苦,不搞特殊化,品行端正,模范遵守规章制度和道德规范;有较高的情商,具有影响他人的魅力,平等待人,和蔼可亲,不计较个人恩怨,密切联系群众,关心群众疾苦,多为群众办好事,不拉帮结派。

（二）业务素质

领导者应具有管理现代组织的知识和技能。领导者应掌握的业务知识包括：①应懂得市场经济的基本原理，掌握新时代中国特色社会主义理论；②应懂得管理的基本原理、方法和各项专业管理的基本知识，此外，还应学习管理学、统计学、会计学、经济法、财政金融和外贸等方面的基本知识，以及了解国内外管理科学的发展方向；③应懂得生产技术和有关自然科学、技术科学的基本知识，掌握本行业的科研和技术发展方向、本企业产品的结构原理、加工制造过程，熟悉产品的性能和用途；④应懂得思想政治工作、心理学、人才学、行为科学、社会学等方面的知识，以便做好思想政治工作，激发职工士气，协调好人际关系，充分调动人的积极性；⑤能熟练应用计算机、信息管理系统和网络，及时了解处理有关信息。

领导者应掌握的业务技能包括以下六种。①较强的分析、判断和概括能力。领导者应能在纷繁复杂的事务中，透过现象看清本质，抓住主要矛盾，运用逻辑思维，进行有效的归纳、概括、判断，找出解决问题的办法。②决策能力。决策，特别是经营决策正确与否，对企业生产经营的效果影响巨大。企业的领导者决策是多种能力的综合表现。任何正确的决策，都来源于周密细致的调查和准确而有效的分析判断，来源于丰富的科学知识和实践经验，来源于集体的智慧和领导勇于负责的精神的恰当结合。因此，决策要求在充分掌握企业内外环境资料的基础上进行科学的预测，并对多种方案进行比较和选择。③组织、指挥和控制的能力。领导者应懂得组织设计的原则，如因事设职、职权一致、命令统一、管理幅度等，熟悉并善于运用各种组织形式，善于综合运用组织的力量，协调人力、物力和财力。要求在实现企业预定目标的过程中，能够及时发现问题并采取措施予以克服，从而保证目标的顺利实现。在确认目标无法实现时，要能果断地调整目标。④沟通、协调组织内外各种关系的能力。善于与人交往，倾听各方面的意见，应是交换意见沟通情况的能手。对上，要尊重，争取帮助和支持；对下，要谦虚，平等待人；对内，要有自知之明，知道自己的长处和短处；对外，要热情、公平而客观。⑤不断探索和创新的能力。对做过的工作能及时认真总结经验，吸取教训，善于听取不同意见，从中吸取有用的东西。对新鲜事物要敏感，富有想象力，思路开阔，善于提出新的设想、新的方案，对工作能提出新的目标，鼓舞下属去完成任务。⑥知人善任的能力。要重视人才的发现、培养、提拔和使用，知其所长，委以适当工作；重视教育，提高下属的业务能力，大胆提拔新人。

（三）身体素质

领导者负责指挥、协调组织活动的进行，这项工作不仅需要足够的心智，而且需要消耗大量体力，因此，必须有强健的身体、充沛的精力。

第四节　领导理论

所谓领导理论就是研究领导的有效性的理论，主要从权力、品质、行为三个方面进行研究。在管理学领域中，现有的领导理论大致有三种，即领导特性理论、领导行为理论和领导权变理论。

一、领导特性理论

领导特性理论又叫领导品质理论或领导特质理论,是以研究领导者心理及个性特质与影响力及领导效能之间的关系为主要内容的一种领导理论。通过研究领导者的各种个性特征,来预测具有怎样性格特征的人才能成为有效的领导者。关注领导者个人,并试图确定能够造就伟大管理者的共同特性。领导特性理论实质上是对管理者素质进行的早期研究。

从领导理论变迁的历程来看,自 20 世纪开始,管理学家、心理学家们就对领导者素质进行了大量研究。根据研究者对领导者特性来源的观点不同,领导特性理论又可分为传统领导特性理论和现代领导特性理论,以及近些年被广泛关注的领袖魅力领导理论。

(一)传统领导特性理论

1949 年以前,学者们主要从领导者的个人品质、特性进行分析,并以此描述和预测领导成效。研究者研究了如林肯、罗斯福、肯尼迪、马丁·路德·金等美国著名人物的心理特性,从而提出了领导者必须具备某些"天赋"的所谓"天赋伟人"理论。

美国俄亥俄州立大学工商研究所的罗尔夫·M. 斯托格蒂尔教授比较了成功的领导者与被领导者的特质差异,认为领导者应具备 16 种先天个性:有良心、可靠、勇敢、有责任心、有胆略、力求革新进步、直率、自信、有理想、有良好的人际关系、风度优雅、愉快、身体健康、智力过人、有组织能力、有判断力。

美国管理学家吉赛利(E. Ghiselli) 1971 年在其《管理才能探索》一书中提出了与领导者有关的八种个性特征和五种激励特征。

八种个性特征是:才智(语言与文辞方面的才能)、首创精神(开拓新方向、创新的愿望)、洞察能力(指导别人的能力)、自信心(自我评价较高)、适应性(为下属所亲近)、决断能力、性别、成熟程度。

五种激励特征是:对工作稳定的需求、对金钱奖励的需求、对指挥别人的权力的需求、对自我实现的需求、对事业成就的需求。

传统领导特性理论强调领导者的个性品质是与生俱来的,显然,这种认识是不全面的,因为不能简单地说领导是天生的。

(二)现代领导特性理论

现代领导特性理论认为,领导者的特性和品质不是天生的,是在实践中逐渐形成的,并且可以通过教育和培训而造就。不同国家的学者根据本国的情况,研究并提出了应该培养和训练领导者所必须具备的特性条件。以下是一些比较有代表性的观点。

1. 德鲁克的观点

著名管理学家德鲁克认为,一个有效的领导者,必须具备以下五项习惯:要善于处理和利用自己的时间,把认清自己的时间花在什么地方作为起点;注重贡献,确定自己的努力方向;善于发现和用人之所长,包括他们自己的长处、上级的长处和下级的长处;能分清工作的主次,集中精力于少数领域;能做有效的决策。他们知道,一项有效的决策必然是在"议论纷纷"的基础上做出的判断,而不是在"众口一词"的基础上做出的判断。

2. 日本企业界的观点

日本企业界提出了领导者应具备十项品德和十项能力。十项品德包括：使命感、责任感、信赖感、积极性、忠诚老实、进取心、忍耐心、公平、热情和勇气。十项能力包括：思维能力、规划能力、判断能力、创造能力、洞察能力、劝说能力、理解人的能力、解决问题的能力、培养下级的能力和调动积极性的能力。

3. 苏联学者的观点

他们认为，领导者应具备下列素质：有高度的政治水平和业务水平；严于律己，宽以待人；善于维护劳动纪律；充分发挥每个下属人员的才能；善于调动下级的积极性；发扬民主，遇事与下级商量；说话算数等。

4. 包莫尔的观点

美国普林斯顿大学的鲍莫尔（W. J. Baumol）教授提出作为一个企业领导者应该具备十个条件。①合作精神：领导者应具有与人合作的精神，领导其工作班子完成任务。②决策能力：领导者应具有在关键时刻进行决策的能力，以确定组织的目标，为下一步的工作指明方向。③组织能力：善于运用组织所拥有的人力、财力、物力等资源，完成工作任务。④精于授权：能大权独揽，小权分散，根据任务需要及工作的性质，进行合理的授权，以充分发挥部属的才能。⑤善于应变：根据具体情况进行决策，以应对不断变化的社会、经济、政治环境，而不是墨守成规、抱残守缺。⑥敢于求新：勇于创新，不断创新，对新事物、新观念、新环境有敏锐的感受能力，善于开创工作的新局面。⑦勇于负责：对上下级、用户及整个社会抱有高度的责任心。⑧敢担风险：敢于承担组织发展过程中的风险，有创造新局面的雄心与信心。⑨尊重他人：在工作中尊重同事，重视并采纳别人的合理化意见，不盛气凌人。⑩品德高尚：具有良好的个人品质，为社会人士和员工所敬仰。

5. 斯蒂芬·P. 罗宾斯的六项特质理论

美国管理学家斯蒂芬·P. 罗宾斯认为，领导者应当具备六项特质。①进取心：领导者表现出高努力水平，拥有较高的成就渴望，进取心强，精力充沛，对自己所从事的活动坚持不懈，并有高度的主动精神。②领导欲望：他们有强烈的权力欲望，喜欢领导别人，而不是被人所领导。强烈的权力欲望驱使他们试图去影响别人，并在领导过程中获得满足和利益。③正直与诚实：言行一致，诚实可信。据此与下属之间建立起相互信任的关系。④自信：自信能让领导者克服困难，在不确定的情况下善于做出决策，并能逐渐将自信传给别人。⑤智慧：领导者必须有足够的才智来搜集、整理和解释大量的信息；高学历在职业生涯中是重要的，但最终还是有关组织的业务专长更重要。⑥与工作相关的知识：一个有效的领导者对其组织、行业和技术问题应有清楚的了解，广博的知识能使他们做出富有远见的决策，并能理解这种决策的意义。

（三）领袖魅力领导理论

领袖魅力领导理论是指当领导者奉行某种行为准则时表现出的非凡的领导能力，或者能使追随者做出崇高贡献的能力。对具有领袖魅力的领导者应该具有哪些特点，不少人都进行了研究。

总结起来，可以认为有领袖魅力的领导者应具有以下七个关键特点：①自信；②远见；

③清楚表述目标的能力;④对目标的坚定信念;⑤不循规蹈矩的行为;⑥作为变革的代言人出现;⑦环境敏感性。

领导魅力对下属造成的实质性影响可通过以下四个步骤来完成:①领导者清晰地描述宏伟前景;②领导者向下属传达高绩效期望,并对下属达到这些期望表现出充分的信心;③领导者通过言语和活动传达一种新的价值观体系,并以自己的行为给下属设立效仿的榜样;④具有领袖魅力的领导人要以做出自我牺牲和反传统的行为来表明他们的勇气和对未来前景的坚定信念。

(四)对领导特性理论的评价

领导特性理论强调了良好的个人特性或品质对于领导工作与提高领导效能的重要意义。一些研究表明,个人品质与领导有效性之间确实存在着某种相互联系,领导特性理论系统地分析了领导者所应具有的能力、品德和为人处世的方式,向领导者提出了要求和希望,有助于选拔和培养领导人才。

但该理论也有局限性。首先,不同的环境对合格领导者提出的要求是不同的。对于领导者应当具有哪些特性,不同的研究者得到的结论并不相同,没有公认标准。其次,不少学者提出证据认为领导者的特性与非领导者的特性没有质的差别,同时领导者的特性与领导效能的相关性并不大。最后,也有人认为该理论只对领导者的品质做静态分析,忽略了其活动过程和被领导者与环境因素的作用,因而有较大的片面性。研究表明,领导者素质与领导有效性之间是有一定必然联系的,具有高度的聪明才智、广泛的社会兴趣、强烈的成功愿望,对员工尊重与信任的领导者,取得成功的概率是比较高的。总之,该理论忽略了被领导者的地位和作用;领导者的性格特征内容过于繁杂且随不同情况而变化,难以得出真正的成功因素;忽略了情境因素,具备特质只能使个体更有可能成为有效的领导者,但还需要采取适合情境的正确行动。

二、领导行为理论

(一)领导行为四分图

1945 年,美国俄亥俄州立大学商业研究所掀起了对领导行为进行研究的热潮。他们对大型组织的领导行为进行了一系列深入的研究。一开始,研究人员列出了 1 800 多种描述领导行为的因素,通过逐步概括和归类,最后将领导行为的内容归纳为两个维度,即以人为重(体贴人)和以工作作为重(抓组织)。

"体贴人":指注重建立领导者和被领导者之间的友谊、尊重和信任关系。包括尊重下属的意见,给下属以较多的工作主动权,体贴他们的思想感情,注重满足下属的需要,平易近人,平等待人,关心群众,作风民主。

"抓组织":领导者注重规定他与工作群体的关系,建立明确的组织模式、意见交流渠道和工作程序,包括设计组织机构,明确责权关系,确立工作目标,制定工作程序、工作方法和规章制度。

根据这两方面内容设计的领导行为调查问卷的结果表明,"体贴人"和"抓组织"常常同时存在,只是强调的侧重点有所不同。因此领导者的行为可以是这两个方面的任意组合。若把每个方面分为高低两种情况,则两个方面的具体组合就是四种领导行为,即高体贴低组织、高体贴高组织、低体贴低组织、低体贴高组织。这四种领导行为可以用二维平面的"四分图"来表示,如图 11-3 所示。

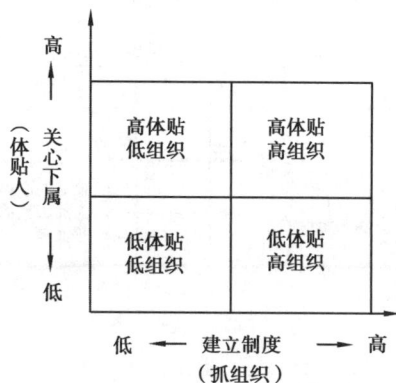

图 11-3 领导行为四分图

通过四分图,就可以鉴别领导,评定领导的类型。属于低体贴高组织的领导行为,最关心的是工作任务;属于高体贴低组织的领导行为,注重关心领导者与下属之间的合作,重视相互信任和尊重气氛;属于低体贴低组织的领导行为,对人对工作都不关心,一般来说,这种领导行为的效果差,会带来更多的旷工、事故和怨言;而属于高体贴高组织的领导行为对人对工作都很关心,一般来说,这种领导行为的效果较好。

该项研究的研究者认为,以人为重和以工作为重,这两种领导方式不应是相互矛盾、相互排斥的,而应是相互联系的。一个领导者只有把这两者相互结合起来,才能进行有效的领导。

(二)管理方格理论

在俄亥俄州立大学提出的四分图理论的基础上,美国心理学家布莱克和莫顿提出了管理方格理论。他们将四分图中以人为重改为对人的关心度,将以工作为重改为对生产的关心度,并将这两种关心度各划分为 9 个等份,这样在二维平面上就形成了 81 个方格,每个小方格就表示关心人和关心生产这两个基本因素以不同程度相结合的一个领导方式,如图 11-4 所示。

主管人员对生产的关心,一般表示为他对各种事物所持的态度。例如,政策决定的质量、程序与过程、研究的创造性、职能人员的服务质量、工作效率及产品的质量等。对人的关心表现为:个人对实现目标能承担的责任、保持工人的自尊、建立在信任而非顺从的基础上的职责、保持良好的工作环境及具有满意的人际关系等。在根据管理方格图评价领导者的领导行为时,应根据他们这两方面的行为程度在方格图中寻找交叉点,这个交叉点就是其领导行为类型。横轴数值越高,表示他越重视生产;纵轴数值越高,表示他越关注人的因素。

按照管理方格的划分,主要的领导风格就可以分为这样五种。

(1.1)类贫乏型领导。在这种领导模式中,领导者对组织的任务和组织内的人际关系都

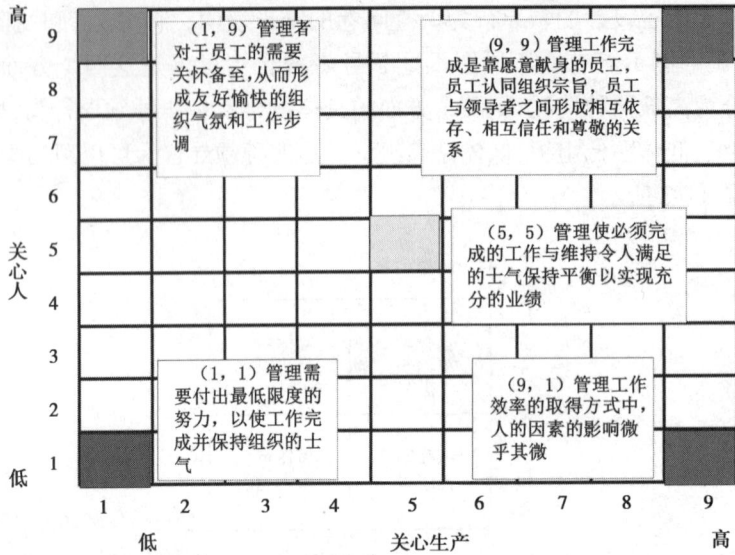

图 11-4　管理方格图

不太关心,人际关系不融洽,生产任务难以完成。这种领导者实质上已经放弃了他们的职责。

(1.9)类乡村俱乐部型领导。这种领导模式中,领导者力求建立起一种乡村俱乐部的组织氛围,领导者深切关怀职工,注重组织内的人际关系,领导人缘好,但不关心任务的完成。

(9.1)类任务型领导。在这种模式中,领导者只关心如何完成任务,不关心员工,组织内人际关系较差。

(9.9)类战斗集体领导。在这种领导模式中,领导者对组织的员工和任务都很关心,组织内的人际关系好,任务也完成得好。可以说这是最理想的领导风格。

(5.5)类中间型领导。在这种领导模式中,领导者力求保持一般化的人际关系和对任务的关心,任务完成得过去,组织内人际关系不特别好,也不特别差,领导者比较安于现状,缺乏进取精神。

结论:(9.9)类战斗集体型管理者工作效果最好,是领导者努力的方向。

布莱克和莫顿据此提出了一项培训管理人员的规划,其要点如下:①让管理者熟悉、理解管理方格图,并根据该图分析自己属于何种领导风格;②集中来自相同部门的管理者,讨论本部门管理者成为(9.9)型领导应达到的标准;③组织学习和讨论(9.9)型标准,研究现存的问题和不利于达到标准的影响因素;④根据标准要求,由主管领导和部门领导研讨并确定组织整体性目标的修订;⑤组织所有参加这项活动的人员进一步讨论目标,提出实现目标的方法,并采取适当的行动来加以实施;⑥对整个计划实施过程进行评估,巩固已取得的成果并使之不断推进。

三、领导权变理论

领导权变理论是近年来国外行为科学家重点研究的领导理论。此理论着重研究影响领导行为和领导有效性的环境因素。研究发现,在一种情境下具有相当效能的领导方式,在另一种情境下可能失去效能。要找到一种适合于任何组织、任何性质的工作和任务、任何对象固定的领导品质和领导行为方式,都是不现实的,因此不存在一种普遍最好的领导方式,有效的领导方式是因情境而变的。由此就形成了领导权变理论的各种研究成果。

领导权变理论认为,领导行为是否有效,除取决于领导者的素质、才能,还取决于领导方法所应用的情境,如被领导者的素质、工作性质等,它是诸多因素相互作用、相互影响的过程。因此,有效的领导行为应当随着被领导者的特点和环境的变化而变化。权变理论的实质是,一切要以时间、地点、条件为转移。

(一)菲德勒模型

菲德勒模型是具有代表性的一种权变理论。该理论认为,领导者的领导行为是否有效不仅在于他的个性,而且也在于各种不同的环境因素和领导者同群体之间的交互作用。该模型将影响领导有效性的环境因素具体分为三个方面:职位权力、任务结构、上下级关系。

1. 职位权力

职位权力指组织赋予领导者正式地位所拥有的权力。职位权力和权威是否明确、充分,在上级和整个组织中所得到的支持是否有力,直接影响到领导的有效性。一个领导者对其下属的雇佣、工作分配、报酬、提升等直接决定性权力越大,其对下属的影响力越大。

2. 任务结构

任务结构指的是任务的明确程度和人们对这些任务的负责程度。当任务明确、组织纪律明确、成员有章可循、个人对任务负责,则工作质量比较容易控制;反之,工作规定不明确,成员不知如何去做,领导者就会处于被动地位。

3. 上下级关系

上下级关系指下属对领导者的信任、喜爱、忠诚和愿意追随的程度及领导者对下属的吸引力。领导者与下属之间相互信任、相互喜欢的程度越高,领导者的权力和影响力就越大;反之,其影响力就越小。

菲德勒开发了"最不愿与之共事者(Least Preferred Co-worker Questionnaire)"问卷,简称LPC问卷,来反映和测定领导者的领导风格。问卷把领导方式假设为两大类:以人为主和以工作为主。LPC问卷由被测试者填写。一个领导者如果对其最不喜欢的同事都能给予好的评价(即LPC量高),就被认为对人宽容、体谅、注重人际关系和个人的声望,是以人为主的领导;如果领导者对其不喜欢的同事批评得体无完肤(即LPC量低),则被认为是对人苛刻、惯于命令和控制、只关心工作的领导者。

这样,领导者就可以分为两种类型。①任务导向型:LPC得分低,对最难共事的同事看法不乐观,领导者主要感兴趣的是生产,从设法完成任务中得到满足。②关系导向型:LPC得分高,把最难共事的同事描述得比较有利,领导者乐于与同事形成友好的人际关系,希望实现良好的人际关系和个人得到有声誉的职位。

"最不愿与之共事者"问卷由16组对应形容词构成,如图11-5所示。

菲德勒将三个环境变数任意组合成8种群体工作环境,对1200个团体进行调查,收集了把领导风格与工作环境关联起来的数据,得出了在不同情况下使领导有效的领导方式,其结果如图11-6所示。

菲德勒 LPC 问卷内容

快乐	——	8 7 6 5 4 3 2 1	——	**不快乐**
友善	——	8 7 6 5 4 3 2 1	——	不友善
拒绝	——	1 2 3 4 5 6 7 8	——	接纳
有益	——	8 7 6 5 4 3 2 1	——	无益
不热情	——	1 2 3 4 5 6 7 8	——	热情
紧张	——	1 2 3 4 5 6 7 8	——	轻松
疏远	——	1 2 3 4 5 6 7 8	——	亲密
冷漠	——	1 2 3 4 5 6 7 8	——	热心
合作	——	8 7 6 5 4 3 2 1	——	不合作
助人	——	8 7 6 5 4 3 2 1	——	敌意
无聊	——	1 2 3 4 5 6 7 8	——	有趣
好争	——	1 2 3 4 5 6 7 8	——	融洽
自信	——	8 7 6 5 4 3 2 1	——	犹豫
高效	——	8 7 6 5 4 3 2 1	——	低效
郁闷	——	1 2 3 4 5 6 7 8	——	开朗
开放	——	8 7 6 5 4 3 2 1	——	防备

图 11-5　菲德勒 LPC 问卷内容

序号	1	2	3	4	5	6	7	8
以人为主　高 LPC 低　以工作为主	●	●	●	●	●	●	●	●
上下级关系	好	好	好	好	差	差	差	差
任务结构	明确	明确	不明确	不明确	明确	明确	不明确	不明确
职位权力	强	弱	强	弱	强	弱	强	弱
情境有利性	有利	有利	有利	适中	适中	适中	不利	不利

图 11-6　菲德勒模型

　　第一种环境对领导者是最为有利的,因为领导与成员关系良好,任务结构明确性高,而且领导者具有较强的职权;第八种环境对领导者是最为不利的,因为领导与成员的关系不良,任务结构明确性低,而且领导享有的职权也弱。

　　菲德勒的研究结果表明,任务导向型的领导在较为有利的环境中能脱颖而出,是因为在此类环境中同事之间相处融洽,任务明确,领导者享有较高职权。在这种环境下,领导者所需要做的就是负起责任并发出指令。如果环境对领导者极为不利,那么就需要领导者做更多结构性的工作,并更多地指导下属。一个强有力的领导者能定义任务结构并建立起对下属的权威。若不论在哪种环境下,领导与成员关系都不融洽,则强烈任务导向型不会影响领导的受欢迎程度。

当群体取得良好的业绩并需要高超的人际关系技巧时，人际关系导向型的领导更有效率。在这些环境下，该领导受欢迎的程度也许一般，享有的权力并不很高，他所指导的工作也具有一定的模糊性。此时，若该领导具有高超的人际关系技巧，他就可以改善人际关系，明晰任务结构，建立他的职权。

领导者在运用菲德勒的权变理论时应了解两点：一是他应该知道自己是任务导向型的还是人际关系导向型的领导；二是他应能判断自己处于何种环境，领导与成员关系、任务结构及职权对其是否有利。

领导风格如果能与环境很好地结合，则可以带来极大的效率与利益；反之，如果领导风格与环境错误搭配，就会带来问题。

（二）领导生命周期理论

此理论首先由美国学者卡曼（A. K. Korman）提出，后由赫塞（Paul Hersey）和布兰查德（Kenneth Blanchard）进一步发展，是一个重视下属的权变理论。这个理论认为，有效的领导者所采取的领导形态与被领导者的成熟度有关。

每个人都要经历从不成熟到逐渐成熟的发展过程，工作群体中工作人员的平均成熟度也有一个发展过程，即由不成熟、初步成熟、比较成熟到成熟，分别用 M1、M2、M3、M4 表示。这就是被领导者成熟度发展的"生命周期"，如图 11-7 所示。

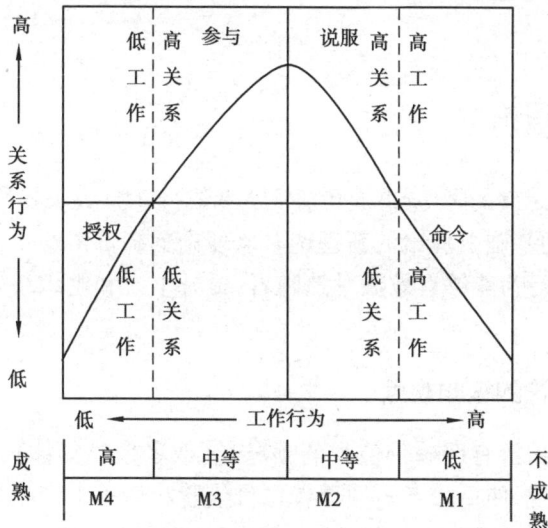

图 11-7 下属成熟度图

M1（不成熟）：下属缺乏接受和承担任务的能力和愿望，他们既不能胜任任务又缺乏自信。

M2（初步成熟）：下属愿意承担任务，但却缺乏足够的能力，他们有积极性但没有完成任务所需的技能。

M3（比较成熟）：下属具有完成领导者所交给的任务的能力，但没有足够的动机。

M4（成熟）：下属能够而且愿意去做领导要他们做的事。

领导生命周期曲线模型概括了情景领导模型的各项要素。当下属的成熟水平不断提高时，领导者不但可以不断减少对下属行为和活动的控制，还可以不断减少关系行为。在第一阶段(M1),下属需要得到具体而明确的指导。在第二阶段(M2)中,领导者需要采取高工作—高关系行为,高工作行为能够弥补下属能力的欠缺,高关系行为则试图使下属在心理上"领会"领导者的意图。对于在第三阶段(M3)中出现的激励问题,领导者运用支持性、非领导性的参与风格可获最佳解决。最后,在第四阶段(M4)中,领导者不需要做太多事,因为下属愿意又有能力担负责任。

领导生命周期理论认为,如果被领导者从不成熟趋于成熟,领导行为从指示(命令)—推销(说服)—参与—授权。随着从不成熟走向成熟,领导行为应从命令型向说服型、参与型、授权型逐步推移,但下属成熟度不是一成不变的,也不是单方向变化的,而是会在 M1 ~ M4 之间往复运动。

(三)路径-目标理论

路径-目标理论由加拿大多伦多大学豪斯(R. J. House)教授提出。该理论认为领导者的效率以激励下级实现组织目标并在其工作中使下级得到满足的能力来衡量。领导者的主要职能是为下属设置和指明目标,帮助他们寻找实现目标的途径,并帮助他们清除障碍。他把领导行为分为四种类型。①指导型:让下属知道对他们的期望是什么,以及完成工作的时间安排,并对如何完成任务给予具体指导;②支持型:十分友善,关怀下属需求;③参与型:与下属共同磋商,决策前充分考虑下属建议;④成就取向型:设定富有挑战性的目标,要求下属有高水平的表现。该理论认为,领导者是灵活的,同一领导者可以根据不同情境表现出任何一种领导风格。

四、领导价值理论

现代领导理论中,比较新的研究成果是价值领导理论。该理论是著名管理学家罗伯特·豪斯在融合了众多领导理论的基础上提出的新理论。该理论围绕价值这个核心观念,归纳了一些关键的领导行为,这些行为能够有效激励追随者,提升个人和组织绩效,进而实现组织的远景目标。

(一)价值领导理论的核心观点

价值领导理论,是指持有明确价值观的领导者(或者领导集体),通过明确表达组织愿景,向追随者注入价值观,使追随者与领导者在价值观和情感上产生共鸣,从而唤醒追随者对组织价值和组织愿景的认同,在此基础上,运用恰当的领导行为,对追随者进行激励,最终使个人及组织的绩效水平得到极大的提高。

(二)价值领导理论的特点

1. 突出以共同价值为前提

价值领导理论的最明显的特点就是突出以共同价值为前提。通常情况下,人的价值取向是多元化的,向不同的方向发展,如果一个组织中成员的价值观发生冲突,就会产生大量的内耗。强调价值观认同,就是把大家的力量向同一个方向凝聚,进而产生合力,就像物理学中"布朗运动"转变为"规则运动"。当下属对领导者所信奉和倡导的价值观产生认同后,这种认同会逐渐内化成为他们自己身体的一部分,成为他们为人处世的原则,激发他们自我牺牲的精神,增强组织的凝聚力。

2. 重视以价值为本的领导行为

价值领导理论认为,有一系列行为,对于形成组织的共同价值和实现组织目标非常有效。这些行为主要包括明确提出符合追随者利益的价值目标、让追随者充满信心、展现自身良好的品格、设身处地为下属考虑、当追随者偏离价值目标时及时纠正、对愿景的不懈追求和拥有自我牺牲的精神等。

3. 综合衡量领导绩效

以往的领导理论,在领导效果衡量方面,要么是以任务完成情况为导向,要么是以下属的满意度为导向,而价值领导理论则更加注重综合衡量。价值领导理论提出了一个综合衡量领导绩效的指标体系,简称 CEMS 指标体系,具体指标是:下属的忠诚度、高层管理团队的有效性、工作积极性和下属满意度。

(三)价值领导理论的关键行为分析

1. 明确提出符合追随者利益的价值目标

价值目标是领导者拥有的最显著的本质特征。管理学家尼克·克雷格在他的著作《管理赋能:激发管理潜能的格局思维》中说道:"尽管你会在不同情况下、用不同的方式实现你的价值目标,但只要是与你熟悉的人都能将你辨识出来,因为价值目标就是你的独特之处,也是你离开后别人最怀念你的地方。"价值领导理论认为,领导者把价值目标转化为影响力的过程,可以帮助领导者和追随者激发勇气、锁定方向、坚守承诺,即使当他们遇到困难、感到沮丧时,也会时刻提醒自己所要追求的远大目标。

2. 让追随者充满信心

价值领导理论的第二个关键行为,是让追随者充满信心。带领追随者通往远景目标的路上,总是会遇到各种困难和挫折。帮助追随者确立信心,激励他们在逆境中向着既定的目标继续前进,是领导者的重要素质要求。

3. 展现自身良好品格

个人品格或特质是决定领导效果的关键因素。领导者思想品格、生活态度和情感魅力是一种非权力性影响力,这种影响力对追随者的心理和行为的影响更加深远,因为它决定着追随者对领导者个人是否信任,对领导者所提出的价值目标是否认同。

4. 设身处地为下属考虑

领导者只有站在下属的角度,急下属之所急,解决他们的实际问题,才能与下属在情感上产生融合,进而形成巨大的凝聚力。《孙子兵法·地形篇》中说:"视卒如婴儿,故可与之赴深溪;视卒如爱子,故可与之俱死。"也正是体现了这种精神。

5. 追随者偏离价值目标时要及时纠正

价值领导理论的第五个关键行为,是当追随者偏离价值目标时要及时纠正。在组织发展进程中,一些追随者容易被短期目标和个人利益所迷惑,逐渐产生偏离原有价值目标的思想和行为。当发现追随者价值观念发生偏离时,领导者要及时纠正。

6.对愿景的不懈追求

价值领导理论认为,领导者展现出超出常人的努力,对愿景不懈追求的行为,能给下属带来强烈的震撼,从而使下属更加自觉地为组织的共同价值而奋斗。

7.拥有自我牺牲的精神

领导者在带领下属完成组织任务、实现组织目标的过程中,要做到"大声疾呼"与"以身作则"的有机统一,以自我牺牲精神赢得下属的信任,才能充分呈现出吸引力、凝聚力和战斗力,为组织发展提供生生不息的长期牵引力和持续不断的内生动力。

【本章小结】

1. 领导是一种影响力和过程,是影响个人、群体或组织实现所设定目标的过程。

2. 管理与领导既有区别又有联系。领导通过对被领导者行使领导职能,促成被领导者努力地实现组织既定目标。

3. 领导具有指挥、激励、协调、沟通等作用。

4. 领导者的影响力主要来自制度权力和个人权力两个方面。拥有权力的领导应正确行使组织所赋予权力,提高自身影响力。

5. 关于领导风格,有三种极端领导风格理论、四种领导风格理论、领导风格的连续统一体理论等理论。

6. 领导理论主要包括领导特性理论、领导行为理论、领导权变理论和领导价值理论。

【实务训练】

《亮剑》这部战争题材的电视剧开播后火遍全国,最吸引观众的就是那个热血军人,指挥打仗嗷嗷叫的李云龙。李云龙在拼杀中,在为战友之死的复仇中,表现出一种铁血军人不计生死、压倒一切的霸气,同时他也是一个极具领袖气质的人。

李云龙是一个领导力极强的人,他在部队深得人心,有一股领导者的特质,那就是人格魅力。他能让他的部下既爱他又怕他,爱是因为他体恤部下,关心部下,能和下属同甘共苦;而怕他是因为他那表面粗暴的性格和那张得理不饶人的嘴巴。

李云龙在战场上的原则是从不丢下一个兄弟,即便自己杀出重围,如果知道还有一个兄弟没有出来,他都会返回去把兄弟救出来。《亮剑》中很多场景都让我们感受到李云龙去救回自己的兄弟和战友那种果敢和重情重义。

领导者必须具备知人善用的能力。一个领导,除了要知道下属的能力,还要了解他的性格,并且把他放在有用的地方。同时要用人之长,避人之短,不能因为某人有缺点就把他的优点全部给否定了。在剧中,李云龙极好地使用了张大彪、魏和尚、赵刚、孙连长及众多的部队骨干,让他所属的部队成为铁打的营盘、钢打的兵。

"要有一股气势,要有一种拼到底的劲头。就像一个剑客,和对手狭路相逢,他发现对手竟是天下第一剑客,这时他明知是死,也必须亮出宝剑,没有这样的勇气就别当剑客,倒在对手的剑下不丢人,那叫虽败犹荣。咱中国人决不当孬种,逢敌必亮剑。"

问题:
1.李云龙是什么样的领导风格?对下属有什么影响?
2.李云龙的管理方式有没有什么需要改进的地方?

【思考与练习题】

一、单项选择题

1.彼德·德鲁克认为:"领导者都是受人瞩目的,因此必须以身作则。"这可以增加领导者的(　　)。

　　A.感召权力　　　　　　　　　B.专长权力
　　C.法定权力　　　　　　　　　D.奖励权力

2.你的部门因预算的限制,有必要进行整编。你请了本部门中一位经验丰富的人负责这项工作。你感到他有能力完成这一任务,可他却似乎对这项任务的重要性反应漠然。此时,应当采取哪种领导方式?(　　)

　　A.高体贴高组织　　　　　　　B.低体贴高组织
　　C.高体贴低组织　　　　　　　D.低体贴低组织

二、多项选择题

1.领导权力的来源包括(　　)。

　　A.法定权力　　　　　B.奖赏权力
　　C.惩罚权力　　　　　D.专长权力
　　E.职位权力

2.根据勒温的领导方式理论,领导方式可分为(　　)。

　　A.专制式领导　　　　B.民主式领导
　　C.放任式领导　　　　D.保守式领导
　　E.集权式领导

三、简答题

1.简述领导与管理的区别。
2.如何评价领导特性理论?

四、论述题

俗话说"兵熊熊一个,将熊熊一窝"。你觉得这句话有道理吗？试从管理学角度评述这句话。

第十一章思考与练习
参考答案

第十二章

激励

【学习目标】

1. 熟悉激励的含义和过程。
2. 了解激励的目的与作用。
3. 掌握激励理论主要代表性观点。
4. 运用激励理论解释实际工作中的激励问题。

【导入案例】

陶行知先生的四颗糖

陶行知先生在担任一所小学的校长时,看到男生王友用泥块砸班上的同学,当即制止了他,并要他放学后到校长室去。放学后,王友来到校长室门口准备挨训,陶行知却掏出一颗糖送给他,并说:"这是奖励给你的,因为你按时来到这儿。"王友惊异地接过糖果,随后,陶行知又掏出一块糖果放到他的手里说:"这块糖也是奖给你的,因为当我不让你再打人时,你立即住手了,这说明你很尊重我。"王友更惊异了,眼睛睁得大大的。陶行知又从口袋里掏出第三颗糖塞到王友手里说:"我已经调查过了,你用泥块砸那些男生,是因为他们欺负女生,这说明你很善良很正直,有跟坏人做斗争的勇气!"王友感动极了,流着泪后悔地说道:"陶……陶校长,你……打我两下吧!我错了,我砸的不是坏人,而是我的同学呀!"陶行知笑了:"你能正确认识错误,我再奖给你一颗糖吧,我看我们的谈话也该结束了吧。"王友怀揣着四颗糖,满怀感激地离开了校长室。

陶行知先生用他的智慧和对孩子的爱,通过四颗糖强化孩子好的行为让人们感动,比起频繁的批评指责,效果要好得多。我们如何在管理实践中像陶行知先生一样,春风化雨般引导组织成员的行为呢?

【思维导图】

```
                                    ┌─────────────────────┐
                              ┌─────│      四种人性假设      │
                              │     └─────────────────────┘
                  ┌──────────┐│     ┌─────────────────────┐
              ┌───│  激励概述  │├─────│      激励的内涵       │
              │   └──────────┘│     └─────────────────────┘
              │               │     ┌─────────────────────┐
              │               └─────│      激励的特点       │
              │                     └─────────────────────┘
              │                     ┌─────────────────────┐
              │               ┌─────│     内容型激励理论     │
              │               │     └─────────────────────┘
  ┌──────┐    │   ┌──────────┐│     ┌─────────────────────┐
  │  激   │    ├───│  激励理论  │├─────│     过程型激励理论     │
  │  励   │────┤   └──────────┘│     └─────────────────────┘
  └──────┘    │               │     ┌─────────────────────┐
              │               └─────│    行为改造型激励理论    │
              │                     └─────────────────────┘
              │                     ┌─────────────────────┐
              │   ┌──────────────┐ ┌│      激励的原则       │
              └───│  激励的原则与方法 │─┤ └─────────────────────┘
                  └──────────────┘ │ ┌─────────────────────┐
                                   └─│      激励的方法       │
                                     └─────────────────────┘
```

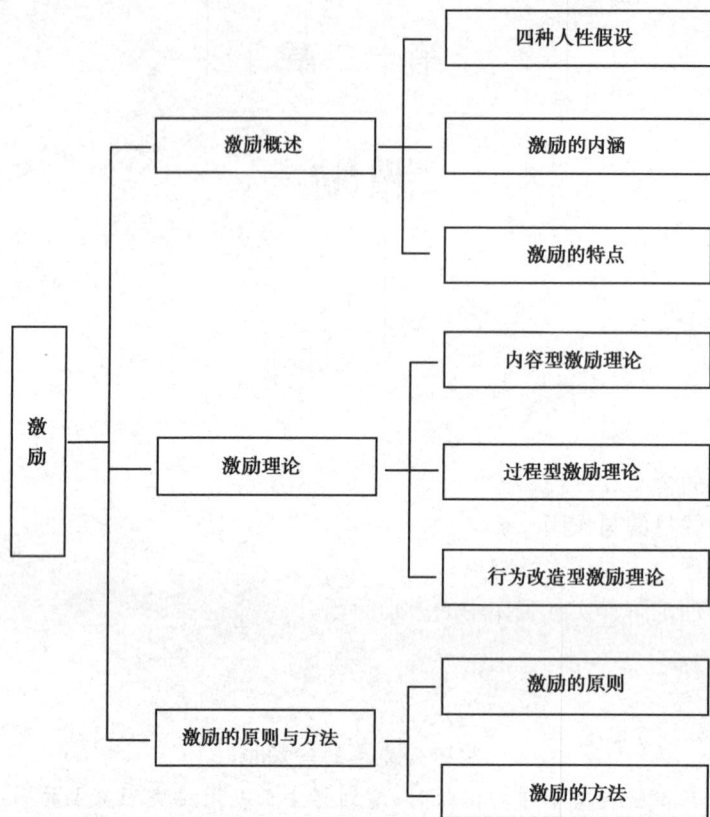

　　管理的本质就是管理者影响他人的能力,激发人们为组织工作的积极性,去实现组织目标。成功的管理者必须知道用什么样的方式有效调动下属的工作积极性。

第一节　激励概述

一、四种人性假设

　　激励与人的心理有密切关系,要了解激励和其发生作用的机理,需要管理者对人性有充分的洞察。著名管理心理学家雪恩(E. H. Schein)于1965年在《组织心理学》一书中,提出了四种人性假设理论。

(一)"经济人"假设

　　"经济人"假设又称"实利人"或"惟利人"假设。这种理论产生于早期科学管理时期,其理论来源是西方享受主义哲学和经济学家亚当·斯密的劳动交换经济理论,即认为人性是懒惰的,干工作者只是为了获取经济报酬,满足自己的私利。因此,管理上主张用金钱等经济因素去刺激人们的积极性,用强制性的严厉惩罚去处理消极怠工者,即"胡萝卜加大棒政策"。最早提出"经济人"概念的是美国心理学家麦格雷戈,他于 1960 年在其《企业的人性面》中,将以"经济人"人性假设为指导依据的管理理论概括为 X 理论,并认为它是一种错误理论。泰勒是以 X 理论为指导的管理典型代表,以严格控制和严密监督为根本特征,只考虑如何提高生产效率,毫不关心工人的心理需要和思想感性。

(二)"社会人"假设

这种理论源于"霍桑实验"及其人际关系学说。"社会人"的概念也是由该实验主持者梅奥提出的。这种假设认为,人是社会人,人们的社会性需要是最重要的,人际关系、职工的士气、群体心理等对积极性有重要影响。因而在管理上要实行"参与管理",要重视满足职工的社会性需要,关心职工,协调好人际关系,实行集体奖励制度等。

从经济人到社会人假说,以工作任务为中心的管理到以员工为中心的管理,是管理思想与管理方法上的进步。管理者不应该只注意指挥、监督、计划、控制,同时也要关心员工之间的关系,满足他们的需要,培养他们的归属感和整体感。

(三)"自我实现人"假设

这一概念最早由人本主义心理学家马斯洛提出。而后,麦格雷戈提出了以"自我实现人"人性假设为理论基础的管理理论,给予"X 理论"相反的"Y 理论",他明确否定"X 理论",而肯定"Y 理论"。"自我实现人"假设认为,人是自主的、勤奋的,自我实现的需要是人的最高层次的需要,只要能满足这一需要,个体积极性就会充分调动起来。所谓自我实现,是指人的潜能得到充分发挥;只有人的潜能得以表现和发展,人才会获得最大的满足。因此,管理上应创设良好的环境与工作条件,以促进职工的自我实现,即潜能的发挥,强调通过工作本身的因素,即运用内在激励因素调动职工的积极性。

(四)"复杂人"假设

这种理论产生于 20 世纪 60 年代至 70 年代,其代表人物有雪恩、莫尔斯(J. J. Morse)和洛希(J. W. Lorsch)等。该理论认为,无论是"经济人""社会人",或者"自我实现人"假设,虽然各有其合理性的一面,但并不适合于一切人。因为一个现实的人,其心理与行为是很复杂的,人是有个体差异的。人不但有各种不同的需要和潜能,而且就个人而言,其需要与潜能也随年龄的增长、知识能力的提高、角色与人际关系的变化而发生改变。不能把人视为某种单纯的人,实际上存在的是一种具体的"复杂人"。依据这一理论,莫尔斯和洛希便提出了管理上的"超 Y 理论",即权变理论。它认为,不存在一种一成不变、普遍适用的管理模式,应该依据组织的现实情况,采取相应的管理措施。

二、激励的内涵

激励是心理学术语,表示某种动机产生的原因,即发生某种行为的动机是如何产生的,人朝着所期望的目标前进的心理活动过程是怎样进行的。把激励这个概念引入到管理中,是为了说明一种精神力量或状态,它起加强、激发和推动作用,并且指导和引导行为指向目标,即通过某种内部(需求驱动)和外部(诱因)刺激,促使人奋发向上努力去实现目标。

从管理学角度,激励就是要解决如何调动员工积极性的问题。即为了特定目的,管理者通过设计适当的奖酬形式和工作环境,以一定的行为规范和奖惩措施,影响人们的内在需要或动机,从而激发、引导或改变成员行为的反复过程。

激励的形成要把握三个要点:一是被激励的人存在需要;二是被激励的人由于存在某种需要而产生从事某种活动的愿望与动机;三是被激励的动机有强弱程度的不同,即工作的积极性有高低之分。积极性的高低可以通过被激励人的行为和工作绩效来证实,积极性不是一时的冲动,而是一种长期的动力。

总之,激励是一个过程,这个过程是从人的需要开始,到实现目标或满足需要结束,也就是人的需要、动机、行为和目标相互联系、相互作用、彼此制约的过程,如图 12-1 所示。

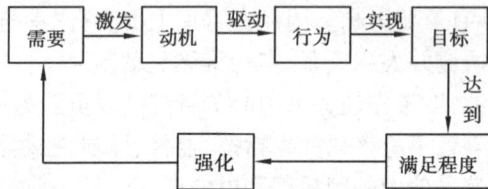

图 12-1　激励过程

激励是创设满足人的各种需要的条件,激发人的行为动机,使之产生实现组织目标的特定行为的过程。激励过程包括了这样四个阶段。第一阶段,刺激人的需要产生。第二阶段,在需要的作用下产生动机。第三阶段,在动机作用下引发行为。第四阶段,比较行为的结果,如果行为的结果与期望的目标一致,就会产生一种满足感,从而产生新的需要,强化行为;如果行为不能满足目标期望,行为者就受到挫折。其反应通常有两种:一是调整目标,二是调整行为,在较低的程度上获得满足,然后产生新的需要。

三、激励的特点

(一)激励是一个心理循环的过程

人的需要产生动机,在动机的驱使下人们采取行动,行动的结果达到预定的目标,使需要得到满足,进而进一步强化原有需要或促进生成新的需要,新的需要导致新的激励过程的开始。

(二)激励是一种管理艺术的体现

在组织行为中,这样的情形是十分常见的:行为相同,动机不同;或行为不同,动机却相同。相同的动机,由于在寻找方法上的差异,会造成行为上的不一致,有的人可以采取这种行为,另一些人可能采取另一种行为。反过来,相同的行为也可能是由于不同的动机造成的。这些都说明,调动人的积极性的激励,对不同的人、不同的情况,应当应用不同的方法。因此,不存在对任何人都适用的激励模式。

(三)激励的效能依赖于精神力量

无论采取哪一种激励形式,成功的激励必须能够激发人们达到一种高昂的、饱满的、积极的精神状态,在这种精神状态下能够产生一种精神力量,从而激发、加强和推动人的积极性。如果激励不能改变人们的内心状态,得到的只是人们机械、单调且被动的行为时,激励就是失败的。

第二节　激励理论

围绕人动机激发的因素、机制与途径等问题,研究者展开对激励理论的研究。激励理论是关于激励的基本规制及方法的概括和总结,是激励在管理活动中赖以发挥功能的理论基础。自 20 世纪 20 年代以来,西方许多管理学者和心理学家分别从不同角度进行研究探索,提出了许多激励理论。这些理论从不同的侧面研究了人的行为动因,但每一种理论都具有其局限性,不可能用一种理论去解释所有行为的激励问题。各种理论可以相互补充,使激励理论得以完善。组织的管理者,要想有效激励员工,必须较全面地了解各种激励理论。

按照对激励对象不同方面的重视程度,一般可以把激励理论划分为三类:内容型激励理论、过程型激励理论及行为改造型激励理论。

一、内容型激励理论

内容型激励理论从激励过程的起点,即人的需要出发,试图解释是什么因素引起、维持并且指引某种行为去实现目标这类问题。这种理论认为,人的动机是由需要引起的,了解人的需要特别是了解人的优势需要是激励的出发点。可见,研究该类理论的中心任务是了解组织成员的各种需要,确定这些需要的主次顺序及满足每种需要将产生的相应激励等。需要注意的是,此类理论从静态的角度探讨激励问题。

(一)需要层次理论

需要层次理论由美国心理学家亚伯拉罕·马斯洛于 1943 年在《人类激励理论》论文中所提出。

1. 人的需要层次

马斯洛将人的需要进行划分,按其重要性逐级递升,形成一个从低级需要向高级需要发展的阶梯,如图 12-2 所示。

工作之外需求的满足	需要层次	工作之内需求的满足
教育、宗教、习惯和个人成长	自我实现需要	培训机会、个人进步与发展、创造力
家庭成员、朋友和社会的承认	尊重的需要	被承认,身份和地位提高,承担更多的责任
有家庭、朋友和自己的生活圈子	归属需要	处理好与工作小组、客户、同事和管理者的关系
远离污染和暴力	安全需要	工作安全、奖金和额外福利、工作稳定
食品、水和性	生理需要	温暖、空气和人基本的工资水平

图 12-2　马斯洛的需要层次模型

人的需要可分为五个层次,即生理需要、安全需要、归属需要、尊重需要和自我实现需要。

(1)生理需要

人类最基本的需要包括食物、水、住所及其他方面的生理需要。比如,许多企业设立茶水间,满足员工喝茶缓解口渴的需要,从这个角度看这是在满足员工基本生理需要。

(2)安全需要

安全需要包括人们对安全的生理与情感的需要,以及人们不受威胁的需要。在组织环境中,这一需要体现为人们对安全的工作、工作场所的安全保护及对附加福利的需要。员工今天在休息室喝茶,明天还可以去喝,不会担心随时被炒鱿鱼,这是一种需要稳定保障的安全需要。

(3)归属需要

归属需要或称为社会需要,体现为人们希望被接受,享有友谊,属于某个群体,为人所爱。在组织中,这种需要影响着人们与同事形成良好的关系,参与团队工作,并与上级友好相处。一个人想要和自己喜欢的朋友喝茶、喝咖啡,这就是希望被人接纳的一种归属需要。

(4)尊重需要

人们需要他人的注意、肯定、欣赏以建立良好的自我形象。如在组织中受到肯定,增加其所承担的职责,地位提高,并对组织有所贡献。在与朋友喝茶的过程中,受到他人礼遇,在朋友圈中颇受尊重,这就是一种尊重的需要。

(5)自我实现需要

除上面的四种需要外,人们需要的最高层次体现为自我实现。在组织内,自我实现的需要可以通过为人们提供成长和创造的机会,以及使人们获得培训的机会以迎接新的工作任务的挑战而获得。这种需要突出表现为工作胜任感、成就感和对理想的不断追求。

2. 需要层次理论的前提

需要层次理论有以下两个基本前提。一是人是有需要的动物,其需要取决于他已经得到了什么、还缺少什么,只有尚未满足的需要能够影响行为。换言之,已经得到满足的需要不再能起激励作用。二是人的需要都有轻重层次,某一层需要得到满足后,另一层需要才会出现。只有排在前面的那些需要得到了满足,才能产生更高一级的需要,而且只有当前面的需要得到充分的满足后,后面的需要才显出其激励作用。

3. 需要层次理论的特点

马斯洛的需要层次理论只是需要分类的理论之一。这种分类方法是否科学虽然有待于进一步研究,但它为我们提供了一个研究人类各种需要的参照样本。在理论的理解上,需要把握以下四点。

(1)需要的多样性

人类的需要是多种多样的。一个人在不同的时期可能有多种不同的需要;即使在同一时期,也可能存在着好几种程度不同、作用不同的需要。不同的人对各种需要的认知和迫切性差别更大。

(2)需要的层次性

马斯洛认为,支配人们行为的需要是由低级向高级发展的,当低一层次的需要得到满足以后,就会产生高级的需要。值得注意的是,人的需要并不是严格按层次划分,即人的需要是连续的,在任意时刻都有各层次需要,只是各层次需要强度不同。研究需要的目的是指导我们如何改变人们的行为,我们对需要的研究是从如何影响人的行为这个角度来进行的,而决定人的行为的又是人们感觉最迫切的需要。因此,需要的层次应该由其迫切性来决定。这就是说,人虽然有多种需要,但这些需要并不是在同时以同样的程度来影响人们的行为。在一定时期,只有那些表现最强烈、感觉最迫切的需要才引发人们的动机,影响人们的行为。对于不同的人在同一时期,或对于同一个人在不同时期,感受最强烈的需要类型是不一样的。

（3）需要的潜在性

需要的潜在性是决定需要是否迫切的原因之一。人们在一生中可能存在多种需要,但这些需要并非随时随刻全部被他们的主体所感知、所认识。有许多需要以潜在的形式存在着。只是到了一定时刻,由于客观环境和主观条件发生了变化,人们才发现和感觉到这些需要。

（4）需要的可变性

需要的可变性是指需要的迫切性、需要的层次结构是可以改变的。改变的原因可以有两个:第一,原来迫切的需要通过某种活动已在一定程度上得到满足,紧张已经得到消除,需要的迫切性也随之消除;第二,由于环境的影响,人们改变自己对各种需要迫切性的认识,使一些原来迫切的需要现在"退居二线",而一些原来不很迫切的需要现在成为影响人们行为的迫切需要。这可能就是一些人"喜新厌旧""见异思迁"的原因。

（二）双因素理论

双因素理论由美国心理学家赫茨伯格于1959年提出。他通过对美国一个地区200名工程师和会计人员的访问,调查"人们希望从工作中得到什么",要求人们在具体情境下详细描述他们认为工作中特别好或者特别差的内容。分析发现,人们对于工作感到满意和不满意的因素是完全不相同的。调查分析发现,员工感到不满意的因素都属于工作环境和工作关系方面的外部因素,如公司的政策、管理和监督、人际关系、工作条件、工资、地位、安全保障、个人生活等。使员工感到满意的因素都属于工作本身和工作内容方面的内在因素,如成就感、得到社会的承认、负有较大责任、具有挑战性的工作、个人的成长与发展等。

调查结果表明,人们对工作感到满意和对工作感到不满意的内容是完全不相同的因素,从而使赫茨伯格对传统的"满意的对立面是不满意"的观点做出修正。赫茨伯格认为,两类明显不同的因素是两个完全不同的连续统一体。满意的对立面是没有满意,而不是不满意;不满意的对立面是没有不满意,而不是满意。他又认为,凡是能够防止员工不满意的因素是"保健因素",只有那些能给员工带来满意的因素才是"激励因素"。赫茨伯格观点与传统观点对比如图12-3所示。

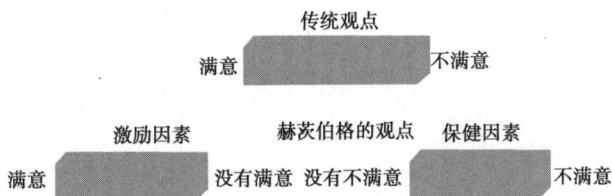

图 12-3　满意与不满意观点的对比

按照赫茨伯格的观点,因为现实生活中导致人们对工作满意的因素和对工作不满意的因素是完全不同的,所以在管理过程中必须明白,消除人们工作中不满意的因素,只能造就和平的环境,而不能激励员工的积极性。只有创造机会为员工提供与工作相关联的内在因素,如成就、认可、责任、进步、成长等才会增加员工对工作的满意感。赫茨伯格把对人们产生满意度影响的相关因素分为保健因素和激励因素两类。

1. 保健因素

保健因素属于和工作环境或条件相关的因素。当人们得不到这些方面的满足时,会产生不满,从而影响工作;但当人们得到这些方面的满足时,只是消除了不满,却不会调动人们的工作积极性。

2. 激励因素

激励因素属于和工作本身相关的因素,包括工作成就感、工作挑战性、工作中得到的认可与赞美、工作的发展前途、个人成才与晋升的机会等。当人们得到这些方面的满足时,会对工作产生浓厚的兴趣,产生很大的工作积极性。

双因素理论要求管理者要善于区分管理实践中存在的两类因素,动用各种手段,例如调整工作的分工、宣传工作的意义、增加工作的挑战性、实行工作内容丰富化等来增加员工对工作的兴趣,千方百计地使员工满意自己的工作。

需要注意的是,哪些属于激励因素,哪些属于保健因素,赫茨伯格是根据对美国 20 世纪 50 年代末部分工程师和会计师的调查得出的,并不一定符合各国的实际。对于每一个人来说,激励因素和保健因素会各不相同,对一个人来说是激励因素,对另一个人可能属于保健因素。因此,在实际运用中,应区别对待不同人的保健因素和激励因素,才能提高激励效果。

(三)成就需要理论

美国哈佛大学教授戴维·麦克利兰在 1955 年对马斯洛理论的普遍性提出挑战,他认为,人类许多需要都不是生理性的,而是社会性的,而且社会性需要不是先天的,而是后天的,来自于环境、经历和培养教育等。很难从单个人的角度归纳出共同的、与生俱来的心理需要。时代不同、社会不同、文化背景不同,人的需要当然就不同,所谓"自我实现"的标准也不同。马斯洛的理论过分强调个人的自我意识、内省和内在价值,而忽视了来自社会的影响。

戴维·麦克利兰和他的同事们认为,人们在工作情境中有三种基本的动机和激励需要。他们把这三种需要分为:对权力的需要、对归属的需要和对成就的需要。

1. 权力需要

对权力怀有高度需要的人,最基本的特征是竭力向往影响和操纵控制他人,而且自己具有强烈的不愿受他人控制的欲望。这类人一般总寻求领导职位,要求行使并保持权力去影响他人。他们的特点是坚强、坦率、好争辩、很健谈、头脑冷静、严于要求、乐于竞争、热衷教导别人、喜欢作公开讲演。

2. 归属需要

有归属需要的人具有建立友好亲密人际关系的愿望,希望从被人接纳中得到快乐,并尽量避免因被某团体拒绝而带来痛苦。这类人的特征是经常关心和寻求维持融洽的社会关系,希望获得他人的友谊,交结知心朋友,在社团活动的亲密关系中得到乐趣,并乐于帮助和安慰危难中的伙伴。

3. 成就需要

具有高度成就需要的人有强烈的成功愿望,寻求富有挑战性的工作,寻求适当难度的目标,敢于承担责任。这类人有种内在的驱动力量,渴望自己将从事的工作做得更完美,更有成效。他希望能在可以发挥其独立工作能力的环境中完成任务,并且工作绩效能及时明确地得到反馈,以此来显示自己是否有成就。他们对待风险的态度是比较现实的。他们不是靠运气来获得成功的赌徒,不愿意接受那些被人们认为特别容易或者特别困难的工作。在他们看来,只有在成败可能性均等的条件下,才能显示一个人出色的才能,这也是一种能使自己在奋斗中获得成功喜悦的最佳机会。

三种动机和激励需要在人群中都有不同程度的存在,只是强弱程度因人而异。企业家们显示出很高的成就需要和较高的权力需要,但归属需要却很低。管理者一般显示出有高度的成就和权力需要及低归属需要,但是高和低的程度都不及企业家。不少研究表明,高成就需要的人对企业、对国家都颇有建树,这类人越多,事业发展越快,组织就会更加兴旺发达。

二、过程型激励理论

过程型激励理论试图说明员工面对激励措施时,如何选择行为方式去满足他们的需要,以及确定其行为方式的选择是否成功。过程型激励理论有两种基本类型:期望理论和公平理论。

(一)期望理论

耶鲁大学弗鲁姆教授于 1964 年在《工作与激励》一书中提出期望理论。该理论认为,只有当人们预期到某一行为能给个人带来有吸引力的结果时,个人才会采取特定的行动。

弗鲁姆认为激励一个人去从事某一行动的动力,取决于他对这一行动的全部结果的预期价值,以及他对达到目标可能性大小(期望强度)的现实判断。即激励的力量是达到目标的价值乘以期望概率。期望理论可用以下公式表示:

$$激励力量(M) = 目标效价(V) \times 期望值(E)$$

其中,激励力量即动力,指调动人的积极性、发挥人的内在潜力的力量,是一个人受激励的强度。目标效价是指一个人对自己行为成果价值的主观评价,也可以理解为个人对取得某一个结果的偏爱程度。而期望值是指一个人对自己特定的行为实现某一愿望可能性大小的判断,也就是行为能满足需要的概率。

期望理论向管理者揭示,个人的多种多样的需要和激励的关系,应该从提高目标的价值和增强实现目标的可能性两个方面去激励一个人的行为。如果一个人把目标的价值看得越高,估计实现目标的可能性越大,那么这一目标对他的激励作用也越大。如果一个人对达到某个目标漠不关心,毫无兴趣,也就是说目标效价为负,那么结果当然是毫无激励的动力。同理,当期望概率很小或为零时,即使目标效价很高,但实现目标的可能性微乎其微,其后果也使人没有动力去实现这一目标。由此可见,激励的动力取决于效价与期望两个因素,要根据个体的不同情况确定恰当的目标,使人通过努力有达到目标的可能性,激发人们内在的潜力,使人充满信心地工作。

期望理论揭示的是努力与目标之间的过程模式,即:

个人努力→个人绩效(成绩)→组织奖励(报酬)→个人目标

这一模式对管理者实施激励提供了有益的启示。①确定适当目标,激发期望心理。期望理论告诉我们,人们的行为总是指向一定的目标。当目标的确定符合个人的效价与期望值时,就能激发出员工工作的积极性。但需要注意的是,目标定得过高会令人生畏,目标定得过低会使人轻易达到,这都起不到激励作用。管理者要了解每个员工的需要,根据不同的需要制定不同的目标。②管理者不用泛泛地抓一般的激励措施,而应当抓多数组织成员认为效价最大的激励措施。③设置某一奖励目标时应尽可能加大其效价的综合值,例如每月的奖金多少不仅意味着当月的收入状况,而且与年终分配、获得先进工作者称号等挂钩。④适当加大不同人实际所得效价的差值,加大组织期望行为与非期望行为之间的效价差值。例如奖金平均分发与分成等级并拉开距离,其奖励效果很不一样。⑤帮助员工调整期望值,调动积极性。由于人们的经验、能力、自信心不同,因而对特定预期目标的期望值也不同。有的人期望值过高,盲目乐观,一旦实现不了,易产生心理挫折;有的人缺乏自信,期望值过低,易悲观失望,放松努力。因此,管理者要善于帮助职工调整期望值。

(二)公平理论

公平理论(Equity Theory)又叫等价理论,由美国心理学家斯达西·亚当斯于20世纪60年代提出。该理论侧重于研究工资报酬分配的合理性、公平性及其对职工生产积极性的影响。

亚当斯认为,劳动者工作的积极性不仅受绝对报酬的影响,更重要的是受相对报酬的影响。公平理论阐明,每一个人不仅关心自己努力工作所得到的绝对报酬,而且还关心自己的报酬与他人报酬之间的关系。他们首先思考自己的收入与付出的劳动之间的比率,然后还要将自己的收入和付出之比,与相关人员的收入和付出的比率进行比较。当人们把自己的报酬与做同样工作的他人的报酬相比较,发现二者相等时,会感到正常、公平,因而心情舒畅地积极工作;当发觉二者不相等时,内心就会产生不公平感,于是有怨气、发牢骚,影响了工作的积极性。这种不公平的感觉出现之后,人们还会试图去纠正它。

具体的纠正措施包括以下四个方面。①改变投入。例如,认为自己工资偏低的人可能会减少他们的努力程度,或者增加缺勤次数。②改变产出。例如,认为自己工资偏低的人可能会要求增加工资或者调换更大的办公室。③扭曲认知。如果人们不能改变投入或产出,就会扭曲对公平的看法,他们可能人为地增加工作的重要性或扭曲其他人可以看得见的奖励以求得心理平衡。④离职。某些受到不公平待遇的人会选择回避的态度,即离开该组织,以免受到不公平待遇,并期待在新工作中获得公平待遇。

人们比较的参照对象一般划分为三类:"他人""制度"和"自我"。①"他人"是指在同一个(或类似)组织中从事相似工作的其他个体,也包括员工经常交往的朋友、邻居和同行。②"制度"是指员工所在组织上的工资政策、支付报酬的程序和运作的方式,包括文件规定的等级工资及种种不成文的规定、隐性的报酬等。③"自我"是指参照自己的一系列条件为比较对象。首先是工作中自己付出的时间、经验、努力、知识和工作结果,与自己所得到的酬金、领导的赏识、晋升、人际社会关系的调整及内在心理上的满足等因素之间的比率。这个比率将反映出员工以往的经历和交际活动能力,并受到员工过去的工作标准和员工家庭负担程度的影响。

每一个体选择哪些特定的参照对象,取决于该员工能够得到有关参照对象的信息量及他所感觉到这些信息与自己的关联程度。管理者要了解哪些特定的因素使下属产生了心理上的不公平感。

三、行为改造型激励理论

行为改造型激励理论认为激励的目的是改造和修正人的行为,其典型代表是美国心理学家斯金纳提出的强化理论。强化理论认为行为是由外部因素控制的,控制行为的因素称为强化物。强化物是在行为发生之后紧跟着的一个反应,它提高了该行为重复或制止的可能性。

斯金纳认为当人们因为采取某种行为而受到奖励时,他们最有可能重复这种行为。当某种行为受到惩罚时,就有可能制止这种行为发生。使人的行为重复发生的,称为正强化;制止人行为发生的称为负强化。在管理中,运用强化理论通过控制强化物可以控制、改造员工的行为,具体方式包括以下四种。

(一)正强化

正强化又叫积极强化,就是对合意行为给予的令人愉快的奖励性认可。正强化可以加强这种行为。例如,如果员工准时上班或者做了一些分外工作,管理者应马上给予表扬。具体表现为奖酬,如认可、赞赏、增加工资、职位提升、高奖金、提供满意的工作条件等,这些可使员工的行为重现和加强。在各类强化方式中,这是最常用而且最有效的方式。

在实际工作中利用正强化时,还要注意以下四点。①所选用的强化物要恰当,对于被强化对象要有足够的奖酬力度。如果组织成员努力工作取得成绩,希望能得到更高的奖金,但得到的只是口头表扬,这就不足以使他进一步加强工作。具体使用哪一种强化物,要视其当前的需要层次而定。②强化要有明确的目的性和针对性。如组织确定了本年度的工作目标并通过分解使每一个工作岗位都有明确的目标,谁能够按时完成或提前超额完成,就会得到相应的奖酬,而与此目标无关的努力没有奖酬。③强化的顺序必须能确保在以后各个阶段激发所希望的行为再度出现。强化顺序是指奖金由低到高的划分,由表扬到奖励再到权力的扩大等顺序的安排。例如若奖励等级少,各级间差别小,成员很容易就能拿到最高奖励,那么人们就不会再进一步努力。④奖酬宜及时、方法宜多样。管理者要善于调整变换奖酬方法,因人、因时、因地制宜,以提高激励效果。

(二)负强化

负强化又叫消极强化,是指预先告知某种不符合要求的行为或不良绩效可能引起的不愉快的后果(如批评、惩罚等),使员工为了减少或消除可能会作用于自己的某种不愉快的刺激,而使其行为符合要求或避免做出不符合要求的行为。负强化和正强化的目的是一样的,都是维持和强化某一有利的行为,但两者采取的手段不同。在实际工作中,应用负强化时应注意,实施负强化需先规定好哪些行为不符合要求,若出现这些行为时会受到惩罚。

(三)自然消退

自然消退有两种方式:一种是对某种行为不予理睬,以表示对该种行为的轻视或某种程度上的否定,使其自然消退;另一种是指原来用正强化手段鼓励的有利行为由于疏忽或情况改变,不再给予正强化,使其逐渐消失。研究表明,一种行为如果长期得不到正强化,就会逐渐消失。例如,员工出于某种原因或疏忽使工作出现小的差错,上级管理者虽已了解但未予追究,给予机会使该员工及时自觉改正。又如,由于销路好,企业原来对超额完成任务都给予较高的奖励,但现在销路不好,不再给予奖励,那么员工超额完成任务的积极性就会逐渐消退。

(四)惩罚

惩罚是指用批评、降薪、降职等带有强制性、威胁性的措施来创造一种令人不愉快甚至痛苦的环境,或取消现有的令人满意的条件,以表示对某种不符合要求的行为的否定,从而消除这种行为重复发生的可能性。惩罚是阻止错误行为发生的方法,它生效的速度通常快于自然消退中的忽视手段,但其效果只是暂时的,并可能会在以后对组织成员产生消极影响,甚至激起员工的愤怒、冲突的行为,直至辞职等。所以,管理者要慎用惩罚,要明辨是非,实事求是,依据组织的规章制度做出合理的处理。同时,还应采用负强化和思想工作相结合的方法,让员工知道错在哪里,如何改正,并帮助和引导员工加以改正,尽量消除惩罚带来的消极影响。在使用惩罚时,还应注意对事不对人,要把违规行为与违反者的人格品行区分开来。

以上方法可以单独使用,也可综合使用。管理者应了解每种方法的特点,尽量多用前三种方法,少使用惩罚的手段。按照强化理论,管理者欲激励一个人按一定的要求和方式去工作,奖励要比惩罚更有效。

第三节　激励的原则与方法

激励是十分复杂的课题,没有一个简单的、放之四海而皆准的行为指南。但总的来说,激励需要掌握一些一般性的原则与方法。

一、激励的原则

激励随着人和环境条件的变化而变动,因此不会有唯一的最佳答案,但是根据多年来的管理实践经验,能够确定一些主要的激励因素。

(一)激励的因素

一是金钱与物质。金钱不是万能的,但金钱作为一种激励因素的作用也是不能忽视的。二是竞争与成就。竞争是一种压力,也是社会发展的动力。竞争是一个淘汰的过程,而在竞争中取胜的产品或人物,将成为同类的楷模,因而竞争也是一个学习的过程。管理中重要的是创造一个平等竞争的制度环境,建设健康的组织文化,鼓励员工积极投入竞争,达到激励的效果。三是荣誉与精神。对于物质条件达到一定水平的人,精神激励应当是激励的首要因素。当他们相信自己所做的工作具有很高的价值,社会影响极大,就会倾注极大的热情,全神贯注地投入他所承担的项目中。管理者需要及时对这类员工的工作做出适当的评价。例如,立功受奖,授予劳动模范、先进工作者的称号等。

(二)激励的原则

激励中需要把握以下八个原则。

1.目标原则

在激励机制中,设置目标是一个关键环节。目标设置必须同时体现组织目标和员工需要的要求。

2.物质与精神相结合原则

物质激励是基础,精神激励是根本,在两者结合的基础上,逐步过渡到以精神激励为主。

3.引导性原则

外部激励措施只有转化为被激励者的自觉意愿,才能取得激励效果。因此,引导性激励原则是激励过程的内在要求。

4.合理性原则

一是激励的措施要适度,要根据所实现目标本身的价值大小确定适当的激励量;二是奖惩要公平。

5.明确性原则

一是激励要明确,激励的目的是需要做什么和必须怎么做;二是激励要公开,特别是在面对分配奖金等员工关注的问题时,公开透明尤为重要;三是激励要直观,实施物质奖励和精神奖励时都需要直观地表达它们的指标,总结和授予奖励和惩罚的方式,直观性与激励影响的心理效应成正比。

6.时效性原则

要把握激励的时机,"雪中送炭"和"雨后送伞"的效果是不一样的。激励越及时,越有利于将人们的激情推向高潮,使其创造力持续有效地发挥出来。

7.正负激励相结合的原则

所谓正激励就是对员工的符合组织目标的期望行为进行奖励。所谓负激励就是对员工违背组织目的的非期望行为进行惩罚。正负激励都是必要而有效的,它们不仅作用于当事人,而且会间接地影响周围其他人。

8.按需激励原则

激励的起点是满足员工的需要,但员工的需要因人而异、因时而异,并且只有满足最迫切需要的措施,其效价才高,激励强度才大。因此,领导者必须深入地进行调查研究,不断了解员工需要层次和需要结构的变化趋势,有针对性地采取激励措施。

二、激励的方法

激励不仅要有手段,更重要的是在激励过程中,务必重视操作方法和技巧。

（一）委以恰当工作，激发工作热情

按照目标设定的理论，管理者应该为每一个员工设定一个对员工本人具有一定价值的目标，并对他们工作完成的程度提供支持和反馈。一方面，使他们感到组织的绩效评估系统是可靠和有效的，个人的业绩能够被识别、被认可；另一方面，保证员工充满信心，使他们感到自己是能胜任这项工作的，只要更加努力，目标是完全可以实现的，以此来激发人们内在的强大动力。

（二）客观公正评价，给予合理报酬

报酬反映评价，且可成为工作的原动力。管理者应该根据员工的实绩差异，给予有区别的奖励，并增加奖励的透明度。一是通过报酬可以看出领导对自己阶段性工作的评价，在某种意义上也反映了自己在领导心目中的地位；二是报酬是员工工作的原动力，对当前工作结果和付出的评价会影响人们今后的行为。

（三）掌握批评武器，化消极为积极

批评是管理者最常用的武器，批评不像罚款和行政处分那样"无情"，它通过批评者与被批评者的语言和感情的交流，帮助被批评者认识错误，产生信心，改正错误，从深层次上起到激励作用，化消极因素为积极因素。领导者要使批评收到理想的效果，必须注意以下三点：一是明确批评目的；二是要了解错误的事实；三是要注意批评方法，如对事不对人、选择适当的用词、注意场合和时间等。

【本章小结】

1. 从管理学角度，激励就是要解决如何调动员工工作积极性的问题。
2. 激励是一个从人的需要开始，到实现目标或满足需要结束的过程。
3. 按照对激励对象不同方面的重视程度，一般可以把激励理论划分为内容型激励理论、过程型激励理论和行为改造型激励理论。

【实务训练】

小章的转业报告

小章，某名牌大学高材生，毕业后参军入伍来到所里，负责技术工作，已经6年。他工作诚恳负责，技术能力强，很快就成为所里有口皆碑的"四大金刚"之一，名字仅排在技术部主管陈工之后。然而，夫妻小孩三口尚住在来时住的那间平房。对此，他心中时常有些不平。

黄所长，这家科研院所的老所长，一直奉行"人能尽其才，物能尽其用，货能畅其流"这句孙中山先生名言，实际上他也是这样做的。6 年前，小章调来报到时，门口用红纸写的"热烈欢迎硕士生小章工程师到我所工作"几个不凡的颜体大字，是黄所长亲自吩咐干部处处长落实的，并且交代要把"助理工程师"的"助理"两字去掉。这确实使小章当时工作更卖劲。

4 年前，所里有指标申报工程师，小章属于有条件申报之列，但名额却让给一个文凭不如他、工作平平的同志。他想问一下所长，谁知，他未去找所长，所长却先来找他了："章工，你年轻，机会有的是。"前年，他想反映一下奖金问题，这问题确实重要，但是几次想开口，都没有勇气讲出来。因为所长不仅在生产会上大夸他的成绩，而且路上相见时，总会拍拍小章的肩膀说两句，诸如"章工，干得不错"。这的确让小章兴奋，"黄所长确实是一个伯乐"。此言不假，前段时间，他还把一项开发新产品的重任交给他呢，大胆起用年轻人，然而……

最近，所里新建好了一批干部宿舍，听说数量比较多，小章决心要反映一下住房问题，谁知这次黄所长又先找他，还是像以前一样，笑着拍拍他的肩膀："章工，所里有意培养你，想送你继续深造。"他又不好开口了，结果家没有搬成。

深夜，小章回想起一次研究生同学聚会中，席间一位同学描述工作顺风顺水、生活舒心的神情，对着一则公务员考试的新闻出神。第二天一早，黄所长办公台面上放着一张小纸条：

黄所长：

您是一个懂得使用人才的好领导，我十分敬佩您，但我想申请转业。

问题：从以上的案例中，你认为黄所长的管理在哪些方面需要提高？

【思考与练习题】

一、单项选择题

1. "士为知己者死"这一古训指导我们在管理中需要(　　)。
   A. 了解下属的欲望和需要　　　　　B. 为下属设定崇高的目标
   C. 为了下属的利益不惜牺牲自己　　D. 上下级之间的友情

2. 中国古代政治家管仲有一句名言，即"仓廪实而知礼节，衣食足而知荣辱"。他的这一论述，在某种程度上与西方国家的(　　)有明显相似之处。
   A. 法约尔的古典管理理论　　　　　B. 麦格雷戈的 X 理论和 Y 理论
   C. 麦克利兰的三种需要理论　　　　D. 马斯洛的需要层次理论

3. 以下因素中最可能是赫茨伯格所认为的激励因素的是(　　)。
   A. 富有挑战性的工作　　　　　　　B. 良好的人际关系
   C. 较高的工资水平　　　　　　　　D. 完备的管理制度

4. 商鞅推行改革时，在城门外立了一根木棍，声称有将木棍从南门移到北门的，奖励 50

金,但无人去尝试。根据期望理论,这是因为(　　)。

　　A.50 金的效价太低　　　　　　　　B.居民对完成要求的期望很低

　　C.居民对得到报酬的期望很低　　　D.枪打出头鸟,大家都不敢尝试

二、多项选择题

1.激励是指那些导致有利于实现组织目标的自觉行动的发起、发展、坚持的心理过程,所以(　　)。

　　A.激励都表现为"我要做"而不是"要我做"

　　B.从激励行为本身来看,激励行为总是主动的

　　C.激励都表现为激发个人行为动机的内心体验

　　D.激励是一种组织现象,而不是一种个人现象

　　E.激励是一个单向度的心理循环过程

2.公平理论认为员工选择的与自己比较的参照类型有(　　)。

　　A.本组织其他人　　　　　　　　　　B.制度

　　C.自我　　　　　　　　　　　　　　D.其他组织的员工

　　E.社会平均值

三、简答题

1.简述马斯洛需要层次理论对人的需求的划分。

2.如何利用期望理论和公平理论进行薪酬设计?

四、论述题

有些单位的领导者在管理工作中总是自觉或不自觉地"只罚懒,不奖勤",你认为这样做是否合理? 试用有关激励理论作简要分析。

第十二章思考与练习题
参考答案

第十三章

沟通

【学习目标】

1. 掌握沟通的内涵。
2. 掌握沟通的渠道。
3. 了解沟通的障碍。
4. 熟悉克服沟通障碍的对策。

【导入案例】

墨子训徒

春秋战国时期,耕柱是一代宗师墨子的得意门生,不过,他老是挨墨子的责骂。有一次,墨子又责备了耕柱,耕柱觉得自己真是非常委屈,因为在许多门生之中,大家都公认耕柱是最优秀的人,但又偏偏常遭到墨子指责,让他没面子。

一天,耕柱愤愤不平地问墨子:"老师,难道在这么多学生当中,我竟是如此地差劲,以至于要时常遭您老人家责骂吗?"

墨子听后,毫不动肝火地说:"假设我现在要上太行山,依你看,我应该要用良马来拉车,还是用老牛来拖车?"

耕柱回答说:"再笨的人也知道要用良马来拉车。"墨子又问:"那么,为什么不用老牛呢?"

耕柱回答说:"理由非常简单,因为良马足以担负重任,值得驱遣。"

墨子说:"你答得一点也没有错,我之所以时常责骂你,也只因为你能够担负重任,值得我一再地教导与匡正你。"

很多人在看到这个故事后感悟到了"玉不琢,不成器"的道理。也有后人在看到上面的故事后感叹,如果在耕柱主动找墨子沟通的时候,墨子推诿很忙没有时间沟通,或者不积极地配合耕柱的沟通,结果耕柱可能就会恨上加恨,双方不欢而散。如果墨子主动与耕柱沟通,然而耕柱却不积极配合,也不说出自己心中真实的想法,双方的矛盾同样得不到解决。

沟通对人与人之间的相互理解至关重要,那么如何在管理实践中做好沟通工作呢?

【思维导图】

```
                                    ┌──────────────────┐
                              ┌─────│   沟通的含义      │
                              │     └──────────────────┘
                              │     ┌──────────────────┐
                   ┌──────────┤─────│   沟通的过程      │
                   │ 沟通概述 │     └──────────────────┘
                   │          │     ┌──────────────────┐
                   └──────────┤─────│   沟通的作用      │
                              │     └──────────────────┘
                              │     ┌──────────────────┐
                              └─────│   沟通的方式      │
       ┌────┐                       └──────────────────┘
       │ 沟 │                       ┌──────────────────┐
       │    │          ┌───────────┤─────│   正式沟通      │
       │ 通 │──────────│ 沟通的渠道 │     └──────────────────┘
       └────┘          │            │     ┌──────────────────┐
                       └────────────┤─────│   非正式沟通     │
                                          └──────────────────┘
                   ┌──────────────┐  ┌──────────────────┐
                   │              │──│   沟通的障碍      │
                   │沟通的障碍及克服│  └──────────────────┘
                   │              │  ┌──────────────────┐
                   └──────────────┘──│  有效沟通的对策   │
                                     └──────────────────┘
```

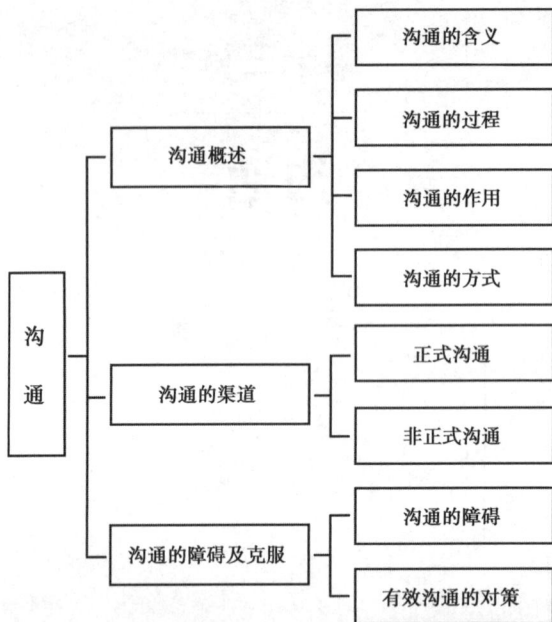

管理者每天的工作都离不开沟通。决策、计划、组织、领导和控制等管理职能的执行都必须通过相互间信息的传递来实现,沟通是管理各项职能中不可或缺的一个重要组成部分。为此,管理者必须十分重视人际间的联络,完善沟通渠道,克服沟通障碍,达成有效沟通。

第一节 沟通概述

沟通活动是使有组织的活动统一起来的重要手段之一,无论军队、企业、事业单位、公司还是个人之间彼此的信息交流都是绝对必要的,任何一个管理者都必须对沟通活动给予高度重视,对沟通的性质有正确的认识。

一、沟通的含义

沟通简单地说就是信息的交流。信息交流可以有多种形式,如通信工具之间的信息交流、人与机器之间的信息交流及人与人之间的信息交流。从管理学的角度来看,我们更关注的是人与人之间的信息沟通,即存在于两人或多人之间的信息交流,其对象是人而不是物。在日常生活中,人们常常用交往、交流、意见交换、信息传达等术语来表达沟通的含义。沟通有两个基本条件,即要有信息的传递与信息的理解。也就是说,在信息交流过程中,信息要在发送者与接收者之间传递,信息接收者接收到信息并理解信息,产生相应的反应。如上级正在与下级谈工作,但下级因家庭琐事心事重重,注意力无法集中,上级所说的内容他根本没记住,虽然他似乎在听,但"心不在焉",这就意味着有效沟通没有发生。又如,一位中国人写给一位法国人的信使用的是中文,如果该法国人不懂中文,那么不经翻译就无法称之为沟通。有效的沟通,应是经过传递之后被接受者感知到的信息与发送者发出的信息完全一致。

值得注意的是,一些人把有效沟通理解为沟通双方达成协议或共识,这其实并不是沟通的准确意义。实际上沟通并不是妥协、认同,而是通过最有效的方式,明白无误地表达参与沟通各方的观点。沟通参与方中的一方能够非常明白另一方的意思,但也可以不同意其看法,这才是沟通的实质。同时,人与人之间的沟通过程又不同于其他信息交流过程,它的特殊性体现在:第一,人与人之间的沟通过程是通过语言或语言的文字形式来进行的;第二,人与人之间的沟通不仅是信息的交流,而且包括情感、思想、态度、观点的交流;第三,人与人之间的沟通,心理因素有着重要意义,在信息的发出者与接收者之间,需彼此了解对方进行信息交流的动机和目的,而信息交流的结果也会改变人的行为。

二、沟通的过程

沟通的过程简单地说就是信息交流的全过程。在这个过程中至少存在着一个发送者和一个接受者,即发出信息的一方和接受信息的一方。发送者需要向接受者传送信息或者需要向接受者提供信息。这里所谓的信息范围很广,包括想法、观点、资料等。发送者将这些信息译成接受者能够理解的一系列符号。为了有效地进行沟通,这些符号必须能适合一定的媒介。例如,如果媒介是书面报告,符号的形式应选择文字、图表或照片;如果媒介是讲座,应选择文字、板书和多媒体课件等。选择的符号种类不同,传递的方式也不尽相同。传递的方式可以是信、备忘录等书面形式,也可以是交谈、演讲、电话等口头形式,甚至还可以通过手势、面部表情、姿态等身体动作来表述。

接受者接受这些符号时要选择相对应的方式。例如,当符号是口头传递的,接受者就必须仔细地听,否则符号将会丢失。接受到符号后,接受者需要将它们译成具有特定含义的信息。由于发送者翻译和传递能力的差异,以及接受者接受和翻译水平的不同,信息的内容和含义经常被曲解。

发送者通过反馈来了解他思想传递的信息是否被对方准确无误地接受。一般来说,由于沟通过程中存在许多干扰、扭曲信息传递的因素(通常将这些因素称为噪声),沟通的效果可能大为降低。因此,发送者了解信息被理解的程度是十分必要的。

三、沟通的作用

沟通不仅是一个人获得他人思想、感情、见解、价值观的一种途径,而且是一种有效影响他人的工具和改变他人的手段。在以人为本的管理理念下,沟通的地位越发重要,管理者所做的每一件事几乎都需要有信息沟通。一般来说,沟通具有以下四方面的作用。

首先,沟通是管理者科学决策的前提和基础。管理者是根据各种信息做出决策的,而有效的、及时的、全面的信息沟通能够极大地改进管理者获得信息的数量、质量和速度。因此,没有有效的沟通就不可能有科学的决策。

其次,沟通是使组织成为一个整体的凝聚剂。通过沟通,可以协调组织内各个体、各要素,使组织成为一个整体。当组织内做出某项决策或制定某项新的政策时,由于每个个体的地位、利益和能力不同,对组织制度、上级决策等的理解和执行意愿也不相同,这就需要互相交流意见,统一思想认识,自觉协调每个个体的工作活动,以保证组织目标的实现。因此,沟通可以明确组织内员工做什么、如何做及没有达到标准时如何改进。可以说没有沟通就不可能有协调一致的行动,组织的目标也就无从实现。

再次,沟通是组织内成员之间,特别是领导者与被领导者之间建立良好人际关系的关键。组织内人际关系如何,主要是由沟通的水平、态度和方式决定的。组织成员通过群体内的沟通来表达自己的挫折感和满足感。因此,沟通提供了一种释放情感和情绪的表达机制,满足了组织成员的社交需要。

最后,沟通也是组织与外部环境之间建立联系的桥梁。组织的生存和发展必然与政府、社会等发生各种各样的联系。它必须按照客观规律和外部环境的变化要求对自身做出调整,这就使组织不得不随时与外界环境进行有效的沟通。

四、沟通的方式

沟通的方式一般是指信息传递的形式,即采用什么信息媒介把所要表达的内容传递出去并使接受者理解。采用不同的信息媒介,就构成了不同的沟通方式。沟通方式主要可以分为两大类:语言沟通和非语言沟通。

(一)语言沟通

语言沟通是我们最熟悉的沟通方式,大量的人际沟通都是通过语言、文字的运用来实现的。语言沟通又分为口头沟通和书面沟通两种。

1. 口头沟通

口头沟通,即用口头表达的方式来进行信息的传递与交流,它是最常用的一种沟通手段。常见的口头沟通包括会议、面谈、一对一的谈心、演说、非正式的讨论及小道消息的传播等。

口头沟通的优点是比较灵活,速度快,参与方可以自由讨论,有亲切感。在面对面交换信息的过程中,不仅可以传递信息,还可以传递感情、态度,特别是可以借助手势、表情等体态语言来增强沟通的效果,并且能够马上获得对方的反应,具有双向沟通的好处,且富有弹性,可随机应变。同时,由于是面对面的交流,有身临其境之感,比起看书面文字给人的印象更为深刻,掌握的信息更为准确。

口头沟通也有不足之处。第一,口头沟通对信息发送者的口头表达能力要求较高,如果信息发送者口齿不清或不能掌握要点发表意见,就无法使信息的接收者把握信息的基本意思。第二,口头沟通具有时效性,有一过即逝的特点,口头沟通的即时性不允许追溯沟通,如果接收者第一时间没听清楚,就无法弥补。第三,口头沟通潜存着较大信息失真的可能,尤其在跨层级的信息传递的过程中,每个层级的沟通参与方都可以用自己的方式解释信息,当信息传到终点时,可能会"面目全非"。

2. 书面沟通

书面沟通指的是用文字作为信息媒介来传递信息的沟通方式。常见的书面沟通方式包括报告、通知、内部刊物和手册、信函等。

书面沟通的优点主要表现在以下四个方面:第一,书面沟通以文字的形式固化信息,可以使信息长期保存,便于核实、查询,这对复杂或长期的沟通尤为重要;第二,书面沟通通常有一种关注的意味，"口说无凭，立字为据"，往往重要的信息沟通都以书面沟通为准，书面沟通相比口头沟通权威性更高，更容易引起人们的注意；第三，书面沟通以"白纸黑字"避免了信息传递过程中的随意性，从而减少了辗转传递、一再译解可能造成的错误，信息从发送者传到接收者失真较少，不容易在传递过程中被歪曲；第四，书面沟通可以让接受者以适合自己的速度仔细阅读，以求得更加详尽的理解。

书面沟通也存在许多不足。书面沟通相对比较呆板，不易随客观情况的改变而及时修正，不能像口头沟通那样随机应变，也不易得到及时的反馈。同时，由于书面沟通文字比较规范，沟通效果可能会受到接受者文化水平的限制。另外书面沟通费时较多，花费一个小时写的东西可能只需十分钟就能说完。管理者如果不喜欢阅读较长的报告或不善于用书写的形式来表达他们的思想，书面沟通就难以达到好的效果。

口头沟通和书面沟通各有优缺点，管理者要善于把两者结合使用，才能产生好的沟通效果。实际上，在日常工作和生活中，大多数人都采用口头和书面混合的方式进行沟通。

（二）非语言沟通

非语言沟通是相对于语言沟通来讲的一种沟通方式。这种沟通方式不通过语言和文字表达，但它却可以包含比语言和文字更丰富、更真实的信息。非语言沟通的主要形式有手势、面部表情、声调、身体的姿态等身体语言，沟通时的环境、气氛、场合、时间等因素对非语言沟通也起着重要的作用。

语言文字固然重要，但它只是与人沟通的方式之一。实际上非语言沟通早在语言文字使用之前就已存在。非语言沟通可以表达语言所无法表达或不愿表达的信息。研究表明，在面对面的沟通中，那些来自语言文字的信息不会超过35%，有65%的信息是通过非语言方式传递的。在人际沟通中，人们往往有理由更多地信任非语言沟通，在许多情况下，它反映了人的内心，而语言沟通反映的是人的表面。

许多管理者越来越重视非语言沟通的作用，例如很多管理者开始重视体态语言的作用。体态语言对了解一个人的情绪有重要作用，它可能更深刻地反映了一个人的本意。我们可以从人的面部表情和眼神了解人的情绪状态，也可以从人的身体距离、姿势、手势等了解人的精神状态。一个成功的沟通者在强化语言沟通的同时，必须了解非语言信息，而且尽可能地洞察它的意义，注意"察言观色"，磨炼非语言沟通的技巧。

当然，非语言沟通也存在一些缺陷。一是体态语言等非语言沟通内容可能会让沟通参与者内心世界难以掩饰，在不经意间泄露其秘密；二是非语言沟通内容的含义因不同的文化背景而不同，如在一些国家点头表示同意，而在另一些国家则相反，非语言沟通中的各方可能产生误会；三是非语言沟通的作用范围有限，它往往只适合在面对面的范围内使用。

总之，信息沟通的方式各种各样，应根据信息沟通的目的、内容、沟通双方的特点及沟通时的具体情况来选择适当的沟通方式，多种沟通方式可以结合使用，不存在一种普遍适用的沟通方式。

第二节 沟通的渠道

在每一个正式组织内,组织成员间所进行的沟通,按照其途径的不同可分为正式沟通与非正式沟通两种。正式沟通通过组织正式结构或层次系统进行,而非正式沟通则通过正式系统以外的途径进行。

一、正式沟通

正式沟通一般是指在组织系统内,依据组织规定的原则进行的信息传递与交流。典型的正式沟通包括:组织与组织之间的公函来往、组织内部的文件传达、召开会议、上下级之间的定期情报交换等。

(一)正式沟通的类型

正式沟通与组织的结构息息相关,从组织结构的角度可以把正式沟通分为上行沟通、下行沟通和平行沟通三种类型。

一是上行沟通。它是指下级的意见和信息向上级反映。上行沟通中的沟通联络是由下而上的。只有上行沟通的渠道畅通,管理者才能掌握组织的全面情况,做出符合实际情况的正确决策。

二是下行沟通。它是指信息从上级逐层向下级传递的沟通,是从上而下的沟通。下行沟通是组织下达指令、发布指示、表达愿望的通道。

三是平行沟通。它是指信息在组织中各平行部门或人员之间的交流。在一个组织中经常可以看到各部门之间发生矛盾和冲突,部门之间互不通气是发生矛盾和冲突的重要原因之一。保证平行组织之间沟通渠道的畅通,是减少各部门之间冲突的一项重要措施。

(二)正式沟通网络

正式沟通网络是根据组织机构、规章制度设计的,用以交流和传递与组织活动直接相关信息的沟通途径。正式沟通有五种基本的信息沟通网络形式,如图 13-1 所示。在正式组织环境中,每一种网络形式对应于一定的组织结构形式。五种沟通模式分别为链型网络、"Y"型网络、轮盘型网络、环型网络和全通道型网络。

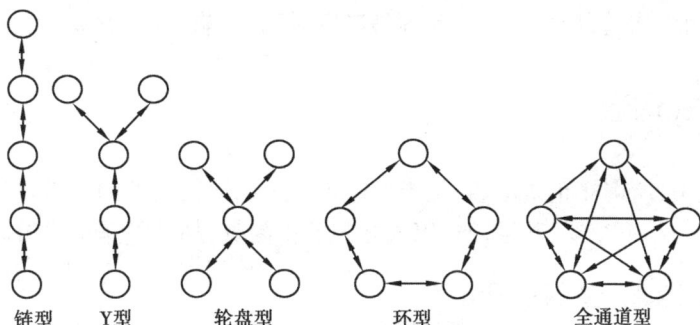

图 13-1　五种沟通网络模式

1. 链型网络

链型代表的是一个垂直层次结构,在这种情况下,只能向上或向下进行逐级传递信息。在一个组织系统中,它相当于一个纵向沟通网络,这种情况可以发生在一个只有直线型权力关系而没有其他关系的组织中。在链型网络中,信息经层层传递、筛选,容易失真,各个信息传递者所接收的信息差异较大。

2. "Y"型网络

"Y"型表示在各层次的逐级沟通中,两位领导者通过一个下属或一个部门进行沟通。在组织中,这一个网络大体相当于组织领导、秘书班子再到下级主管人员或一般成员之间的纵向关系。这种网络集中化程度高,解决问题速度快,组织中领导人员预测程度高,但易导致信息曲解或失真,组织成员的平均满意程度较低。此网络适用于主管人员的工作任务十分繁重,既要节省时间又要对组织实行有效控制,需要有人选择信息,提供决策依据的情况。

3. 轮盘型网络

轮盘型表示一个管理者与多个下级沟通,而下级之间没有互相沟通的现象。轮盘型网络属于控制型网络,网络中的一个成员是各种信息的聚集点与传递中心。在组织中,大体相当于一个主管领导直接管理几个部门的权威控制系统。此网络集中化程度高,解决问题的速度快,中心主管人员的预测程度高,但沟通的渠道很少,组织成员的满意程度不高。然而这种网络是加强组织控制、争时间、抢速度的有效方法,如果组织接受紧急的攻关任务并要求进行严密控制时,可采用这种网络。

4. 环型网络

它表示允许成员与相邻的成员交流,但不允许有其他交流。它可以表示管理者对两个下级进行沟通,而两个下级又分别与各自的下级再沟通,基层又相互沟通,此形态可以看成是链型的一个封闭式控制结构。在这个网络中,组织的集中化程度和领导人的预测程度都较低,畅通渠道不多,但组织中成员具有比较一致的满意度,组织士气高昂。如果一个组织需要创造出一种高昂的士气来实现组织目标,这种沟通网络是一种行之有效的措施。

5. 全通道型网络

全通道型允许每一个成员自由地与其他成员交流,他们之间的交流是平等的,并无明显的中心人物。这是一个开放式的网络系统,其中每个网络中组织的集中化程度及主管人员的预测程度均较低,但由于沟通渠道很多,组织成员的平均满意程度高且差异小,因此士气高昂,合作气氛浓厚。这对于解决复杂问题,增强组织合作精神,提高士气均有很大作用。

但是,由于这种网络沟通渠道太多,因此容易造成混乱,影响工作效率。

二、非正式沟通

在组织管理中,所谓非正式沟通,是指通过正式组织途径以外的渠道进行的信息传递与交流。同事之间的私下交谈,甚至通过家人之间的传闻等,都算是非正式沟通。

(一)非正式沟通产生的原因

除了吃、穿、住等基本的生存需要外,人还有安全的需要、寻求关心的需要、建立友谊的需要、归属的需要、被认可和尊重的需要、成长和发展的需要等。非正式沟通之所以产生,是由于人们有各种各样的社会交往需要。非正式沟通常常可以满足人们某方面的需要。例如,朋友之间的信息沟通与交流,常常意味着相互关心和友谊的增进。此外,组织中如同学关系、朋友关系等非正式关系和非正式群体的存在,也促进了组织成员通过这样的方式来弥补正式沟通的不足。

(二)非正式沟通网络

非正式沟通网络不是由组织固定设置的,而是在组织成员进行非正式沟通的过程中自然形成的。美国心理学家戴维斯教授将非正式组织沟通网络归纳为以下四种形态。一是单线型。以"一人传一人"为特征。一个人将消息传给下一个人,下一个人又传给再下一个人,以此类推。二是辐射型。以"一人传多人"为特征。中间人将消息传递给周围其他人。三是随机型。以"一人偶然传"为特征。一个人将消息随机地传给一部分人,这些人又再随机地传给其他人。四是集束型。以"一人成串传"为特征。一个人将消息传给特定的一群人(如熟人群体),这些人又再传给各自熟悉的其他人,形成所谓的"一传十,十传百"。

非正式沟通渠道在任何正式组织中都是客观存在的,是正式沟通渠道的有益补充。管理者在正确运用正式沟通渠道的同时,更要学会正确把握非正式沟通渠道。可以利用非正式沟通渠道传递正式沟通渠道所不愿传递的信息,把正式命令转变为大家较易理解和接受的信息,从而产生协作意愿,相互理解,维持内心的平衡。管理者还可以从非正式沟通渠道中了解员工的士气,分析组织中存在的问题。

为避免非正式沟通渠道的消极影响,可采取如下对策:采取开放式的沟通方式,以客观事实防止谣言的产生;要善于发现非正式沟通中的关键人物,在必要时利用这关键人物来协助传递或澄清某些事实;培养员工对组织管理当局的信任和好感,对企业的忠诚和热爱;要高度重视传播面广、传播迅速的小道消息,一定要究其原因,因为它可能反映出了管理中存在的问题,管理者不能置之不理;在制定重大决策时,应考虑一下该决策会不会引起小道消息,应采取什么防止举措,是否可以利用非正式渠道来推进此政策;不能滥用非正式渠道,在组织管理中,管理者还是应该以正式沟通渠道为主,小道消息满天飞,会使人心涣散、士气低落。

综合以上叙述,对正式沟通和非正式沟通的优缺点进行比较分析。正式沟通的优点是沟通效果好,比较严肃,约束力强,易于保密,可以使信息沟通保持权威性。缺点在于因为依靠组织系统层层传递,所以很刻板,沟通速度很慢,也存在着信息失真或扭曲的可能。非正式沟通的优点是沟通形式多样,直接明了,速度很快,容易及时了解到正式沟通难以提供的

"内幕新闻"。其缺点则在于非正式沟通难以控制,一些不实的小道消息经过散布,会造成很坏的影响,即所谓的"谣言惑众"。同时,它可能导致小团体、小圈子,影响组织的凝聚力和人心稳定。

第三节　沟通的障碍及克服

在沟通过程中,往往存在外界的干扰及其他因素,使信息传递不能发挥正常作用,沟通出现障碍。由于沟通在整个组织活动的过程中都起着非常重要的作用,管理者需要学会克服各类沟通障碍。

一、沟通的障碍

在管理学中,所谓沟通障碍,是指信息在传递过程中的失真或中断,而失真又表现为添加、省略和曲变三种形式。一般来说,可以根据信息传递出现异常的原因把沟通障碍归纳为以下三种。

(一)语言文化障碍

语言是沟通的工具之一,人们通过语言、文字及其他符号将信息经过沟通渠道来传递。但是语言使用不当就会造成沟通障碍,其主要表现包括:语言表达不清、使用不当,造成理解上的困难或产生歧义;同样的字眼,对不同人而言,有不同含义;不同年龄、教育程度、职业职位、文化背景等因素,影响人们对语言的使用,以及语言内涵的理解。

(二)心理障碍

心理障碍是指由个性特征和个性倾向所造成的沟通困难。人的行为是受其动机和心理状态影响的,现实的沟通活动常为人的态度、个性、情绪等心理因素所影响,这些心理因素可能会成为沟通中的障碍。例如,个人与个人之间、组织与组织之间、个人与组织之间,由于需要和动机的不同及兴趣与爱好的差异,都会造成人们对同一信息的不同理解。

(三)组织障碍

组织自身的一些因素也会束缚组织成员之间的有效沟通。如果组织机构复杂庞大,环节太多,就可能造成信息损耗和失真。如果对上下级之间地位差别过分强调,或者上级爱摆架子、爱发号施令等,会使下级感到明显的地位差别,从而加深沟通中的鸿沟。另外,机构重叠、沟通渠道单一等因素,也会影响组织内部的有效沟通。

二、有效沟通的对策

在组织的管理过程中,几乎所有的管理者都能体会到实施沟通的实际困难。所以仅仅了解沟通的方式、方法是不够的,还需要研究如何提高沟通效率,使管理工作更有效地进行。

实现有效沟通应从以下六个方面进行。

一是明了沟通的重要性,正确对待沟通。管理人员往往十分重视计划、组织等职能,对沟通却常有疏忽,认为信息的上传下达有了组织系统就可以了,对非正式沟通中的"小道消息"常常采取压制的态度,这表明管理层没有从根本上对沟通给予足够的重视。

二是培养"听"的艺术。对管理人员而言,"听"并非轻而易举。如何才能较好地"听"呢?有学者曾列举有效聆听的十大要点:第一,少讲多听,不要打断对方讲话;第二,交谈轻松、舒适,消除拘谨不安情绪;第三,要表现出交谈兴趣,不要表现出冷淡或不耐烦;第四,尽可能排除外界干扰;第五,站在对方立场上考虑问题,表现出对对方的同情;第六,要有耐性,不要经常插话;第七,要控制情绪,保持冷静;第八,不要妄加评论和争论;第九,提出问题,以显示自己充分聆听和求得了解的心境;第十,还是少讲多听。

三是增加沟通双方的信任度。在沟通中创造良好的气氛,保持良好的沟通意向和认知感受性,使沟通双方在沟通中始终保持亲密、信任的人际距离。这样,一方面可以维持沟通的进行,另一方面使沟通朝着正确的方向进行。

四是改善组织结构。为改善组织结构增强沟通效果,应尽量减少组织的结构层次,消除不必要的管理层,同时还应避免机构的重叠,增加沟通渠道,加强部门之间的联系,加快信息的传递速度,保证信息的准确和充分。

五是沟通语言要通俗易懂。沟通的语意应当确切,尽量通俗化、具体化和数量化。

六是及时反馈与跟踪。在沟通中及时获得沟通反馈信息是非常重要的,沟通要及时了解对方对信息是否理解和愿意执行,特别组织中的高层管理者,更应善于听取下层报告,安排时间充分与下层人员联系,尽量消除上下级之间的地位隔阂及所造成的心理障碍,引导、鼓励和组织基层人员及时、准确地向上层领导反馈情况。

【 本章小结 】

1. 沟通有两个基本条件,即信息的传递与信息的理解。

2. 沟通不仅是一个人获得他人思想、感情、见解、价值观的一种途径,而且是一种重要的、有效的影响他人的工具和改变他人的手段。

3. 在每一个正式组织内,组织成员间所进行的沟通,按照其途径的不同可分为正式沟通与非正式沟通两种。正式沟通通过组织正式结构或层次系统进行,而非正式沟通则通过正式系统以外的途径进行。

4. 管理者需要克服语言文化、心理、组织等沟通障碍,提高沟通效率,使管理工作更有效地进行。

【实务训练】

见证黎明之前的"暗战"

在南京市秦淮区的繁华地段,常府街南侧有 40 余栋淡黄色西式小楼,这片闹中取静的民国别墅区,就是复成新村。1949 年 4 月 23 日南京解放前夕,坚持地下斗争的中共南京市委的秘密开会处就设在这里,迎接南京解放的很多准备工作就在这里运筹帷幄。

1946 年 4 月,陈修良从淮南解放区受命前往南京,担任南京市委书记。此前,战斗在"敌人心脏"的中共南京市委曾经遭受 8 次沉重打击,多位中共南京市委主要领导人遇难。临行时,陈修良的丈夫沙文汉赠给她一首诗:"男儿一世事横行,巾帼岂无翻海鲸?欲得虎子须入穴,虎穴如今是南京。"

1948 年下半年,南京陷入更浓重的白色恐怖之中。随着战场上节节败退,国民党反动派在南京更加疯狂地搜捕共产党员和革命群众。1948 年 12 月,在南京城内坚持地下工作的中共南京市委为了更好地与敌人斗争,决定在常府街附近当时门牌号为"复成新村 10 号"(如今的复成新村 7 号)的房屋内设立一个新的秘密开会处。

"这里临近当时的公园路体育场,位置比较偏僻。若是遇到紧急情况,更容易安全撤离。"南京党史研究专家胡卓然介绍,复成新村 10 号原是顾公泰父亲的房屋。1948 年 12 月,身为南京地下党党员的顾公泰说服父亲动员全家老小十来口人从该房迁出。当时顾公泰的妻子已经临产,但他仍然"狠心"地让妻子迁移到上海投靠亲友。

复成新村 10 号秘密开会处建立后,中共南京市委书记陈修良、副书记刘峰和委员朱启銮、王明远、陈慎言 5 人经常到这里碰头开会。这里成为南京解放前夕,市委主要活动地之一。中共南京市委积极发动群众,广泛开展保护工厂、机关、学校、商店、仓库的斗争,准备接应解放军渡江、迎接南京解放。与此同时,地下党广泛收集情报,策动国民党海陆空三军起义,在隐秘战线上积极配合渡江作战。1949 年 2 月 17 日,国民党军最先进的巡洋舰重庆号起义;紧接着,海防第二舰队起义,被称为蒋介石"御林军"的南京警卫师起义……南京市委还组织了工人自卫队,有效阻止了国民党撤退时的破坏,动员大批船只到北岸迎接大军过江。

"陈修良和地下党的同志不畏生死、英勇斗争,果然成了翻海巨鲸。"秦淮区委党校教师杨柳介绍。新中国成立后,陈修良回忆道:"我在南京这样艰苦奋斗,我就想自己时刻准备上雨花台,你把我抓住我没口供,枪毙就是了,在雨花台牺牲也很好。"

问题:请用学到的沟通理论解释以上案例中的"暗战"。

【思考与练习题】

一、单项选择题

1.下列选项中不属于沟通过程的是(　　　)。

A.发送者需要向接受者传送信息或者需要向接受者提供信息

B.发送者将这些信息译成接受者能够理解的一系列符号

C.将上述符号传递给接受者

D.沟通是使组织成为一个整体的凝聚剂

2.下列选项中属于正式沟通优点的是(　　　)。

A.刻板　　　　　　　　　　　B.沟通速度很慢

C.信息失真或扭曲的可能。　　D.严肃,约束力强

二、多项选择题

下列选项中属于沟通障碍的有(　　　)。

A.语言文化障碍　　　　　　　B.心理障碍

C.组织障碍　　　　　　　　　D.客观障碍

E.情绪障碍

三、简答题

1.什么是沟通？沟通的过程有哪些?

2.正式沟通的优缺点有哪些?

四、论述题

1.如何评价非正式沟通的效果?

2.如何克服沟通障碍?

第十三章思考与练习题
参考答案

第十四章

控制

【学习目标】

1. 掌握控制的含义。
2. 了解控制系统的组成。
3. 理解控制的作用。
4. 了解控制的类型。
5. 理解控制的过程。
6. 掌握控制工作的原理。
7. 了解控制工作的方法。

【导入案例】

普特南姆公司如何控制库存量

普特南姆公司是美国设计生产工业用和商业用的空调设备的主要厂家之一。公司的大部分产品是标准件,但还有相当数量的产品(包括销售量很大的产品)是为办公大楼和工厂设计的。这家公司在产品设计上有所革新,而且有一个杰出的顾客服务部门。这家公司之所以能有良好的声誉,是因为它的产品质量好,并能迅速满足客户对设备的要求。

由于公司发展迅速,不得不仔细考虑现金的需要量,特别是未收款和库存量。许多年以来,该公司通过严格的控制,把库存量保持在月销售量1.8倍水平上,即每年周转7次左右。但是后来几乎在没有先兆的情况下,库存量突然猛增到月销售量的3倍。公司发现库存量高于正常水平达1 200万美元。若以库存费用为库存金额的30%计算(包括利息、仓储管理费和产品老化费等),这一多余的库存量每年要花费公司税前利润约360万美元,这将迫使公司向银行申请更多贷款。

普特南姆公司总经理理查德·辛普逊觉察到这件事以后,有些恼火。他被告知,库存量上升的主要原因是估计原材料会短缺,所以预购了很多,而且新的电子计算机程序不能像预期的那样发挥作用,结果使生产和采购人员不能得到有关几个月来所发生的库存量的完整信息。

辛普逊的态度是,没有一家公司会在没有预先通知的情况下,能允许这种超额库存量现象的发生,而且也不能期望主管人员通过过去的历史资料来控制企业。他指示他的财务副总经理提出一个计划方案来,使今后能较好地控制库存量。

如果你是该公司财务副总经理,你计划如何控制库存量?

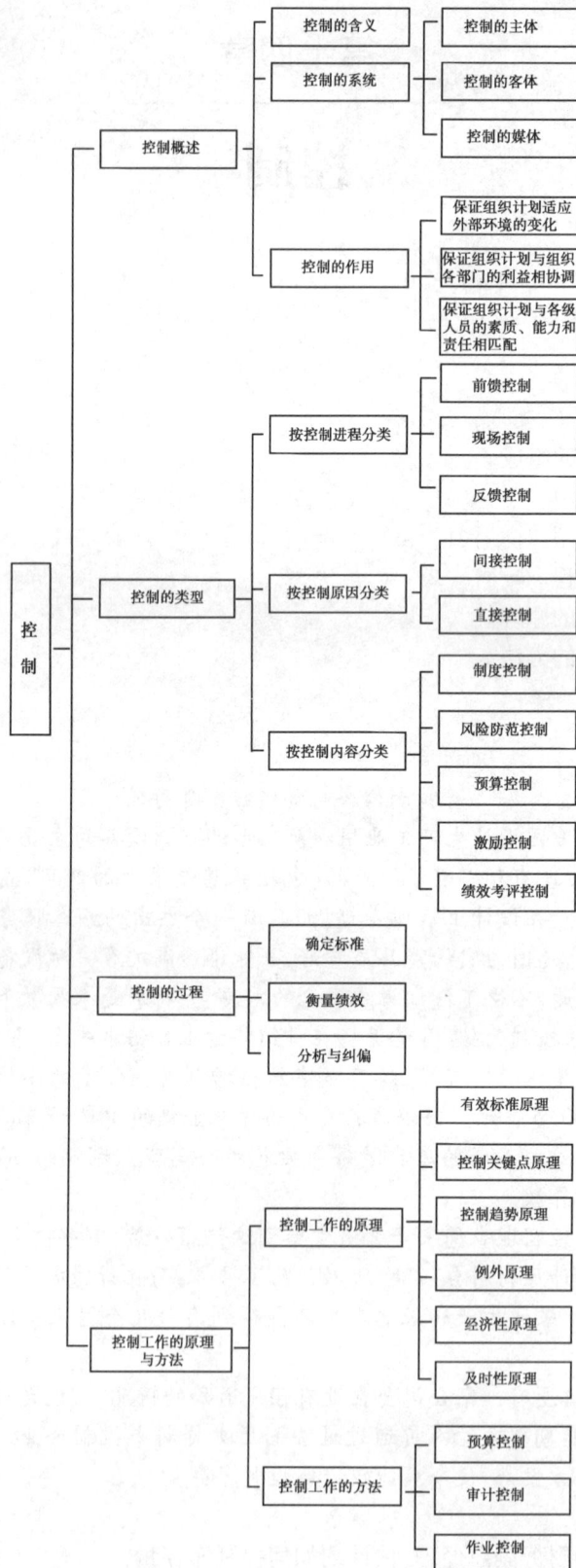

【思维导图】

```
控制 ──┬── 控制概述 ──┬── 控制的含义
       │              │
       │              ├── 控制的系统 ──┬── 控制的主体
       │              │               ├── 控制的客体
       │              │               └── 控制的媒体
       │              │
       │              └── 控制的作用 ──┬── 保证组织计划适应外部环境的变化
       │                              ├── 保证组织计划与组织各部门的利益相协调
       │                              └── 保证组织计划与各级人员的素质、能力和责任相匹配
       │
       ├── 控制的类型 ──┬── 按控制进程分类 ──┬── 前馈控制
       │                │                   ├── 现场控制
       │                │                   └── 反馈控制
       │                │
       │                ├── 按控制原因分类 ──┬── 间接控制
       │                │                   └── 直接控制
       │                │
       │                └── 按控制内容分类 ──┬── 制度控制
       │                                    ├── 风险防范控制
       │                                    ├── 预算控制
       │                                    ├── 激励控制
       │                                    └── 绩效考评控制
       │
       ├── 控制的过程 ──┬── 确定标准
       │                ├── 衡量绩效
       │                └── 分析与纠偏
       │
       └── 控制工作的原理与方法 ──┬── 控制工作的原理 ──┬── 有效标准原理
                                  │                    ├── 控制关键点原理
                                  │                    ├── 控制趋势原理
                                  │                    ├── 例外原理
                                  │                    ├── 经济性原理
                                  │                    └── 及时性原理
                                  │
                                  └── 控制工作的方法 ──┬── 预算控制
                                                      ├── 审计控制
                                                      └── 作业控制
```

第一节　控制概述

控制是日常生活中的常见现象。在管理学中,控制与计划密切相关。管理实践中,由于认识的有限性,人们不可能制订出完全符合实际的计划,或者由于未来环境的变化使原来的计划不能有效地指导实际工作,因而产生了计划修改的问题。另外,在计划贯彻执行过程中,也可能产生计划执行的结果与原来的计划要求发生偏差的现象,这就要求组织采取措施纠正偏差。因此,在管理工作中为了按照拟订的计划实现组织既定的目标,就必须建立相应的控制机制。没有有效的控制机制,实际管理工作就有可能偏离计划,组织目标就有可能无法实现。

一、控制的含义

"控制"一词,最初来源于工程技术系统,称为工程控制。后来,控制被广泛应用于生命机体、人类社会、经济系统和管理系统等各类系统之中。一般而言,控制是指对组织内部的管理活动及其效果进行衡量和矫正,确保组织的目标及为此而拟订的计划得以实现的活动。具体而言,可以从以下五个方面来理解控制的内涵。

第一,控制是管理的一个重要环节。在管理过程所涉及的决策、计划、组织、领导和控制等各个环节中,控制与其他管理职能互相交织,使管理活动形成一个相对闭合的系统。实施控制的主体是管理者,控制活动的对象涉及组织成员、财务、作业、信息和组织的绩效等多个方面,但控制的首要任务是对组织成员的行为进行规范。在管理活动中,管理者要对组织成员的行为加以控制,通过激励的手段鼓励和引导某些行为,压制和杜绝另一些行为,避免组织内部出现矛盾和冲突,协调组织内部机构及人员的行为,是控制的重要内容,更是管理活动的重要内容。

第二,控制具有目的性。控制是一项目的性很强的管理活动,控制的目的有两个。一是确保计划的实施。在变化着的内外环境中,通过控制,及时将计划的执行结果与标准进行比较,当发现有超过计划容许范围的偏差时,及时采取必要的纠正措施以使系统的活动趋于稳定,从而实现组织的既定目标。二是对计划进行变革与创新。在某些情况下,环境的变化会对组织提出新的要求。这时需要管理者的改革与创新,不断开拓新的局面,通过确定新的目标和控制标准重新引导管理系统上升到一种更加合理、更加先进的状态,使计划设定的总目标得以实现。

第三,控制具有整体性。控制的整体性表现在三个方面:其一,控制工作要以系统理论为指导,将整个组织的活动作为一个整体来看待,使各方面的控制工作能协调进行,以取得整体的优化效益;其二,控制工作应覆盖组织活动的各个方面,组织中的各层次、各部门、各单位,以及组织活动的各个阶段,都要实施管理控制;其三,管理控制工作应成为组织全体成员的职责,而非仅仅是管理人员的职责。

第四,监督和纠偏是控制的基本手段。通过组织中的控制系统,可以对组织活动及其效果进行监控,以预警或发现组织偏差的出现,分析偏差产生的原因,并采取相应的行动进行纠偏,从而保证组织目标的实现。

第五,控制是一个过程。由于环境的不断变化,管理活动可能会偏离计划和目标,出现各种偏差,因此,对管理者来说,不仅要执行计划,还要对计划执行过程进行监控,以便及时发现问题、分析原因并采取有效措施加以解决。所以说,控制是一个检验计划执行成效的过程。同时,控制也为后续计划的制订提供了科学的依据。

二、控制的系统

控制系统是由控制主体、控制客体和控制媒体组成的具有自身目标和功能的管理系统。任何一个控制系统都包括这三个基本要素,它们构成一个有机的完整整体。

(一)控制的主体

在管理过程中,控制的主体是指各级管理人员及其所属的职能部门。任何一个组织的控制活动,最终都是由组织中的"人"执行和具体操作的,控制以控制活动过程中的管理人员为主体。同时,管理人员不是总是置身于具体的职能部门、以特定的管理者角色实施控制行为,有时甚至是众多的管理人员在同一个部门以一个部门整体的身份实施控制,因此,管理人员所属的职能部门同样构成控制活动的主体。

控制主体管理水平的高低,是直接决定组织内控制系统作用大小的决定性因素。在控制活动过程中,管理人员所在的部门、所处的管理层次不同,实施控制的主要任务也不尽相同。一般来说,高层管理人员主要从事例外性的、非程序性的和重大的程序性的控制活动,而中层和基层人员集中从事例行的、程序性的控制活动。

(二)控制的客体

一个组织的全部行为活动构成控制的客体。当然,控制的客体有主次轻重之分。对组织计划执行有重要影响的活动是控制的主要客体,对计划影响不大的是控制的次要客体。在实践过程中,要特别强调抓住主要客体,着重寻找关系组织目标实现的关键性偏差并努力纠正。但是,这不等于组织可以将其他活动排除在控制活动之外,对于次要的问题,同样需要给予必要的关注。

一方面,可以将组织控制的客体区分为不同的具体类型,根据各自的具体特点予以控制;另一方面,组织活动的控制必须具有整体性。也就是说,在强调分阶段、分部门进行控制的同时,必须树立全局观念,有意识地把组织的全部活动作为一个整体进行控制。只有从整体上进行统一的控制,组织才能实现整体优化的目的,否则可能出现不同部门之间的分割,甚至是对立。

(三)控制的媒体

控制可以看作控制主体对控制客体实施的行为。控制主体对控制客体的作用行为需要适当的媒介物进行传递,这样的媒介物称之为控制的媒体。例如,在黄金首饰加工企业,管理者通过电子检测仪监督检查进出生产车间的每一个人,以便控制黄金的流失。在这里,电子检测仪就是控制的媒体。

在现代管理过程中,由于现代化的管理设备、手段在控制中发挥着越来越重要的作用,越来越多的媒体参与到控制活动中。计算机管理信息系统是控制媒体的后起之秀,它在控制活动中的广泛应用,极大拓宽了控制的范围,提高了效率。可以预言,依靠计算机系统实施全方位适时控制是控制活动未来发展的方向。当然,也有一些控制活动没有控制媒体的参与,例如,管理人员在生产现场通过观察直接实施的控制。

三、控制的作用

在现代管理中,人、财、物等要素的组合关系是多种多样的。时空的变化及组织所面临的环境复杂多变,内部运行和结构有时变化很大,加上组织关系错综复杂、随机因素很多,处在这样一个复杂的系统中,再加上管理失误的不可避免,要想实现既定的目标,执行为此而拟订的计划,求得组织在竞争中的生存和发展,控制是必不可少的。控制作为一种管理的重要职能,其主要作用可概括为以下三点。

(一)保证组织计划适应外部环境的变化

任何组织的目标和计划都是在特定时间、特定环境下制订的。一切组织必然要在变化中求生存、求发展。尤其是在现代社会,组织所面临的环境更是复杂多变,外部环境和内部条件的变化都可能使曾经一度近乎完美的计划失去继续实施的价值。为了使计划及时适应变化了的环境和条件,推动组织目标的实现,任何组织都必须通过管理控制及时发现环境变化的程度、原因、趋势,并据此对计划目标和计划过程做出适当调整,使计划更加符合实际,更好地达到组织目标。

(二)保证组织计划与组织各部门的利益相协调

组织的总体目标是由各部门的目标组成的,管理者在进行总目标的分解和落实的过程中,还必须对各部门及其活动进行大量的协调,以避免本位主义,保证各部门都能服从全局的需要。如果没有一个有效的管理控制体系,就可能出现各自为政的局面,各部门的发展就可能偏离总体目标和计划,严重的会造成系统的混乱,使有限的人力、物力、财力资源得不到合理分配和有效使用。

(三)保证组织计划与各级人员的素质、能力和责任相匹配

即使有了正确的计划,仍然不能确定各项工作计划都能圆满地完成。工作要靠人去做,人有不同的才能、工作动机和态度,而计划任务的完成对相关责任人的能力、素质的要求也会有所不同,只有通过检查、监督,才能及时发现计划任务与责任人员之间匹配的失误,分析其原因,采取纠正失误的措施。有效控制系统的建立,最终还是为了使人们确切知晓自己的职责,知道他们的绩效评价标准,以便时刻对照自省;管理者因此也有了考察其下属工作成绩的参照,否则就可能失控。其实,在日常管理活动中控制的最佳目的应是防止偏差的发生,即管理者在偏离计划的情况出现之前就能预测到并能及时采取措施,做到防患于未然。这就要求管理者的思想必须向前看。控制灵活性原则要求制订多种应付变化的方案和留有一定的后备力量,并采用多种灵活的控制方式和方法来达到控制的目的。控制应当从实际目标出发,采用各种控制方法达到控制目标。不能过分依赖正规控制的方法,如预算、检查

等,它们虽然都是比较有效的控制工具,但它们都有一定的不完善之处,过分地依赖它们有时会导致指挥失误、控制失灵。例如,根据销售预测制定的相应预算中的定额会因实际销售量大大高于或低于预测数而失去控制的意义。因此,要采用能随机应变的控制方式和方法,如弹性预算、跟踪控制等。

第二节 控制的类型

在组织中,由于控制的性质、内容、范围不同,控制可分成许多不同的类型。按控制进程可分为前馈控制、现场控制和反馈控制;按原因可分为间接控制和直接控制;按控制内容可分为制度控制、风险防范控制、预算控制、激励控制和绩效考评控制。了解控制的各种类型,根据实际情况选择合适的控制类型,对于进行有效的控制十分重要。

一、按控制进程分类

按照控制的进程不同,控制可分为前馈控制、现场控制和反馈控制三种,如图 14-1 所示。

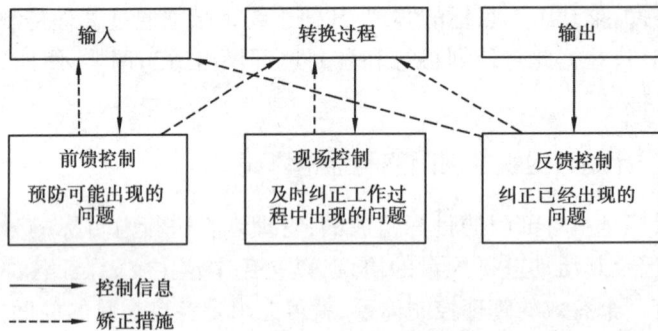

图 14-1 前馈控制、现场控制和反馈控制示意图

(一)前馈控制

前馈控制又称事前控制或预先控制,是指组织在工作活动正式开始前对工作中可能产生的偏差进行预测和估计并采取防范措施,将可能的偏差消除于产生之前的控制。前馈控制是一种面向未来的控制,强调防患于未然。前馈控制的目的是防止问题的发生而不是当问题出现时再补救。其核心问题是在工作开始前应做哪些必要的事情。

前馈控制是控制的最高境界。组织管理过程中,信息的获得和处理、有效措施的出台等活动都需要时间,因此,控制在信息反馈和采取措施中经常发生时间延迟,往往丧失了纠正失误的最佳时机。所以管理者更需要能够在失误发生前就采取有效的预防措施,能够做到防患于未然。显然,前馈控制是一种努力促使整个管理过程不发生任何失误的控制方法。因此,不断对未来做出预测,并根据预测的结果对未来的行为提出调整意见是前馈控制的关键。

前馈控制的优点表现在:首先,前馈控制是在工作开始之前进行的,可以防患于未然,以避免事后控制对已铸成的差错无能为力的弊端;其次,前馈控制是在工作开始之前针对某项计划行动所依赖的条件进行控制,不针对具体人员,因而不易造成面对面的冲突,易于被员工接受并付诸实施。但是,前馈控制需要及时和准确的信息,并要求管理人员能充分了解前馈控制因素与计划工作的影响关系,同时必须注意各种干扰因素。从现实看,要做到这些是十分困难的。因此,组织还必须依靠其他方式的控制。

(二)现场控制

现场控制也称为及时、同步控制或同期控制,是指在某项工作或活动正在进行过程中所实施的控制。现场控制是一种面对面的领导,管理者在现场对正在进行的活动给予指导和监督,目的是及时处理例外情况、矫正工作中发生的偏差,保证组织活动按规定的政策程序和方法进行。因此,现场控制主要有监督和指导两项职能。监督是按照预定的标准检查正在进行的工作,以保证目标的实现;指导是管理者亲临现场,根据自己的经验针对工作中出现的问题指导下属改进工作,或与下属共同商讨矫正偏差的措施,以使他们顺利地完成所规定的任务。

现场控制的纠正措施作用于正在进行的计划执行过程,它是一种主要为基层主管人员所采用的控制工作方法。它的内容包括:①向下级指示恰当的工作方法和工作过程;②监督下级的工作以保证计划目标的实现;③发现不合标准的偏差时立即采取纠正措施。现场控制要求管理者及时完成控制的多方面工作,其效果更多地依赖于现场管理者的个人素质、工作作风、领导方式及下属对这些指导内容的理解程度等因素。所以,现场控制对管理者的要求较高。

现场控制的优点是容易发现组织计划执行过程中的问题并及时予以处理,从而避免更大差错的出现。现场控制所具有的指导职能,有助于提高工作人员的工作能力和自我控制能力。但是现场控制也有很多弊端。首先,这种控制方式容易受到管理者的时间、精力和业务水平的制约,而且管理者的工作作风和领导方式对控制效果有很大影响。管理者不能时时事事都进行现场控制,只能偶尔或在关键项目上使用这种控制方式。其次,现场控制的应用范围较窄。一般来说,对便于计量的工作较易进行现场控制,而对一些难以计量的工作就很难进行现场控制。最后,现场控制容易在控制者与被控制者之间形成对立情绪,挫伤被控制者的工作积极性。目前,随着计算机和网络技术的发展,实时信息可以在异地之间迅速传播,这样就在一定程度上突破了控制的现场限制,从而扩大了该类控制的适用范围。

现场控制存在上述弊端,要求管理者在进行现场控制时要注意避免单凭主观意志进行工作。同时,管理者必须加强自身的学习,亲临第一线进行仔细的观察和监督,以计划或标准为依据,服从组织原则,遵从正式指挥系统的统一指挥,逐级实施控制。

(三)反馈控制

反馈控制又称为事后控制,是指在工作结束或行为发生之后进行的控制。反馈控制把注意力主要集中于工作或行为的结果上,通过对已形成的结果进行测量、比较和分析,发现偏差情况,据此采取相应措施,防止在今后的活动中再度发生。

反馈控制是一种事后控制,对于及时发现排除隐患有着非常重要的作用。在实际工作中,反馈控制虽然应用广泛,但并不能有效地解决一切控制问题。原因是即使现代科技发展的今天,从信息反馈偏差的发现到采取措施纠正,都需要时间,很容易贻误时机,增加控制难度而无法挽回损失。另外,反馈控制保持系统稳定性是通过信息反馈和行动调节来实现的,因此它要求反馈速度必须大于控制对象的变化速度。

反馈控制的主要弊端是:在矫正措施实施之前,偏差或损失已经产生,只能亡羊补牢。但反馈控制可以在以下四个方面发挥作用:一是在周期性重复活动中,可以避免下一次活动发生类似的问题;二是可以消除偏差对后续活动过程的影响;三是可以总结经验教训,了解工作失误的原因,为下一轮工作的正确开展提供依据;四是反馈的结果可以作为员工奖惩的依据。因此,在实际工作中,反馈控制仍然应用广泛。

二、按控制原因分类

从原因角度来看,控制工作又可以分为两类:第一类着眼于发现工作中出现的偏差,分析产生的原因,并追究个人的责任,使之改进未来的工作,这可以称为"间接控制";第二类着眼于培养更好的主管人员,使他们能熟练地应用管理的概念、技术和原理,能以系统的观念来进行和改善他们的管理工作,从而防止出现因管理不善而造成的不良后果,这可以称为"直接控制"。

(一)间接控制

所谓间接控制是基于这样一些事实,即人们常常会犯错误,或常常没有察觉到哪些环节将要出现问题,因而未能及时采取适当的纠正或预防措施。这种情况下管理者往往是根据计划和标准、对比和考核实际结果,追查造成偏差的原因和责任,然后才去纠正。实际上,在工作中出现问题、产生偏差的原因是很多的,如所定标准不正确会造成偏差,不确定因素会引起偏差,主管人员缺乏知识经验和判断力等也会使计划遭到失败等。这里的不确定因素包括不能确定的每一件事情,这些不确定因素造成管理上的失误是不可避免的。故出现这种情况时,间接控制技术不能起什么作用。但对于主管人员缺乏知识、经验和判断力所造成的管理上的失误和工作上的偏差,运用间接控制则可帮助其纠正;同时,间接控制还可帮助主管人员总结、吸取经验教训,增加他们的经验知识和判断力,提高他们的管理水平。

当然,间接控制也存在许多缺点,最显而易见的是间接控制是在出现了偏差、造成损失之后才采取措施,因此,它的费用支出比较大。此外,间接控制的方法是建立在以下五个假设之上的:①工作成效是可以计量的;②人们对工作成效具有个人责任感;③追查偏差所需要的时间是有保证的;④出现的偏差可以预料能及时发现;⑤有关部门和人员将会采取纠正措施。然而,这些假设有时却不成立,原因有以下五点:①有许多管理工作的成效是难以计量的,如主管人员的决策、能力、预见性和领导水平等;②责任感的高低也是难以衡量的,有许多工作,其成效不高,却与个人责任感关系不大或无关,例如缺乏廉价燃料时,不得不使用另一种昂贵的能源而使成本增加;③有时主管人员可能会不愿花费时间和费用去进行调查分析造成偏差的事实真相,这往往会阻碍对明显违反标准的原因进行调查;④有许多偏离计划的误差并不能预先估计到或及时发现,而往往是发现太迟以致难以采取有效纠正措施;⑤有时虽然能够发现偏差并能找到产生的原因,却没有人愿意采取纠正措施,大家相互推卸责任,或者把责任固定下来后,当事的主管人员却不愿采取措施纠正错误。由此看来,间接控制并不是普遍有效的控制方法。

（二）直接控制

直接控制是相对于间接控制而言的,它是通过提高主管人员的素质来进行工作控制的。其遵循的原则是:主管人员及其下属的素质越高越不需要间接控制。直接控制方法是建立在以下四个较为可靠的假设之上的:①合格的主管人员所犯的错误最少;②管理工作的成效是可以计量的;③在计量管理工作成效时,管理的概念、原理和方法是一些有用的判断标准;④管理基本原理的运用情况是可以评价的。

直接控制具有这样一些特点:①在对个人委派任务时能有较大的准确性,同时为组织进行专门培训提供依据;②可以使主管人员主动地采取纠正措施并使其更加有效,它鼓励用自我控制的办法进行控制;③直接控制可获得良好的心理效果,主管人员的素质提高以后,他们的威信也得到提高,下属对他们的信任和支持也会增加,这样就有利于整个计划目标的顺利实现;④由于提高了主管人员的素质,减少了偏差的发生,也就有可能减轻间接控制造成的负担,节约经费开支。

三、按控制内容分类

根据组织的具体控制内容,控制可以分为制度控制、风险防范控制、预算控制、激励控制、绩效考评控制五种类型。

（一）制度控制

制度规范是组织管理过程中借以约束全体组织成员行为,确定办事方法,规定工作程序的各种规章、条例、守则、标准等的总称。制度控制是以制度规范为基本手段协调组织集体协作行为的内部控制机制,一般包括制度的制定、执行考核。

（二）风险防范控制

在现代社会环境下,组织会不可避免地遇到各种风险,风险防范控制应成为组织内部管理控制的重要组成部分。组织的风险防范控制一般应包括风险的预警与辨识、风险的评估及风险的预防等。

（三）预算控制

预算控制的突出特点是通过量化标准使管理者及员工明确自身目标,实现组织总体目标与个人目标紧密衔接。预算控制突出过程控制,可在预算执行过程中及时发现问题、纠正偏差,保证目标任务的完成。

（四）激励控制

激励控制是指组织通过激励的方式控制管理者及员工的行为,使管理者及员工的行为与企业目标相协调。激励控制强调的是通过激励调动管理者及员工的积极性和创造性。激励控制包括激励方式的选择、激励约束和业绩评价等事项。

（五）绩效考评控制

绩效考评控制是指组织通过考核评价的形式规范组织各级管理者及员工的目标和行为。它强调的是控制目标而不是控制过程。只要各级目标实现，则组织战略目标就可以实现。绩效考评控制包括考评指标和考评程序的制定、考评方法的选择、考评结果的分析和纠正偏差与奖励措施等环节。

第三节　控制的过程

在管理控制中，虽然控制的对象各不相同，控制工作的要求也不一样，控制的类型和方法多种多样，但控制工作的过程基本是一致的，大致包括以下三个步骤：确定控制标准、衡量实际绩效及分析与纠偏，如图 14-2 所示。控制过程的三个步骤是相互联系、缺一不可的。没有控制标准的确定就没有衡量实际业绩的依据；不进行工作业绩的衡量和把它与标准进行分析比较，就不会知道是否存在偏差及产生偏差的原因；不采取纠正措施和落实纠正措施，控制过程就会成为毫无意义的活动。

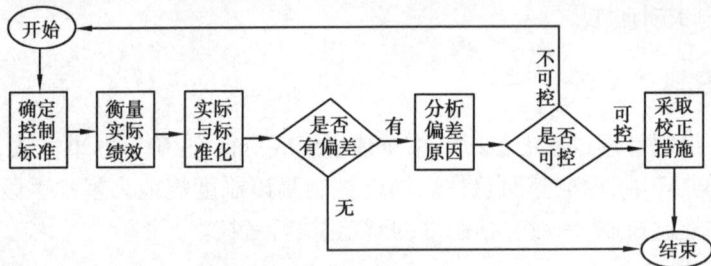

图 14-2　控制的基本过程

一、确定控制标准

要对组织的各项活动或工作进行有效控制，就必须首先明确相应的控制标准。没有标准，就无法对工作活动及其效果进行检查和评价，无法了解工作的进展状况或存在的问题，当然就无法采取相应的纠偏措施。而标准不明晰或不客观，则会导致组织内部的纷争、员工满意度的下降或挫折感增强等问题。因此，确定控制标准是进行控制工作的起点。

标准就是评定成效的尺度，是用来衡量组织中的各项工作或行为符合组织要求的程度的标尺。实践中，标准是从整个计划方案中选出的对工作绩效进行评价的关键指标，是控制工作的依据和基础。控制标准确定后，通过将实际工作情况与标准相比较，管理者无须亲历工作的全过程就可以了解工作的进展情况。但由于计划的详细程度和复杂程度不一，它所给出的内容不一定直接满足控制工作的要求，同时控制工作需要的不是计划中的全部指标和标准，而是其中的关键点，因此管理者应该以计划为基础，通过研究、归纳和整理，确定控制工作所需要的标准。

（一）选择控制对象

进行管理控制首先要明确"控制什么"，这是在决定控制标准之前需要妥善解决的问题。对组织工作和活动进行控制的目的是实现组织目标，取得相应成果，因此，组织活动的成果应该优先作为管理控制工作的重点对象。基于此，管理者需要明确分析组织活动想要实现的目标，并提出详细规定组织中各层次、各部门人员应取得何种工作成果的完整目标体系。按照该目标体系的要求，管理者就可以对有关成果的完成情况进行考核和控制。为了实现组织的预期活动成果，管理者应该对影响组织实现目标成果的全部因素进行控制。但这种全面控制往往是不现实的，也是缺乏经济性的。因此，基于组织中有限资源的经济合理使用及管理人员的工作精力和能力等现实情况，管理控制中通常选择那些对实现组织目标成果有重大影响的因素进行重点控制。这样，为了确保管理控制取得预期的成效，管理者在选择控制对象时就必须对影响实现组织目标成果的各种要素进行科学的分析研究，然后从中选择出重点的因素作为控制对象。

在管理实践中，对于哪些因素应该成为控制的重点，要根据具体情况来加以选择。在工作方法或程序与预期工作成果之间有比较明确或固定关系的常规性活动中，工作过程本身就是主要的控制对象。在工作成果较难衡量、工作过程难以标准化和程序化的高层管理和创新性活动中，工作者的素质和技能则是主要的控制对象。一般地，影响实现组织目标成果的主要因素有以下三项。

1. 环境特点及其发展趋势

组织在特定时期的管理活动是根据对组织环境的认识和预测来计划和安排的。如果预期的环境变化没有出现，或者发生了某种无法预料和无力抗拒的变化，那么，原来的计划就可能无法继续进行。因此，应该把计划制订中所依据的对环境的认识与把握的各种因素作为控制对象，列出"正常"与"非正常"环境的具体测量指标或标准。

2. 资源投入

组织成果是通过对一定资源进行加工转换得到的，没有或缺乏这种资源，组织的活动就会成为无源之水、无本之木。投入的资源如何，会影响组织活动能否按期限、数量、质量和品种的要求完成任务指标。同时，获取资源的成本费用会影响经营活动的经济效果指标。因此，必须对资源投入进行控制，使之在各方面都符合组织预期成果的要求。

3. 活动过程

组织的工作成果是组织活动过程中资源转化的结果，是通过全体员工在不同时间和空间上付出劳动对不同资源进行不同内容的加工而得到的，组织员工的工作质量和数量是决定工作成果的重要因素。必须使组织员工的活动符合组织计划和预期结果的要求。为此，必须建立员工的工作规范，明确各部门、各单位和各员工在各个时期的阶段成果指标，以便对他们的活动进行切实有效的控制。

（二）选择关键控制点

主要控制对象确定后，还必须选定具体控制的关键点，制定控制标准。如前所述，组织不可能也没必要对所有工作活动进行控制，只能在影响组织成果的众多因素中选择若干关键环节作为重点控制对象。只要控制住了关键点，实际上也就控制了全局。

对关键控制点的选择,一般应统筹考虑三个方面的因素。①影响整个工作运行过程的重要操作与事项。因为事关组织工作能否顺利进行与组织目标能否实现,所以管理者应该对这些领域予以重点关注。②能在重大损失出现之前显示出差异的事项。这意味着,并不是所有重要问题都作为控制的关键点。通常情况下,管理者应该选择那些易于检测出偏差的环节进行控制,这样才有可能对问题做出及时、灵敏的反应。③若干能反映组织主要绩效水平的时间与空间分布均衡的控制点。要保证组织目标能按时实现,就必须保证组织工作的关键活动在规定的时间内达到规定的进度。当然,关键控制点数量的选择也应该足以使管理者对组织总体状况形成一个比较全面的把握。良好的控制来源于关键控制点的正确选择,因而这种选择或决策的能力也就成为判断管理者控制工作水平的一个重要标准。

(三)确定控制标准

组织在选择了关键控制点后,就可以依据关键控制点确定明确的控制标准。最简单的确定方法是把计划过程中形成的可考核的目标直接作为控制标准。

1.控制标准的类型

控制标准有多种类型,从理论上讲,最理想的控制标准是最能反映工作绩效的指标,应该直接选取可考核的指标作为标准,但在实践中常常出现不易操作的情况。因此,更常见的做法是将计划目标要求达到的指标数值,通过一定的方法分解为若干标准,分别予以考核。控制标准有定量标准和定性标准两类。

定量控制标准是以明确的、数量化的指标来表现的。这种标准客观性强,易于把握。常用的定量标准有:①实物量指标,如企业中的产品产量、单位产品原材料使用量、单位产出工时数、货物运输中的吨公里数等;②价值指标,也叫货币指标,主要反映组织经营状况,如产品成本、销售收入、利润等;③时间标准,如生产线的节拍、工时定额、交货期、维修间隔等;④综合标准,如劳动生产率、废品率、产品的市场占有率、投资报酬率等。

定性控制标准是指反映事物某些基本性质的指标。有些工作绩效不能用数量来衡量,只能进行一些定性的描述,如某人的工作能力、某人的工作态度、职业素质、某品牌的美誉度、企业的信誉等。

2.控制标准的基本要求

组织制定的控制标准必须与组织的理念和目标相一致,对员工的工作行为具有指引和导向作用,并便于对各项工作及其成果进行检查和评价。具体而言,科学的控制标准应该满足以下六项基本要求。①简明性。保证标准简单明确、不含糊,对标准的量值、单位和可允许的偏差范围要有明确说明,对标准的表述要通俗易懂,便于理解和把握。含糊的、解释起来主观随意性大的控制标准不利于控制。②适用性。建立的标准要有利于组织目标的实现,要对每一项工作的衡量都明确规定具体的时间幅度和具体的衡量内容与要求,以便能准确地反映组织活动的状态。③一致性。标准应尽可能地体现协调一致、公平合理的原则。管理控制工作覆盖组织活动的各个方面,制定出来的各项控制标准应该彼此协调,不可相互冲突。同时,控制标准应在规定范围内保持公平性。④可行性。控制标准的建立必须考虑到工作人员的实际情况,即标准不能过高也不能过低,要使绝大多数员工经过努力后可以达到。⑤可操作性。即确定的标准不是原则性的,而是尽可能数量化的,使人易于把握、比较和衡量的。这样在具体工作中,管理者和被管理者心中都有明确的行动界限和标准,有利于发现工作中出现的偏差,也便于及时采取纠正措施。⑥稳定性。建立的标准既要在一个时期内保持不变,又要具有一定的弹性,能对环境的变化有一定的适应性,特殊情况能够例外处理;否则,标准经常变化,会使标准缺乏权威性,并加大控制工作的难度。但这种稳定不是绝对的,控制标准也要随组织活动的发展进行必要的调整。在一般情况下,随着组织的发展和组织效率的提高,控制标准应不断提高。

二、衡量实际绩效

制定控制标准是为了衡量实际业绩,取得控制对象的相关信息,把实际工作情况和标准进行比较,据此对实际工作做出评估。如果没有精确的衡量,就不可能实现有效的控制。为此,在衡量实际工作成果的过程中,管理者应该对由谁来衡量、衡量什么、如何衡量及间隔多久进行衡量等方面做出合理安排。

(一)衡量的主体

衡量实际工作成效的人是谁? 实际上,衡量实际业绩的主体不一样,控制工作的类型也就形成差别,也会对控制效果和控制方式产生影响。例如,目标管理之所以被称为一种自我控制方法,就是因为工作的执行者同时成了工作成果的衡量者和控制者。相比之下,由上级主管或职能人员进行的衡量和控制则是一种强加的、非自主的控制。

(二)衡量的项目

衡量什么是衡量工作中最重要的方面。事实上,这个问题在衡量工作之前已经得到了解决。因为管理者在确定衡量标准时,随着标准的制定,计量对象、计算方法及统计口径等内容也就相应地确定下来了。简言之,需要衡量的是实际工作中与已制定的标准相对应的要素。需要注意的是,由于不同的衡量项目存在衡量的难易问题,因此要注意保证衡量内容的全面性和客观性,防止衡量中的畏难倾向。实践中,管理者往往愿意并侧重衡量那些易衡量的项目,而忽视那些不易衡量、较不明显但实际相当重要的项目。

(三)衡量的方法

管理者可通过亲自观察、利用报表和报告、抽样调查等几种方法来获得实际工作绩效方面的资料和信息。组织中常存在一些无法直接衡量的工作,它们质量的好坏有时可通过某些现象做出推断。比如,从员工的合理化建议增多或许可推断企业的民主化管理有所加强,员工工作热情下降现象增多或许可推断出管理工作存有不当之处等。在衡量实际工作成绩过程中必须将多种方法结合使用,以确保所获取信息的质量。

(四)衡量的频率

衡量实绩的次数或频率,通俗地说就是间隔多长时间衡量一次实绩,是每时、每日、每周,还是每月、每季度或者每年? 是定期衡量,还是不定期衡量? 对不同的衡量项目,衡量的频度可能不一样。有效控制要求确定适宜的衡量频率,对控制对象或要素的衡量频率过高,不仅会增加控制的费用,而且会引起有关人员的不满,影响他们的工作态度,从而对组织目标的实现产生负面影响。衡量和检查的次数过少,则有可能造成许多重大的偏差不能被及时发现,不能及时采取纠正措施,从而影响组织目标和计划的完成。

三、分析与纠偏

获得了实际工作的真实的、可靠的信息,就获得了衡量的结果。下一步就应该将衡量结果与标准进行对比,找出差距,为进一步采取管理行动做好准备。只有将实际绩效与标准进行比较,才能确定两者之间有无偏差,如图 14-3 所示。

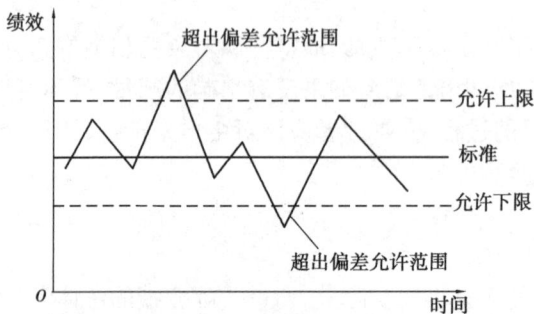

图 14-3　偏差的范围

(一)分析偏差

偏差就是工作的实际绩效与标准值之间的差异。在实际管理中,实际业绩和控制标准之间绝对无差异是不可能的,主要是看差异的大小是否在标准允许的范围内。实际绩效超过了设定标准的为正偏差,实际绩效低于设定标准的则为负偏差。现实中,工作活动出现偏差有时在所难免,而且并非所有偏差都会影响组织的最终业绩。有些偏差是由偶然、暂时、局部性的因素引起的,且偏差较小,就可能不会对组织的最终业绩造成影响。因此,组织首先需要对偏差的性质进行分析和确认,以抓住问题的实质和重点。例如,确定可以接受的偏差范围,对于超出允许范围的偏差给予重点关注与分析。另外,组织还要对造成偏差的原因进行深入分析,找出偏差的真正原因,为对症下药制定纠偏措施提供保证。一般而言,造成偏差的原因多种多样,较为复杂,但基本可以分为以下三类:一是计划指标或工作标准制定得不科学,脱离实际,本身存在偏差;二是组织外部环境发生了没有预料到的变化,导致实际业绩偏离预期,因而出现偏差;三是组织内部因素的变化,如工作方法不当、组织不力、领导无方等导致业绩偏离预期。

对一种偏差要做出具体的分析,不但要求管理者具备丰富的工作经验和科学的分析能力,而且要求建立一个完善的控制体系,这样才能抓住重点和关键,从主观和客观两方面做实事求是的分析。

(二)纠正偏差

从管理的角度而言,在发现组织活动出现偏差后,只有采取了必要的纠偏行动,控制才是有效的。采取纠正措施是控制过程的最后一个环节,也是控制工作的关键,因为它体现了控制的目的,同时通过采取管理措施纠正偏差,将控制与其他管理职能结合在一起。采取纠正措施是在深入分析产生差异的原因的基础上,管理者根据不同的偏差,不同的原因,采取不同的措施。根据前述的导致偏差的原因,组织的纠偏措施可以从以下两个方面进行。

1. 修订标准

有时候,偏差较大可能是因为标准不甚合理。例如,原有的计划和标准是基于错误的假设和预测之上,不切实际;也可能是因为组织内外环境因素发生了较大变化,致使原有的计划和标准与现实状况间产生了较大差异。此时,就需要对原有的计划和标准加以适当调整,以使组织计划和预期标准符合实际。需要注意的是,对计划和标准的调整并不是任意的,而是要有利于组织总目标的实现。只有当事实表明计划和标准确实不合理,或环境的变化使原有计划和标准的基础不复存在时,对计划和标准的修改才是合适的。一般情况下不能以计划迁就控制,任意地根据控制的需要来修改计划。

2. 改善工作

如果经过分析,发现计划和标准没有问题,偏差的出现是因为工作本身造成的,管理者就应该采取措施来纠正行动,以改善工作绩效。纠偏行动可能涉及管理的各个方面,如管理策略、组织结构、领导方式、员工培训、人员调整等。任何纠偏措施会在不同程度上引起组织的结构、关系和活动的调整,从而也会涉及某些组织成员的利益。因此,管理人员要充分考虑到组织成员对纠正措施的不同态度,协调好组织成员之间的关系。另外,偏差也可能是由执行人员能力不足或积极性不高导致的,则需要通过改进领导方式和提高领导艺术来纠正偏差。

第四节　控制工作的原理与方法

一、控制工作的原理

控制是管理的一项基本职能。组织重视控制工作,是因为任何组织如果缺少有效控制就会产生错乱,甚至偏离正确的轨道。要使控制工作有效发挥作用,取得预期成效,必须遵循以下六个基本原理。

(一)有效标准原理

制定的控制标准必须与组织的理念与目标相一致,对员工的工作行为具有指引和导向作用,并便于对各项工作及其成果进行检查和评价。有效的控制标准应该满足简明性、适用性、一致性、可行性、可操作性和稳定性的要求。

(二)控制关键点原理

控制关键点原理的含义是为了进行有效的控制,需要特别注意那些在衡量工作成效时有关键意义的因素。常言道"牵牛要牵牛鼻子",抓住了关键,把主要问题解决了,其他问题就迎刃而解了。控制工作也是如此,对一个管理者来说,随时注意计划执行情况的每一个细节,通常是浪费时间和精力、也是难以做到的。为了提高控制的有效性,管理者应当只能将精力集中于计划执行中的一些主要问题上,控制了关键点也就控制了全局。事实也证明,要想完全控制计划执行的全过程几乎是不可能的,因此,要抓住活动过程的关键进行局部的和重点的控制。一般来说,关键点都是目标实施过程中的重要组成部分,它可能是计划实施过程中最容易出偏差的点,或是起制约因素的点,或者是起转折作用的点,或者是变化度大的点,等等,应根据具体情况进行具体选定。

(三)控制趋势原理

对控制全局的主管人员来说,重要的是现状所预示的趋势,而不是现状本身。由于管理控制中往往存在时间滞后的问题,因此面向未来的控制趋势就至关重要。对控制全局的管理者来说,重要的通常不是现状本身,而是现状所预示的趋势。但由于趋势往往为现象所掩盖,不易察觉,控制变化的趋势比仅仅改变现状要困难得多。当趋势可以明显地描绘成一条曲线,或是可以描述为某种数学模型时,控制起来就为时已晚了。控制趋势的关键在于从现状中揭示趋势,特别是在趋势出现苗头时就明察秋毫。

(四)例外原理

主管人员越是只注意一些重要的例外偏差,也就是说越是把控制的主要注意力集中在那些超出一般情况的特别好或特别坏的情况,控制工作的效能和效率就越高。管理者不可能控制所有活动,而应把控制的主要精力集中于一些重要的例外偏差上,即把注意力集中在那些超出一般情况的特别好或特别差的情况,以取得更高的控制效能和效率。需要指出的是,仅仅注意例外情况是不够的,对它们也要区别对待。有些例外情况,如利润的下降、产品废品率的上升、顾客投诉的增加等必须引起重视。在实际运用中,应将此原理与关键点原理相结合,使控制工作的效能和效率更高。

(五)经济性原理

控制工作要讲究经济效益。控制是一项需投入大量人力、物力、财力的活动,管理者应做到控制所支出的费用必须是合算的。要做到这一点却很复杂,因为就某个问题是否进行控制、控制到什么程度、需要多少费用、控制是否值得,作为一个管理者往往是很难了解的。控制的经济性原理要求管理者做到:第一,实行有选择的控制,要正确地选择关键性的控制点;第二,努力降低控制的各种费用、改进控制技术和方法,以最低的费用获得最佳控制效果。所谓经济效益是相对而言的,它因业务的重要性及规模大小的不同而不同,也因缺乏控制时的耗费情况和一个控制系统的有效性而不同。因此,控制的经济性自然在很大程度上决定了管理者只能在他认为是重要的方面选择一些关键问题来进行控制。花费少而效率高的控制系统才是有效的控制系统。

(六)及时性原理

计划实施情况千变万化,控制不仅要准确,而且要及时,一旦丧失良机,即使所提供的信息再准确也会徒劳。当然及时不等于快速,及时是指当决策者需要时,控制系统能适时地提供必要信息。组织环境越复杂,越是多变,决策就越需要及时地控制信息。控制及时性原理一方面要求及时准确地提供控制所需要的信息,避免事过境迁,使控制失去效果;另一方面要求估计未来可能发生的变化,使采取的措施与已变化了的情况相适应,即纠偏措施的安排应有一定预见性。控制不及时,不仅会影响工作的进展,使工作走弯路,而且会挫伤人们的积极性。

二、控制工作的方法

对整个组织的活动进行全面的控制,要根据控制的对象、内容和条件的不同采取相应的控制方法。充分了解并有效地运用这些控制方法是现代组织进行成功控制的一个重要方面。下面主要介绍以下三种控制方法。

(一)预算控制

预算是以数字形式表示的计划,是用数字来表示预计的结果。预算既是一种计划技术,也是一种控制技术。它把预算指标作为控制标准,用来衡量其计划的执行情况。

1.预算控制的类型

预算的种类很多,不同的组织其预算也会各有特色。以企业为例,一般的预算可分为以下四种类型。

(1)业务预算

业务预算也叫经营预算,是指企业日常发生的各项具有实质性活动的预算。它主要包括销售预算、生产预算、直接材料采购预算、直接人工预算、制造费用预算、单位生产成本预算、推销费用及管理费用预算等。在业务预算中最基本最关键的是销售预算。企业首先应根据市场预测和企业生产能力的情况,确定销售目标、编制年度及季度月份的销售数量、销售单位、销售金额,以及销售货款收入情况以作为编制其他各项预算的依据。这是预算控制的基础。生产预算是根据销售预算中的预计销售量,按产品品种、数量分别编制的。在生产预算编好后,还应根据分季度的预计销售量,经过对生产能力的平衡,排出分季度的生产进度日程表或称为生产计划大纲,在生产预算和生产进度日程表的基础上,可以编制直接材料采购预算、直接人工预算和制造费用预算。这三项预算构成对企业生产成本的统计。推销及管理费用的预算,包括制造业务以外预计发生的各种费用明细项目,例如销售费用、广告费用、运输费用等。对于实行标准成本控制的企业,还需要编制单位生产成本预算。

(2)非货币预算

非货币预算也叫实物量预算,是一种不以货币为计量单位而以实物量为计量单位的预算方法。由于以货币量来表示的收支预算会受到商品价格波动的影响,从而造成业务预算和实物量投入与生产之间的不一致,因此,一般要有实物量预算作为货币预算的补充和印证。这里所指的实物量,不仅指实物的产量,也指其他的一些指标,如直接工时、机台时数、场地面积、产品产量和原材料数量等。组织中的基层管理人员常采用这种预算方法。

(3)投资预算

投资预算也叫资本支出预算,是对企业固定资产的购置、扩建、改造、更新等,在可行性研究的基础上编制的预算。它具体体现的是一个组织在特定时间内固定资产运用的情况,在何时进行投资、投资多少、资金从何处取得、何时可取得收益、每年的现金净流量为多少、需要多少时间收回全部投资等。由于投资支出一般数额大且回收时间长,因此,投资预算应当力求和企业的战略及长期计划工作紧密联系在一起。

（4）财务预算

财务预算是指企业在计划期内反映有关预计现金收支、经营成果和财务状况的预算。它主要包括"现金预算""预计收益表"和"预计资产负债表"。必须指出的是,前述的各种业务预算、实物量预算和投资预算中的资料,都可以折算成金额反映在财务预算内。这样财务预算就成为各项经营业务和投资的整体计划,故亦称"总预算"。财务预算主要包括以下三种。①现金预算。现金是指现实的、可立即使用的资金。拥有一定的现金以偿付到期的债务是组织生存的首要条件。现金预算就是对现金收支进行预测并据此衡量实际现金的使用情况,它主要反映计划期内预计的现金收支详细情况。在完成了初步的现金预算后,就可以知道企业在计划期间需要多少资金,财务主管人员就可以预先安排和筹措,以满足资金的需求。为了有计划地安排和筹措资金,现金预算的编制期应越短越好。西方国家有不少企业以周为单位,逐周编制预算,甚至还有按天编制的。我国最常见的是按季和月进行编制。②预计收益表(或称预计利润表)。它是用来综合反映企业在计划期内生产经营状况,并作为预计企业经营活动最终成果的重要依据,是企业财务预算中最主要的预算表之一。③预算资产负债表。它主要用来反映企业在计划期末那一天预计的财务状况。它的编制需以计划期内开始的资产负债表为基础,然后根据计划期间各项预算的有关资料进行必要的调整。

2. 预算控制的优缺点

（1）预算控制的优点

预算是一种有效的控制工具,其优点有以下三点。一是比较明确。各项工作成果均数字化,使人一目了然。二是控制方便。用数量形式的预算标准来对照企业活动的实际效果,大大方便了控制过程中的绩效衡量工作,也使之更加客观可靠。三是便于授权,同时又保证不会失去控制。凡预算内批准的项目,均可授权下级处理。由于这些优越性,预算手段在组织管理中得到了广泛的运用。

（2）预算控制的缺点

在预算的编制和执行中,也暴露了一些局限性。主要表现在:一是预算只能帮助企业控制那些可以计量的,特别是可以用货币单位计量的业务活动,而不能促使企业对那些不能计量的,诸如企业文化、企业形象、企业活力等方面的改善予以足够的重视;二是预算缺乏灵活性,在计划执行过程中,有时一些因素发生的变化出乎预测,会使一个刚制定的预算很快过时,如果在这种情况下还受预算的约束,可能造成一定的损失;三是编制预算时通常参照上期的预算项目和标准,从而会忽视本期活动的实际需要,因而导致上期有的而本期不需要的项目仍然沿用,或本期必需而上期没有的项目会因缺乏先例而不能增设。

（二）审计控制

管理控制的另一种方法是审计控制。所谓审计是指审计机关根据有关法律法规对组织执行预算收支的情况和会计资料实施检查、审查、监督的专门性活动。审计的主要目的是检查该组织的现有财务往来、企业经营和有关的财务计划报告是否合法。审计分内部审计和外部审计两种。

1. 外部审计

外部审计是由不属于本组织的专门审计人员对某一组织的财务程序和财务经济往来所进行的有目的的综合检查审核。它实际上是对企业中可能存在的虚假、欺骗行为的一个重要而系统的检查。因此,它起着鼓励诚实的作用。外部审计的特点是:审计人员和管理当局不存在行政上的依附关系,审计人员只需要对国家、社会和法律负责,因而可以保证审计的独立性和公正性。但是,由于外来的审计人员不了解企业内部的组织结构、生产流程和经营特点,在对具体业务的审计过程中可能产生困难。此外,处于被审计地位的企业内部人员可能产生抵触情绪,不愿意积极配合,这也可能增加审计工作的难度。

2. 内部审计

内部审计也称经营审计、管理审计。它是企业内部的审计人员对企业的会计、财务和其他业务经营活动所做出的定期或不定期的独立的评价。内部审计不仅要像外部审计那样核实财务报表的真实性和准确性,还要分析企业的财务结构是否合理;不仅要评估财务资源的利用率,而且要检查和分析企业控制系统的有效性;不仅要检查目前的经营情况,而且要提供改进不良状况的建议。因此,内部审计是对其他控制形式的总控制。内部审计能够督促包括会计资料在内的各种管理信息真实、正确、合理、合法,推动各项内部控制制度的健全适用和有效实施,从而维护组织财产安全,促成组织管理目标的实现。

(三)作业控制

作业控制是为了保证各项作业计划的顺利进行而做的一系列工作。作业控制一般包括成本控制、质量控制、库存控制等。

1. 成本控制

成本控制是在对系统的所有工作详细分析后,层层分解成本指标,以其作为衡量控制标准。也就是说,以成本为控制主线,确保在预定成本下获得预期目标利润。其主要特点有:一是以市场为导向,以降低成本、增加效益为核心,全面强化企业内部管理;二是以强化分级经济核算为手段,充分挖掘各环节的潜力;三是以层层分解指标,实行重奖重罚的利益机制为动力,充分调动广大职工当家理财的积极性。

2. 质量控制

质量是企业的生命,质量控制历来是企业管理控制的重点。质量控制经历了事后检验、统计抽样检验、全面质量管理等阶段。从质量管理的发展过程可以看出,质量控制从事后检查产品或服务,转变为控制工作质量,即从间接控制发展为直接控制,变事后控制为事先控制及现场控制。控制重点越来越"靠前",控制方法越来越科学,控制范围越来越全面,而且形成了完整系统的质量保证体系。

3. 库存控制

库存是组织为了满足经营需要而保持的原材料、半成品和产成品。企业的生产要正常连续地进行,供应流不能断,需要一定的库存。但库存占用了大量的流动资金,有时还会造成极大的浪费,所以库存控制主要是为了减少库存,降低各种占用,提高经济效益。

【本章小结】

1. 控制是指对组织内部的管理活动及其效果进行衡量和矫正,确保组织的目标及为此而拟订的计划得以实现的活动。

2. 控制的系统由控制的主体、客体和媒体组成。

3. 控制的作用包括保证组织计划与人员的素质、能力和责任相匹配,保证计划与组织各部门的利益相协调,保证组织计划适应外部环境的变化。

4. 控制按进程可分为前馈控制、现场控制和反馈控制,按原因可分为间接控制和直接控制,按内容可分为制度控制、风险防范控制、预算控制、激励控制和绩效考评控制。

5. 控制工作的过程大致包括以下三个步骤:确定控制标准、衡量实际绩效以及分析与纠偏。

6. 控制工作的原理包括有效标准原理、控制关键点原理、控制趋势原理、例外原理、经济性原理、及时性原理等。

7. 控制工作的方法包括预算控制、审计控制和作业控制。

【实务训练】

美国西北航空公司的职工持股行动

西北航空公司是美国第三大航空公司,总资产近50亿美元,职工3万多人,主要经营美国—日本等东方航线。20世纪80年代末90年代初,美国政府解除了对航空业的管制,放开价格,取消政府补贴,再加上航空公司增加过多,市场竞争激烈,油价上涨,航空业出现了普遍亏损的局面。1990—1993年,亏损额超过了前20年美国航空业盈利的总和,其中西北航空公司是亏损最严重的企业。面对这种情况,西北航空公司的股东、债权人、职工在1993年决定实行职工持股以挽回局面。西北航空公司实行雇员持股后,迅速扭转了亏损局面,后又成为上市公司,股票增值很快。一般来说,股票增值到每股24美元时,即可完全补偿所减少的雇员工资,现在每股已增值到37美元,持股雇员的收入大为增加。

问题:如何评价西北航空公司的市场控制?

【思考与练习题】

一、单项选择题

1. 努力促使整个管理过程不发生任何失误的控制方法是(　　)。

A. 前馈控制   B. 现场控制

C. 反馈控制   D. 直接控制

2. 进行控制工作的起点是(　　)。

A. 确定控制标准   B. 选择控制对象

C. 选择关键控制点   D. 衡量绩效

3. 在对系统的所有工作详细分析后,层层分解成本指标,以其作为衡量控制标准的控制方法是(　　)。

A. 成本控制   B. 质量控制

C. 作业控制   D. 库存控制

二、多项选择题

1. 高层管理人员从事的控制活动包括(　　)。

A. 例外性的控制   B. 非程序性的控制

C. 重大的程序性控制   D. 例行性的控制

E. 程序性的控制

2. 根据组织的具体控制内容,控制可以分为(　　)。

A. 制度控制   B. 预算控制

C. 激励控制   D. 风险防范控制

E. 绩效考评控制

3. 下列选项属于预算控制的是(　　)。

A. 业务预算   B. 非货币预算

C. 投资预算   D. 财务预算

E. 销售预算

三、简答题

1. 简述控制的作用。

2. 简述现场控制的优缺点。

四、论述题

1. 试述确立控制标准的基本要求。

2. 论述控制工作的原理。

第十四章思考与练习题
参考答案

参考文献

［1］潘承烈,虞祖尧,成思危.中国古代管理思想之今用[M].北京:中国人民大学出版社,2001.

［2］W.理查德·斯格特.组织理论[M].黄洋,李霞,申薇,等译.北京:华夏出版社,2002.

［3］郭咸纲.西方管理学说史[M].北京:中国经济出版社,2003.

［4］詹姆斯·G.马奇,赫伯特·A.西蒙.组织:原书第2版[M].邵冲,译.北京:机械工业出版社,2013.

［5］徐光华,暴丽艳.管理学:原理与应用[M].北京:清华大学出版社,2004.

［6］韩福荣.现代质量管理学[M].4版.北京:机械工业出版社,2017.

［7］魏文斌.现代西方管理学理论[M].上海:上海人民出版社,2004.

［8］宋瑞卿,张晓霞.管理学[M].北京:中国财政经济出版社,2004.

［9］郭咸纲.西方管理思想史[M].3版.北京:经济管理出版社,2004.

［10］李玉刚.战略管理研究[M].上海:华东理工大学出版社,2005.

［11］苏东水.东方管理学[M].上海:复旦大学出版社,2005.

［12］芮明杰.管理学:现代的观点[M].2版.上海:上海人民出版社,2004.

［13］哈罗德·孔茨,海因茨·韦里克.管理学精要[M].韦福祥,等译.北京:机械工业出版社,2005.

［14］康青.管理沟通[M].5版.北京:中国人民大学出版社,2018.

［15］王公山.先秦儒家诚信思想研究[M].上海:上海古籍出版社,2006.

［16］曾仕强.中道管理:M理论及其应用[M].北京:北京大学出版社,2006.

［17］傅佩荣.哲学与人生[M].北京:东方出版社,2004.

［18］彭新武,等.管理哲学导论[M].2版.北京:中国人民大学出版社,2013.

［19］齐善鸿.道本管理:精神管理学说与操作模式[M].北京:中国经济出版社,2007.

［20］徐炜.企业组织结构:21世纪新环境下的演进与发展[M].北京:经济管理出版社,2006.

［21］安应民.企业柔性管理:获取竞争优势的工具[M].北京:人民出版社,2008.

［22］许知远.醒来:110年的中国变革[M].武汉:湖北人民出版社,2009.

［23］菲利普·科特勒,凯文·莱恩·凯勒.营销管理:第13版[M].卢泰宏,高辉,译.北京:中国人民大学出版社,2009.

［24］陈焕章.孔门理财学[M].宋明礼,译.北京:中国发展出版社,2009.

［25］李建刚.现代管理学概论[M].天津:天津大学出版社,2009.

［26］阎雨.中国管理C模式[M].北京:新华出版社,2010.

［27］刘康德.老子鉴赏辞典:第一版[M].上海:上海辞书出版社,2018.

［28］刘刚.中国传统文化与企业管理:基于利益相关者理论的视角[M].2版.北京:中国人民大学出版社,2015.

［29］刘敬鲁,等.西方管理哲学[M].北京:人民出版社,2010.

[30] 阿诺德·汤因比. 历史研究[M]. 郭小凌, 王皖强, 杜庭广, 等译. 上海: 上海人民出版社, 2010.

[31] 李泽厚, 刘绪源. 该中国哲学登场了: 李译厚 2010 年谈话录[M]. 上海: 上海译文出版社, 2011.

[32] 何兆武, 柳卸林. 中国印象: 外国名人论中国文化[M]. 北京: 中国人民大学出版社, 2011.

[33] 曾庆学. 中国式人力资源管理: 和谐人本管理[M]. 北京: 中国物资出版社, 2011.

[34] 姜杰, 等. 西方管理思想史[M]. 2 版. 北京: 北京大学出版社, 2011.

[35] 唐任伍. 世界管理思想史[M]. 重庆: 重庆大学出版社, 2011.

[36] 谢继东. 老板操盘力: 老板操盘企业之道·法·术[M]. 2 版. 北京: 企业管理出版社, 2012.

[37] 宋士云. 通用管理能力概论[M]. 济南: 山东人民出版社, 2012.

[38] 鲁培康. 境界管理: 五重境界管理模式[M]. 北京: 机械工业出版社, 2012.

[39] 齐善鸿, 等. 新管理哲学: 道本管理[M]. 2 版. 大连: 东北财经大学出版社, 2016.

[40] 付景远. 道·术·行: 中国柔性管理探究[M]. 北京: 经济管理出版社, 2013.

[41] 葛荣晋. 中国管理哲学导论[M]. 2 版. 北京: 中国人民大学出版社, 2012.

[42] 亨利·法约尔. 工业管理与一般管理: 中英双语·经典版[M]. 张扬, 译. 北京: 北京理工大学出版社, 2014.

[43] 刘云柏. 中国管理思想通史[M]. 2 版. 上海: 上海人民出版社, 2014.

[44] 周建波. 儒墨道法与现代管理[M]. 北京: 知识产权出版社, 2015.

[45] 约翰·阿代尔. 孔子论领导力: 孔子的思想如何让你成为一名更好的领导者[M]. 茅慧, 金芳, 译. 北京: 金城出版社, 2015.

[46] 海因茨·韦里克, 马克·V. 坎尼斯, 哈罗德·孔茨. 管理学: 全球化、创新与创业视角: 第十四版[M]. 马春光, 译. 北京: 经济科学出版社, 2015.

[47] 亨利·明茨伯格. 明茨伯格管理进行时[M]. 何峻, 吴进操, 译. 北京: 机械工业出版社, 2010.

[48] 肯·G. 史密斯, 迈克尔·A. 希特. 管理学中的伟大思想: 经典理论的开发历程[M]. 徐飞, 路琳, 苏依依, 译. 北京: 北京大学出版社, 2016.

[49] 何志毅. 管理的中国心: 何志毅教授管理散文集[M]. 北京: 北京大学出版社, 2016.

[50] 沃伦·本尼斯, 伯特·纳努斯. 领导者: 纪念版[M]. 赵岑, 徐琨, 译. 杭州: 浙江人民出版社, 2016.

[51] 尤建新. 管理学概论[M]. 5 版. 上海: 同济大学出版社, 2020.

[52] 张力军. 管理的精髓: 西方当代管理学名著导读[M]. 北京: 企业管理出版社, 2017.

[53] 陈福军. 生产与运作管理[M]. 4 版. 北京: 中国人民大学出版社, 2017.

[54] 孙焱林. 实用现代管理学[M]. 3 版. 北京: 北京大学出版社, 2017.

[55] 迈克尔·贝叶, 杰弗里·普林斯. 管理经济学: 第 8 版[M]. 王琴, 译. 北京: 中国人民大学出版社, 2017.

[56] 彼得·德鲁克. 管理的实践[M]. 齐若兰, 译. 北京: 机械工业出版社, 2019.

[57] 马费成, 宋恩梅, 赵一鸣. 信息管理学基础[M]. 3 版. 武汉: 武汉大学出版社, 2018.

[58] 理查德·达夫特. 管理学: 第 11 版[M]. 王蔷, 译. 北京: 中国人民大学出版社, 2018.

［59］赵曙明,张正堂,程德俊. 人力资源管理与开发［M］. 2 版. 北京:高等教育出版社,2018.

［60］彼得·圣吉. 第五项修炼:学习型组织的艺术与实践［M］. 张成林,译. 北京:中信出版社,2016.

［61］王晓丽,李群,张楠. 管理学理论及实务［M］. 西安:西安电子科技大学出版社,2019.

［62］林志扬,陈福添,木志荣. 管理学原理［M］. 5 版. 厦门:厦门大学出版社,2018.

［63］闫红博. 管理学原理［M］. 北京:清华大学出版社,2019.

［64］方振邦,刘琪. 管理思想史［M］. 3 版. 北京:中国人民大学出版社,2019.

［65］杨俊青. 管理学［M］. 北京:经济科学出版社,2019.

［66］文跃然. 薪酬管理原理［M］. 2 版. 上海:复旦大学出版社,2013.

［67］周三多,陈传明,刘子馨,等. 管理学:原理与方法［M］. 7 版. 上海:复旦大学出版社,2018.

［68］艾瑞克·H. 凯斯勒. 管理学理论百科全书［M］. 韩殿秀,李达,译. 太原:山西经济出版社,2019.

［69］弗雷德里克·泰勒. 科学管理原理［M］. 马风才,译. 北京:机械工业出版社,2013.

［70］朱玉杰,沈博昌,刁鹏飞. 生产管理学［M］. 哈尔滨:哈尔滨工业大学出版社,2019.

［71］兰杰·古拉蒂,安东尼·J. 梅奥,尼汀·诺里亚. 管理学:原书第 2 版［M］. 杨斌,等译. 北京:机械工业出版社,2018.

［72］斯蒂芬·P. 罗宾斯,玛丽·库尔特,戴维·A. 德森佐. 管理学:原理与实践:原书第 10 版［M］. 毛蕴诗,译. 北京:机械工业出版社,2019.

［73］尤建新,陈守明,赵红丹,等. 高级管理学［M］. 3 版. 北京:清华大学出版社,2019.

［74］张康之,周军. 一般管理学原理［M］. 4 版. 北京:中国人民大学出版社,2018.

［75］郭斌,付景远. 中国古代管理思想研究［M］. 北京:经济管理出版社,2020.

［76］周明. 信息管理学［M］. 2 版. 重庆:重庆大学出版社,2020.

［77］方振邦,包元杰. 管理学原理［M］. 2 版. 北京:中国人民大学出版社,2020.

［78］刘文瑞. 管理学的奠基者:泰罗、法约尔、马克斯·韦伯等［M］. 天津:天津人民出版社,2020.

［79］马士华,林勇,等. 供应链管理［M］. 6 版. 北京:机械工业出版社,2020.

［80］《管理学》编写组. 管理学［M］. 北京:高等教育出版社,2018.

［81］张智光. 管理学原理:领域、层次与过程［M］. 3 版. 北京:清华大学出版社,2018.

［82］方振邦,鲍春雷. 管理学原理［M］. 北京:中国人民大学出版社,2014.

［83］理查德·L. 哈格斯,罗伯特·C. 吉纳特,戈登·J. 柯菲. 领导学:在实践中提升领导力:原书第 8 版［M］. 朱舟,译. 北京:机械工业出版社,2016.

［84］斯蒂芬·罗宾斯,蒂莫西·贾奇. 组织行为学:第 18 版［M］. 孙健敏,朱曦济,李原,译. 北京:中国人民大学出版社,2021.

［85］迈克尔·希特,杜安·爱尔兰,罗伯特·霍斯基森. 战略管理:概念与案例:第 13 版［M］. 刘刚,张泠然,梁晗,等译. 北京:中国人民大学出版社,2021.

［86］赫伯特·A. 西蒙. 管理行为［M］. 詹正茂,译. 北京:机械工业出版社,2013.

［87］胡川,李绍和. 管理学通论［M］. 3 版. 北京:北京大学出版社,2021.